权威·前沿·原创

皮书系列为

"十二五""十三五""十四五"时期国家重点出版物出版专项规划项目

Y

YELLOW BOOK

智 库 成 果 出 版 与 传 播 平 台

中国社会科学院创新工程学术出版资助项目

俄罗斯黄皮书

YELLOW BOOK OF RUSSIA

俄罗斯发展报告（2022）

ANNUAL REPORT ON DEVELOPMENT OF RUSSIA (2022)

中国社会科学院俄罗斯东欧中亚研究所
中国社会科学院俄罗斯研究中心

主　编 / 孙壮志
副主编 / 李中海　张昊琦

社会科学文献出版社
SOCIAL SCIENCES ACADEMIC PRESS（CHINA）

图书在版编目（CIP）数据

俄罗斯发展报告 . 2022/孙壮志主编 . --北京：
社会科学文献出版社，2022.8
（俄罗斯黄皮书）
ISBN 978-7-5228-0355-5

Ⅰ.①俄…　Ⅱ.①孙…　Ⅲ.①国家建设-研究报告-
俄罗斯-2022　Ⅳ.①D751.2

中国版本图书馆 CIP 数据核字（2022）第 112306 号

俄罗斯黄皮书
俄罗斯发展报告（2022）

主　　编/孙壮志
副 主 编/李中海　张昊琦

出 版 人/王利民
责任编辑/张苏琴　仇　扬
责任印制/王京美

出　　版/社会科学文献出版社·当代世界出版分社（010）59367004
　　　　　地址：北京市北三环中路甲 29 号院华龙大厦　邮编：100029
　　　　　网址：www.ssap.com.cn
发　　行/社会科学文献出版社（010）59367028
印　　装/三河市东方印刷有限公司

规　　格/开　本：787mm×1092mm　1/16
　　　　　印　张：23.5　字　数：356 千字
版　　次/2022 年 8 月第 1 版　2022 年 8 月第 1 次印刷
书　　号/ISBN 978-7-5228-0355-5
定　　价/168.00 元

读者服务电话：4008918866

俄罗斯发展报告编委会

主要编撰者简介

孙壮志 中国社会科学院俄罗斯东欧中亚研究所所长，中俄战略协作高端合作智库副理事长兼秘书长，中国中亚友好协会副会长，中国上海合作组织研究中心执行主任、研究员，中国社会科学院大学（研究生院）教授、博士生导师。兼任中联部当代世界研究中心常务理事，新华社特约观察员，2011年起为享受国务院政府特殊津贴专家。

研究领域为区域合作与国际关系、上海合作组织、独联体国家社会政治等。主持过中央纪委、中央政法委、国家反恐办、全国党建研究会、外交部委托交办课题和中国社会科学院多项重大课题的研究。代表作有《中亚新格局与地区安全》（中国社会科学出版社，2001）、《上海合作组织研究》（长春出版社，2007）、《独联体国家"颜色革命"研究》（中国社会科学出版社，2011）、《"丝绸之路经济带"的战略内涵与实现路径》（海南出版社，2014）等。

李中海 中国社会科学院俄罗斯东欧中亚研究所研究员，《俄罗斯东欧中亚研究》杂志执行主编，中国社会科学院大学（研究生院）教授。从事俄罗斯、中亚经济研究。主编《普京八年：俄罗斯复兴之路（2000～2008）》（经济卷），获中国社会科学院优秀科研成果二等奖；著有《俄罗斯经济外交：理论与实践》，获中国社会科学院优秀科研成果三等奖，并著有《俄罗斯中东欧中亚转型系列丛书：曲折的历程（中亚卷）》等。

张昊琦　中国社会科学院俄罗斯东欧中亚研究所研究员,《俄罗斯东欧中亚研究》杂志副主编。从事俄罗斯政治、俄罗斯政治思想史和中俄关系史研究。著有《俄罗斯帝国思想初探》(知识产权出版社,2012),共同主编《当代俄罗斯精英与社会转型》(社会科学文献出版社,2015)。

摘　要

2021年俄罗斯与西方之间的对抗进一步加剧，其西部周边地区局势持续恶化，国内疫情形势依然严峻，经济社会发展面临许多新困难，在此背景下，俄罗斯政府继续强化各方面建设和调整，政治、经济、社会及外交形势保持了总体稳定。

在政治领域，2021年的重大事件是顺利举行了新一届国家杜马（议会下院）选举，"统一俄罗斯"党再次获得压倒性胜利，继续维持一党主导政党格局的局面。同时，普京继续在意识形态领域深入调整，重视"文化主权"，倡导"理性保守主义"，防范"颜色革命"，抵御西方价值观对于俄罗斯传统的侵蚀，加强俄罗斯主流政治价值观建设，巩固俄罗斯国家认同，维护俄罗斯政治安全。2021年俄罗斯疫情仍然非常严重，是全球确诊病例人数最多的国家之一。为解决严重的社会问题，俄联邦政府加大了预算投入，对社会弱势群体提供保障，同时加强社会管理和互联网空间的管控，社会总体上稳定可控。

在经济领域，2021年俄罗斯经济实现了较快复苏，全年GDP增长4.7%。俄罗斯的经济恢复具有全行业性质，几乎所有行业都对经济恢复做出了贡献。2021年经济运行的其他一些特征包括通货膨胀超过预期、财政运行状况良好、净出口增加、外汇储备达到历史最高水平。在促进经济增长的诸因素中，国际能源价格持续上涨仍是最主要的动力。2021年俄罗斯的宏观经济政策主线开始从防疫反危机转向中长期结构调整和促进经济增长。俄罗斯在防疫反危机过程中实施的结构性政策，使得政府越来越深入地介入市场经济活动。俄罗斯经济体制有回归经济计划和政府干预的倾向。

在外交领域，2021年，俄罗斯继续推行"多维度"外交原则，新版国家安全战略提出，当今世界处于变革期，国际秩序正发生变化，国际体系新的原则、规则和架构正在形成；西方国家企图维持霸权地位，全球经济发展模式遭遇危机，国家间发展不平衡，社会不平等加剧，国内政治斗争升级，国家间矛盾上升，国际组织作用下降，全球安全体系的有效性遭到质疑，全球动荡加剧，使用军事力量的风险增加。在外交实践上，俄继续奉行反西方、亲东方的外交政策。俄罗斯积极开展疫苗外交，参与国际抗疫合作；与美、欧关系进一步恶化，同时强硬应对西方在乌克兰和白俄罗斯的挑战，维护欧亚地区稳定，推动该地区经济一体化。

2021年是《中华人民共和国和俄罗斯联邦睦邻友好合作条约》签署20周年，两国元首决定自动续约，并共同发表联合声明，为中俄新时代全面战略协作伙伴关系的提质升级注入新内涵。两国强调，中俄关系业已达到历史最高水平，其特质是成熟、富有建设性与可持续性，以促进两国发展繁荣和人民福祉为宗旨，树立了国与国和谐共处与互利合作的典范。

目 录 ↖

Ⅰ 总报告

Ⅱ 分报告

Ⅲ 政治

Ⅳ 经济

Ⅴ 外交

Ⅵ 中俄关系

皮书数据库阅读**使用指南**

总 报 告

General Report

Y.1

2021年俄罗斯内政外交及未来走势

孙壮志*

摘　要： 2021年俄罗斯内政外交经历了新的考验。俄顺利举行了国家杜
马选举，政权党"统一俄罗斯"党取得绝对多数席位，普京又
一次在困难的局面下显示了掌控全局的能力。发表了新版国家安
全战略，对复杂形势下俄罗斯面临的各种安全威胁做了系统梳
理，强调巩固主权安全、政权安全以及文化安全的重要性。在能
源价格不断走高的情况下，加快经济转型升级步伐，经济企稳回
升的势头比较明显，但高通胀、地区发展不平衡的压力影响着宏
观经济的稳定。外交上延续了"转向东方"的政策，与美、欧
的对抗仍然没有转机；加强了与非西方国家的合作，强化自身主
导的一体化机制，俄白联盟取得重要进展。中俄庆祝《中华人
民共和国和俄罗斯联邦睦邻友好合作条约》（以下简称《睦邻友
好合作条约》）签署20周年，双边务实合作亮点频现，贸易再

---

* 孙壮志，中国社会科学院俄罗斯东欧中亚研究所所长、研究员。

创历史新高，在国际事务中加强互动。未来一年俄罗斯不易摆脱内外交困的处境，与美国、北约的地缘政治对抗有可能升级，外部环境更加复杂，要实现普京的大国复兴战略将遇到更多挑战。

关键词： 俄罗斯　内政外交　经济形势　中俄关系

面对外部经济和安全环境的不断恶化，2021 年俄罗斯经历了一系列新的考验。顺利举行国家杜马选举，普京总统又一次在困难的局面下显示了掌控全局的能力；发表新版国家安全战略，对面临的各种安全威胁做了系统梳理，强调巩固主权安全、政权安全以及文化安全的重要性；在能源价格不断走高的情况下，加快经济转型升级的步伐，希望抓住疫情后经济恢复和发展的新机遇。外交上延续了"转向东方"的政策，与美、欧的对抗仍然没有转机；中俄庆祝《睦邻友好合作条约》签署 20 周年，双边关系亮点频现。未来一年俄罗斯摆脱内外交困的处境不易，但可以进一步为实现普京的大国复兴战略积蓄力量。

一　政治上围绕杜马选举进行布局

2021 年国家杜马选举是普京全面修宪后经受的第一场政治考验，关系到未来的新一轮政治布局，因此执政当局高度重视。新冠肺炎疫情背景下民众累积的不满情绪因生活水平下降而集中释放，可能对政权党"统一俄罗斯"党（简称统俄党）的支持率有所影响，因此普京亲自为统俄党的竞选站台，参加统俄党第二十次代表大会并发表演讲。选举结果基本实现了执政当局确定的目标，统俄党顺利拿到议会下院的绝对多数（宪法多数）。

（一）杜马选举的过程及结果

受经济低迷和疫情影响，俄罗斯国内弥漫着不满情绪，影响到议会下院国家杜马的选情。根据 2021 年 3 月俄民调机构"列瓦达中心"公布的调查结果，民众对统俄党的支持率已降至自 2013 年（当时为 24%）以来的最低水平，只有 27% 的选民准备投票支持政权党；而 2015 年初对统俄党的支持率曾达到创纪录的 70%。国家杜马选举实行混合选举制，即总共 450 个议席中，一半议席按照政党比例代表制选举产生；另一半在单席位选区中选举产生，即在全国设立 225 个选区，每个选区选举产生 1 名议员。这样的制度设计显然对政权党是有利的。

在特殊的情况下，俄执政当局采取多种手段，以保证国家杜马选举的顺利举行。9 月 17~19 日，在特殊的"超长"选举时间段内，选民的投票率仍然不是很高，仅为 51.72%，勉强超过 2016 年的 47.88%。根据统计结果，有五个政党通过选举直接进入俄国家杜马：统俄党以 49.82% 的得票率遥遥领先；俄罗斯联邦共产党以 18.93% 的得票率排名第二；俄罗斯自由民主党获得 7.55% 的选票，排在第三位；合并重组的"公正俄罗斯-爱国者-为了真理"党（简称"公正党"）得票率为 7.46%；新人党为 5.32%。上述五个政党跨过 5% 得票率门槛，这也是俄罗斯近 18 年来首次有五个政党进入国家杜马。在单席位选区中，统俄党候选人赢得 199 席，也是绝对优势；俄共获得 9 席；公正党获得 8 席。统俄党在议会中的席位合计超过 320 个，俄共获得的席位较上一届议会显著增加，自民党的席位几乎减半。

统俄党选举获胜并继续掌握议会的绝对多数，为普京下一步制定政策和出台战略提供了足够的立法支撑，在重要职务、关键岗位的任命上也不会有任何障碍。这种局面是非常理想的，使普京总统能够以"强大"的政权保证令行禁止、维护主权安全和社会稳定，为普京确定的大政方针和强国复兴战略的实施提供了坚实的政治保障。①

（二）发表新版国家安全战略

2021 年 7 月 2 日，普京总统签署新版国家安全战略，对国家利益和战

---

① 孙壮志：《俄罗斯的大国复兴战略：目标、实践与挑战》，《俄罗斯学刊》2021 年第 6 期。

略优先事项进行了诸多重大调整，其中涉及民生、经济、社会、生态等多个领域的安全问题，公开批评西方对俄罗斯的"围剿打压"政策。新版国家安全战略指出，俄罗斯传统的精神、道德和文化历史价值受到美国及其盟友以及外国非政府组织、极端主义和恐怖组织等的攻击。该文件被认为是俄罗斯史上最完善的国家安全战略，提出八大国家利益，包括保护俄罗斯人民，发展人的潜力，提高公民的生活质量和福祉；维护俄联邦的宪法制度、主权、独立、国家和领土完整，加强国家的防御；维护国内和平与和谐，加强法治建设；建立安全的信息空间，保护俄罗斯社会免受破坏性信息和心理伤害影响；俄罗斯经济在新技术基础上的可持续发展；保护环境和自然资源，合理利用自然资源，适应气候变化；加强俄罗斯传统精神和道德价值观，保护俄罗斯人民的文化和历史遗产；维护战略稳定，保卫和平，巩固国际关系法律基础。

新版国家安全战略明确提出安全上的优先事项是以实现国家利益为目标的九个方面，即保护俄罗斯人民并开发其潜力，国防，国家和公共安全，信息安全，经济安全，科技发展，生态安全和自然资源的合理利用，保护俄罗斯传统精神和道德价值观、文化和历史记忆，战略稳定和国际互利合作。新版国家安全战略特别强调信息安全保护措施，提出了一系列信息安全防范措施，如"发展预测、识别和防御俄联邦信息安全威胁的系统""统一电信网、互联网络的俄罗斯部分和其他重要的信息和通信基础设施的运作""发展信息对抗力量和手段""基于使用先进技术，包括人工智能和量子计算技术改进信息安全方法"，等等。①

新版国家安全战略对俄罗斯的国家利益进行了充实，确定的优先事项也达到了史上最多，更多地强调民族发展和民生福祉。首次用一个独立的章节"信息安全"来分析俄罗斯当前所面临的国际信息安全形势，提出"信息安全的目的是加强俄罗斯联邦在信息空间的主权"。

---

① 蓉筱：《俄罗斯〈国家安全战略〉十年剧变，终于"弃西从东"》，https://www.163.com/dy/article/GQCJ1I800511DV4H.html。

（三）关注疫情背景下的社会治理

尽管俄较早要求居民注射新冠疫苗，自1月开始便在全国进行大规模接种，但民众接种的积极性不高，到7月初注射两针疫苗的民众比例只有12%，疫情一直没有得到有效控制，社会问题在这样的背景下更加严重。普京在国情咨文中反复强调重视社会领域各项政策目标的实现，特别要求地方政府坚决落实。9月，普京在以视频方式会见进入议会的五个政党领袖时，也强调了国家杜马要承担起责任，帮助政府解决最重大的社会问题。①

俄罗斯的疫情仍然严重，受到第四波、第五波的冲击，11月、12月的日均确诊人数均在2万例以上，是全球病例最多的国家之一。防控不力在很大程度上与俄基层治理能力的欠缺有一定关系。对城市社区的管理，俄主要依靠政府部门和社会组织的配合，因疫情俄经济状况不佳，许多社会组织特别是具有公益性质的基层非政府组织失去经费支持，难以在居民的救助方面发挥很大作用，这就严重影响了基层治理的成效，导致防疫形势更为严峻。

为了解决严重的社会问题，俄联邦政府加大了预算投入，特别强调疫情背景下要对有孩子的困难家庭加以扶助，但没有从管理上解决问题，基层仍然是整个国家治理体系中相对薄弱的一环，由于涵盖面广，其带来的困难和潜在的隐患不易克服。鉴于俄联邦预算草案中最低生活保障增幅远低于通胀率，普京特别建议2022年将居民最低生活保障提升至12654卢布（约合175美元），即在2021年的基础上提高8.6%。② 这也从另一个侧面反映出通货膨胀对居民生活造成的严重影响。

---

① Политолог оценил встречу Путина с лидерами пяти прошедших в Госдуму партий, 25 сентября 2021, https：//iz. ru/1226886/2021/09/25/politolog - otcenil - vstrechu - putina - s - liderami-piati-proshedshikh-v-gosdumu-partii.

② 《普京下令提高2022年最低生活保障》，中国驻俄罗斯联邦大使馆经济商务处网站，http：//ru. mofcom. gov. cn/article/jmxw/202111/20211103219863. shtml。

二 经济上围绕转型升级提出新要求

2021 年俄罗斯的经济形势喜忧参半。喜的是刚刚走出疫情带来的危机，又赶上能源价格快速上涨，极大缓解了国家的财政负担。忧的是高通胀率、贫富差距造成严重的社会分化，人口形势堪忧，导致劳动力供应不足；国家的经济发展受到多重制约，后劲不足，市场竞争力下降。

（一）宏观经济形势企稳回升

根据俄联邦国家统计局公布的数据，俄经济状况出现明显好转，多数领域增幅超出预期。2021 年前三季度俄 GDP 同比增长 4.3%。1~12 月工业同比增长 5.3%，农业小幅下滑 0.9%，建筑业增长 12.7%，运输业增长 5.3%。1~11 月对外贸易额达到 7030 亿美元，同比增长 37.3%；贸易顺差 1700 亿美元，同比增加 772 亿美元。其中，出口为 4365 亿美元，同比增长 44.4%。[①] 前三季度各行业同比增速分别为：客运业 49%，供水和排水行业 13.7%，采矿业 9.4%，电能保障 7.6%，货运业 6.8%，批发和零售贸易业分别为 6.7% 和 5.3%，建筑业 5%，加工业 3.7%。[②]

普京在 12 月的年度大型记者招待会上表示，1~10 月俄 GDP 增长 4.6%，预计全年增速为 4.5%。受气候影响，俄粮食产量由上一年的 1.3 亿吨降至 1.2 亿吨，但仍处较高水平，俄粮食可实现自给自足，并保持强劲出口潜力；俄公民实际收入平均增长 3.5%，公民实际可支配收入出现积极转变。普京指出，俄罗斯联邦国际储备及国家福利基金均有增长，分别为 6255 亿美元、1852 亿美元，俄宏观经济形势稳定向好。

国际市场石油价格的高企为俄保证了财政盈余，2021 年联邦预算盈余

---

① ФТС России данные об экспорте-импорте России за январь-ноябрь 2021 года, 14 января 2022, https://customs.gov.ru/press/federal/document/322198.

② 《三季度俄 GDP 增长 4.3%》，中国驻俄罗斯联邦大使馆经济商务处网站，http://ru.mofcom.gov.cn/article/jmxw/202111/20211103219858.shtml。

为5150亿卢布，俄财政部部长西卢安诺夫称其占GDP的0.4%。[①] 得益于油气出口的贡献，俄罗斯国际储备增长1.2%，达到创纪录的6382亿美元。[②] 但通胀率居高不下，预计全年可达8%，较预期4%的目标高出1倍。俄联邦审计署表示，俄黄金和外汇储备处于历史高位，形成了良好的财务缓冲，宏观经济形势整体稳定，主要威胁仍是高通胀。[③] 因此，政府通过加息等方式避免经济过热。尽管部分企业对加息不满，但俄政府及央行适时大幅提高基准利率的举措，从整体效果上看令人满意，使俄避免陷入货币急速贬值的困境。

（二）经济仍面临巨大的风险和挑战

长期来看，俄偏重传统能源生产的经济结构将面临困境。据估算，2050年前向碳中和过渡将使世界损失140万亿美元，俄能源出口收入可能减少约2000亿美元。面临的具体风险包括：出口收入下降、就业减少、单一工业城镇问题、丧失在全球能源领域领导地位的潜在风险、预算收入的损失、能源公司转型及其可能的破产问题。为抑制通胀、保证商品价格稳定，加之紧缩财政政策的失败，俄罗斯经济的未来发展可能会经历大幅放缓，甚至出现"硬着陆"的现象。

2021年前8个月俄罗斯的资本外流明显加快，有510亿美元从俄罗斯流出，高于中央银行的年度预测，是2019年前的2倍。到2021年底，俄罗斯将撤出500亿美元的资本，上一年这个数字是478亿美元。俄罗斯已经连续30年是资本净出口国，对资本流动的严格限制将引起市场的强烈负面反应，并可能导致卢布汇率的下跌和股市的低迷。2021年上半年，俄罗斯大中型企业经营状况有所改善，亏损份额下降了6.5~28.8个百分点，创2004

① Бюджет вышел из коронакризиса, 19. 01. 2022, https：//www. kommersant. ru/doc/5172910.
② Больше, чем долг: международные резервы побили рекорд, 20 января 2022, https：// www. vesti. ru/finance/article/2666160.
③ 《通胀成为俄宏观经济主要问题》，中国驻俄罗斯联邦大使馆经济商务处网站，http：// ru. mofcom. gov. cn/article/jmxw/202111/20211103219849. shtml。

年以来的历史新低。但并不是所有领域都有改善，从事供水和垃圾处理的企业近一半（47.8%）仍处于亏损状态。从2018年8月至2021年7月，在俄罗斯的外资企业数量减少了40%，从4.71万家减少到2.84万家，法人实体总数从390万个减少到303万个。

由于国际经济环境恶化，俄罗斯银行将2023年爆发全球金融危机的可能性纳入考虑，认为在规模上可能与2008~2009年的金融危机相当。如果美国迅速大幅收紧货币政策与资本市场泡沫破灭叠加，就很可能导致这种后果。此外，假设平均油价在2023年降至每桶40美元，也意味着经济衰退。俄央行表示，届时政府将不得不偏离财政预算规则，以支持经济和国内需求。

（三）借助数字经济实现转型升级

偏重能源和原料生产的经济结构导致俄罗斯对国际市场依赖性大，发展不稳定，价格经常出现大起大落，也不利于提升经济的竞争力和解决国内的就业问题。2021年俄政府出台多项政策，旨在借助经济形势好转和产业链重构，实现经济发展的转型升级。

为了走出危机，俄罗斯政府反复强调经济结构转型的重要性，特别是要大力发展数字经济。10月，俄政府批准实施"战略倡议"，包括42个新项目，到2024年的总成本约为4.6万亿卢布。主要任务是运用新的灵活工具补充政府的基本战略，从而改变特定领域的社会经济发展性质，即从社会性转向投资性。俄政府还批准了社会民生领域数字化转型计划，运用大数据提高服务效率和水平，准备实施的项目包括建设统一的民生服务平台、推广民生信息联络中心、开发电子人才档案系统、提升就业服务现代化水平。[1]

11月8日，俄总理米舒斯京在与副总理会晤时宣布，政府即将对工业进行大规模的数字化转型。内阁批准了数字解决方案领域的两个战略方向，其中包括涉及社会领域的数字化转型。主要任务是通过使用人工智能、大数

---

[1] 《俄将推动社会民生领域数字化转型》，中国驻俄罗斯联邦大使馆经济商务处网站，http://ru.mofcom.gov.cn/article/jmxw/202111/20211103217651.shtml。

据分析和处理技术,完善社会保障和劳动关系体系,使政府援助更具针对性和主动性。特别是准备创建一个单一的集中式数字平台,到2024年,80%的公民能够通过平台获得联邦援助。俄央行也称,数字卢布平台正在有序开发,准备在2022年初发布数字卢布原型并进行试点,再视试点情况做出是否发行数字货币的最终决定。①

2021年11月18日,俄副总理切尔尼申科宣布扩大"数字经济"国家规划,在其框架内设置了实施"战略倡议"的三个新联邦项目,以反映这些倡议的重要预期目标并监督执行效率,其中包括数字服务和在线服务(将"公民数字档案""在线公共服务""电子文档交互"合并)、互联网接入、IT人员培训。"数字经济"国家规划包括七个联邦项目:信息基础设施、信息安全、数字环境监管、人工智能、数字经济人力资源、数字公共管理和数字技术。俄罗斯政府希望通过实施新的联邦项目来提高公共服务的质量,在全境提供宽带互联网接入,并向24万名高中生教授编程基础课程。

三 外交上推行"多维度"原则

俄在新版国家安全战略中强调推行"多维度"的外交原则,包括几个重要方向:深化与独联体成员国在双边基础上和一体化联盟框架内的合作,确保"大欧亚伙伴关系"框架内的经济一体化和多边合作;与中国、印度发展全面的伙伴关系和战略互动;加强俄罗斯、白俄罗斯和乌克兰民间联合。新版国家安全战略提出,当今世界处于变革期,国际秩序正发生变化,正在形成新的国际体系原则、规则和架构。其原因在于西方力量下降,自由主义模式遭遇危机,全球经济与政治中心数量增加,新的全球与地区大国崛起。在秩序变革过程中,"大乱局"正在上演:一是西方国家企图维持霸权地位,全球经济发展模式遭遇危机,国家间发展不平衡,社会不平等加剧,

---

① Правительство России проведет цифровую трансформацию в промышленности, 8 ноября 2021, https://iz.ru/1246531/2021/11/08/pravitelstvo - rossii - provedet - tcifrovuiu - transformatciiu-v-promyshlennosti.

国内政治斗争升级，国家间矛盾上升，国际组织作用下降，全球安全体系的有效性遭到质疑；二是全球动荡加剧，激进与极端情绪加剧，一些国家在解决国家间矛盾时故意树立内外敌人，破坏经济与传统价值观；三是主要经济体陷入停滞和衰退，全球货币金融体系稳定性下降，采取贸易保护主义与制裁措施的现象越来越普遍；四是使用军事力量的风险增加，武装冲突升级为核大国参与的局部战争和地区战争的危险正在上升。

（一）俄美关系继续滑向"冰点"

俄罗斯总统普京和美国总统拜登进行了 6 次会晤，包括 1 次线下会晤和 5 次视频会晤，保持了高层接触，但双边关系持续恶化，在一系列重大问题上针锋相对，特别是美国和北约在乌克兰问题上的立场、在俄罗斯西部邻国的军事部署、在黑海等地的军事演习、与后苏联空间国家的军事合作等，被俄罗斯视为对俄自身安全利益的挑战。

新版国家安全战略在"战略稳定与国际互利合作"一节开篇就表述了对美国的"极度不满"，并且没有对俄美战略合作做出任何让步的规划。"失去无条件领导地位的国家试图将自己的规则强加给国际社会其他成员，利用不公平竞争手段，单方面采取限制性措施（制裁），公开干涉主权国家的内政。这种行为破坏了公认的国际法原则和准则，削弱和摧毁了现有的国际法律规范和制度，加剧了政治军事局势紧张，降低了可预测性，削弱了国家间关系的信任。"

尽管保持了与美国的官方接触，但实际上双方都没有在重大问题上做让步和妥协的准备，彼此的敌意越来越深，甚至提到"核战争"的危险。6 月 16 日普京和拜登在日内瓦的会晤吸引了国际社会的目光，会谈涉及双边关系、信息安全、打击网络犯罪、气候和北极问题、经济合作等广泛议题，但没有形成基本的共识。虽然后续的视频会晤以及两国在 7 月、9 月的两轮战略稳定对话，保持了一定频率的接触，体现出双方进行商谈的意愿，但在关键的问题上仍针锋相对，都不愿意后退一步，导致俄美间的互不信任和敌对情绪进一步加深。

（二）独联体国家仍然是优先方向

尽管俄在新版国家安全战略中没有强调独联体国家在其外交中优先级的措辞，但重视程度只升不降。合理的解释为：2020年周边事态的持续紧张，使俄罗斯开始直面独联体战略空间这块"短板"，希望借助双边和多边手段强化俄的影响，巩固俄在这一空间的特殊地位。

尽管新冠疫情仍然严重，俄与欧亚国家的外交热度不减，一年中多位独联体国家领导人访问俄罗斯，与普京会晤，并签署各种合作文件。如8月哈萨克斯坦总统托卡耶夫访俄并与普京会谈，两国还在4月签署了《2021~2025年哈俄政府间经济合作一揽子规划》。俄罗斯恢复了与独联体国家的人员往来和文化交流，代表团互访不受限制。俄举行的欧亚经济论坛、东方经济论坛都邀请独联体国家的官员、学者线下出席。俄罗斯也派高级代表团参加中亚国家举办的大型国际活动。为应对阿富汗变局带来的安全挑战，俄还与乌兹别克斯坦、塔吉克斯坦举行联合军事演习，加强军事合作。

俄罗斯主导的区域组织尽管都面临一些困难，但欧亚经济联盟、集体安全条约组织就中长期发展达成新的共识，并扩大了对外交往与合作。1~11月，欧亚经济联盟成员国相互贸易额达到655.2亿美元，同比增长32.4%，其中俄罗斯与联盟其他成员国相互贸易额为413.3亿美元，同比增长35.2%。① 9月，集安条约组织与上海合作组织在杜尚别召开阿富汗问题联合峰会。在白俄罗斯遭受来自西方巨大政治、经济压力的情况下，俄白联盟一体化进程加快。9月9日，普京和卢卡申科在莫斯科会晤，就俄白联盟全部28项国家合作计划（此前称"路线图"）达成一致，这被视为俄白联盟取得实质性进展的重要一步。

---

① 《2021年1~11月欧亚经济联盟成员国相互贸易额同比增长32.4%》，中国驻俄罗斯联邦大使馆经济商务处网站，http://ru.mofcom.gov.cn/article/jmxw/202202/20220203278549.shtml。

（三）俄欧关系出现下滑趋势

1月，普京在达沃斯论坛上呼吁不要忘记俄罗斯和欧洲文明的同一性，可以把文化和科技打造成合作的平台。他认为，从经济角度而言，欧洲和俄罗斯绝对是天然的伙伴，面对新的共同威胁，团结尤为重要。2021年"北溪-2号"天然气管线艰难完工，俄罗斯试图借此改善与德国以及与欧洲其他国家的关系，德国也积极游说美国放弃对"北溪-2号"管线的制裁并答应给乌克兰以经济补偿，以此换取各方对该项目的支持。但随着默克尔任期结束，德国新任总理、外长都对俄罗斯充满敌意，管道正式运营变得遥遥无期，尽管俄已宣布向管道内注入天然气，随时可以向欧洲供气，但未得到积极回应。

过去俄认为自己是欧洲的一部分，两者之间没有文化障碍。但从新版国家安全战略来看，俄对历史文化传统的重视已不亚于其传统上最为关注的军事安全问题。除了西方对国际秩序以及对俄军事和地缘安全、意识形态安全、经济安全的威胁，新版国家安全战略还批评西方"越来越积极地使用间接手段挑起争端，制造俄内部长期的不稳定，试图利用存在的社会经济问题破坏俄内部团结，诱发抗议活动并使其激进化，分裂俄罗斯社会"。总之，俄认为西方正对俄采取全方位的敌对政策，除对俄施加公开的政治与军事压力，还在经济上限制俄企进入国际市场，遏制俄工业发展，控制俄交通运输线，阻碍俄开发北极地区。

从1月纳瓦利内回国遭逮捕到11月白俄罗斯、波兰边界的难民危机，欧盟和多数欧洲国家纷纷谴责俄罗斯，继续对俄实施经济制裁。北约外长会议、欧安组织外长会议也毫不客气地指责俄罗斯是安全威胁。普京借助天然气"武器"摆脱困境的希望落空，不得不调整策略，包括加强与法国的对话。12月，普京与马克龙通电话，试图平衡来自美国和大半个欧洲的反俄政策，但没有取得实际成果。

（四）加强与亚太、拉美和非洲的合作

俄罗斯"转向东方"的政策特别强调与中印等亚太地区国家的合作，

以及发展与亚太、拉美和非洲的关系。俄加强与更多非西方国家的合作，试图拓展外交空间，突破西方围堵，在国际事务中发挥作用，体现和加强俄作为全球性大国的重要地位。虽然与日本的政治关系陷入僵局，但双方的抗疫合作与项目合作取得明显进展。2021年俄罗斯与韩国借庆祝建交30周年举办了一系列活动，经济、文化往来进一步加深。

俄印关系"低开高走"，俄对印度加入美国主导的地区集团、迎合美国的"印太战略"不满，希望能够继续拉住印度。12月7日，普京两年来首次出访印度，双方的战略关系得到进一步提升，两国领导人着重讨论了加强双边贸易和投资以及军售协议等问题，并签署了包括一项为期10年的防务技术合作协议在内的28项文件，确立了2025年将双边贸易额增加到300亿美元的目标，俄印签署的最大一笔军购合同也得到落实。两国领导人会晤的前一天，两国外长和防长还举行了首次"2+2"对话。俄与另外一个南亚大国巴基斯坦的关系也得到发展，2月，双方还举行了海上联合军演。

俄继续在西亚、东南亚地区保持自己的存在。与伊朗关系不断加强，2021年两国贸易额达到33亿美元，创下新高，俄还推动伊朗加入上合组织。8月美国从阿富汗撤军后，俄罗斯派出特使，参与一系列旨在推动阿富汗和平进程的多边会谈。俄还积极恢复与东南亚国家的传统关系，强调重视APEC在地区合作中的作用，扩大与东盟的合作领域。10月28日，第四届俄罗斯—东盟峰会以视频方式举行并发表联合声明，纪念双方建交30周年；12月初，俄罗斯与东盟举行了历史上首次海军联合演习。

在拉美和非洲，俄因为受到经济实力的限制，还是立足于继续维持传统关系，特别是开展"疫苗外交"，在军售方面也取得一定成绩。

（五）中俄全面战略协作平稳发展

2021年是中俄《睦邻友好合作条约》签署20周年，两国元首6月举行视频会晤，决定自动续约，并发表联合声明，为新时代全面战略协作伙伴关系的提质升级注入新内涵。声明强调,中俄关系业已达到历史最高水平,其特质是成熟、富有建设性与可持续性,以促进两国发展繁荣和人民福祉为宗旨,树立了国与国和谐共处与互利合作的典范。[①] 一年当中两国元首举行了4次视频会晤,并于5月共同见证两国核能合作项目——田湾核电站和徐大堡核电站开工仪式。在复杂的国际变局当中,中俄关系日益稳定、成熟、坚韧、强大。稳定体现在双边关系的发展态势上,确立的基本合作原则长期不变;成熟体现在战略协作涵盖各个领域,不断厚植两国合作的物质和人文基础;坚韧体现在抗压能力强,能够承受任何严峻考验,历久弥坚;强大体现在共同维护国际关系的民主化和公平正义,以及全球战略平衡方面的责任担当。

双边务实合作取得新成果。从两国总理第二十六次定期会晤到各个领域的合作委员会,政府间合作机制没有受到疫情影响。科技创新年顺利收官,准备启动两国体育交流年,进一步扩大两国的人文交流。两国贸易再创历史新高,全年达到1468.87亿美元,同比增长35.8%,中国已连续10年成为俄最大贸易伙伴。能源、交通、金融、农业等重点领域合作保持高热度,双方在数字经济、电子商务、服务贸易等领域的合作成为新的增长点。前10个月,中方对俄直接投资同比增长39.1%;俄罗斯向中国出口6570万吨石油。两国经贸主管部门正在研究升级中俄投资协定的可行性,努力为双边投资合作提供更好的制度性安排。双方在核能、航空、航天等领域的战略性大项目合作也在积极推进中。[②]

两国在国际和地区事务中的互动增多,相互支持维护国家主权与核心利益,共同反对冷战思维和西方的霸凌行径,批驳美国及西方政客试图把疫情和体育政治化的企图,反对美国借举行所谓"民主峰会"制造意识形态对立,在G20、上合组织、金砖机制、亚太经合组织等多边框架内开展合作,

---

① 《中俄关于〈中俄睦邻友好合作条约〉签署20周年的联合声明(全文)》,2021年6月28日,新华社。

② 《商务部谈中俄经贸:加强科技创新合作,打造5G等新增长点》,https://www.360kuai.com/pc/97cfdf8b4d4e2b5d2? cota = 3&kuai_ so = 1&sign = 360_ e39369d1&refer_ scene = so_ 54。

积极实现"一带一路"和欧亚经济联盟的对接合作。中国和俄罗斯还支持联合国在解决冲突热点方面发挥领导作用,在阿富汗、朝核等问题上表明立场,推动构建新型国际关系。通过开展两国联合军事演习和联合巡航,不断加强安全领域的战略互动。俄罗斯学者强调,近年来,许多专家原以为可能妨碍俄中深化伙伴关系的因素正在丧失意义,例如,俄罗斯过去对中国可能有意扩张的担忧正在消失,中国正越来越少地被视为俄罗斯的现实威胁;两国传统文化的疏离问题也逐步得到克服;在那些可能存在竞争的领域,俄中也在商定开展协作。俄中伙伴关系是认真且长期的,这种关系不是战术性的权宜之计,而是战略性的,两国的利益不尽相同,但在非常广泛的问题上相契合或相近,伙伴关系的进一步深化和扩大有着非常坚实的基础。[1]

面对百年变局、大国博弈和世纪疫情,中俄关系经受住了考验,虽然仍有一些不尽如人意之处,在双边和地区层面的合作上也存有分歧甚至利益上的差异,如经贸合作的不平衡、俄罗斯国内某些势力和媒体对中国所谓"资源掠夺"的指责、西方政客对中俄关系的"离间"等,但都不能对中俄全面战略协作的"无止境"发展带来实质性的影响。正如普京总统在12月大型记者招待会上所强调的,俄中关系是21世纪国家间协作的典范,是国际舞台上的重要稳定因素。[2]

四 未来走势

2022年对俄罗斯来说仍将是充满考验的一年,内政外交都将遭遇新的困难和挑战。普京一方面要做好国内的权力布局,督促各级政府落实发展规划,避免经济陷入危机;另一方面要与美国、北约持续对抗,甚至做好可能

---

① Андрей Кортунов, Как Америка хочет поссорить Россию и Китай, 5 февраля 2021, https：//russiancouncil.ru/analytics - and - comments/analytics/kak - amerika - khochet - possorit - rossiyu - i - kitay/.

② Китайские СМИ оценили большую пресс-конференцию Путина, 24 декабря 2021, https：//iz.ru/1269025/2021/12/24/kitaiskie - smi - otcenili - bolshuiu - press - konferentciiu - putina.

出现局部冲突的准备。尽管不会发生直接针对俄罗斯的军事行动，但与美、欧的地缘政治博弈继续升级且呈现新的特点，可能会给俄罗斯的复兴之路带来更多障碍。

（一）新冠肺炎疫情有可能再次出现反复

尽管国际上有不少关于在2022年世界能够彻底走出新冠疫情危机的乐观情绪，但实际上随着变异病毒的不断出现，各国都没有把握完全战胜疫情。特别是在防控明显存在漏洞的俄罗斯，由于天气较寒冷、居民不配合等，这一波"跨年"的疫情冲击力显得更强。2022年2月11日，俄单日确诊人数首超20万例，累计确诊总数超过1300万例。能否在春天到来之际顺利控制住疫情蔓延势头，将是一个严峻的考验。

（二）政治发展中有可能出现新的不稳定因素

国家杜马选举之后，普京已经为2024年总统大选扫清障碍，有望继续保持国家的政局稳定，国内政治反对派的挑战难以撼动其执政地位。但俄共在杜马选举中的表现以及纳瓦利内事件产生的政治影响，都说明俄社会不满情绪已累积很深，居民难以长时间承受生活水平的不断下降，如果普京的政策出现大的失误，可能导致较为严重的后果。2022年1月，俄总理米舒斯京签署政府令，批准自2月1日起对弱势群体每月社会补贴进行指数化，将其提高8.4%，[①] 其中就有维稳的考虑。

（三）经济复苏有可能受到内外因素的迟滞

2021年俄经济取得近几年较高的增长率，能源价格保持在高位虽然可以缓解财政压力，但也使结构调整与转型升级的难度更大，加上高通胀和欧美制裁带来的压力，经济有可能陷入"滞胀"的低谷。疫情后国际经济进

---

① 《俄政府批准将弱势群体社会补贴提高8.4%》，中国驻俄罗斯联邦大使馆经济商务处网站，http://ru.mofcom.gov.cn/article/jmxw/202202/20220203278537.shtml。

入新的发展周期，产业链、供应链重构，数字技术得到广泛利用，俄政府虽然高度重视经济恢复和发展，但经济本身缺少改革动力，企业对新技术应用和提高生产效率没有紧迫感。2022年因俄乌冲突GDP可能下滑10%以上，经济面临更大的困难和压力。尽管经济发展部给出的数字更乐观，但俄经济学家预测，下一年度俄罗斯GDP增长率将比上一年度低很多，不会超过2.5%。更悲观的估计只有1.5%，[①] 其原因是高基数效应和天然气、金属及其他产品出口价格反弹的结束，还有地缘政治因素以及金融风险。积极的方面是俄罗斯将对基础设施项目有更多投资，对GDP增长率会有较大贡献，将提升0.5~0.7个百分点。[②] 低增长率不仅会导致居民收入水平陷于停滞，也意味着俄罗斯在世界上的重要地位会继续下降。

（四）俄与美、欧的关系有可能更加复杂

美国一方面会继续动用军事和经济的"两手"向俄罗斯施压；另一方面会继续采取外交战、心理战、信息战、舆论战、网络战等"混合战争"手段，最大限度地削弱俄罗斯。如果欧洲也参与进来，进一步加大对俄制裁力度，俄可能会遭遇冷战后最为艰难的困境，仅靠军事和外交的"强势"很难突围。2022年1月，俄同美国、北约和欧安组织的三场会谈都没有取得结果，预示着继续对抗仍是主基调。乌克兰问题将成为牵制俄与美、欧关系改善的难以逾越的障碍，随着反俄情绪的进一步增长，乌克兰、格鲁吉亚、摩尔多瓦都会不断寻求美、欧的支持。俄罗斯周边国家会继续暗流涌动，俄要调动更多资源，对后苏联空间国家的政治经济进程采取更为积极的干预手段，巩固自己的战略空间，推动自身主导的一体化，这又会引发西方的批评和指责。

---

① Что будет с экономикой России в 2022 году. Прогнозы экспертов, https: // www. rbc. ru/ economics/03/01/2022/61c1ac739a79476c95bd7775.

② Экономический прогноз на 2022 год, https: // www. kommersant. ru/doc/5153078.

（五）中俄战略协作将迎来新亮点与新契机

中俄关系未来会继续发挥元首外交的引领作用。2022年2月，普京总统借北京冬奥会开幕之机访华，双方举行疫情后两国领导人的首次面对面会晤，共同发表《中华人民共和国和俄罗斯联邦关于新时代国际关系和全球可持续发展的联合声明》，集中阐述中俄在民主观、发展观、安全观、秩序观方面的共同立场。两国有关部门还签署了一系列重点领域合作文件。这场"新春之会"影响深远。新的一年两国将加强各个领域、各个层次上的官方和民间接触，推动双边务实合作再上新台阶；抓重点，补短板，在5G、跨境合作、电子商务、生物医药、绿色低碳、智慧城市、北极开发等新领域加大合作力度；充分利用铁路桥、公路桥、输油管道、天然气管道等跨境基础设施的带动作用，向实现2000亿美元贸易额的目标稳步迈进；进一步夯实双方长期友好的社会基础，加强民间和公共外交，促进人文和智库交流，为两国新时代全面战略协作伙伴关系发展营造良好的舆论氛围，增添更多的合作动力。

分 报 告

Specific Reports

Y.2

2021年俄罗斯政治形势分析

庞大鹏*

摘　要： 2021年俄罗斯内政保持稳定，普京围绕第八届国家杜马选举统筹内外政策，效果明显。选前普京在政治设计和社会民生两个领域发力，消除纳瓦利内事件的影响，管控政治公共空间，确保了杜马选举原则的最大有效性。选举结果符合政权预期目标，即"统一俄罗斯"党（以下简称统俄党）再次获得宪法多数席位，统俄党一党主导的政党格局符合俄罗斯政治稳定的需要。国家杜马选举结束后，普京在意识形态领域深入调整，重视"文化主权"，倡导"理性保守主义"，防范"颜色革命"，抵御西方价值观对俄罗斯传统的侵蚀，加强主流政治价值观建设，巩固国家认同，维护政治安全。"理性保守主义"是普京融合其国内治理经验向全球治理贡献的俄式理念，突出国家在国际政治中的主体地位，主张由每个国家根据自己的能力、文化和传统自主决定发展

---

* 庞大鹏，中国社会科学院俄罗斯东欧中亚研究所副所长、研究员。

道路。"理性保守主义"的背景是俄罗斯回归治理传统，具有极强的针对性。俄罗斯政治在第八届国家杜马选举后进入过渡阶段，2024 年前俄罗斯施策的重点将集中在对外政策上，尤其关注独联体地区一体化。

关键词： 政治形势　国家杜马选举　理性保守主义　文化主权

2021 年俄罗斯政治的核心事件是 9 月 17~19 日的第八届国家杜马选举。这次选举的背景，一是适逢苏联解体 30 年、俄罗斯转型与发展 30 年、普京强国战略 20 年，选举折射了俄罗斯政治的基本特点；二是 2020 年普京修宪，"普京宪法"为选举提供了制度保障；三是新冠疫情大流行对世界政治和俄罗斯社会民生继续产生影响；四是独联体地区危机不断，对俄罗斯的地区领导力形成挑战。普京围绕第八届国家杜马选举统筹内外政策，效果明显，2021 年俄罗斯内政保持稳定。

一　选举机制：延续有利于"统一俄罗斯"党竞选的基本原则

2021 年 9 月 17~19 日，俄罗斯举行第八届国家杜马选举。此次选举是普京修宪后的首次国家杜马选举，对 2024 年前俄政局生态具有重要影响。新冠疫情大流行以来，俄罗斯重要选举的投票时间改为 3 天，2020 年的地方选举已试行过一次。设定 3 天超长投票时间也是为提高投票率采取的举措，力求扭转 2016 年国家杜马选举 47.88% 超低投票率的不利局面。

自 2016 年以来，俄罗斯政党数量一直呈现下降趋势，从上届选举前的 74 个政党下降至本届选举前的 37 个政党。2021 年 8 月 16 日，俄中选委正式确认共有 14 个政党参选，按照选票排列顺序分别为：俄共、绿党、自民党、新人党、统俄党、公正党（公正俄罗斯-爱国者-为了真理党）、亚博卢、增长党、自由公正党、共产党人党、公民倡议党、绿色可替代党、祖国党和退休者党。从 14 个政党的地位看，可以分为政权党（统俄党）、体制内反对派（俄共、自民党、公正党）和体制外党派。这与 2016 年国家杜马选举时的政党竞选格局类似：1 个政权党、3 个体制内政党、3 个新党、3 个传统左翼政党、1 个传统右翼政党、4 个专业领域政党。这说明，俄杜马选举经过多年磨合，未来可能一直维持在 15 个政党左右参选，这有利于执政当局控制选举的得票分布，有利于政权党获得 2/3 以上绝对多数席位。本次选举依然采取混合选举制，225 席通过全联邦选区政党得票率选出，225 席通过单席位选区选出。

竞选格局与 2016 年类似，选举方式也延续了 2016 年的基本原则。这说明，执政当局认为目前的选举方式有利于提高统俄党的竞争力。

首先，随着政党数量的增加和大量小党参与竞选，反对派政党之间的竞争压力大大增加，尤其是议会反对派的部分选票被不同程度地分散。与此同时，统俄党利用普京对选民的个人影响力，并在支持普京的社会运动"全俄人民阵线"的积极配合下，非但不会受到大量小党的冲击，反而有助于取得 2/3 以上的宪法多数席位。

其次，新议会选举法将政党进入议会的门槛由 7% 降到了 5%，同时又严格禁止政党组建竞选联盟，从而限制了小党之间的政治联盟。亚博卢等右翼政党在 2003 年之后的杜马选举中全军覆没，除了右翼各派之间理念分歧外，主要原因在于禁止建立政党联盟这一规定排除了右翼联合竞选的可能性。

再次，允许参选政党在政党选举名单中加入不超过 50% 的非党成员。统俄党充分利用这一规定，将大量社会各界人士和其他党派的代表列入其竞选名单中，扩大了该党的社会影响，也为统俄党与不同政治阶层和政党之间的政治交易提供了机会。

最后，恢复混合选举制后，议会 450 个席位中的 225 个席位在全联邦选区按照获得 5% 以上竞选政党名单的得票比例进行分配，另外 225 个议席在单席位选区中按照简单多数原则选出。除了统俄党，其他政党都没有从这项制度改革中获益，尤其在单席位选区。统俄党拥有强大的行政资源和充足的竞选资金，混合选举制更有利于其发挥选举优势。

从修宪的技术层面看，国家杜马选举的政治意义在下降。2020 年普京修宪直接导致国家杜马政治地位下降。当前俄罗斯政治体制的基本现状是：国家杜马的职权明升暗降，联邦委员会的权力明显扩张。立法机构之间政治权力一升一降，关键人事任免权等核心权力还是由总统掌握，实际上更加巩固了总统的核心地位。

可见，上院、下院与总统关系更加密切，能否发挥其职能取决于其与总统的关系是对立还是合作。一放一收，使立法机关完全配合执行权力机关，按照俄总统的政治意愿开展工作，这实际上为执政当局的政治控制添加了双保险。第一，目前的选举方式有利于统俄党选举获胜。第二，即使出现意外，统俄党不能确保在国家杜马 2/3 的绝对多数席位，执政当局依然有制约反对派的手段。这个潜藏的政治手段体现在国家杜马、联邦委员会和宪法法院三者的互相制约上：国家杜马受宪法法院和联邦委员会的制约，而宪法法院和联邦委员会的人事权又受到总统的控制，因此国家杜马的实际政治影响力已大不如前。

二 综合施策：确保政治生态整体可控

由于新冠疫情及独联体局势的影响，稳定与安全依然是俄罗斯选民的首要需求，这种社会心态对统俄党的竞选有利。即使如此，选举前普京还是在政治设计和社会民生两个领域发力，以确保统俄党再次获得宪法多数席位。

首先，为达到支持群体增加的选举效应，统俄党将候选人的轮换提到重要议事日程上。选民希望看到的不仅是新面孔，而且是能够为公民争取具体和直接利益的真正代表。2021 年 6 月 19 日，普京提名的统俄党全联邦候选人的 5 位领衔名单即符合此前的分析预期。名单中不仅包括老资格政治家绍伊古、拉夫罗夫，还包括 3 位全新面孔，即"全俄人民阵线"主席什梅列娃、儿童权益专员库兹涅佐娃和莫斯科第 40 医院主治医生普罗岑科。对于选民而言，这个名单组合将政治性和社会性融为一体。

对于俄共领导人久加诺夫和自民党领导人日里诺夫斯基来说，这次选举几乎是最后一搏。2021年久加诺夫已76岁，领导俄共27年；日里诺夫斯基74岁，担任自民党领导人31年。公正俄罗斯党与"为了真理"党及"爱国者"党在2020年底结成联盟即公正党，由普里列平领导。新人党在2020年统一投票日的地方选举中表现出色，实际上已经进入以往体制内政党的领地，填补了青年政策领域的政治空缺。绿色可替代党以及一直在政坛维持一席之地的退休者党和茹拉夫廖夫领导的祖国党都在2020年的地方议会中获得了席位，都能参加国家杜马选举而无须征集签名。

其次，政治设计主要集中在三个方面：消除纳瓦利内事件的影响、管控政治公共空间和确保国家杜马选举原则的最大有效性。2021年6月4日的《国家杜马代表选举法》新修订条款规定，政府认定的极端主义或恐怖主义组织的负责人不能参加选举。① 6月9日，莫斯科市法院判定与纳瓦利内相关的"反腐基金会""纳瓦利内总部""公民权利保护基金会"为极端组织，并限制纳瓦利内基金会相关工作人员参与选举活动。8月6日，俄罗斯司法部正式将"反腐基金会""纳瓦利内总部""公民权利保护基金会"列入取缔名单。与西方关系密切的"雨"电视频道等被定为外国代理人组织，也被禁止参加此次选举。除了对候选人的资格加以严格限制外，2016年第七届国家杜马选举时通过的代表选举法基本原则没有变化，这对于统俄党竞选有利。

从社会民生看，俄在疫情期间将民生政策向弱势群体倾斜，以确保民众心态的稳定。2021年普京发表的国情咨文聚焦民生政策，统俄党竞选纲领突出民生议题，其270条竞选举措中涉及外交、安全与军事的不到20条。普京的国情咨文是民生政策向弱势群体倾斜的主要标志。咨文提出俄罗斯政府的主要任务是确保国民实际收入不断提高，要恢复至先前水平并继续提

---

① Президент подписал закон о запрете избираться причастным к экстремистским организациям, http://duma.gov.ru/news/51690/.

升，推动减贫工作取得明显成效。① 2018 年普京提出的目标是 2024 年全国贫困人口减半，但受新冠疫情影响，2020 年 12 月普京在年度记者会上指出，将推迟减贫时间表，到 2030 年把贫困率从 13.5% 降至 6.5%。2021 年 7 月，俄罗斯政府落实了普京关于副总理分管联邦区事务的指示。从 7 月起，由现任副总理具体分管 8 个联邦区。格里戈连科分管中央联邦区，切尔内申科分管伏尔加河沿岸联邦区，戈利科娃分管西北联邦区，鲍里索夫分管乌拉尔联邦区，胡斯努林分管南部联邦区，诺瓦克分管北高加索联邦区，阿布拉姆琴科分管西伯利亚联邦区，特鲁特涅夫分管远东联邦区。这将有利于经济社会和民生保障工作落实，提高民众对政府的支持率。

不仅如此，在 2020 年修宪中，第 75 条新加 3 项与民生有关的内容，这在世界各国的宪法中都属罕见：俄罗斯联邦尊重公民的劳动，并保卫其权利，国家保障最低工资不低于俄罗斯联邦全体居民基本生活费；俄罗斯联邦按照普遍、公平和团结的原则建立公民退休金制度，并支持其有效运行，按照联邦法律规定的方式每年至少一次对退休金进行指数化；根据联邦法律对社会强制性保险进行保障，为公民提供针对性的社会支持，并将社会补贴和其他社会费用指数化。立法保证最低劳动报酬和最低退休金不低于"贫困线"，这对稳定社会情绪效果明显。

三 选举结果：为后2024政局稳定奠定坚实基础

统俄党在本次选举中依然保持了 2/3 的宪法多数席位，共获得 324 席，一举奠定了 2024 年前政治稳定的基本局面。俄共得票高于 2016 年选举，增长 15 席，共获得 57 席，稳居国家杜马第二大党的地位。公正俄罗斯党与"为了真理"党、"爱国者"党合并组成新的政治力量，该党比 2016 年选举增长 4 席，获得 27 个席位，一跃成为新一届国家杜马的第三大党。自民党

---

① Послание Президента Федеральному Собранию, 21 апреля 2021 года, http://kremlin.ru/events/president/news/65418.

长期以来作为国家杜马第三大党的地位被取代，仅获 21 席，较 2016 年的 39 席大幅减少。

被视为克拉姆林宫政治同盟的新人党异军突起，在全联邦区选举中获得 5.32%的得票率，打破国家杜马固有的四党格局，作为俄罗斯政坛的新鲜血液，成功跻身新一届国家杜马。为青年发声的新人党实际上起到了政治补位的作用。国家杜马内缺少代表青年的声音，以往只是靠"我们"等青年组织进行政治动员，现在新人党将该政治缺位补齐。在后苏联一代和普京一代先后登上政治舞台、占据选民基数 1/3 的背景下，新人党既得到了政权的支持，又能弥补现政权在青年领域的政策短板，是普京维护稳定的精心政治设计。

选举取得符合政权预期的结果属于意料之中，是普京围绕第八届国家杜马选举综合施策、统筹安排的结果。

竞选实际上在新年假期之后就已开始。2021 年 1 月 27 日，普京在达沃斯论坛上发表视频讲话。这次讲话集中反映了普京对新冠疫情发生后世界变化的看法，实际上也是对 2021 年俄罗斯政治议程提出的总体框架。普京认为：第一，新冠疫情出现后的世界形势的确与 20 世纪 30 年代的局势类似，当今世界也面临综合性和系统性的潜在威胁，关键问题在于从全球到单一国家经济发展模式均面临挑战，社会分化都在加剧；第二，从全球层面看，全球民粹主义刺激了极端主义和激进主义的发展，从各国内部形势看，经济问题和不平等的加剧引发社会和民族矛盾，导致内部政治进程面临严峻局面，这种内外联动影响国际关系的稳定，全球形势更加不可预测；第三，单一中心化的单极世界秩序不可能成功，实际上也已经结束，单一中心化的秩序与世界文明和历史的多样性难以兼容；第四，大国竞争难以避免，这种竞争由于当代世界形势而处于一个转折点，人类社会需要联合。①

---

① Сессия онлайн-форума «Давосская повестка дня 2021» - Владимир Путин выступил на сессии онлайн-форума «Давосская повестка дня 2021», организованного Всемирным экономическим форумом，27 января 2021 года，http://kremlin.ru/events/president/news/64938.

上述观点与2021年俄罗斯政治总体思路一致：选举前普京采取一系列举措管控政治生态，以确保统俄党获胜。选举结果虽符合政治稳定的需要，但这是综合调控的结果，政治成本较高。国家杜马选举结束后，普京在意识形态、对外关系等领域深入调整。总体来看，俄罗斯政治在此次国家杜马选举后进入过渡阶段，未来两年俄罗斯施策的重点集中在对外政策上，尤其是独联体地区的一体化。2021年俄罗斯内政寻求政治稳定、重视文化主权、倡导理性保守主义的整体走势与之前一脉相承。

四 "文化主权"：加强意识形态建设

2021年7月2日，普京签署新版《俄罗斯国家安全战略》，这是俄统筹国家安全体系的核心文件。[①] 俄国家安全战略先后历经1997年、2000年、2009年和2015年四个版本。2021年新版国家安全战略的核心要义与2020年普京修宪统筹国家安全体系的主要诉求前后衔接，一脉相承，体现了普京政权对国家安全体系建设政策的系统性与一致性。结合修宪和新版国家安全战略看，当前俄国家安全体系最突出的特点是统筹安全与发展的内在联系成为基本原则，安全的焦点从外部威胁转向内部挑战；极端重视政治安全，总统在维护国家安全上居于核心地位；高度关注价值观，提出"文化主权"概念。"文化主权"概念与2005年普京提出的"主权民主"概念类似，占据俄意识形态领域指导思想的地位，具有极强的现实意义。

俄罗斯批判源于西方文化传统的"普世价值"。1992年在马斯特里赫特签署的《欧洲联盟条约》中提出："欧洲的文化、宗教和人文遗产，在此基础上形成了不可侵犯和不可剥夺的人权、自由、民主、平等和法治的普世价值观。"在俄罗斯的政治话语体系中，"普世价值"或者"西方价值观"这两个概念均是指非俄罗斯社会所固有并在外国文化中占据主导地位的价

---

① Указ Президента Российской Федерации от 02. 07. 2021 г., № 400–О Стратегии национальной безопасности Российской Федерации, http：//www. kremlin. ru/acts/bank/47046/page/1.

值观。

俄安全会议秘书帕特鲁舍夫代表官方明确表示：冷战结束后，原有的西方传统价值观的整个架构都已发生深刻变化，以至于其现今留存的所谓"普世价值"准则同欧盟所宣扬的欧洲文明价值体系基本上已没有任何共同之处。当今世界的"普世价值"之争，已不再是一种价值观代替另一种价值观的问题，而是一种新的意识形态体系的出现，其最终目的是摧毁作为政治主权核心基础的传统价值观。从本质上说，这是一种社会文化侵略，已经变成把自己的世界观强加于世界的强制行为。俄罗斯不需要这样的"普世价值"。

新版国家安全战略明确指出：传播外来理念和价值观，漠视历史传统和前辈在教育、科学、文化、宗教、语言和信息活动等领域的经验，导致俄社会分化和极化加剧，破坏了俄文化主权基础，也破坏了俄政治稳定和国家体制的基础。道德基本准则的改变和心理操纵对俄社会的道德健康造成无法弥补的损害，这鼓励了俄社会的破坏性行为，为社会自我毁灭创造了条件。俄激进民族主义、排外主义、宗教极端主义和恐怖主义也因此而抬头。

批判"普世价值"的根本目的是树立传统价值观的地位。近年来，俄从官方到学者，大力倡导和宣传一个核心观点：传统价值观一直是俄社会的精神和道德基础。这一体系奠定了苏联人民在1941~1945年伟大卫国战争中取得世界历史性胜利的基础。也正是有了这一基础，俄罗斯才得以维护和巩固主权、建设未来，尽管历史发展遇到了重重困难和矛盾。俄罗斯历经磨难才形成了自己的价值观，后代的主要任务是爱护并使其更加丰富。这也是俄罗斯新版国家安全战略正式提出"文化主权"的宗旨所在。新版国家安全战略将俄罗斯"文化主权"定义为"保护俄罗斯传统精神道德价值观、文化和历史记忆"，并制定了维护文化主权的14项任务。

俄罗斯"文化主权"概念具有极强的针对性，主要是为了防范"颜色革命"，抵御西方"普世价值"对于俄罗斯传统的侵蚀，加强俄意识形态建设，巩固俄国家认同，维护俄政治安全。2020年普京在修宪前明确指出，俄罗斯是统一的多民族国家，贯穿独一无二的俄罗斯文明的主轴线是俄罗斯人民和俄罗斯文化。他认为，必须巩固"历史性的国家"，用国家和文化来促进各民族和宗教的融合。修宪和新版国家安全战略均高度重视文化主权，以此加强俄罗斯国家认同，维护意识形态安全。

俄罗斯宪法所框定的关于俄罗斯历史认知的基调，是增强民众国家认同感、深化国家治理能力建设的必要途径。在宪法第三章第 67 条下新增第 67.1，共 3 条新内容：一是明确俄罗斯联邦是苏联领土的法律继承国，是苏联作为国际组织和国际条约成员的法律继承国，也继承了国际条约规定的在俄罗斯联邦领土外的苏联债务和资产；二是明确千年历史团结起来的俄罗斯赋予人民上帝的信仰和理想，并保持国家发展的连续性，承认历史形成的国家统一；三是俄罗斯联邦纪念祖国的捍卫者并保护历史真相，不允许贬低人民在保卫祖国中的意义，明确宣示历史问题的政治意义在于警告国外反俄势力不要将历史问题作为诋毁俄罗斯国家形象的手段和工具。

关于文化主权方面的修宪对确定俄发展目标和道路选择具有重大意义。新版国家安全战略明确指出：俄长期发展前景和世界定位取决于其内部潜力和价值体系的吸引力。在西方自由主义模式发生危机的背景下，保护作为国际交流语言的俄语被当作俄面临的紧迫挑战之一。不友好国家试图利用俄社会经济问题破坏其内部团结，策动和激化抗议运动，支持边缘群体，分裂俄社会，俄必须加强团结，捍卫传统精神和道德价值观，保护俄罗斯人民的文化和历史遗产。

新版国家安全战略把文化和文明放在极端重要的位置上，俄国内对此意见高度一致。俄学者特别指出：如果一个国家的根基腐烂，任何经济成就都无法拯救它。俄建议把国家主权，其中包括文化和精神道德主权提升到最高价值和人类文明建设基础的地位，其为确保不同国家和人民的发展与繁荣创造有利条件。

俄罗斯警惕西方价值观对俄政治安全的影响。俄认为，西方企图将西方价值观引入俄公民思想中，不仅攻击传统的俄罗斯精神和道德价值观，还攻击人类真实的、真正共同的价值观，动摇国家体制。西方对俄选择的主要打击方向是几个世纪以来俄业已形成的各民族传统、语言、信仰和几代人的历史记忆。西方的新干涉主义准则对国际安全体系的影响是破坏性的。用强者的法律取代国际准则，在历史、宗教、人种和其他原因无法存在西方所定义的"民主与自由"的地方，用"火与剑"灌输"自由与民主"，这已经导致伊拉克、叙利亚和利比亚的悲剧。

当前一个极其重要的问题是俄能为世界提供什么价值观作为替代。俄认为，俄提供的是一种新的文明选择，俄之所以提出以俄价值观重建与替代现有国际秩序，是源于俄对疫情后世界局势的判断。俄认为当今世界未来诸多国家有可能面临"美国+"或"中国+"的二选一抉择。在这种情况下，俄提出要捍卫各个国家的主权和选择发展道路的自由，帮助它们摆脱大国霸权的威胁。这是俄在这个层面提出"文化主权"的用意之一：俄把自己定位为"世界和平的捍卫者"和"新不结盟运动"的领导者。

五 "理性保守主义"：俄式治理观念

2021年10月21日，普京借助瓦尔代俱乐部这一重要政治平台向世界发声："理性保守主义"是当今世界可供选择的治理理念。[①] 此前"俄罗斯保守主义"已作为普京倡导俄罗斯发展道路的理念基础被写入政权党的党章。但无论是"俄罗斯保守主义"还是2019年苏尔科夫提出的"普京主义"，都聚焦国内治理；"理性保守主义"则是融合国内经验向世界贡献的俄式理念。

"理性保守主义"的观念基础是：疫情加速世界系统性变革，这一变革已突破人类社会以往的军事对峙与意识形态对立；气候恶化和环境退化的影响已经波及人类社会，要想解决人类社会面临的综合性难题，所谓的数字化治理或者非国家实体都无法替代国家，国家重新成为国际政治的主体；国家作为解决当今人类社会难题的主导力量，只能采取理性的、温和的和合理的

---

① Заседание дискуссионного клуба «Валдай» – Владимир Путин принял участие в пленарной сессии XVIII заседания Международного дискуссионного клуба «Валдай», 21 октября 2021 года, http://kremlin.ru/events/president/news/66975.

国家行为，而西方强加的社会实验是西方的经验总结，盲目追随的代价难以预料。俄罗斯倡议采取"理性保守主义"而不是不负责任的冒进行为。

只有国家才是世界秩序的构成单位，只有主权国家才能有效应对时代的挑战和公民的诉求，因此，任何可行的国际秩序都必须考虑到国家的利益和能力，并以此为出发点，而不是去证明它们不应存在，更不能强加于任何人任何东西，无论是社会政治秩序的原则，还是某些人自认为的"普世价值"观。当真正的危机来临时，只有一个"普世价值"观，即人的生命；如何保护人的生命，要由每个国家根据自己的能力、文化和传统自主决定。革命不是摆脱危机的道路，而是加深危机的道路。任何革命都无法抵偿它对人类潜力造成的破坏。

理性保守主义的背景是俄罗斯回归传统，即对内集中优化政治资源，对外控制周边地缘缓冲带。俄罗斯精英阶层希望在政治强人普京的带领下，实现后苏联空间的再次联合，重建昔日霸业。既然发展需要考虑国家特性，俄罗斯地缘政治观就具有一定合理性。为此，苏尔科夫 2021 年 11 月再次发表重量级文章《混乱何处去？解压稳定性》，他毫不讳言地指出：俄国内政治即使不稳定也没有关系，当国内紧张时，俄的历史选择就是对外扩张，这是俄治国物理学意义上的规律，谁也改变不了。① 俄国内目前在白俄罗斯和乌克兰问题上的认知高度一致。乌克兰再次处于非常特殊的地位，它的领土在战略上极其重要，如果它成为敌对势力的军事平台，俄认为这对俄将是一种生存威胁。俄认为，每个国家都应该意识到自己的地理和地缘政治地位。客观地说，一些国家的地位被它们的历史、地理和周边战略平衡施加了限制。许多乌克兰人赞成北约，但如果有一个强大的邻国反对，这个强大的邻国会不得不采取预防行动。随着冷战结束和西方的"得意忘形"，这些最基本的地缘政治原则都被遗忘了。

在苏尔科夫看来，俄罗斯的这种国家特性与民众心态及传统价值观一脉

---

① Владислав Сурков，Куда делся хаос? Распаковка стабильности，https：//actualcomment. ru/kuda-delsya-khaos-raspakovka-stabilnosti-2111201336. html.

相承，这是政局稳定的思想基础。苏尔科夫曾说，俄罗斯不是深暗国家，它的一切都在明面上，但它拥有深层人民。深层人民一直活得很明白，这是社会调查、宣传、威胁以及其他直接研究和影响手段所无法抵达之处。在不同的时代，深层人民可能是农民、无产阶级、无党派人士、嬉皮士、预算供养人员。深层人民凭借自己庞大的整体，形成了无法战胜的文化万有引力，人民性发出强大的引力，所有政治轨迹都会不由自主地向它聚拢。①

总之，国家杜马选举结束后普京在意识形态领域依靠两大理念创新进一步整合了政治价值观：一是在"俄罗斯保守主义"的基础上进一步提出"理性保守主义"；二是深耕"文化主权"概念，整合俄精神道德价值观。在对外关系上，明确重视独联体地区一体化，俄白联盟的进展、俄欧关于难民问题的争论、乌东地区的军事紧张等都推动俄罗斯内政趋向保守。俄强国路径日益趋向单一化。俄不想成为20世纪90年代许多国家所期望的那种所谓的"正常"国家；如果放弃大国主义，俄就会一蹶不振，俄仍选择通过地缘政治的崛起实现强国目标的路径，仍是一种用地缘空间换取发展时间的战略。

---

① Владислав Сурков: Долгое государство Путина-О том, что здесь вообще происходит, 11 февраля 2019 года, http: //www. ng. ru/ideas/2019/02/11/5_7503_surkov. html? pagen = 42&fbclid = IwAR3ct0Nqn3TpMQqnySevtho2Ky25VWB1pYU2yXSaDnB0pxIgFo4JWiR - 9SM&id_user = Y.

Y.3
疫情背景下俄罗斯2021年
宏观经济走势及未来前景

徐坡岭[*]

摘　要: 2021年俄罗斯经济实现了较快复苏,全年GDP增长4.7%。2021年俄罗斯的经济恢复具有全行业性质,几乎所有行业都对经济恢复做出了贡献。2021年经济运行的其他一些特征包括通货膨胀超过预期,财政运行状况良好,净出口增加,外汇储备达到历史最高水平。在促进经济增长的诸因素中,国际能源价格持续上涨仍是最主要的动力。2021年俄罗斯的宏观经济政策主线开始从防疫反危机转向中长期结构调整和促进经济增长。俄罗斯在防疫反危机过程中实施的结构性政策,使得政府越来越深度地介入市场经济活动。俄罗斯经济体制有回归经济计划和政府干预传统的倾向。

关键词: 俄罗斯宏观经济　经济政策　新冠肺炎疫情

一　2021年俄宏观经济走势及总体状况

（一）国民经济实现恢复性增长,GDP增速达4.7%,几乎所有经济部门全面恢复

根据俄联邦国家统计局初步估算,2021年俄联邦国内总产值为130.80

---

* 徐坡岭,中国社会科学院俄罗斯东欧中亚研究所俄罗斯经济研究室主任、研究员。

万亿卢布（卢布现值），扣除物价上涨因素，俄罗斯 2021 年 GDP 增长 4.7%。仅从增长率看，2021 年是俄罗斯自 2008 年以来经济增长最快的年份。2010 年俄罗斯经济从次贷危机的冲击中恢复之后，2012 年增速达到 4%，之后逐年下降，2013 年增长 1.8%，2014 年增长 0.7%。2015 年受克里米亚危机制裁和油价暴跌、卢布贬值的影响，GDP 增长 -2%，2016 年增速恢复到 0.2%，2017 年增速提升至 1.8%，2019 年达到 2.2%。2020 年受新冠肺炎疫情的冲击，GDP 再次负增长，增长为 -2.7%。

2021 年的经济增长是在几乎所有经济部门产出全面恢复的基础上实现的。与 2020 年相比，增幅最大的行业或部门是：酒店和餐饮（+24.1%），供水、水处理、废弃物回收和利用、治理污染（+13.8%），家庭自助服务（+10.6），文化和体育（+8.4%），批发和零售贸易、机动车和摩托车维修（+8.1%），信息和通信（+8.1%），运输和仓储（+7.8%），其他服务（+6.9%），电力、燃气和热力供应（+6.1%），建筑业（+5.8%），科学技术服务（+5.1），加工制造业（+4.6%），采掘业（+4.2%）（详见表 1）。随着实体经济复苏，对银行和保险公司服务的需求增加，导致金融和保险的附加值增加（+9.2%）。

表 1 俄罗斯 2021 年 GDP 总产出与部门产出及增速

	2021 年产出（10 亿卢布）	2021 年增速（%）	2020 年增速（%）
名义 GDP 总量	130795.3		
GDP 总增加值	117513.1	4.7	-2.7
其中：			
农业	49635.0	-1.3	0.2
采掘业	15029.4	4.2	-6.6
加工制造业	18888.9	4.6	0.5
电力、燃气和热力供应	2864.6	6.1	-2.8
供水、水处理、废弃物回收和利用、治理污染	656.3	13.8	0.5
建筑业	5938.7	5.8	-2.0
批发和零售贸易、机动车和摩托车维修	15261.3	8.1	-2.6
运输和仓储	7097.4	7.8	-10.7
酒店和餐饮	987.9	24.1	-24.1

续表

	2021年产出 （10亿卢布）	2021年增速 （%）	2020年增速 （%）
信息和通信	3247.4	8.1	1.8
金融和保险	5442.6	9.2	8.7
房地产交易	11703.9	0.9	-1.9
科学技术服务	5233.4	5.1	-0.5
管理服务	2211.9	2.0	-8.2
国家管理与军事社会安全	8272.7	-0.1	2.7
教育	3677.5	0.6	-3.1
卫生健康社会服务	3887.2	1.2	-1.5
文化和体育	1040.1	8.4	-10.6
其他服务	663.1	6.9	-5.7
家庭自助服务	445.4	10.6	-27.7
产品净税收	13282.2	6.3	-4.7

资料来源：俄联邦国家统计局《俄罗斯经济社会状况》2021年第12期、2022年第1期。

2021年9月，经济恢复到2019年疫情之前的水平。与2019年相比，2021年全年GDP增长了1.9%。其中，大多数行业超过了2019年的水平，如供水、水处理、废弃物回收和利用、治理污染（+14.3%）；信息和通信（+10.1%）；批发和零售贸易、机动车和摩托车维修（+5.2%）；加工制造业（+5.1%）；建筑业（+3.6%）；电力、燃气和热力供应（+3.2%）（详见表2）。

表2 2019~2021年俄罗斯主要行业的增长率

单位：%

经济活动类型	2021年与 2020年相比	2020年与 2019年相比	2021年与 2019年相比
农业	-1.3	0.2	-1.1
采掘业	4.2	-6.6	-2.8
加工制造业	4.6	0.5	5.1

续表

经济活动类型	2021年与2020年相比	2020年与2019年相比	2021年与2019年相比
电力、燃气和热力供应	6.1	-2.8	3.2
供水、水处理、废弃物回收和利用、治理污染	13.8	0.5	14.3
建筑业	5.8	-2.0	3.6
批发和零售贸易、机动车和摩托车维修	8.1	-2.6	5.2
运输和仓储	7.8	-10.7	-3.7
酒店和餐饮	24.1	-24.1	-5.9
信息和通信	8.1	1.8	10.1
金融和保险	9.2	8.7	18.7
房地产交易	0.9	-1.9	-1.0

资料来源：俄联邦国家统计局《俄罗斯经济社会状况》，https://www.finam.ru/publications/item/ekonomika-v-2021-godu-rekordnyiy-s-2008-go-rost-vvp-i-cenovogo-indeksa-neravnomernost-vosstanovleniya-po-sektoram-20220221-092300。

上述经济增长表现，一方面，从绝对值上看是一种快速增长，但考虑到2020年经济衰退，基数低，这种增长在性质上仍然是属于快速恢复的增长；另一方面，放在全球视野中看，俄罗斯经济恢复的速度也算是相对较快的。

根据世界银行和国际货币基金组织的报告，俄罗斯2019年第四季度至2021年前三季度的经济增速在二十国集团中排在第五位。2019年第四季度至2021年前三季度俄罗斯的复合年均增长率达到1.4%（剔除能源价格上涨的影响），排在中国（5.3%）、土耳其（5.1%）、韩国（1.7%）、澳大利亚（1.4%）之后。排在俄罗斯之后的是印尼（0.9%）、美国（0.8%）、巴西（0.2%）、加拿大（-0.4%）、南非（-0.7%）、印度（-1.3%）、欧元区（-1.6%）等。

（二）通货膨胀超过预期

2021年俄罗斯消费价格自3月之后持续上涨。根据中央银行的报告，2021年底俄罗斯通货膨胀率超过8.4%，而年初的货币政策通胀目标预期值为 4%。尤其是食品价格平均上涨了 10%，蔬菜和水果价格上涨了近 20%，这对居民生活造成了较大的影响。根据中央银行的分析，一半以上的俄罗斯人实际感觉到的通胀率超过 16%，这约是官方公布通胀率的 2 倍。原因是这些人日常消费支出所购买的主要物品价格涨幅更大：鸡肉价格上涨了 30%，土豆上涨了 74%，卷心菜上涨了 87%。俄罗斯传统假期和节日的消费品诸如圣诞树、红鱼子酱的价格涨幅更高。这也是普京总统在 2021 年 12 月的工作会议上要求在 2022 年把通胀率降至 4% 的最主要原因。

俄罗斯 2021 年通货膨胀的主要特征是逐渐加剧。两个方面因素的叠加推动了这一过程：一方面，全球大宗商品价格和普通商品价格持续上涨，其中，粮食价格自 2017 年以来一直处于持续上涨中，并在 2021 年加速飙升（同比增长31%）①；另一方面，卢布汇率在 2021 年整体表现弱势，卢布贬值与世界商品价格上涨，使俄罗斯的通货膨胀具有显著的外部输入性。据测算，2021 年俄罗斯商品价格增长加速的 50%～70% 是由外部因素造成的。同时，俄罗斯第二季度和第三季度经济快速恢复，消费激增，而外部却面临国际供应链中断，这造成了局部的市场短缺，同样推动了价格上涨。

俄罗斯 2021 年更高的经济增长伴随着更高的通货膨胀，给未来的增长前景留下了隐患，政策空间缩小。到 12 月，俄央行年内第 7 次提高关键利率至 8.5%，以此来应对通货膨胀。2022 年俄联邦国家统计局第一次国民经济核算公布的 2021 年 GDP 平减指数为 116.4%。

（三）GDP 支出结构中净出口增加，家庭支出占比下降，就业形势好转，实际可支配收入微弱增长

截至 2021 年底，最终消费支出在俄罗斯 GDP 结构中所占份额为 67.9%（88.412 万亿卢布），2020 年为 71.2%。其中，家庭消费支出占 GDP 的比重

---

① 《2021 年俄罗斯经济：结果与预测》，https://corp.wtcmoscow.ru/services/international-partnership/analitycs/ekonomika-rossii-2021-itogi-prognozy/。

从50.7%降至49.7%，公共行政支出占 GDP 的比重从20.1%降至17.8%。与2020年同期相比，为家庭服务的非营利组织的费用支出占 GDP 比重保持在0.4%。总积累在 GDP 中的份额也有所下降，从23.6%降至22.5%，其中，固定资产投资总积累份额从21.6%降至20%，企业库存从2%增至2.5%。在进出口贸易方面，净出口（出口减去进口）的比重从2020年的5.2%增至2021年的9.6%（详见表3）。俄联邦国家统计局指出，这是出口燃料和能源商品的价格大幅上涨导致的。

表3 俄罗斯 2021 年 GDP 支出结构

指　　标	2021 年		2020 年	
	数额 （10 亿卢布）	占总额的 比重（%）	数额 （10 亿卢布）	占总额的 比重（%）
GDP 总量	130795.3	100.0	107315.3	100.0
其中：				
最终消费支出	88412.3	67.9	76077.4	71.2
家庭消费支出	64784.6	49.7	54120.3	50.7
公共行政支出	23124.7	17.8	21500.4	20.1
家庭服务非营利组织费用支出	503.0	0.4	456.7	0.4
总积累	29379.5	22.5	25202.0	23.6
固定资产投资	26109.6	20.0	23119.7	21.6
企业库存	3269.9	2.5	2082.3	2.0
净出口	12500.1	9.6	5473.6	5.2
统计误差	503.4		562.3	

资料来源：俄联邦国家统计局《俄罗斯经济社会状况》（2021 年第 12 期）。

随着俄罗斯经济从2020年的衰退中复苏，并在2021年9月超过危机前的水平，俄罗斯劳动力市场的情况有了显著改善，甚至比危机前的就业状况更好一些。在新冠肺炎疫情大流行前，俄罗斯的失业率为4.6%~4.7%。2020年6月，由于疫情隔离政策和经济衰退，俄罗斯的失业率一度升至6.4%。2021年的就业形势随着经济复苏逐渐好转，根据俄联邦国家统计局公布的数据，2021 年俄罗斯的失业率为 4.4%。

2021 年俄罗斯名义工资增长 9.8%，剔除通胀因素，实际工资增长 2.9%。居民可支配收入在 2013 年以来首次实现 3.1% 的增长。在收入结构中，俄罗斯联邦居民的现金收入显著增加，2021 年比 2020 年增加了 3.4%。这些现金收入主要来自创业活动、薪酬和其他现金收入。与此同时，居民社会福利和财产收入的份额有所下降。①

（四）国际收支状况良好，国际储备再创新高

2021 年俄罗斯外贸总额约 7980 亿美元，比 2020 年增长了 39.3%。其中，出口 4940 亿美元，同比增长 48.2%；进口 3039 亿美元，同比增长 26.8%。外贸盈余 1901 亿美元。国际收支状况不断改善，国际储备屡创新高。2021 年底国际储备达到 6306.27 亿美元（详见表 4）。

表4　2021 年俄罗斯国际储备数据（按月度计算）

单位：百万美元

日期	国际储备	外汇储备	货币黄金	SDR 账户	外币
2021 年 2 月 1 日	590685	453900	136785	6999	441370
2021 年 3 月 1 日	586266	455963	130304	6992	443634
2021 年 4 月 1 日	573322	448035	125287	6885	435984
2021 年 5 月 1 日	590476	459622	130855	6976	447411
2021 年 6 月 1 日	605232	465733	139499	7018	453449
2021 年 7 月 1 日	591745	461306	130440	7038	449027
2021 年 8 月 1 日	601003	466129	134874	7050	453838
2021 年 9 月 1 日	618181	485484	132697	24642	455583
2021 年 10 月 1 日	614122	485464	128658	24377	455953
2021 年 11 月 1 日	624237	491378	132859	24491	461593
2021 年 12 月 1 日	622501	489762	132739	24238	489761
2022 年 1 月 1 日	630627	497557	133070	24218	468075

资料来源：https：//www.cbr.ru/hd_ base/mrrf/mrrf_ m/。

---

① Об этом сообщает "Рамблер". https：//finance.rambler.ru/economics/48101034/? utm_ content＝finance_ media&utm_ medium＝read_ more&utm_ source＝copylink.

（五）联邦预算运行平稳，财政状况良好，金融系统风险可控

根据俄联邦国家统计局的数据，2021 年联邦统一预算收入 481184 亿卢布，占 GDP 的 36.8%，支出 470726 亿卢布，占 GDP 的 36.0%，预算盈余 10458 亿卢布。[①]

俄罗斯财政状况的改善，一方面得益于抗疫反危机支持政策暂告一段落；另一方面得益于能源部门的贡献。同时，也与俄罗斯联邦政府的中期预算制度和联邦预算法确立的预算规则得到有效执行密切相关。

俄罗斯联邦执行中期预算制度，在联邦预算法中设立预算规则。2021 年的预算和财政运行体现了政策目标和预算原则。2021 年 1~5 月，俄联邦预算总收入为 179502 亿卢布，预算支出为 167568 亿卢布，预算盈余为 11934 亿卢布。第三季度预算收入和支出同步增长。在总预算收入中，增值税收入（占比 19.6%）、自然资源使用税收入（占比 15.8%）、企业利润税收入（占比 12.7%）、企业强制保险收入（占比 19.2%）和个人所得税（占比 9.6%）是主要来源。总预算支出主要用于以下领域：社会文化项目（占比 60.4%）、国民经济发展（占比 12.5%）、国家管理（占比 5.8%）、国防支出（占比 8%）、国内安全（占比 5.1%）、住房（占比 4.3%）。

预算由赤字转为盈余，能源部门的财政贡献大幅上升。同时，俄罗斯提升发债总额也做出了贡献。截至 2021 年 10 月 1 日，俄联邦主权债务总额为 20.94 万亿卢布（其中内债 16.68 万亿卢布，外债 4.26 万亿卢布），外债约合 586 亿美元，相当于 GDP 总量的 3.4%。

2021 年俄罗斯金融系统平稳，金融风险可控。2021 年上半年俄企业财务状况良好，受疫情影响，逾期债务比重有所增加，但总债务水平可控。金融系统债务和经营、资产风险水平微弱提高，风险可控。俄罗斯中央银行继续加大对银行违规经营的监控和处罚力度。截至 2021 年 5 月，合规银行金融机构共 379 家，比 2020 年 6 月 1 日减少 49 家。

[①] 俄联邦国家统计局：《俄罗斯经济社会状况》（2022 年第 1 期）。

（六）固定资产投资比重有所下降，经济增长的可持续性存在风险

2021年俄罗斯固定资产投资增长了6%。投资活动的恢复在很大程度上是企业利润率上升和预期改善的结果。特别是经济增长率高于预期刺激了企业的投资活动。尽管如此，2021年俄罗斯的固定资产投资占GDP的比重仍然有所下降，从2020年的21.6%降至2021年的20.0%。固定资产投资占比低，加上其他一些因素，使得俄罗斯经济增长的可持续性存在一定风险。

首先，从短期看，2021年推动经济复苏的动力具有不可持续性。一是全球能源价格上涨的动力存在不确定性。全球经济复苏缓慢，疫情短期内难以消除，使得原油需求承压。缺少油价持续上涨带来的出口收入增量，俄罗斯的消费主导型经济无法持续增长。二是本次需求增长对经济增长的贡献是延迟消费带来的一次性贡献。目前俄罗斯居民的可支配收入状况不支持消费的持续增长。三是通货膨胀高企正在破坏俄罗斯经济运行的健康状态。疫情背景下的供应链问题和一次性释放的消费需求以及输入性通胀压力造成的通货膨胀，其影响具有持续性。中央银行把关键利率提高到8.5%，对投资造成巨大压力。

其次，固定资产投资占比和增速都没有达到经济持续增长的要求。2021年俄罗斯固定资产投资增长6%，占GDP的比重预计为20%。仍没有达到经济持续增长所需要的增速达到8%以上、占GDP的比重达到25%以上的最低要求。

二 俄罗斯2021年宏观经济政策主线及其中长期目标

（一）宏观经济政策从防疫反危机转向中长期结构调整和经济增长

俄罗斯经济能够在2021年实现稳定和较快复苏在很大程度上得益于积极的财政货币政策和推动经济复苏的刺激措施。首先，在疫情最严重的时期，俄罗斯大幅放松财政政策和货币政策，实施反周期调节。其次，俄罗斯联邦政府分阶段实施了反危机支持政策和经济复苏措施，包括向困难的个人

提供补贴和收入支持，补贴企业，降低企业的经营成本，推迟企业和个人缴纳税款和保险费，提供优惠贷款等。

2021年俄罗斯的宏观经济政策一方面继续向受疫情影响的困难群体和企业提供支持；另一方面为实现经济增长的长期可持续性，制定和实施了一系列结构性政策。

1. 长期结构性政策

长期结构性政策主要集中在四个领域。一是绿色发展和能源转型。俄罗斯认为，绿色发展议程将在未来构成俄罗斯经济融入全球经济的硬约束，因此，从消极应对欧盟的碳边界调节税转为积极的气候政策，试图把能源转型给俄企业带来的挑战和风险转变为机遇。确立了以氢能源和核能源为主线的绿色能源战略，同时启动国内碳税交易市场，利用俄罗斯的森林资源优势，建立基于生态系统的碳中和战略。二是利用全球最低所得税（15%）协议，促使俄离岸企业回归俄罗斯，并建立一个有利的投资激励机制，提高俄罗斯的投资吸引力。三是改善国内投资环境，制定具体政策，吸引国际投资，包括启动新的特别投资合同机制（SPEC 2.0），建立与国际接轨的保护和促进投资协定的现代化框架（目前正在扩大投资税收抵免的范围和其他优惠待遇，远东地区和单一城市的超前经济和社会发展区）。四是推动经济数字化。俄罗斯把经济数字化视为未来经济现代化的乘数机制，要求所有企业和组织制定数字化方案，加快与数字政务系统的一揽子融合试点，尽快确立选定的数字解决方案。为此，对企业信息技术改造（包括智能传感器、企业业务流程自动化、大数据、人工智能、物联网、虚拟和增强现实、3D打印等）实施政策扶持。俄罗斯希望通过上述措施，推动和实现自己的工业4.0转型。

2. 以国家项目计划为主线，制定和落实2024年和2030年前中长期社会发展规划

2021年10月6日，俄政府第2816-P号令批准俄罗斯联邦2030年前社会经济发展的42项举措。每项举措都在2024年和2030年这两个规划层面上确定了具体要求。到2024年实施这些举措将需要4.6万亿卢布，资金将从联邦预算和国家福利基金中提取，并吸引私人投资加入这些项目。

2021 年 10 月 1 日的第 2765-P 号政府令，确立了《2024 年前俄罗斯联邦国家发展目标》和《2030 年俄罗斯联邦经济社会发展战略》的统一实施计划，确定了政府今后 10 年的战略优先事项。在这个统一的计划中，一方面规定了解决恢复经济和收入增长稳定的短期任务；另一方面规定了解决经济长期稳定增长问题的举措，包括设定目标（按年份确定实现国家发展目标的指标），确定每一项国家发展目标的关键影响因素，确定体现国家发展目标完成度的指标体系，确定保障国家发展目标的政策工具，确定实现国家发展目标的联邦主体地方责任和政府高级官员的权责评估指标系列（俄联邦总统 2021 年 2 月 4 日第 681 号法令）。

3. 以数字政务系统确保国家发展目标的实施

俄政府继续打造数字政府系统，作为监测国家发展目标实现情况的信息系统的基础。监测系统汇总来自政府方案和国家项目监测系统的具体活动。该系统不仅直接监测实现国家发展目标的进展情况，还具备查明和分析差距的功能，以便政府及时调整联邦中央和区域两级的必要举措。为了确保政策实施的灵活性，统一计划将每年调整一次，调整与预算进程挂钩。2021 年，具体确定了 2020 年的实际指标和 2021~2024 年的目标。

4. 继续实施有效的疫情防控措施和对企业、个人的经济扶持措施

首先，在防疫方面，主要措施包括：限制与国外的人员、货物往来；实施社交限制和隔离规定；大规模疫苗接种；大规模远程教育；延迟企业和个人欠款追缴；完善医疗机构建设，支持医疗实验室和相关研究；向各区域提供防疫补贴；简化药物和医疗产品注册及药物标签程序。

其次，在支持经济复苏方面，主要措施有：工资基金补偿方案 3.0（工资基金 3.0，主要用于维持经济组织的就业和业务活动）；营业牌照及许可证的自动续期；实施优惠贷款、担保贷款、小额信贷支持；延期支付拖欠的租金；降低保险费，为中小企业提供流动资金贷款和赠款，为医疗产品发放优惠贷款；暂停对小企业的例行检查；非工作日和带薪休假税收减免，医疗采购量所得税减免；为失业人员提供就业创业补贴；提高国家项目合同预付款比例；免征知识产权个人所得税和中小企业利得税；重组公民和企业的债务。

（二）俄罗斯经济体制有回归计划和政府干预传统的倾向

俄罗斯在防疫反危机过程中实施的结构性政策，使得政府越来越深度地介入市场经济活动。从 2019 年以来的结构性政策看，俄罗斯已经基本上全面消除了转型以来新自由主义的影响。

政府全面介入经济活动，以国家项目为主线，以国有经济组织为载体，以提供公共物品为手段，政府全面主导或引导投资、产业发展和对外经济关系，这些均是新转型方向的主要特征。

需要关注的是，俄罗斯发展道路与世界格局的变动是个相互塑造的过程。苏联解体塑造了冷战后的世界格局。之后 30 年美国霸权和全球资本霸权塑造了俄罗斯的发展道路。未来 10 年俄罗斯的选择将对世界新格局的塑造产生巨大影响，同时也将对中俄经贸合作产生重大影响。

三　俄罗斯经济增长的未来前景

俄罗斯经济在 2021 年的快速恢复没有改变俄罗斯经济运行的模式特征，俄罗斯经济运行中表现出来的消费主导、增长动力依赖能源和投资不足等问题仍没有得到解决。

（一）投资不足仍是制约俄罗斯长期经济增长的根本性问题

作为世界上唯一可以实现自然资源完全自给自足的国家，俄罗斯拥有一个 1.46 亿人口的大市场，同时拥有比较完整的工业体系和国民经济体系，在经济的安全性和抗冲击方面具有其他国家无可比拟的优越性。但是，俄罗斯经济也存在一系列内在的问题，包括经济的垄断性强、外资进入的门槛高以及地缘政治风险等，这些都严重制约着俄罗斯经济中的投资积极性。

2021 年 1 月至 11 月，俄罗斯的净资本外流为 73.9 亿美元，是 2020 年 48.9 亿美元的 1.5 倍。据俄罗斯中央银行估计，在此期间，俄罗斯当年新增全部利润的 2/3（111.4 亿美元）流出该国。该利润水平是过去 7 年中创纪录的水平，这主要归功于在世界商品价格上涨的情况下出口商品收入的增加。中央银行报告指出，由于其他部门主要以直接投资的形式收购外国资产，私营部门金融交易的净余额增加了 1.5 倍。其中近一半由大型企业的运营提供，这些企业以直接投资塞浦路斯和其他管辖区离岸结构资本的形式提取资金。2021年，75%的俄罗斯人共投资 616 亿卢布购买外国股票，自 2020 年初以来累计对外投资总额为 1.09 万亿卢布，是之前两年（900 亿卢布）的 12 倍多。①

俄罗斯企业家之所以大量投资海外而不是投资国内，其根本原因还是国内投资机会和获利机会不足。经济学副博士、俄罗斯企业家和租户联盟主席安德烈·布尼奇认为，用行政方法打击资本外流毫无意义。由于俄罗斯经济政策效率低下，投资者在国内已无处投资，一切都被垄断了。某些正在进行的投资，也只能由狭窄的圈子和最大的公司进行。正因为如此，新增盈利的资本化不是在国内而是在国外完成的。体制条件、地缘政治条件、经济政策效率低下和缺乏前景导致投资者没有在国内进行长期投资的愿望。

长期来看，俄罗斯经济的主要问题首先仍然是投资不足。低积累率、低投资率和低投资增长率是制约俄罗斯经济长期增长的关键。造成低积累率、低投资率的深层次原因是俄罗斯经济的结构问题，包括能源依赖、经济的垄断性和主要领域的低开放度。这使得外资流入不足，与国际产业链的关联度薄弱，进而造成与全球制造业的技术前沿差距拉大。

（二）俄罗斯经济的中长期前景

2021 年俄罗斯 GDP 增长 4.7%，已经恢复到 2019 年疫情流行之前的水平。在其他条件不变的情况下，俄罗斯经济只能实现低速增长，中长期平均 GDP 增速不会超过 2%。如果俄罗斯要实现更高速度的经济增长，要么改变当前的垄断性经济结构和对外资的限制，要么使 2019 年开始的政府主导的新投资周期能真正运转起来。

---

① 《俄罗斯的资本外流》，https://infinica.ru/ottok-kapitala-iz-rossii-v-2021-godu-dostig-7-letnego-rekorda.php。

Y.4
2021年俄罗斯社会形势

马　强[*]

摘　要： 2021年，俄罗斯社会旧有的威胁仍然存在，同时面临新的机遇和挑战。在与新冠肺炎疫情长期斗争中，很多俄罗斯人认为自己和家庭已经逐渐走出危机状态。2021年，俄罗斯社会开启关系国计民生的重要经济和社会问题的讨论，尤其是当前俄罗斯的人口问题及相关政策。在第八届国家杜马选举的背景下，俄政府出台了一系列惠及民生的措施，同时加强现实的市民社会和虚拟的互联网空间的管控，俄罗斯社会总体上稳定可控。与此同时，俄罗斯民众的生活水平并没有得到实质性提高，与西方国家关系恶化等因素也构成了俄罗斯社会的风险。

关键词： 俄罗斯　人口问题　数字化社会　社会管控　社会风险

2020年以来，俄罗斯社会经历了三重危机：新冠肺炎疫情、经济危机和社会心理危机。2021年，俄罗斯社会已经逐渐适应了疫情，开始学会与它共存。随着经济状况的好转，俄罗斯人也逐渐走出经济危机和社会心理危机。

自2020年俄罗斯修宪以来，俄国家杜马已经通过200多项与新宪法相适应的联邦法律及修正案，其中很重要的一部分涉及社会和家庭领域。2021

---

* 马强，中国社会科学院俄罗斯东欧中亚研究所俄罗斯政治与文化研究室副主任、副研究员。

年7月，俄罗斯出台新版国家安全战略①，该战略将保护俄罗斯人民和促进人的潜能发展作为国家安全的重要组成部分，其"以人为本"的国家政策目标为：可持续的人口自然增长，提高公民健康水平；可持续地提高人们的生活质量，减少贫困，减少社会和财产不平等；提高教育水平，培养和谐发展、有社会责任感的公民。② 2021年，俄罗斯社会开始重启影响民众福祉的重要经济和社会问题的讨论③，在俄罗斯社会政策领域，最为亮眼的便是国家出台了一系列人口政策，以促进俄罗斯人口数量以及民众福祉的可持续增长。

在俄罗斯数字化转型的背景下，社交网络（媒体）推动数字空间（互联网）的社会交往方兴未艾，这个虚拟的社会空间成为社会关系的重要载体，并发挥着信息传播、社会舆论生成、社会关系构建、社会服务便利化等多项社会功能。在新冠肺炎疫情期间，俄罗斯的数字化转型加快。数字空间的治理成为国家和社会治理的重要范畴，这是关系社会安全乃至政治安全的重要维度。

社会情绪一直是观察社会形势的重要参照。2021年恰逢苏联解体30周年，也是俄罗斯社会转型的30周年。社会学研究机构和民意调查机构都做了关于30年来社会情绪变化的调查，通过这些调查数据，我们不仅能够对2021年的社会形势有一个清晰的认识，还能在时间的脉络下感受30年来社会情绪的变化，俄罗斯社会的愿景、主要问题、核心价值观、社会团结的模式及主要变化都可从中体现出来，可以对俄罗斯社会有一个全景式的认识。

---

① Стратегия национальной безопасности Российской Федерации, http：//static. kremlin. ru/media/events/files/ru/QZw6hSk5z9gWq0plD1ZzmR5cER0g5tZC. pdf.
② Стратегия национальной безопасности Российской Федерации, http：//static. kremlin. ru/media/events/files/ru/QZw6hSk5z9gWq0plD1ZzmR5cER0g5tZC. pdf.
③ Социальное государство и гражданское общество в условиях реализации национальных проектов, М.：ФНИСЦ РАН, 2021, https：//испи. рф/социальное-государство-и-гражданско/.

一　走出低谷：俄罗斯民众对当前社会状况的认知

2021年，新冠肺炎疫情依然肆虐俄罗斯，在日增病例数量和死亡人数上都远远超过2020年。俄罗斯政府开始采取更具弹性的防疫措施，俄罗斯民众在保障正常工作与生活的前提下，已经逐渐找到与疫情共处的方式。从民调的结果来看，多数俄罗斯民众认为自己和家庭已经走出低谷，境况逐渐好转。同时，新冠肺炎疫情激发了俄罗斯社会互助互惠的精神，推动了志愿者运动的进一步发展。

（一）积极的社会评价和存在的社会风险

民调数据[①]显示，2021年，俄罗斯人对个人状况的满意度较2020年已经有大幅度上升，持积极态度的受访者占45%，持负面态度的受访者占53%，二者相差8个百分点，而2020年二者相差33个百分点。列瓦达中心的民调数据具有相似性，超过一半（53%）的受访者认为2021年自己是成功的；认为自己家庭境况非常艰难的受访者占比为44%（2020年为65%）。[②] 这说明，俄罗斯民众在2021年已经逐渐从新冠肺炎疫情、经济危机和社会心理危机中走出。[③]

影响俄罗斯民众对自己生活满意度的诸多指标中，居民的可支配收入是重要因素。2021年上半年，俄罗斯的家庭收入实际上已恢复到疫情之前的水平，到第三季度末，有可能已超过2019年第三季度的水平。[④] 同时，俄

[①] 此为全俄舆情调查中心（ВЦИОМ）在全俄80个地区的600个居民点进行的民调数据。参见 Сергей Ишков Россияне подвели итоги 2021 года, Московская правда, 2021, №. 240。

[②] 2021 год：итоги. https://www.levada.ru/2021/12/29/2021-god-itogi/. 列瓦达中心于2021年12月16~22日对覆盖50个联邦主体137个居民点的1640名18岁以上的居民进行了调查。

[③] Сергей Ишков Россияне подвели итоги 2021 года, Московская правда, 2021, №240.

[④] 因俄政府在第三季度向有子女家庭和退休人员发放一次性补助，第三季度现金收入占比达到2021年的最高值23.1%，除去一次性支付补贴的因素，第三季度和2020年第三季度相比略微下降，为2020年同期的98.8%。Мониторинг социально-экономического положения и социального самочувствия населения：три квартала 2021 года / под ред. Л. Н. Овчаровой. -М.：НИУ ВШЭ, 2021.

罗斯的贫困率也有所降低。2021 年第三季度，有 1600 万俄罗斯人生活在贫困线以下，比上一年减少了 280 万人，贫困率为 11%。[①] 但值得注意的是，2021 年俄罗斯制定了新的贫困线指标，[②] 2021 年的贫困人口数据与前期不再具有可比性。普京总统要求特别监测俄罗斯贫困状况，以及到 2030 年贫困人口减半的国家目标的进展情况。[③]

居民可支配收入增加和贫困率降低最主要是与俄政府第三季度向有子女家庭和退休人员发放大额补贴有关。[④] 但这种增收和减贫的方式是不可持续的，如果不从根本上解决俄民众收入下降的局面，仍具有社会风险。

实际上，新冠肺炎疫情以及经济危机之下的物价上涨和收入减少仍影响着俄民众的日常生活。全俄舆情调查中心的民调数据显示，俄罗斯人认为 2021 年的年度关键词为"冠状病毒"（38%）、"物价上涨"（34%）、"二维码"（28%）、"疫苗"（22%）、"收入减少"（21%），主要还是表现出对社会经济状况的消极评价。[⑤] 与受访者对个人经济状况满意度好转相比，俄罗斯民众对于整个国家的现状仍存在较为强烈的不满，持消极评价的受访者占比要比持积极态度的受访者占比多 53 个百分点，即-53 分，虽然较前一年已有改观（2020 年为-79 分），但仍有 48%的受访者认为整个国家"相对困难"，24%的受访者认为"糟糕，非常困难"。列瓦达中心的民调显示，2021 年，民众认为俄罗斯在以下领域变得更差：和西方及北约的关系

---

① https：//rosstat. gov. ru/storage/mediabank/218_ 03-12-2021. htm.
② 政府对计算贫困和最低生活保障制度进行了改革。在此之前，贫困率被定义为收入低于维持生计水平（绝对贫困线）的比例，根据消费篮每个季度计算一次。2021 年，俄政府决定制定相对贫困线，开始以不同的方式计算最低生活费，每年计算一次，为人均收入中位数的 44.2%。详见 Постановление Правительства Российской Федерации от 26 ноября 2021 г. № 2049 Об утверждении Правил определения границ бедности в целом по Российской Федерации и по субъектам Российской Федерации, используемых в оценках показателя «Уровень бедности» в целом по Российской Федерации и по субъектам Российской Федерации, и о внесении изменений в Федеральный план статистических работ.
③ Росстат впервые оценил число малоимущих исходя из «границы бедности», https：//www. rbc. ru/economics/03/12/2021/61aa34739a7947e24f034e11.
④ 前三个季度贫困率为 12.1%。
⑤ Сергей Ишков Россияне подвели итоги 2021 года, Московская правда, 2021, № 240.

（56%）；医疗机构的工作（55%）；总体生活水平（54%）。此外，在收入水平、教育机构、社会福利的分配等方面也有近一半的受访者表示不满。①总体上，与2020年相比，俄罗斯民众对现状的不满程度有所降低，但仍处于较高水平，存在一定的社会风险。

（二）危机下志愿者运动的兴起

新冠肺炎疫情带来社会风险的同时，俄罗斯社会的互助互惠则构筑起防御疫情的强大屏障，普京在2021年的国情咨文中称："我们的人民因团结而战胜了考验，人民的团结体现在关爱亲人、乐于助人的具体行动中。数百万人成为志愿者，建立人与人之间互助的途径。"②

为应对新冠肺炎疫情，俄罗斯志愿者运动获得了发展机遇。根据俄罗斯经济发展部的数据，在2021年中期，超过750万俄罗斯人参与了非营利组织、国家和地方机构组织的志愿服务。2021年，全俄共有志愿服务组织10392个、志愿者850327人，发起了71243个项目。志愿者群体总体上呈年轻化趋势，平均年龄为23岁。③志愿服务的主要领域包括"儿童和青年""卫生保健""文化艺术""教育""老战士和历史记忆""环保""体育""动物保护""助老""智力帮助"等。

在新冠肺炎疫情期间，医疗卫生志愿者组织迅速发展。全俄社会组织"医疗志愿者"创立于2013年，2016年获得全俄社会组织的地位，目前，其已经是欧洲最大的医疗志愿者组织之一。④在新冠肺炎疫情中兴起的"我们在一起"运动⑤，吸引了来自社会各界的志愿者25万人，为650万有困

---

① 2021 год : итоги, https://www.levada.ru/2021/12/29/2021-god-itogi/. 列瓦达中心于2021年12月16~22日对覆盖50个联邦主体137个居民点的1640名18岁以上的居民进行了调查。

② Послание Президента Федеральному Собранию. 21 апреля 2021 года, http://www.kremlin.ru/events/president/transcripts/messages/65418.

③ www.dobro.ru.

④ Волонтеры-медики, https://волонтеры-медики.рф/.

⑤ 2022年2月24日，俄乌冲突爆发以后，"我们在一起"运动开始为顿巴斯地区提供人道主义援助。

难的人提供了帮助。①

全社会对志愿者的信任度空前提高，俄罗斯公民对志愿者信任度达到90%~92%。② 根据全俄舆情调查中心的数据，大多数俄罗斯人（85%）认为国家应该扶持志愿者、社会运动积极分子和非营利组织。③ 俄罗斯政府对能提供志愿者服务的社会非营利组织进行资助。2021年4月30日的税法修正案④将2020年制定的两个社会非营利组织名录合并，对在名录之上的组织实施所得税减免的优惠。

二 人口政策：确保社会安全的优先方向

俄罗斯官方认为，俄罗斯经济社会发展面临最大的挑战是人口问题。20世纪40年代和90年代人口生育低潮的叠加让俄罗斯人口出生率降低，甚至出现人口持续减少的局面。⑤ 根据俄联邦国家统计局和经济发展部的预测，俄罗斯人口在未来三年内将持续减少，到2030年才有望出现正增长。⑥ 2020~2024年，俄罗斯人口将减少120万人以上。人口问题体现在社会的方方面面：人口数量显著减少，出生率降低；一孩家庭越来越多，人口持续老龄化；劳动人口和退休人员比例发生变化，退休金保障问题加剧；家庭危机和离婚率升高。若这些问题处理不好，将会严重影响俄罗斯的社会稳定与安全。

2021年，俄罗斯各界对人口政策的讨论非常热烈。普京总统在国情咨文

---

① https：//мывместе. рф.

② Пандемия выявила новый запрос на доверие，считает эксперт，https：//ria. ru/2020/11/30/doverie-1586931894. html.

③ Страна неравнодушных，https：//wciom. ru/analytical－reviews/analiticheskii－obzor/strana－neravnodushnykh.

④ Федеральный закон от 30. 04. 2021 №104－ФЗ О внесении изменений в статью 265 части второй Налогового кодекса Российской Федерации.

⑤ 2021年10月15日至11月14日，俄罗斯进行全俄人口普查，这是俄历史上第12次人口普查，也是第一次数字化人口普查。

⑥ Правительство резко ухудшило прогноз по убыли населения России，https：//www. rbc. ru/economics/2020/10/15/5f8846b39a7947323dcb06c5.

中强调:"保护俄罗斯人民是我们国家最高的优先事项。这决定了在新修改的宪法中突出保护家庭,父母在抚养孩子方面的重要作用,增加社会保障、发展经济、教育和文化的所有条款。国家战略应以实现人口可持续增长为目标,到 2030 年,俄罗斯人的平均预期寿命应达到 78 岁。"① 在此目标下,俄罗斯政府采取了一系列措施以确保人口可持续增长和人口素质的提高。

(一)支持有子女家庭

受新冠肺炎疫情的影响,很多有子女家庭的生活处境艰难,俄总统决定在疫情期间为有学龄前儿童的家庭支付特别补助,共有 2000 多万个孩子的父母领取了此项补助。此前,俄罗斯已经发放针对贫困家庭②的第一个和第二个零到三岁孩子的补助,平均每名儿童每月可以获得 11300 卢布。目前,多数联邦主体中已经有针对第三个孩子的补助政策,补助的平均额度也是11300 卢布。2020 年,俄罗斯还推出了针对 3~7 岁(含)孩子的补助,补助的平均额度为每月 5650~11300 卢布。

从 2021 年 7 月 1 日起,俄罗斯政府又推出一系列支持有子女家庭的社会政策,目标是将有子女家庭的贫困风险降到最低。针对父母一方单独抚养孩子的家庭,抚养方有权获得抚养费。此类家庭中的 8~16 岁(含)孩子将会获得补助,平均额度为每月 5650 卢布。政府还要帮助那些正在怀孕并同时遇到经济困难的女性,准妈妈会得到国家和社会的帮助,以确保她能抚养婴儿长大。俄政府对这部分女性提供补助,平均额度为每月 6350 卢布。2021 年 9 月,俄罗斯政府再一次向有学龄前儿童的家庭支付一次性补助,每个家庭 10000 卢布。③ 未来,这项补助的对象将扩大至有一年级学生的家庭。

---

① Послание Президента Федеральному Собранию. 21 апреля 2021 года, http://www.kremlin.ru/events/president/transcripts/messages/65418.

② 家庭成员平均收入少于最低生活标准的 1/2 便被认定为贫困家庭。

③ 俄联邦社会院在 2021 年 9~10 月进行了"家庭政策:家庭和儿童眼中的支持措施"社会调查。调查结果显示,家长和儿童认为最有效的措施是向有学生的家庭支付 10000 卢布的补贴(59%);其次是设立针对第二个孩子的母亲基金(материский капитал)(44%)。参见Доклад о состоянии гражданского общества в Российской Федерации за 2021, Общественная палата Российской Федерации,2021。

（二）教育和卫生健康领域的保障措施

实现人口发展、保护家庭和儿童的目标，不仅要向有子女家庭直接发放补助措施，而且要在教育、卫生健康等各领域建构系统性工程，在提升人口数量的同时，更要提升人口的质量。

普京在 2021 年的国情咨文中呼吁州长们根据家庭和每个人的日常需要，建立综合诊所、幼儿园和学校、就业中心。到 2024 年底，俄罗斯将新建 1300 所学校，能够容纳超过 100 万名儿童，采购至少 16000 辆安全和现代的校车。同时提升学校教师的待遇，在工资以外再增加 5000 卢布津贴。未来两年，俄罗斯将在大学中再增加 4.5 万个国家资助名额，将其中至少 70% 的名额提供给俄罗斯联邦需要毕业生的地区，让大多数（60%）中学毕业生能够进入国家资助的大学就读。[①] 普京还强调爱国主义教育的重要性："将我们杰出的祖先、同时代人的命运和胜利、他们对祖国的热爱、为祖国发展做出的个人贡献和愿望，作为年轻人生活的指南。"[②] 在这方面，俄罗斯的文化政策和国家项目"文化"有非常具体的措施，本报告已经有单独的章节对此进行介绍，此不赘述。

俄罗斯官方特别关注孩子健康。议会党团支持对高收入群体征税，把税款的一部分注入专门的"爱心圈"基金会（фонд "Круг добра"），用于帮助患有罕见病和严重疾病的儿童，为他们购买昂贵的药品、医疗设备，以及支付手术费用。同时，普京指出整个医疗保健系统需要引入新的技术，为民众解决就医难的问题，医院里不应该有排长队现象，避免出现预约专家难、获得处方难的现象。

（三）创新性措施

俄罗斯社会各界对人口问题进行热烈讨论，俄联邦社会院在此基础上提

[①]　Послание Президента Федеральному Собранию. 21 апреля 2021 года，http：//www. kremlin. ru/events/president/transcripts/messages/65418.

[②]　Послание Президента Федеральному Собранию. 21 апреля 2021 года，http：//www. kremlin. ru/events/president/transcripts/messages/65418.

出如下创新性措施。① 第一，建议在国家项目"人口"之下引入联邦项目"多子女国家"。在国家项目"人口"中，将分配给多子女家庭的资金比例从不到8%提升至40%。在该项目框架下引入多子女家庭基金，同时要特别重视父亲的角色，培养负责任的父子关系。第二，在教育体系中增强传统世界观、血亲家庭和多子女的价值观，大幅减少离婚和堕胎的数量。第三，树立有子女家庭的正面形象，通过可衡量的指标（包括组织媒体、社交网络、培训、游戏）推广和提高多子女家庭社会地位。第四，为刺激家庭生育第二个或更多的孩子，在抚养儿童期间向母亲或父亲提供补贴，减免个人所得税和财产税，根据孩子的数量减免交通税。第五，降低女性生第一个孩子的年龄，为年轻母亲（25岁以下）设立福利金，从出生至孩子1.5岁，金额不少于当地平均工资的40%，这与本人工资并不相关。第六，保障第三个及更多孩子出生后可使用联邦预算提供的资金，在不进行借贷的前提下改善住房条件。当然，这些措施仍处于讨论阶段，但其利用制度杠杆培养生育观念的做法具有借鉴意义。

三　数字化社会及国家管控

俄罗斯互联网经历了快速发展，新的技术和服务不断出现，互联网用户数量不断增长②，数字经济方兴未艾，在虚拟的数字化空间出现了新的政治参与和社会交往方式。同时，国家权力已逐渐渗透数字化空间（互联网），将互联网作为国家和社会治理的有效工具，控制信息的生产、传播，以消除互联网带来的政治和社会风险。③

---

① Доклад о состоянии гражданского общества в Российской Федерации за 2021 год. — М.，Общественная палата Российской Федерации，2021.
② 俄语网络 Рунет 的用户已经超过1亿人。
③ 新版国家安全战略第3条第25款指出：发展安全的信息空间，保护俄罗斯社会免受破坏性信息影响。

（一）数字化社会转型

2021 年，俄罗斯出现了诸多互联网社区和平台，包括志愿者协会、生态保护协会、家长协会、司机协会等团体的平台。这可以被视为传统的社会组织和联合会转移至线上成为虚拟空间自组织社群。典型的案例是网络社区"莫斯科父母"，它始于 2020 年新冠肺炎疫情期间，是莫斯科一所学校家长为讨论远程学习问题而创建的。由于该网络社区讨论的问题引起了家长的共鸣，参与的人数明显增加，莫斯科其他学校的家长也都参与进来，规模迅速扩大。[①] 如今，"莫斯科父母"已经成为一项社会运动，不断就教育问题与官方机构进行互动。此外，前述提到的"我们在一起"运动，也主要通过网络平台招募志愿者和发布求助需求。

公民论坛"社区"上显示，各个层级的政府机构都会积极地在网络社区、社交网络与民众交换意见。社交网络逐渐开始成为各级政府十分重视的交流平台，在平台上可以实时形成对其活动的公众评估。根据总统令[②]，到 2020 年底，俄罗斯所有的联邦主体均建立了地区治理中心（ЦУР）。地区治理中心开展了积极的工作，组织民众和官员在线上互动。2021 年，地区治理中心处理的案件超过 200 万个。通过该中心的平台，可以快速地发现该地区居民对各个领域的诉求，根据各地区的情况，形成反映社会经济状况的分析报告。在疫情背景下，与民众直接交往的渠道成为组织抗击新冠肺炎疫情的重要保障。地区负责人和政府官员定期组织在社交网络与公民积极开展互动。[③]

《2024 年以前数字转型战略》（Стратегия цифровой трансформации до 2024 года）陆续在全国各地获得批准，数字转型包括重要社会领域的数字化。

---

① Родители Москвы, https：//родителимосквы. рф .

② Перечень поручений по итогам заседания Совета по развитию местного самоуправления, http：//kremlin. ru/acts/assignments/orders/62919.

③ Эксперты: в условиях пандемии важна прямая коммуникация власти и граждан, https：// rg. ru/2020/11/24/eksperty-v-usloviiah-pandemii-vazhna-priamaia-kommunikaciia-vlasti-i-grazhdan. html.

数字化将优化社会领域的流程，提高国家公共服务的质量和效率，支持人口增长并提高企业效率，促进业务发展。人工智能技术和大数据分析的数字化转型在俄罗斯的实施，将改善俄民众的福祉和生活质量。①

（二）数字化社会治理

在数字化的背景下，互联网空间是形成市民社会的新领域。互联网空间并不平静，网络欺诈、网络谣言、社会排斥等现象频繁发生。60%以上的民众认为不能在网络空间保护自己的信息。而国家政权和网络社区、网络社区和公民个人之间关系的立法还存在空白。加快社会生活各个领域的数字化和信息化，首先要创造一个保护公民权利和国家利益安全的数字环境。② 大多数受访者（81%）表示，国家有能力承担此项责任。

2020年底，普京总统指示俄罗斯政府和公民社会发展与人权委员会制定在数字空间保护人权的草案。2021年9月，俄罗斯的互联网公司、媒体、电信公司签署了互联网儿童安全宪章。③

2021年，俄政权对互联网空间国家政权网络的审查更为严苛。④ 主要目的是避免外部势力通过网络干涉俄罗斯的内政，打压政治反对派，为国家杜马选举创造良好的网络环境。

因违禁的言论和信息被追究法律责任的案件明显增加。2021年前9个月，俄通信监察局（Роскомнадзор）封锁或删除了4万多个违禁链接，是2020年的1.5倍。其中某些信息和言论还被追究法律责任，因网络言论被刑事起诉的案件为401起，主要的罪责是为恐怖主义辩护（刑法第205.2

---

① Путин анонсировал цифровую трансформацию в России, https://ria.ru/2020/12/04/putin-1587672669.html.

② Цифровизация должна обеспечить технический прогресс общества, не нарушая права и свободы человека, http://council.gov.ru/events/news/120858/.

③ Российские интернет-компании подписали хартию по безопасности детей в Сети, https://ria.ru/2021/09/01/bezopasnost-1748150721.html.

④ Свобода интернета 2021: царство цензуры, https://runet.report/static/core/doc/Свобода_интернета_2021.pdf.

条）和煽动极端主义（刑法第 280 条）。2021 年，追究行政责任的案件数量
有所增加，共 1806 起。超过一半的案件是因为外国代理人媒体和记者①在
上报个人信息、发布内容甚至社交网络的评论中没有标记"外国代理人"
身份。根据《行政处罚法》第 13.41 条对发布违禁内容的国内外互联网企
业进行了处罚。

加强对外国社交媒体的管控。2021 年 7 月 1 日通过联邦法《关于外国
人在俄罗斯联邦信息电信"互联网"上的活动》②，该联邦法规定，在俄通
信监察局公布的外国互联网公司名单上的公司要在俄罗斯设立合法授权的办
事处（分支机构、代表处或子公司），以代表母公司执行删除被禁止内容的
规定。有了这个抓手，就增加了对外国互联网公司惩处的可行性。2021 年 3
月，俄通信监察局曾对推特实施紧急降速措施，依据是该机构对推特监测的
结果表明，推特上发布了大量违禁信息，这次降速被视为成功执行该联邦法
的先例。2021 年，该机构又先后对谷歌、YouTube 和脸书等外国社交媒体
实施了降速措施。

四 社会转型30年以来俄罗斯的社会愿景和社会情绪

俄罗斯民众希望未来的俄罗斯是一个社会公正，公民享有民主、个人权
利和言论自由的国家，而不是一个极权的国度，这种理念和愿景在俄罗斯转
型 30 年来从未有过改变，但俄罗斯民众对民主、权利和自由的认知与西方
的认知并不相同，俄罗斯人拒绝接受西方国家为其设定的一成不变的发展模
式。强国意识、民主和法治理念、融入世界仍是团结俄罗斯社会的最基本要
素。与此同时，俄罗斯民众反西方的意识以及认为"俄罗斯人民负有特殊

---

① 2020 年 12 月末，首批 5 人（3 名记者、1 名社会活动家和 1 名人权活动家）被列入"外国
代理人"媒体名录。2021 年，列入该名录的个人和组织有 115 个，包括自由电台（Радио
Свобода）、重要历史（Важные истории）、开放媒体（Открытые медиа），The Insider，
Meduza，ТК «Дождь»，Росбалт，以及律师、人权活动家和选举观察员等。

② О деятельности иностранных лиц в информационно телекоммуникационной сети
"Интернет" на территории Российской Федерации.

历史使命"是社会团结要素的比例有所上升,这种社会情绪在 2021 年表现得尤为明显。①

(一)俄罗斯的未来愿景

俄罗斯人希望看到一个什么样的俄罗斯?超过一半的受访者(51%)将"社会公正"放在首位;超过四成的受访者(41%)认为是民主权利,"确保个人权利、言论自由";大约有 1/3 的受访者认为是"保护民族传统、久经考验的道德和宗教价值以及强大的国家权力";约 1/4 的受访者希望看到一个"统一各民族的大国"。至于自由的社会政治模式,如与西方合作、私有财产和自由市场,尽量减少国家对经济的干预等,只吸引了 15% ~ 16%的受访者。而最不受欢迎的选项是"俄罗斯是俄罗斯族人的国家",这种狭隘的民族主义理想只有 8%的受访者认可。

在"俄罗斯社会进一步发展过程中最迫切需要解决的任务"中,"严厉打击腐败"(近 40%)、"缓解社会不平等"(37%)、"增加在社会保障领域(医疗、教育等)的预算分配"排名前三。2021 年对受贿高官的高调逮捕让反腐败成为民众关注的焦点,同时,民调结果也反映了俄民众对医疗卫生领域和科教领域的预算、组织和管理水平不满。"保障公民在法律面前的平等"在多年的民意调查中一直是最受关注的选项,在 2021 年,有 31%的受访者选择该项,排第四位。加强法治,特别是遵守宪法保障的权利仍是民众认可的社会发展的优先方向。在国家优先任务的排序中,自由主义的议程,如发展民主制度、扩大公民权利和自由、创造新的就业机会、确保竞争的原则等,得到的支持十分有限,只有 10% ~ 13%。维护"民族的价值和传统"也不在优先方向之列(约 17%)。

(二)俄罗斯与西方价值观

俄罗斯民众心目中的"俄罗斯未来形象"与西方倡导的价值观并不相

---

① А. Л. Андреев, И. А. Андреев Россия-2021: переживание настоящего и взгляд в будущее// Социологические исследования №8, 2021.

同，而且受访者完全意识到了这些差异。在很大程度上，受访者认为俄罗斯不需要遵循西方现有的发展模式，也不需要以外界设定的标准为指导，它应该依靠自己的社会历史经验。30年来，社会调查有关"俄罗斯是否应被视为欧洲的一部分"的问题的数据反映出社会情绪的变化。在"必须遵守与现代西方国家相同的规则"和"我们国家是一个特殊的文明，西方的生活方式远不会在其中生根发芽"这两个选项中存在倒置。在普京第一任期，俄民众选择的比例是2∶1；超过半数的受访者表示俄罗斯应该尽快加入欧盟。到了2007年，35%的受访者认为俄罗斯是一个欧洲国家；同样数量的受访者认为俄罗斯是一个特殊的欧亚文明社会；持中立态度的受访者也占近1/3。从2010年至今，二者的比例变成了1∶2，即只有36%的受访者支持俄罗斯是欧洲国家，64%的受访者认为自己不是欧洲人，俄罗斯是一个欧亚国家。

在25岁以下青年人中间，3/5的人持亲西方的观点，但其中多数人（76%）是被西方的生活方式和发展模式所吸引，并不表明他们认为俄罗斯与西方存在友谊甚至是积极的伙伴关系。

大多数俄罗斯人拒绝接受一成不变的西方发展模式，但也不意味着他们完全拒绝西方的价值观。2/3的受访者表示，俄罗斯应该是一个民主国家，人权和言论自由应得到保障。认为"民主不会在我们国家生根，需要一个能够确保国家秩序和统一的强大的极权政府"的人还是属于少数。近3/4的受访者认为俄罗斯应该有政治自由、公平选举、表达意见的权利（包括通过集会和示威的形式），只有1/4略多的受访者认为，"为了确保稳定和秩序，这些权利应该受到限制"。

俄罗斯社会上形成的民主、权利和自由的价值观与西方的规范不同。例如，大多数俄罗斯人没有将自由与政治权利联系起来，认为自由就是没有限制，或限制最小化，也可将其称为自由自在。这就可以理解为什么在疫情期间俄罗斯人如此强烈反对使用检测其行踪的二维码。大多数俄罗斯民众承认政治反对派存在的合法性和必要性，但他们不倾向采取西方民主国家"政治钟摆"模式（政治领导人和执政党的定期更换）。

性别平等在西方被公认为民主的重要标准,但在俄罗斯对性别平等的支持率却很低。

(三)俄罗斯社会团结

苏联解体以后,如何能将俄罗斯人团结在一起是俄罗斯各界非常关注的问题。社会调查数据显示,1995年以来,"大国复兴""支持俄罗斯作为民主和法治国家""团结世界人民解决人类共同问题"在受访者中间分别占40%、30%、25%左右。

30年来,反西方的意识越来越强烈。1995年只有2%的受访者持这种观点,到2021年这一比例已经达到10%。同样比例的受访者(10%)主张和西方和解,进入欧洲共同家园。相信社会可以通过"俄罗斯人民特殊的历史使命"的信念而团结起来的俄罗斯人数量有所增加,1995年其占比为7%,2011年其占比为9%,2021年其占比为11%。认为通过东正教信仰净化社会的比例有所下降,在20世纪90年代有5%~6%的支持者,到2021年只有4%的支持者。更为重大的变化是俄罗斯民众呈现个体化趋势,大多数人(2/3)将个人利益置于公共和国家利益之上。

五　结论

俄罗斯社会具有特殊性,如果说西方社会领域是一个政治部门和经济部门之外相对独立的"第三部门",俄罗斯社会则与国家政权紧密结合,普京时代的俄罗斯尤为如此。在这个背景下,我们关注俄罗斯的社会形势也就与其政治形势密不可分,社会风险可能会转化为政治风险,社会稳定也会促进政治稳定。

2021年是俄罗斯国家杜马大选之年,这是俄罗斯政治领域的重大事件。俄罗斯当局为确保大选能顺利进行、政权党能获得国家杜马宪法多数席位,出台了诸多社会保障领域的措施,包括在大选前夕对受疫情影响的贫困家庭直接发放补贴。

2021 年，是俄罗斯修改宪法后的实施之年，俄罗斯先后出台诸多法律修正案，以符合新修宪法的理念，在社会领域家庭人口政策是其重要的组成部分。新出台的家庭人口政策力求实现俄罗斯人口数量增长、人口质量发展，这成为关系国家安全的重要维度。

近年来，俄罗斯政府大力推行数字经济，推动俄罗斯的数字化转型。而虚拟的数字化空间也成为社会交往、信息传播、社会舆论生成的重要载体。当然，数字空间并不平静，其间的违法行为损害普通网民利益，政治反对派在互联网的动作会影响政治安全。自 2010 年以来，俄罗斯政府在互联网管控方面出台了诸多法律法规和措施，这为俄罗斯社会的另一个载体——互联网空间治理积累了丰富的经验，也在发生重大的公共卫生事件和政治事件时维持和保障了社会稳定。

最后，2021 年也是俄罗斯社会转型 30 周年，社会调查数据为我们勾勒了一幅社会情绪变迁的宏观图景。民主、权利和自由等西方倡导的价值观已经深入俄罗斯社会，被大多数俄罗斯民众所接受，但在当前的俄罗斯社会，民众对这些价值观有着不同于西方规范的理解，对俄罗斯的发展道路有着不同于西方社会的认知，这是认为俄罗斯社会具有独特性的体现。

Y.5
2021年俄罗斯外交形势与走势

柳丰华*

摘　要： 2021年，俄罗斯继续奉行反西方、亲东方的外交政策。俄罗斯积极开展疫苗外交，参与国际抗疫合作，虽与美国共同延长了《第三阶段削减战略武器条约》有效期，但是与美、欧关系进一步恶化，俄强硬应对西方在乌克兰和白俄罗斯的挑战，维护欧亚地区稳定，推动该地区经济一体化。与中国共同延长《中华人民共和国和俄罗斯联邦睦邻友好合作条约》（简称《中俄睦邻友好合作条约》）有效期，发展同中国、印度和东盟的合作。2022年，普京政府将延续反西方、亲东方的外交政策，致力于解决或缓解下述相对紧迫的外交问题：力图缓和俄罗斯与北约、乌克兰在顿巴斯军事对峙的紧张局势，同时做好武装干涉顿巴斯冲突，与乌一战的准备；缓和俄与西方不断加剧的紧张关系，阻止西方加大制裁力度；应对俄与西方在欧亚地区不断加剧的竞争；为"北溪-2号"管道尽早投入运营创造必要的条件。

关键词： 俄罗斯外交　俄与西方关系　欧亚地区　俄与亚太合作

2021年，俄罗斯面临一系列复杂的国际问题和挑战，包括新冠肺炎疫情依然肆虐全球，大国竞争持续展开，俄罗斯与西方在欧亚地区的角逐日益加剧，美军撤出阿富汗产生的新问题，等等。同时，俄罗斯与中国的全面战

---

* 柳丰华，法学博士，中国社会科学院俄罗斯东欧中亚研究所俄罗斯外交研究室主任、研究员。

略协作伙伴关系深入发展,与亚太其他国家的合作持续扩大,俄白联盟国家和欧亚经济联盟框架下的一体化取得进展。这些因素促使普京政府继续奉行反西方、亲东方的外交政策。

一 开展国际抗疫合作

俄罗斯积极开展疫苗外交,为其疫苗输入更多国家,也为国际抗疫做出贡献。截至2021年底,俄罗斯"卫星V"疫苗已在71个国家注册。俄罗斯向国外供应了大量疫苗,俄与一些国家达成关于俄疫苗生产本地化或扩大产能的协议。

俄罗斯继续呼吁加强国际防疫合作,共同克服新冠疫情。2021年10月底,普京总统在莫斯科以视频方式参加二十国集团罗马峰会时,提议尽快研究解决各国疫苗证书互认的问题,为恢复世界经济活动创造条件。俄罗斯已经与一些国家达成了疫苗证书互认协议。

二 与西方矛盾进一步加深

俄美关系继续下滑。在特朗普执政期间,美国延续遏制俄罗斯的政策,不断加大经济制裁和军事威慑力度,俄被迫奋起反击,俄美关系因而陷入"谷底"。如果说普京政府对特朗普总统改善美俄关系一度抱有希望,那么其对拜登上台后的对俄政策则持悲观态度。事实证明,俄罗斯对拜登政府的预判是合乎现实的:自2021年1月拜登总统执政以来,除了核裁军政策之外,美国遏俄政策不仅没有改变,而且变本加厉,使美俄关系每况愈下。

2月,俄美两国同意将《第三阶段削减战略武器条约》延长5年,使俄美核裁军合作得以保持。俄罗斯一直呼吁美方延续该条约,维持俄美战略稳定。拜登政府认为保持美俄核裁军合作,符合美国利益,这是他不设任何前提条件,与普京政府延续该条约的主要原因。当然,拜登此举也展示了美国新政府在核裁军问题上负责任的立场。6月,普京总统与拜登总统在日内瓦举行首次会晤，就俄美双边关系和乌克兰等国际问题交流看法，双方同意恢复在削减战略武器方面的对话，并发表俄美总统关于战略稳定的联合声明。在声明中，俄美元首确认了核战争不可能有赢家，因而永远不应发动核战争的原则。

俄美制裁与反制裁斗争不断升级。3月，美国以俄罗斯反对派领导人纳瓦利内中毒和被判处3年半监禁为由，对俄实施制裁。随后俄罗斯对美国实施反制措施。4月，美国以俄罗斯进行网络袭击、干预美国选举为由，追加对俄制裁，并驱逐10名俄驻美外交人员；作为回应，俄罗斯驱逐了10名美国驻俄外交官，并将美国列入对俄不友好国家名单。根据俄罗斯有关政策，不友好国家在俄外交使团、领事机构及国家机构代表处雇用俄籍员工的人数将受到限制，对美国外交使团则是禁止雇用俄公民。美国驻俄机构的美方人员和俄方雇员的大幅削减，严重影响了两国政治和人员交往。此外，在俄罗斯的建议下，美国驻俄大使沙利文暂时返美，俄也召回驻美大使，直到俄美总统日内瓦会晤之后，两国大使才返回各自任所。

俄罗斯与美国、北约在乌克兰和黑海、波罗的海的军事对抗日益加剧。自乌克兰危机以来，北约与俄罗斯在东欧前沿展开军事政治对峙。俄罗斯国防部部长绍伊古表示，自2021年初以来，美国和北约继续向俄边界附近增兵，预计将增派4万名军人，增加1.5万件武器装备，还将调遣战略航空兵，兵力主要集中在黑海和波罗的海地区。北约每年开展的针对俄罗斯的各类联合军演活动多达40项，其中包括近30年来规模最大的"防务欧洲2021"演习。① 同时，北约国家不断增加对乌克兰的军事援助，4月，美国总统拜登承诺向乌提供支持；9月，美宣布向乌提供价值6000万美元的额外军事援助。俄罗斯也不断加强在西部的军力部署，仅在3~4月就向西部边境地区调遣了两个军的陆军和三个编队的空降军，并加强对俄西部和南部军区部队的军事演练和突击战备检查。美国和北约向乌克兰提供现代化致命武器，在黑海、波罗的海和东欧陆上前沿举行联合军事演习，对俄罗斯造成安全压

---

① Все больше войск США и НАТО собираются у границы России, https：//tj. sputniknews. ru/2021/04/13/russia-usa-nato-vooruzhenie-1038347618. html.

力，俄在军事应对的同时，积极寻求通过外交途径降低军事对峙紧张度。俄罗斯要求获得西方对俄西部方向具有法律约束力的安全保障书面文件。12月，俄罗斯向美国和北约分别提交了俄美安全保障条约草案和俄与北约成员国安全保障措施协议草案，其中要求北约不再东扩、不在俄周边部署进攻性武器。虽然俄罗斯与美国和北约就此进行数次会谈，但都未得到对方的承诺，而随着双方向东欧前沿调兵遣将，该地区军事冲突风险正在上升。

俄欧关系同样在"低谷"徘徊。尽管俄罗斯与欧盟经贸和能源联系密切，但是在乌克兰、北约东扩、纳瓦利内、白俄罗斯等问题上的矛盾继续加深。欧盟继续制裁俄罗斯，欧俄高层会晤等合作机制被"冻结"。2021年2月，欧盟外交与安全政策高级代表博雷利访问俄罗斯，但是他与拉夫罗夫外长的会谈毫无成果。2021年俄罗斯与欧盟贸易额为2820.5亿美元，同比增长46.6%。① 7月，德国和美国就"北溪-2号"天然气管道项目达成协议，美国承诺不再实施更多制裁阻止该项目建设。9月10日，"北溪-2号"天然气管道全线铺设完成，它包括两条管线，年输气总量为550亿立方米。② 俄罗斯天然气工业股份公司计划年底前将其投入运营，但是由于俄与西方在乌克兰的军事和地缘政治竞争激化、默克尔去职后德国新政府对俄政策趋于强硬等因素，德国搁置了对"北溪-2号"天然气管道的认证，使之不能供气运营，俄与德、欧盟在此问题上交恶。除了上述矛盾，新冠肺炎疫情大流行导致的技术链萎缩以及包括碳达峰和碳中和在内的绿色经济、数字经济等新问题，也对俄欧关系产生了一定的消极影响。

三 维护欧亚地区稳定，推动该地区经济一体化

俄罗斯阻止乌克兰加入北约和反对北约在乌部署进攻性武器。随着美国

① 数据引自俄罗斯联邦海关署网站。
② Матвей Линник，"Газпром" объявил о завершении строительства "Северного потока-2"，https：//rg.ru/2021/09/10/gazprom - obiavil - o - zavershenii - stroitelstva - severnogo - potoka - 2. html.

和北约对乌克兰军事援助的增加，北约兵力和军备不断向俄罗斯边界推进，俄对自身安全的担忧日益加深，开始对乌及北约施加军事压力。据西方媒体报道，2021年3月底，俄罗斯向俄乌边界调遣部队，运输坦克、榴弹炮和"伊斯坎德尔"导弹系统等武器装备。乌克兰也加强在顿巴斯等地区的兵力部署，以应对局势变化，俄乌边界安全局势骤然紧张。4月，美国总统拜登与俄罗斯总统普京通话，邀请后者举行面对面会谈之后，俄罗斯撤退部分兵力，俄乌边界冲突风险有所降低。10月底，美国媒体披露，俄罗斯再次向俄乌边界集结部队，总共约10万人，俄乌边界形势再度紧张。虽然美俄两国总统举行视频对话，德、法等国在俄乌之间斡旋，但是由于西方无意满足俄罗斯所提的出具有法律约束力的安全保障文件的要求，俄坚持陈兵俄乌边界，同时美国和北约国家纷纷向乌克兰提供武器援助，俄乌军事对峙蕴藏武装冲突风险。

普京政府推动俄白联盟国家框架下的一体化。2021年西方继续制裁白俄罗斯，发生在白俄罗斯与波兰、立陶宛边界的难民危机加剧了白欧（盟）矛盾，而俄罗斯则反对西方压制白俄罗斯，维护卢卡申科政府。俄罗斯全面加强与白俄罗斯的关系，特别是深化俄白一体化进程，致力于建立共同的经济空间，向实行协调一致的宏观经济、税收、银行和信贷政策过渡。2021年11月，俄白联盟国家最高国务委员会会议通过"2021~2023年建立联盟国家条约条款实施的主要方向"、联盟国家新版的军事构想以及移民政策构想。同月，俄白两国外交部签署2022~2023年外交政策协调行动计划。

俄罗斯继续推动欧亚经济联盟一体化。尽管新冠肺炎疫情大流行对国际经济造成严重影响，但是根据欧亚经济委员会的数据，到2021年底前，该联盟的GDP已经达到疫情之前的水平，成员国的相互贸易额甚至超过了疫前水平。[①] 俄罗斯积极推动成员国构建共同能源市场，提高本国货币在相互贸易结算中的份额，并商讨乌兹别克斯坦加入该联盟的前景。2021年，欧

---

① Экономическая интеграция в Евразийском союзе: 7 избранных статей за 2021 год, 21 Декабря 2021 г., https://eurasia.expert/ekonomicheskaya-integratsiya-v-evraziyskom-soyuze-7-izbrannykh-statey/.

亚经济委员会与乌兹别克斯坦政府签署合作备忘录；2019 年 10 月，签署的欧亚经济联盟与塞尔维亚自由贸易区协议生效；该联盟开始与伊朗就签署长期和全面的自由贸易协议问题进行谈判。

俄罗斯发展集体安全条约组织框架下的军事安全合作。在美军撤出阿富汗的形势下，集体安全条约组织更加关注阿富汗形势和保卫集安组织成员国南部边界安全。2021 年，俄罗斯与其他成员国共同批准"保障集体安全条约组织成员国南部边界安全的优先联合措施清单"。9 月，集体安全条约组织与上海合作组织的成员国元首举行第一次联合会议，专门讨论了协调两组织对阿富汗问题的立场。同时，集体安全条约组织也密切关注成员国境内的极端主义和恐怖主义动向，探讨在成员国内部出现骚乱等危机形势时有所作为的方式。

2021 年是独联体成立 30 周年，为此，俄罗斯与成员国举办了一些庆祝活动，签署了七项政府间协定，通过了一系列联合文件，其中包括独联体国家元首关于生物安全合作的声明和外交部长关于加强国际法作用的联合声明。

俄罗斯发展与独联体国家的防疫合作。俄罗斯"卫星 V"疫苗在多个独联体国家获准注册，俄向这些伙伴国输出了大量疫苗，并与一些独联体国家达成关于俄疫苗在当地生产或扩大产能的协议，大多数欧亚经济联盟成员国已经在生产俄疫苗。截至 2021 年 12 月上旬，欧亚经济联盟成员国的疫苗接种率分别是：哈萨克斯坦 46.59%，俄罗斯 40.83%，白俄罗斯 30.17%，亚美尼亚 17.13%，吉尔吉斯斯坦 16.99%。① 这些国家接种的主要是俄罗斯提供的疫苗或者是本国生产的俄疫苗。欧亚开发银行推出"无疫旅行"数字平台，欧亚经济联盟所有成员国以及独联体大多数成员国都加入了该平台。

四　加强与亚太国家的合作

2021 年是《中俄睦邻友好合作条约》签署 20 周年，中俄两国以共同延

---

① Дмитрий Лару, Союзный уговор: лидеры ЕАЭС подвели итоги второго ковидного года. Как идет вакцинация и кто предложил не ориентироваться на западные памперсы и чипсы, 10 декабря 2021, https：//iz.ru/1262819/dmitrii-laru/soiuznyi-ugovor-lidery-eaes-podveli-itogi-vtorogo-kovidnogo-goda.

续该条约为契机，继续推进各领域的合作，取得丰硕成果。2021年6月28日，习近平主席在北京与普京总统举行视频会晤，并发表联合声明，共同将《中俄睦邻友好合作条约》有效期延长5年。12月，习近平主席在北京与普京总统举行年内第二次视频会晤，双方全面总结了2021年中俄关系发展新成果，规划了2022年在诸多领域开展的合作，引领两国关系持续高质量发展。11月，李克强总理与俄罗斯总理米舒斯京以视频形式举行中俄总理第二十六次定期会晤，共同发布《中俄总理第二十六次定期会晤联合公报》，宣布双方批准了在区域经济、数字经济、海关等领域的合作文件。2021年中俄贸易额达到1468.7亿美元，同比增长35.9%，[①] 首次突破1400亿美元，创下历史新高，中国连续11年保持俄罗斯第一大贸易伙伴国的地位。中俄核能合作取得新进展，5月，两国核能合作项目——田湾核电站和徐大堡核电站各两个新机组开工建设。中俄科技创新年成功落幕，在此活动期间，两国科技工作者开展了1000余项科技创新合作项目与交流活动，在新冠疫苗和药物研发、航空航天与核能等领域取得显著的成果。中俄两国、两军保持密切的战略沟通与军事合作，10月，中俄舰艇联合编队在西太平洋举行首次海上联合巡航；11月，中俄战略轰炸机联合编队在日本海和东海有关空域实施第三次联合空中战略巡航。中俄两国在全球治理、伊朗核、美军撤出后的阿富汗等国际问题上，在反对美国在印太地区拼凑军事集团方面，进行了密切的合作。

俄罗斯重视发展与印度的战略伙伴关系，在美国拉拢印度实施"印太战略"的形势下，俄积极推进俄印政治和军事安全等合作，以平衡印美接近。12月6日，普京总统访问印度，双方发表《俄印为了和平、进步与繁荣的伙伴关系的联合声明》，签署了15份部门间合作文件。在俄印峰会期间，两国首次举行外长和防长"2+2"会晤，俄希望通过这一新的对话机制深化与印的战略合作。7月，两国举行海军联合演习，8月，又举行陆军联

---

① 《商务部：2021年中俄货物贸易额首次突破1400亿美元大关》，中国新闻网，https://baijiahao.baidu.com/s?id=1723100944291958690&wfr=spider&for=pc。

合演习。

在亚太地区安全形势发生复杂变化的形势下，俄罗斯致力于发展与东盟的战略伙伴关系。2021年10月28日，俄罗斯与东盟以视频会议形式举行第四次峰会，这是为纪念双方建立外交关系30周年而召开的峰会。会上普京总统与东盟国家领导人总结了俄罗斯与东盟成员国多年的合作情况，探讨了扩大双方政治、经济与人文等领域合作的途径，就亚太地区形势交换了意见，发表了联合声明。双方还通过《2021~2025年俄罗斯与东盟战略伙伴关系实施行动的综合计划》，签署俄罗斯与东盟关于在紧急反应领域合作的备忘录。12月，俄罗斯与东盟举行了历史上第一次海军联合演习。

五　2022年俄罗斯外交走势

2022年，普京政府将延续反西方、亲东方的外交政策。做出这一研判的主要依据在于：俄罗斯与西方在地缘政治、经济、价值观和国际秩序等领域的矛盾复杂难解，而且在乌克兰的军事对抗面临"摊牌"的风险；俄与亚太等地区国家矛盾较少，合作领域不断扩大。2022年俄罗斯将致力于解决或缓解下述相对紧迫的外交问题。

第一，力图缓和与北约、乌克兰在顿巴斯军事对峙的紧张局势，同时做好武装干涉顿巴斯冲突，与乌一战的准备。俄罗斯想缓和与北约、乌克兰的军事对峙局势，也想解决自身在东欧面临的安全威胁问题，但是美国和北约不认同这一问题，也不大可能满足俄在安全保障措施协议草案中提出的实质性要求。俄罗斯还面临着一系列可能诱发俄乌武装冲突的因素，诸如美国和北约国家纷纷向乌提供武器援助、西方不断散播俄将"入侵"乌的信息、乌国内不无军政势力想借助北约力量实现"武统"、顿巴斯地区不断擦枪走火，等等。种种迹象表明，俄罗斯与乌克兰军事冲突势所难免。

第二，缓和俄罗斯与西方不断加剧的紧张关系，阻止西方加大制裁力度。俄美关系仍然在延续政治敌意加深、经济制裁升级、军事对抗加剧、外交驱逐频发的态势，双方的外交接触还没有取得成效。俄罗斯与欧盟的关系则呈现军事政治对抗加剧，而经贸联系却在加强的矛盾态势。显然，俄罗斯要缓和与西方的紧张关系，阻止西方加大制裁力度，尚面临很大的困难。

第三，应对俄罗斯与西方在欧亚地区不断加剧的竞争。除乌克兰危机之外，在欧亚地区，俄罗斯还面临着来自西方的军事政治、经济和意识形态扩张，白俄罗斯内乱、纳卡武装冲突和2022年初哈萨克斯坦骚乱等事件，是西方与俄争夺欧亚地区的消极后果。未来，类似的恶性竞争可能波及其他欧亚国家。

第四，为"北溪-2号"管道尽早投入运营而创造必要的条件。"北溪-2号"管道的运营问题，已经与2021年以来俄罗斯与乌克兰在顿巴斯、俄与北约在乌的军事政治对抗问题联系在一起了。即使2022年俄罗斯与西方及乌克兰紧张关系能够有所缓解，仍然不排除西方和德国仍将该管道用作对俄施压的经济工具的可能。"北溪-2号"管道铺设得很艰难，其运营也将经历一段坎坷历程，这一问题将考验俄罗斯的外交智慧。

政　治
Politics

Y.6
为国而辩：普京近年来有关
二战历史的论辩综述

梁　强[*]

摘　要： 近年来，西方一些国家借第二次世界大战史中的争议问题向俄罗斯发难，将此视为在精神层面打击俄罗斯的有效武器。普京利用各种场合竭尽全力为俄罗斯而辩，其核心观点有三：一是苏联在战胜纳粹德国的伟大斗争中起了决定性作用；二是西方对苏联与二战起源责任的指责是单方面的，欧洲主要当事国在二战的爆发上都有过错；三是苏联不仅是欧洲的"解放者"，更是"统一欧洲"理想的保卫者和践行者。普京的论辩充分汲取了俄罗斯学术界的最新研究成果，并且高度重视历史档案的关键作用，无论是观点还是所举史实都经过严格的学术检验，与苏联时期意识形态化的宣传形成鲜明反差。在努力打赢这场"历史记忆争夺战"的过程中，普京明确了"伟大卫国战争"

---

* 梁强，中国社会科学院俄罗斯东欧中亚研究所多边与区域合作研究室副研究员。

的精神就是"俄罗斯社会的基础与核心价值观"，是俄罗斯能够屹立于当代世界民族之林的独特"国格"。面对各种诋毁、破坏、抹黑，普京将继续动员所有资源和力量巩固、强化，乃至进一步美化俄罗斯的这一新的"国格"，绝不允许"国格崩塌"的情况出现。

关键词： 普京　伟大卫国战争　历史记忆　"国格崩塌"

一　普京二战史观的核心内容

苏联解体后，俄罗斯迅速以转型国家的身份加入西方民主阵营，双方在制度和价值观上的差异不再像苏美冷战时期那样水火不容，俄也很难再成为政治和意识形态攻讦中的标靶。2015 年，俄罗斯与西方的关系因乌克兰危机严重交恶，这被称为俄美之间开始的"新冷战"，第二次世界大战史中一些有争议的问题也被西方拎出来作为在精神层面打击俄罗斯的有效武器。在欧美的支持下，波兰、波罗的海三国等与俄罗斯有复杂领土和民族纠葛的国家频频借历史问题向俄罗斯发难；乌克兰也因为与俄关系的敌对，在重新书写本国历史时指责俄罗斯是其世仇，在共同参与的"伟大卫国战争"中损害了乌克兰人民的利益。面对一浪高过一浪的指控，普京利用各种场合奋勇而战，竭尽全力为俄罗斯在二战中的作为而辩。和当年苏联领导人不遗余力维护其所选择的信仰正确一样，普京也要通过赢得这场"历史记忆争夺战"，捍卫其亲自树立起来的俄罗斯新"国格"无可争议的地位。本文对普京近年来的相关论辩做出简要综述，其中既有对俄罗斯传统观念的发扬光大，也有对国际关系新形势的感触和反思，普京本人在历史领域的旨趣和进取之心也进一步显露。

（一）不断强化苏联在战胜纳粹德国的伟大斗争中起到决定性作用这一历史史实

2015 年 1 月 26 日，普京致信红军解放奥斯威辛集中营 70 周年和国际犹太人大屠杀牺牲者纪念日追思弥撒参加者，称"最终是由红军结束了这一切暴行和残酷的野蛮行径，不仅将犹太人，也将欧洲乃至世界的其他民族从毁灭中拯救出来"①。4 月 8 日，普京和希腊总理齐普拉斯共同发表纪念二战胜利 70 周年的联合声明。声明中说道："历史的真相是，没有莫斯科郊外的战斗、英勇的保卫列宁格勒之战、斯大林格勒和库尔斯克的逆转性战役，击溃纳粹是不可能的。苏联红军的英雄主义和苏联人民的自我奉献精神是胜利的决定性因素。"② 在 2017 年、2018 年纪念伟大卫国战争胜利阅兵式上，普京也多次指出，"苏联人民完成了不可能的事情并扭转了二战血淋淋的方向""粉碎了纳粹主义""我们永远不会忘记正是我们的父辈、祖辈赢得了欧洲的解放和世界期待已久的和平""当时所有国家、人民都清楚是苏联决定了二战的结果"③。2020 年 6 月 18 日，普京亲自为美国《国家利益》（*The National Interest*）杂志撰写了名为《伟大胜利 75 年：对历史和未来的共同责任》的长文。文中再次明确指出："不管现在有什么人企图证明什么，苏联和红军都对战胜纳粹做出了主要和至关重要的贡献。"他还引用苏联外交人民委员部"希特勒德国及其盟国对苏联损失赔偿委员会"（Комиссия по возмещению ущерба, нанесенного Советскому Союзу гитлеровской Германией и ее союзниками）主席、苏联副外交人民

① Участникам Мемориального вечера-реквиема, посвящённого 70 - летию освобождения Красной армией узников концлагеря Аушвиц（Освенцим）и Международному дню памяти жертв Холокоста, 26 января 2015 года, http://www.kremlin.ru/events/president/letters/47517.

② Совместное заявление Президента Российской Федерации и Премьер-министра Греческой Республики по случаю 70 - й годовщины Дня Победы, 8 апреля 2015 года, http://www.kremlin.ru/supplement/4960.

③ Выступление на военном параде, 9 мая 2017 года, http://www.kremlin.ru/events/president/news/54467；9 мая 2018 года, http://www.kremlin.ru/events/president/news/57436.

委员迈斯基在雅尔塔会议前提交莫洛托夫有关"德国赔偿公式"（Формула по репарациям с Германии）的报告指出，基于苏联方面的统计，"苏德战场牵制了德国 4/5 的坦克和大约 2/3 的飞机"。"在反希特勒的大同盟中，苏联承担了 75% 的军事重任。战争期间红军消灭的轴心国部队达到 626 个师，其中 508 个是德军师。"①

（二）竭力撇清苏联在二战起源中的责任，认为欧洲主要当事国"某种程度上都对二战的爆发有过错"

1939 年 8 月 23 日，苏德签署互不侵犯条约和划分势力范围的秘密协定；9 月 1 日，德国入侵波兰，第二次世界大战爆发。之后不久，苏军进入波兰与德国一起完成对波兰的第四次瓜分，一年内又完成了对波罗的海三国的合并。冷战时期西方的主流历史学家一直认为，没有苏德密约纳粹德国不会这么快就发动战争，苏联即便不是战争的"合谋者"，也是重要的"关联方"，是二战爆发的重要因素之一。冷战结束后，英国、德国、以色列、美国、俄罗斯的学者依据新解密的档案材料对此问题进行了全面、深入的研究，对西方正统派学者的观点做出了重大修正。但这些成果并未改变欧美政治舆论的既有认识，许多政治家更是故意放大所谓的"苏联责任"问题，在一定程度上影响了国际社会和各国民众客观、科学地认识苏联在二战中的地位和作用。2019 年 12 月 19 日，普京在年度例行记者会上指出，苏联军队是在波兰政府对本国军队失去控制、波兰国内形势混乱之际进入波兰的。② 第二天他又向出席独联体组织非正式峰会的各国领导人表示："我会产生这样的印象，在今天的欧洲不仅不希望知道真相，而且故意将其悄悄掩

---

① 75 лет Великой Победы: общая ответственность перед историей и будущим, 19 июня 2020 года, http://www.kremlin.ru/events/president/news/63527; Записка заместителя наркома иностранных дел СССР И. М. Майского наркому иностранных дел СССР В. М. Молотову с проектом формулы по репарациям с Германии, 4 февраля 1945 г., АВП РФ, Ф.6, Оп.7а, П.59, Д.38, Л.66—82.

② Большая пресс-конференция Владимира Путина, 19 декабря 2019 года, http://www.kremlin.ru/events/president/news/62366.

盖起来，力图转移罪责，包括把发动二战的罪责从纳粹身上卸下加到共产党人头上。"普京明确表明了自己的观点："我认为，事实仍然是法西斯德国在 1939 年 9 月 1 日袭击了波兰，在 6 月 22 日（1941 年）袭击了苏联。"① 普京的上述表态并未得到欧洲相关国家的认可。2020 年 1 月，波兰下议院通过决议，将二战爆发的责任同等地归咎于德国和苏联，这极大地激怒了普京。5 月 8 日，在"俄罗斯第一电视台"播放的《为记忆而战》的专题影片中，普京亲自出镜宣称，"让某方面承担责任并把苏联和纳粹德国相提并论的想法"是试图把俄罗斯置于"应该有负罪感的尴尬境地"。普京坚决表示："我们没有，也不可能有任何负罪感！"他也再次重申："1941 年 6 月 22 日，到底是谁袭击了谁？我们袭击了德国还是德国袭击了我们！"②

2020 年 6 月在给《国家利益》的长文中，普京提出了这样的观点：二战爆发的深层原因在很大程度上源于一战的战胜国所做出的各种决定。这也是俄罗斯学者综合各国档案后得出的重要结论。普京非常详尽地阅读了相关的著述，他在文中不再以国家领导人的身份进行政治教化式的宣传，而是以普通历史研究者的笔调与读者平等地探讨。普京开宗明义指出："凡尔赛的'世界体系'引发了大量隐藏的矛盾和明显的冲突。其基础是——一战的战胜国随意指定欧洲新成立国家的边界。几乎就是在这些国家在地图上出现后不久，领土争端和互相索赔就开始了。"普京相信欧洲的主要国家不管是加害方还是受害者，都与二战的起源有着千丝万缕的联系；没有任何国家敢于说自己在道义上是清白无瑕的。具体来讲："《凡尔赛和约》成为德国遭受深重不公的标志。……正是民族屈辱孕育了德国极端主义情绪和复仇主义情绪滋长的环境。……英国，以及当时身为捷克斯洛伐克人主要盟友的法国都倾向于宰割这个东欧国家。不仅仅是抛弃，而且要把纳粹的意图引向东方，从而使德国和苏联不可避免地相遇，之后让它们互相削弱。"波兰不仅"追

① Неформальный саммит СНГ, 20 декабря 2019 года, http：//www.kremlin.ru/events/president/news/62376.

② Путин：У России нет и не может быть чувства вины за развязывание Второй мировой войны, 8 мая 2020, https：//www.vesti.ru/article/2407577.

求本国利益，竭力阻挠欧洲集体安全体系的建立"，而且"与德国共同行动，瓜分了捷克斯洛伐克"。

俄罗斯科学院院士图尔古罗夫之前曾对二战起源的责任问题做出过精彩和贴切的总结："这是人类最为黑暗和可耻的历史之一。意识形态分歧，互不信任，对侵略者的恐惧，通过绥靖将侵略矛头引向其他方向的幻想，对共同利益和捍卫共同利益的能力缺乏深入的理解，甚至是苟且偷安。这是一出没有英雄的悲剧，甚至侵略的牺牲品也成为帮凶。这段历史对今天最大的教训就是，和纯粹的道德主义只会导致政治悲剧一样，政治中的无道德主义也并不能导致善果，对侵略者的绥靖只会加大其胃口。面对巨恶需要共同的努力，在它面前没有任何国家能够只凭借谋略而独善其身。"[1] 普京秉承了俄罗斯学者的这一新观念，他在文中再次强调："认为纳粹德国外长里宾特洛甫对莫斯科的两天访问是引起二战的主要原因是不诚实的。所有主要国家，某种程度上都对二战的爆发有过错。每个犯下难以挽回错误的国家，都过于自信地认为自己可在智谋上胜过其他国家，保障自己的单边优势，或置身于逐渐临近的世界悲剧之外。"他对二战起源的问题做出了自己的解答："第二次世界大战不是一朝一夕发生的，不是突然开始的，德国对波兰的侵略也并不是突发的，战前发生的所有事件形成一个致命的链条。但毫无疑问，人类历史最大悲剧的主要原因在于国家的利己主义、怯懦、对侵略者力量渐增的纵容以及政治精英不想寻找妥协。"

（三）苏联不仅是欧洲的"解放者"，也是"统一欧洲"理想的保卫者和践行者

第二次世界大战中后期苏军完全赢得了苏德战场上的主动权，并于1944 年夏对东欧发起全面反攻。这在军事上顺理成章，在政治上也顺应了各国民众的普遍呼声。苏东剧变后世易时移，许多东欧国家重写本国历史时

---

[1] А. В. Торкунов, Уроки трагедии, в которой не было героев//С. Е. Нарышкина, А. В. Торкунова, ред., Великая Победа, Т. 2, М. : МГИМО Университет, 2015, с. 17, 18.

对如何叙述这段历史展开了激烈的争论。一些历史学家认为，红军进入后各国都建立起左翼政权，之后又都效法苏联转型为完全的"苏维埃政权"，这极大地改变了各国的历史发展进程，更有甚者指责苏军的军事进入不是"解放"而是"占领"。只有捷克、塞尔维亚等极少数国家能够理性地看待这段历史。2019 年 10 月 20 日，塞尔维亚总统武契奇在纪念贝尔格莱德解放 75 周年的仪式上当面对普京表示感谢，称："早在 1944 年，我们就得到了俄罗斯的大力支持，今天我仍要真诚地说，由于塞尔维亚真正的朋友俄罗斯总统普京的支持，我们可以在一切事情上坚定地依靠俄罗斯。"① 2020 年 5 月 9 日，捷克总统泽曼也专门致信普京，称："1945 年 5 月 9 日，布拉格和所有捷克斯洛伐克公民，欢迎作为自己解放者的红军到来，我们对甘冒生命危险的战士们的感激之情没有改变。"②

普京很清楚欧洲各国在此问题上的立场分化，这也成为他近年来为国而辩的又一重要议题。2020 年 2 月 23 日，普京参加"祖国保卫者日"音乐会时指出，苏联战士不仅把侵略者驱逐出了自己的领土，而且还光荣地履行了崇高的解放使命，帮助其他国家挣脱了入侵者、纳粹分子及其走狗的奴役。③ 2020 年 6 月给《国家利益》的长文中他又一次提到这个问题。普京写道："1944 年中，敌人实际上已被赶出苏联全境，但需要将他们在其老巢消灭掉。由此，红军在欧洲开始了解放使命，将各族人民从毁灭、奴役和大屠杀的恐怖中拯救出来。"普京还指出，苏联在全面负担起自己在苏德战场上的责任的同时，还伸出援助之手以实际的军事行动支持其他反法西斯同盟的战友。比如："红军在白俄罗斯展开大规模的'巴格拉季昂行动'，支持美英在诺曼底登陆。1945 年 1 月，我们的勇士突破奥德河，在西部前线和阿登地区，将德国军队的强大攻击钉上了十字架。战胜德国 3 个月后，苏联又

① Президент Сербии поблагодарил Путина за поддержку, 19 октября 2019, https://www.interfax.ru/world/681036.
② Земан рассказал в письме Путину, как Прага встретила красноармейцев, https://ria.ru/2020/05/09/1571192528.html.
③ Концерт по случаю Дня защитника Отечества, 23 февраля 2020 года, http://www.kremlin.ru/events/president/news/62851.

根据雅尔塔协议向日本宣战，击败了百万关东军。"

2021 年 6 月 22 日，普京就苏德战争爆发 80 周年为德国《时代周报》（*Die Zeit*）撰写了名为《结束过去，开辟未来》的文章。普京重申，苏联士兵来到德国并非为了向德国人复仇，"而是带着崇高且伟大的解放者的使命"。他充满感情地写道："经历了世界大战的恐怖，欧洲民众还是得以克服疏离，恢复互相信任和尊重，走上了一体化的道路，与 20 世纪上半叶的欧洲悲剧划清界限。"普京强调："这样的欧洲得以形成，我们的人民与现在已经统一的东德和西德民众的和解在其中发挥了巨大作用。"普京在文章最后谈到了正确认识历史的现实意义。他写道："世界风云变幻，不断出现新的风险和挑战。我们不能再背负着过去的误解、不满、冲突和错误，这些重担会影响我们集中解决时下迫切的问题。我们深信我们都应当承认这些错误并予以纠正。"普京认为，欧洲国家从二战悲剧中需要记住的历史教训首先就是："只有包括俄罗斯在内的所有国家通力合作，才能保证我们共同大陆的繁荣和安全。因为俄罗斯是一个欧洲大国，我们感受到与欧洲有不可分割的文化和历史联系。"普京也借着对历史问题的探讨阐明了他心目中的"统一欧洲"的理想："我们曾希望冷战的结束是欧洲的共同胜利。我们似乎还希冀更多——认为戴高乐建立统一的欧洲大陆的梦想不仅仅是地理上'从大西洋到乌拉尔'的欧洲，而且是文化、文明上从里斯本到符拉迪沃斯托克的欧洲会成为现实。"①

二 普京二战史观的学术基础

对历史议题的论辩不同于一般的政治辩论，有很强的学术性，最重要的是要有坚实的史料作为论据。20 世纪 60 年代苏联官方认识到"伟大卫国战争历史记忆"的重要政治含义，开始有意识地加强对此的引导、宣传和捍

---

① Статья Владимира Путина «Быть открытыми, несмотря на прошлое», 22 июня 2021 года, http://www.kremlin.ru/events/president/transcripts/65899.

卫。受时代所限，彼时包括专业历史学者在内的所有阐释几乎都是意识形态性质的，缺乏基本的史料。苏联解体后，俄罗斯学者利用其在语言和获取档案上得天独厚的优势，集中出版了一系列厚重的专题档案集，为二战史严肃专业的学术研究奠定了最重要的基石。90 年代中期起，俄罗斯学者的专业研究成果开始井喷式爆发，涉及慕尼黑协定的影响、苏联集体安全政策的转变、苏英法三国谈判失败的原因、苏联签署苏德互不侵犯条约的动机和利弊得失、苏联建立东方阵线的性质、莫洛托夫访德的内容和结果、赫斯飞英的内幕、苏联是否有对德"先发制人"的打击计划、对苏租界援助、第二战场的开辟对苏德战争的影响、苏英美在二战中的军事和外交合作、苏联对战后世界秩序的规划、苏联与战后国际体系的建立等当代学术界和政界关注的热点问题。2015 年，为纪念伟大卫国战争胜利 70 周年，俄罗斯国防部和外交部的研究机构出版了《伟大卫国战争》（12 卷）和《伟大胜利》（15 卷）两套大部头著作。这两套大书汇集了俄罗斯国内研究二战史的最优秀学者，是俄罗斯学术界最新研究成果的集中体现。以上表明，在二战史的研究上，俄罗斯学者已经成功摆脱了苏联时期侧重价值判断、忽视史实基础的落后的研究范式，开始了专业的、科学的、以一手档案为主的史学研究。这一质的转变不仅帮助俄罗斯官方完成了在史学界和舆论场的拨乱反正，也拓展了俄罗斯学术界国际关系史和外交史研究的新领域，为俄罗斯赢得了应有的国际学术影响力。俄罗斯官方对上述学术贡献予以高度认可，俄罗斯二战史研究的代表人物、俄罗斯科学院院士丘巴里扬 2013 年荣膺总统亲自颁发的俄罗斯联邦国家奖，成为该奖项 1992 年设立以来首位获奖的历史学家。

普京的论辩充分汲取了俄罗斯学术界的研究成果，其观点和引述的史实都经过了严格的学术检验，在论辩中也着意塑造平等、理性、科学的探讨氛围，与苏联时期单一的、教条式的意识形态化宣传形成了鲜明反差。普京高度重视历史档案的关键作用，在为国而辩的过程中不时抛出重要的档案；既保证了自己文章和言论的"有理有据"，符合基本的学术规范，也吸引了更多之前厌恶或对国家间政治辩论不感兴趣的普通人参与历史话题的讨论。西方谚语云"论辩就是战争"（Argument is war），普京则相信"真理不辩不明"。尤其是在信息网络化、观点全媒体化的时代，真相如果得不到持久的关注和讨论，就会湮没于各种耸人听闻的谣言和别有用心的歪曲中。2019年12月24日，普京在俄罗斯国防部领导层扩大会议上援引档案资料称，希特勒在慕尼黑协定前曾跟波兰驻德国大使说过要把"犹太人送到非洲，送到殖民地去消灭掉"的想法。普京说："波兰大使回复希特勒的话语被写在1939年8月20日给波兰外交部部长贝克的报告中：'当我听到这个消息时，我回复了他，如果他要这么做的话，我们要为他在华沙立一座纪念碑。'"普京愤慨地称，说出这种话的人就是"败类、是反犹太主义的猪。没法用其他的话描述他"①。这份档案来自华沙出版的《波兰对外政策文件集》，普京2020年6月给《国家利益》的长文中也将这份文件列为附录。和这份文件一起被列为附录的，还有另外17份来自俄罗斯、德国、英国、美国的解密档案。正是有了这些标准的、规范的学术化操作，普京在文中才有充分的底气要求"只依据档案材料和同时代人的证据，排除任何意识形态和政治化的推测"来分析二战的起因，并宣称这样做"具有原则性的重要意义"，因为"我们将坚决捍卫基于历史文件证明的真理"。在说明1939年8月苏英法三国军事谈判中各方截然不同的态度时，普京也引用了英国和苏联的档案加以互证。普京写道，英国政府在给"英国军事代表团的指示中直接说，代表团应该'非常缓慢地开展谈判'，'英国政府不准备承担在某些情况下可能限制我们行动自由的详细写明的责任'。与英国人和法国人不同，率领苏联代表团的红军最高领导，拥有'就组织英、法、苏军事防御抗击欧洲侵略的问题签订军事公约'的所有必要全权"。普京还提到了英国在二战和苏德战争爆发前与德国的两次秘密谈判，称："我们还不知道，一些国家是否与纳粹分子有某种'秘密议定书'。比如，有关英德秘密谈判的资料至今没有解密。因此我们呼吁各国应当公开档案、公布以前未知的有关战前和战

---

① Путин назвал сволочью поддержавшего Гитлера посла Польши, https：//ria. ru/2019/12/24/1562780957. html？ in＝t.

时的文件，像俄罗斯最近这些年在做的那样。"毕竟档案"原件不仅保存在俄罗斯档案中，也保存在其他国家的档案中"。普京最后称，苏联不仅公布了《苏德互不侵犯条约》及其秘密议定书的档案原件，而且很快对此做出了法律和道德的评价。相比之下，"其他国家倾向于不回忆带有纳粹分子和西方政治家签名的多个议定书。更不用提对这种合作进行法律或政治评价了"。

三　俄罗斯的新"国格"

普京在不断重申和强调苏联是人类赢得二战胜利的主力军这一史实的同时，也极力利用这一伟大的历史荣光激发俄罗斯当下的爱国热忱。2017年5月9日，普京在纪念伟大卫国战争胜利阅兵式上指出："过去没有，现在没有，今后也不会有任何力量可以奴役俄罗斯人民。侵略者从哪里进入我们的国土，俄罗斯人民就将从那里把它们驱逐出去。"2020年给《国家利益》的长文中他更加旗帜鲜明地写道："对祖国的热爱，这种深沉的个体的感觉淋漓尽致地反映在我们民族本身的实质中，成为我们民族英勇忘我抗击纳粹的决定性因素之一。"他随后将"伟大卫国战争"精神扩展为"自我牺牲精神、爱国主义、对故土家园的热爱、对家人的热爱、对祖国的热爱"，并坚定地指出："这些价值观直到今天依然是俄罗斯社会的基础与核心价值观。根据最严格的要求，我国的主权在很大程度上就靠这些价值观在支撑。"普京还巧妙地将受众转向俄罗斯的青年一代，力求激发他们的最大共鸣。他写道："我经常自问一个问题：当前的一代人在危机情况下将怎么表现，怎么行动？年轻的医生、护士，有时还是昨日的大学生就在我的眼前赶赴'红色地带'救人。我们的军人在北高加索与国际恐怖主义做斗争时、在叙利亚死守时，——尚且还是年轻的孩子！但他们所有人都展现出他们配得上在二战期间曾经保卫我们祖国的战士们所建立的功勋。"外界经常称俄罗斯是"战斗民族"，这样的印象一方面有其历史底蕴，另一方面也是主政者长期引导、渲染、培育的结果。普京的上述论辩就是最好的例证。

"苏联解体后，卫国战争几乎就是这个国家唯一的精神支柱。"① 这句话在普京执掌下的俄罗斯得到了充分的展现。如同芸芸众生中的个人需要独立人格体现其存在于世的意义和价值一样，民族国家的宙斯神殿上也需要鲜明的国格以彰显其屹立于世界民族之林的地位和追求。普京在努力打赢"历史记忆争夺战"的过程中，明确了"伟大卫国战争"精神就是俄罗斯能够屹立于当代世界民族之林的独特"国格"。与人格设定的灵活多变不同，国格的设定是持重保守的，一经确定再难更改。人设可能出现"崩塌"，国设绝不允许这样的情况发生。否则，不仅国家在国际社会中的形象轰然倒塌，绝大多数民众对国家的认同感、信念感也会土崩瓦解；国将不国，民亦不为民也。面对各种诋毁、破坏、抹黑，普京将继续动员所有资源和力量巩固、强化，乃至进一步美化"伟大卫国战争"精神所代表的俄罗斯新"国格"，绝不允许"国格崩塌"的情况出现。未来俄罗斯与西方的"新冷战"也好，政治对峙也罢，将越来越多地充塞在人类历史重大关头的战略决策和对历史细节的争论中。各国对二战历史的独家书写，也将成为未来国际史学界的新风向。

---

① 李零：《血荐轩辕——抗战胜利七十周年祭》，《读书》2016年第1期。

Y.7
对俄罗斯第八届国家杜马选举的
回顾与分析

郝　赫[*]

摘　要： "统一俄罗斯"党在第八届国家杜马选举胜选后，其获得的超过宪
法多数的 324 个席位，可以为 2024 年前后政权稳定提供全过程的
保驾护航，不仅能够在 2024 年大选前遏制各种杂音和扰动，也可
以在选后预留出灵活应对各种局面的余地。但是通过复盘第八届
国家杜马选战的前后历程也可以看到，俄罗斯当局与政权党正在
越来越倚重政治技术层面上的优势和技巧来取得胜利，因此选举
的最终结果并不能完整、全面地反映出俄罗斯当下各种政治势力
和社会情绪的分布与走势，俄罗斯的政党政治体系面临愈发严重
的信号失灵问题，获取席位目标的达成并不完全等同于政局稳定
到了可以高枕无忧的地步，政局进一步的发展仍面临各种隐患和
挑战。

关键词： 俄罗斯　国家杜马选举　政治技术　政治信号

　　2021 年俄罗斯第八届国家杜马选举"统一俄罗斯"党（简称统俄党）
获得了一场超乎预期的大胜，这有助于实现政党政治领域和整体政治系统的
稳定，但本次选举的结果很难完整反映出俄罗斯真实的政治生态和社会情
势。作为政权党的统俄党，被普遍认为并不是基于超高民望而赢得胜选，而

---

　　* 郝赫，中国社会科学院俄罗斯东欧中亚研究所政治与社会研究室副研究员。

是依托了所谓的"政治技术"等手段控制住了席位。同时，国家杜马胜选遮蔽了既有的利益固化问题，也导致了社会情绪信号传导的失灵，以至于留给2024年权力调整的机会窗口越来越窄，这样，普京总统以连任求稳定的可能性或会越来越大。

一　选前态势回顾

2021年9月17~19日，俄罗斯举行了第八届国家杜马选举，当局以疫情影响为由，将投票期设为3天。回顾选举前各种政治势力的发展情况和社会氛围，政权党——统俄党仍占据着绝对优势，当局对局面的把控也很严密，但俄境内外的政治生态领域和社会情绪领域仍面临着相当尖锐的挑战，隐患一直存在并持续累积。

（一）"统一俄罗斯"党完成任务有难度

2019年11月在统俄党第十九次代表大会上，党的中央委员会秘书长安德烈·图尔恰克就已经概述了国家杜马选举的目标：维持宪法多数，即在450个席位中至少获得301个席位。[①] 所谓宪法多数，是指超过2/3的席位，这样就可以在重大关键问题上保证跨过法律规定门槛，使本党团具有决定性的优势。纵观之前局面，2016年的第七届国家杜马选举是统俄党的历史顶点，占据了343席（见图1），这一成绩对于接下来的修宪等重大政治进程发挥了非常重要的作用。

但要完成"维持宪法多数"这一任务并不轻松，更不用说超越第七届国家杜马选举的辉煌了。从全俄舆情调查中心的民调数据来看，统俄党当时的支持率只维持在27%~30%，这和上届54.1%的最终得票率差距较大，而上届在政党比例制下的225席中，统俄党获得了140席，按照这个差距计算

---

① В Москве состоялся XIX Съезд партии "Единая Россия", https：//er.ru/activity/news/v-moskve-sostoyalsya-xix-sezd-partii-edinaya-rossiya_187842.

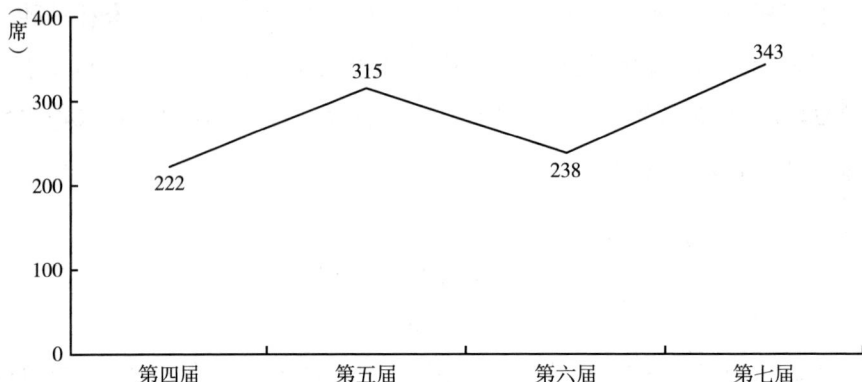

图1　统俄党在第四届至第七届国家杜马席位的变化

资料来源：笔者自制。

的话，乐观的结果这届或将获得 100 席左右。要实现 300 席以上的目标，必须在单席位选区的 225 个席位中至少赢下 200 席，而在鼎盛的上届选举中，在单席位选区也只赢得了 203 席，可见能否完成选举任务还具有很大的悬念。为此，除了要争取到更高的政党支持率，此次在单席位选区中统俄党也必须倾尽全力，其共在 220 个选区提名了候选人。与此形成对比的是，在上一届国家杜马选举中统俄党只在 207 个选区提名了候选人，空留下来的选区则被普遍视作与其他三大政党形成的默契与交换。

2021 年 6 月 19 日，在"统一俄罗斯"党的第二十次代表大会上，普京总统提名了 5 名领导人作为统俄党选举名单上的候选人，这是继 2003 年来统俄党又一次以集体形式出征选战，而此前都是由普京或梅德韦杰夫作为唯一候选人领衔国家杜马大选。这次的 5 人是国防部部长绍伊古、外交部部长拉夫罗夫、莫斯科第 40 医院主治医生普罗岑科、全俄人民阵线联合主席什梅列娃以及儿童权益专员库兹涅佐娃。① 这是一个明确的具有保守主义色彩的名单，突出的就是"安全和安定"，但问题是新团队名单并没有唤起公众

---

① Владимир Путин предложил «пятерку» лидеров федерального списка «Единой России» на выборах в Госдуму, https://er.ru/activity/news/vladimir-putin-predlozhil-pyaterku-liderov-federalnogo-spiska-edinoj-rossii-na-vyborah-v-gosdumu.

支持的热度，反而使统俄党的支持率在一周内从 30.4% 下滑到了 28.7%。另外，统俄党的党建工作进展缓慢。俄媒曾披露，在看似拥有无限精英人才资源的统俄党在组建候选人队伍时遇到了困难，在提名 225 个单一席位选区的候选人时暴露了人才储备不足的窘迫。统俄党的政治新星更迭缓慢，加之政治思想长期滞后于形势发展，在很大程度上导致了党的吸引力与聚合力渐趋衰弱。

（二）主要竞争对手有起色、有变数

根据选前的观察，其他三大党与新锐政党的扰动也不容小觑。

其一，俄罗斯共产党。具有扎实的选举核心，在选举投票中表现出高度的纪律性，这是俄罗斯联邦共产党在选举中长期有效的王牌，将使俄共继续保有很大的影响力与竞争力，尤其是在偶发因素出现的情况下，俄共成为不愿投票给统俄党的选民的第一选择方，就是说如果体制外反对派能够大肆搅局，最大的受益者往往是俄共，体制内与体制外的这种非预设的结合，其产生的效果同样也是本次国家杜马选举的重要悬念之一。

其二，自由民主党近年来基本固定在带有温和民族主义色彩的右翼民粹主义党的基础上，其竞争力体现在其选民（主要是男性）中年轻人很多，退休年龄的人很少，而这个群体正是统俄党所最希望纳入自己阵营的群体，自由民主党拥有执政方有所忌惮的重量级资源。

其三，公正俄罗斯党 2021 年与俄罗斯"爱国者"党、"为了真理党"进行了合并（简称公正党），实力有所增强，"爱国者"党在 7 个联邦主体地方议会中有 21 名代表，"为了真理党"则在梁赞州突破了 5% 的门槛。合并后的三党在 2021 年大选中将更具竞争力。

其四，新锐的政党中，新人党和俄罗斯社会正义养老金领取者党（简称退休者党）势头不错。在 2020 年的地区选举中，它们同时向几个联邦主体的议会提出了自己的候选人，新人党参与了 4 个地区的选举并全部获得了超过 5% 的选举资格，退休者党在参与 9 个地方选举中获得了 7 个地区的选举资格。退休者党的优势在于，提高退休年龄仍然是一个重要且深藏在选民

心中的创伤性政治事件；新人党的优势则在于新颖。Faberlik 化妆品公司总裁涅恰耶夫组织的新人党不仅形象新颖，而且充分利用公司网络资源，加上公司化的营销策略，成功获得了大批支持者，展示了未来科技公司对于政治的强大影响力。这些或传统或新生的政治势力即使在本届大选中无法撼动统俄党的统治地位，但在厌倦与思变的社会情绪中它们依旧具有引爆不满的能力，这也是政权方必须严肃面对的政治势力。

（三）体制外反对派"街头"能力锐减，搅局本领还在

与当局尖锐对立的体制外反对势力，在选前组织街头运动未见成功，主要有以下几个原因。第一，疫情的影响。早在 2020 年 3 月，莫斯科市市长谢尔盖·索比亚宁就颁布法令，在疫情没有得到完全控制之前，禁止在首都举行任何聚集性公开活动。随后在 2020 年的头六个月，首都的执法纠察队就拘留了 269 人，比前两年加起来还要多。当时新型冠状病毒德尔塔毒株正在俄罗斯泛滥，每天有 18000 余人感染，无论是当局借此实施的控制，还是普通百姓的防范意识，基本上消除了大规模集会的可能性。

第二，俄罗斯社会政治淡漠情绪泛滥，不仅对当局无感，而且对以纳瓦利内为代表的反对势力同样缺乏热情。大选不久前列瓦达中心的民调显示，72%的俄罗斯人听到了关于支持阿列克谢·纳瓦利内的反对派的号召和主张，然而，只有 11%的人对此加以密切关注，这几乎只是 2021 年 1 月（21%）的一半。尤其是对街头抗议的支持率急剧下降：对比 2019 年 23%的人对集会持积极态度（25%的人持消极态度）；到 2021 年 1 月，支持者为 22%（消极者为 39%）；到 4 月 21 日，支持者降至 16%（消极者为 39%）。这是因为越来越多的人对抗议漠不关心。

第三，当局的控制手段更加凌厉。第八届国家杜马选举前，俄内务部部长弗拉基米尔·科洛科利采夫公布新政策，如果抗议人数超过 500 人，抗议活动组织者必须设立一个特别账户，所有供应商的服务和为集会购买或租赁设备都必须从中支付。收入信息（包括来自自然人的捐款、公司和非政府组织的资助）和活动结束后所有费用的数据都必须提交给执法机构，并提

供所有文件证据。如果文件有任何错误，根据《行政法》第20.2条，组织者将面临组织未经授权的活动的责任追究。一旦此类违法行为被认定须负刑事责任，个人可能面临被禁止参加任何级别选举的局面。纳瓦利内团队的骨干日丹诺夫对这一规定的评价很准确："供应商中没有人会为集会工作，因为他们知道安全部队会了解到可靠信息，人们也不会愿意为组织抗议活动捐款，因为知道当局将会掌握所有事情。"此外他指出，在现实中，很难在没有错误的情况下提交集会报告，"这种对示威活动的要求完全排除了将来合法举行示威活动的可能性"①。

第四，纳瓦利内团队遭受重创，基本丧失了大规模的动员能力。纳瓦利内深陷囹圄，他的"反腐基金会"被认定为"外国代理人组织"和"极端组织"而被取缔，其指挥部和核心成员已经逃亡到立陶宛。国内剩余的骨干如索博尔等也被监视居住，动辄即会被逮捕。如今实际的操盘人沃尔科夫5月在境外表示，由于会受到镇压，他们不可能提前宣布集会，也不再打算在俄罗斯直接组织抗议活动。"我们今年1月看到的街头抗议活动将不再发生，下一次抗议活动还没有准备好，也没有计划好，我们不会宣布在某一天举行抗议活动，（我们希望）抗议活动像2011年在突尼斯发生的那样自然而然地爆发。"②

（四）纳瓦利内势力"聪明的投票"仍具有一定威胁

2018年11月28日，纳瓦利内宣布启动"聪明的投票"策略。纳瓦利内对此策略做出的解释是："（反对派）可能无法就选出一个抗衡统俄党的候选人达成一致，但是我们可以达成一个共识：我们是反对者。因而我们就有一个建议，我们只要抵制统俄党的垄断，其他一切都是次要的。如果我们

---

① "Согласованных митингов" больше не будет: МВД ужесточило требования к организации акций，https：//newsland.com/user/4296757178/content/soglasovannykh-mitingov-bolshe-ne-budet-mvd-uzhestochilo-trebovaniia-k-organizatsii-aktsii/7448993.

② Леонид волков предупредил о вспышке спонтанных протестов в россии，https：//newtimes.ru/articles/detail/204131/.

所有人都智慧地采取投票行动，集中力量投票选出最强大的候选人，他就有机会战胜统俄党。"

2019 年纳瓦利内凭借此策略组织了针对 39 项选举的活动，其中在莫斯科市议会选举中获得了明显的收益，使得统俄党在 45 个议员席位中只斩获了 25 个议席，而其他政党却收获颇丰，获得了 20 个议席，其中，俄共获得了 13 个议席，亚博卢获得了 4 个议席，公正俄罗斯党获得了 3 个议席。统俄党的席位减少了三成以上。另据一项统计，"聪明的投票"策略总体上会使其他政党的支持率平均提升 5.6 个百分点。

随着纳瓦利内中毒事件的进展，纳瓦利内"反腐基金会"的实际控制者列昂尼德·沃尔科夫在 2020 年 9 月宣布，将于 2021 年在全国范围内使用"聪明的投票"策略。在它的帮助下，反对派计划在 9 月的国家杜马选举中赢得 70~80 个席位。2021 年 1 月，在纳瓦利内被捕及随之而来的抗议活动之后，米哈伊尔·霍多尔科夫斯基表态支持"聪明的投票"策略。

"聪明的投票"本质上是一种非理智的杯葛行为，"只要执政者失败，是谁被选上去无所谓"，但其破坏能力巨大，关键在于，这是已经实践过的策略和组织方式，并不会因为纳瓦利内在狱中而受到毁灭性影响，还有很大可能对国家杜马选举造成相当严重的干扰。结合上文，此举在投票率较低的情况下（例如在莫斯科国家杜马选举投票率不到 22%）更加致命，因为只要有很少的选民立场发生变化就有可能改变选举结果。

（五）境外反俄势力准备的是信息攻势

俄政府多个渠道来源显示，境外反俄势力一直在积极筹划对俄国家杜马选举的攻击，并且已具有成体系的打击方案，俄方对此高度警惕，准备了相应的防范手段。境外信息攻势主要集中在以下几个领域。

一是抹黑选举的合法性和造谣选举舞弊。"假新闻"（fake news）正日益成为造谣、攻击、抹黑的主要手段。9 月，俄国家杜马内部的信息社会、媒体和大众传播发展委员会副主席强调，2021 年网络志愿者披露了 3 万条虚假信息，其中有 3000 条虚假信息与本次国家杜马选举有关。类似的信源大量出现，大多以"镇压的选举""空洞的形式"为关键词，此类信息集中出现在西欧、波罗的海三国、波兰和捷克的媒体上。活跃的组织包括英国非政府组织"大赦国际"、法国的"记者无边界"、德国的"欧洲民主选举"、美国的"自由俄罗斯"等。

二是组织境外有反对倾向的俄罗斯人和组织，通过他们积极与俄境内联络，一方面发送虚假信息；另一方面让境内的联系人提供各种类似于"舞弊"的视频和相关的材料，再在境外加工整理后，进一步发动舆论攻势。同时对各种反当局的非政府组织投入大量资金。据扎巴罗夫透露，2016 年在俄罗斯注册的非政府组织中只有 46 个符合外国代理人的特征，而如今已经有 77 个；5 年前其他国家资助的不受欢迎组织只有 7 个，而现在有 40 个。2016 年，西方资助了 53 个相关协会参与俄罗斯的政治进程，现在资助了 145 个，增加了 1.7 倍。此外，就是对以纳瓦利内为代表的反对派"明星"人物的大力扶植。7 月，纳瓦利内阵营的骨干之一亚历山大·拉连科夫在媒体上公开了部分幕后细节：此前数年内，纳瓦利内阵营的精英被安排到波兰、爱沙尼亚等地接受培训，"培训他们如何聚集人，如何在社交网络工作，如何安排抗议行动，如何进行选举。还有其他技巧的培训，包括应该穿什么服饰，拍照时应该看向哪里，以及如何在组织不力的情况下捍卫行动结果"[1]。而培训所需的相关签证、交通和教学费用统统由境外组织承担并负责完成。

三是进行黑客攻击，有信息显示，反俄组织在筹划对俄中央选举委员会网站进行攻击，一方面希望能够造成选举混乱；另一方面可以制造假数据质疑选举结果，再策动欧洲理事会、欧盟理事会等重量级组织拒绝承认选举结果。

---

① *Либерализм на словах, на деле—тоталитарная секта: бывший соратник Навального—о внутренней кухне оппозиции*，https://russian. rt. com/russia/article/883937 - navalnyi - oppoziciya-sekta-intervyu.

（六）俄方的应对中规中矩

第一，先打舆论战，高调回应美西方对俄国家杜马选举的干涉。早在 2 月，普京就在与四大党团领导人会晤时重点强调，要保护俄罗斯人民在不受外国干涉的情况下进行选举的权利。7 月初，俄罗斯外长拉夫罗夫表示，在 9 月国家杜马选举之前，西方国家正在试图破坏俄罗斯局势的稳定，而且极有可能是要通过煽动抗议来施行。拉夫罗夫指出，俄罗斯几乎每天都会看到西方使用广泛的"工具包"来试图影响俄国内政策。对外情报局局长纳雷什金也指出，俄政府掌握了关于纳瓦利内事件的很多情报，莫斯科收到了可靠和经过验证的信息，表明在欧洲某国举行了一次有特殊机构、非政府组织和各种政府机构参加的会议，这次会议讨论了"如何支持实际上已经消退的俄罗斯抗议运动"的问题。"与会者非常认真地讨论了需要神圣牺牲的问题。如果这个神圣的牺牲是抗议运动的领导人之一，那就更好了。"①纳雷什金以此来说明纳瓦利内中毒事件的背景。

第二，强化对反对派的瓦解工作。2019 年 10 月，纳瓦利内的"反腐基金会"被列入履行外国代理人职能的非营利组织名单。由此根据法律，莫斯科市法院于 2021 年 6 月 9 日决定禁止其在俄罗斯境内开展活动，现在"反腐基金会"的总部已经迁到立陶宛。联邦调查委员会还宣布将调查纳瓦利内涉嫌利用非营利组织侵犯人权的刑事案件，并对其核心骨干索博尔进行起诉，要求以违反疫情卫生条例的罪名判处其一年半的监视居住。

第三，补强选举技术层面的针对性工作。反对势力的一项利器是利用网络进行宣传，组织"聪明的投票"活动，即号召具有反对政权党情绪的选民将票投给每个选区中最强的反对派候选人，只要不是统俄党人，是谁都无所谓，只求击败政权党候选人。这一策略曾在 2019 年莫斯科市议会选举中，给当局造成很大麻烦。2021 年政府以疫情影响为由，推出了若干选举新政，

---

① Нарышкин: Запад год назад обсуждал возможность сакральной жертвы для протестов в России，https：//www.kommersant.ru/doc/4560169.

包括投票时间延长至 3 天，禁止组织大规模集会，动员各参选党团积极约束支持者等，这些新举措被普遍认为对"聪明的投票"构成了打击，大大减少了闹剧的出现。

与此同时，俄方还进行了信息工作、司法体系、执法队伍的联合压力测试，以确保选举顺利进行，并对制止可能出现的网络攻击、煽动非法示威、鼓励骚乱、支持极端主义和恐怖主义活动等行为进行了多层级、多预案的演练。

从选前的民调数据和社会气氛来看，虽然面临大众政治淡漠和对社会各方面停滞不满的隐忧，俄当局对局势的把控总体上还是有效和平稳的。西方干涉最有效的手段还是不断对俄高层不良信息进行"爆料"，希望以此来引燃和激化民间情绪，但经过多次施放后，西方已没有足够震撼的信息炸弹了，选举被俄方当局控制了节奏。

二　统俄党胜选的意义及对2024问题的影响

9 月 19 日结束的第八届国家杜马选举结果是，统俄党获得了全部 450 个议席中的 324 个席位，共产党获得 57 个席位，公正党获得 27 个席位，自由民主党获得 21 个席位，第一次进入国家杜马的新政党——新人党获得了 13 个席位。[1] 统俄党实现了既定的超过宪法多数席位的目标，即获得了 72% 的总席位，仅仅比历史最高点的第七届国家杜马的 343 席略少，结合俄罗斯当下的具体局势，统俄党可谓获得了一场超乎预期的大胜。鉴于本届国家杜马将跨越 2024 年总统大选周期，统俄党的胜选无疑有助于实现政党政治领域和整体政治生态环境的稳定，但本次选举的过程与结果仍然留存诸多悬念与问题，尤其对于最为关键的 2024 权力交接问题并未提供更多有价值的信息或思路，简言之，对统俄党而言，选举虽胜利，隐忧则仍在。

（一）统俄党胜利的成色不足

首先应看到的是，统俄党的"大胜"很难归结为其获得了名副其实的

---

① Итоги выборов в Государственную Думу Ⅷ созыва，http：//duma. gov. ru/news/52313/.

选民爱戴和信任。对比 2016 年第七届国家杜马选举前的民调数据，两者的差距巨大，2016 年 9 月统俄党的支持率为 41.1%，而 2021 年 9 月 5 日的这一数据则为 29.3%，直观的数据缩量约为 30%。按照这个比率，统俄党在本届的比例代表制获得的席位应该不到 100 个席位，但在实际中统俄党获得了 126 个席位，获得的选票率为 49.8%，最终结果与民调数据呈现巨大的差距，这在很大程度上印证了一个判断，即统俄党很难说是赢在了民意，而是赢在了政治技术的使用上。

政治技术是俄当局近年来日益重视的政治治理手段，基本原理就在于通过各种技术性手段来实现政策目标尤其是选举的目标。以本次选举为例，政治技术手段就明确作用于以下几个关键的领域。

其一，优化选区。混合选举制本就是当局的刻意设计，在 2021 年第八届国家杜马选前更是精心调整了诸多选区，把对手势力强大的选区重新进行分割，从而在很大程度上保全了统俄党在单席位选区的绝对优势。

其二，拉长选举时间和引入电子投票。这两项举措在充分动员支持者和限制反对者实施突发行动方面发挥了显著的作用，而且按照反对派的说法，也提供了充足的"做票"时间与监视条件。

其三，动用行政手段施压。尤其是针对公务人员和国企员工，投给统俄党是他们的硬性任务，这也获得了巨大的收益。

其四，各种福利的助阵。在临近选前的短期内，俄当局宣布了多项改善民生的经济措施和多个一次性的财政福利政策，这在疫情冲击的背景下收到了良好的效果。

其五，对于反对势力，尤其是体制外反对派实施了全方位的政策屏蔽。

正是通过这些手段，统俄党在支持率大幅下滑的情况下保持住了优势席位数，但这并不等同于获得了相应程度的社会基础，众多的席位是利用政治技术得到的，这是统俄党必须要清醒认识到的问题。

（二）反对势力的能量有所上升

与统俄党民调数据同选举结果差异较大不同，俄共等其他政党选前的民调数据基本与选举结果符合。俄共最终获得了 18.93% 的支持率,自由民主党为 7.55%,公正党获得 7.46% 的支持率,新人党为 5.32%。与上一届的数据对比,俄共当时为 13.42%,自由民主党则是 13.25%。众所周知,自由民主党的精神内核偏向民粹主义,并一贯号召支持普京总统,而俄共却是体制内一直以来的批判者和竞争者,这样的选举结果显然具有一定的指向意义,即表明民众的不满情绪有所上升。另一个更加明显的现象是,新人党成功突破 5% 的门槛,成为 20 年以来首个突破四大党格局的新政党。而新人党的主要构成为年轻人,且其政治主张基本上不认同统俄党,该党的迅速壮大也释放了求新求变的明确信号,其进一步的发展和走向或将产生超乎预期的震动。

体制外的反对派在此次选战中几乎被完全压制,没有能够发挥作用,其领袖纳瓦利内身陷囹圄,其组织——"反腐基金会"被取缔驱逐,其行动——"聪明的投票"被限制应用,但其潜力仍不容小觑。一是纳瓦利内经过中毒、被捕事件后,已经完成了"形象设计",正式成为反政权的第一人,不仅确立了其在境内反对势力中的头号地位,更是集中了国际反俄势力的各种资源,近日又获得了"萨哈洛夫自由精神奖",预计将成为俄当局长期的主要对手。二是体制外反对派与境外反俄势力进行了空前深度的整合。选举前后,反政权的政治组织基本上都离开了俄罗斯,但这更加便利了反对派与外部势力的密切联系,其未来的策划能力和组织能力或将有所加强。三是疫情因素加大了对街头运动的限制,但这属于不可无限持续的条件,未来更加难以处置的新形态的街头运动仍会是反对派的"法宝",也很可能给俄当局带来更为尖锐的挑战。

（三）胜选后的难题

首先,失去了一个大调整的良机。如前所述,胜选"利"的一面当然在于能够提供政局稳定的议会条件,但"弊"的一面也非常突出,即失去了一次极好的政局调整和布局的契机。从议会的最重要功能来看,无外乎修宪,但频繁修订宪法显然将极大动摇政治根基。2020 年刚刚做出了具有决定性意义的宪法修订，如今再追求宪法多数乃至如此高的席位数的必要性值得商榷。在能够确保议会环境稳定无虞的情况下，尽早让政权党适度暴露存在的问题，借此机会进行有针对性的改革调整似乎更符合普京总统施加政策的需求。换言之，与其死保席位，不如在一定程度上暴露问题，从而给最高当局提供人事和机制调整的机会。如今大胜的局面恰恰阻碍了这一进程，沃洛金继续担任国家杜马主席，基里延科操盘有功，绍伊古、拉夫罗夫、索比亚宁、沃罗比耶夫、特鲁特涅夫等悉数放弃国家杜马席位，人事调整与机构改革面临尴尬局面。

其次，政党体系的信号失灵问题开始严重。上文已列举，统俄党在下情上达方面已经出现严重的偏差，民众真实的支持水平已不能真切地通过选举反映出来，长此以往，政权党将有充足的动力致力于完善政治技术和行政手腕，而不是沉下去接地气地解决社会中现实的问题，这将使政权党逐渐成为贵族党、精英党，政党体系的信号功能受到严重削弱，也将会严重干扰国家政权的决策与政策落实能力。

三　2024政权交接的展望

第一，保持稳定仍然是重中之重。通过本次国家杜马选举可以明确看到，俄罗斯当局求稳的战略意图非常明晰。无论是不遗余力地对政权党加以扶持，还是以空前的力度去打击反对势力，当局都明确显露出对强有力政治力量的追求，而这些举措都是在为2024问题保驾护航，先行构筑坚实的政党基础。从目前看，至少从席位数的获得层面，既定目标得到了实现。

第二，领袖更迭的机会窗口越来越窄，新人上位的可能性越来越低。鉴于本次国家杜马选举没有提供大规模政治调整的机会，高层精英的大体稳定也基本可期。在仅剩的两年中，若还没有新锐的政治明星获得明显提升，或年轻人与现有高层进行关键岗位的更换，2024年出现新政治领袖的局面已经相当渺茫。2008年梅普组合换位前后，梅德韦杰夫的走向趋势已经相当明确，这也是维护政局稳定的必要之举，如今如果贸然引入新人，在短暂的时期内极难确立威望与掌握平衡，政治风险极大。

第三，元老上位平稳可期，但得不偿失。目前政坛的元老级政治家，如绍伊古、拉夫罗夫、索比亚宁等，如果接替普京出任 2024 年的总统职位，在普京的全力支持下或能保持政局平稳，但必要性不大。一是俄罗斯的"普京道路"已经形成，这套思想体系包含了这些元老级政治家的政治认同，因而缺乏个人足够的引领能力和动力；二是经过多年的职位稳固，元老级政治家都已经形成了自己的影响范围和相应团队，在没有人具备绝对优势的情况下，一方上位极易激发各方间剧烈的利益冲突，显然这有悖于俄罗斯和普京总统稳定优先的战略前提；三是元老级政治家的年龄和身体因素也构成了限制。到 2024 年绝大多数的高层精英的年龄在 70 岁上下，加之六年的总统任期，健康因素就会成为不得不顾及的硬性条件。

第四，综合上述条件，既要保持稳定，避免出现政局危机，又要展开部署，从容稳妥地进行精英换代，目前最佳的办法似乎只有普京总统在 2024 年至少连任一届这一条出路。在权威无虞、保持平稳的情况下，可以用时间换方案，力争用最小的政治代价来实现新生代的成长与崛起，并确保设定的国家发展航向不会发生变化。从国家杜马选举后的情势看，这相对符合逻辑。

Y.8
《俄罗斯联邦主体公共权力组织一般原则法》概述

李雅君[*]

摘　要： 2021 年 12 月 21 日正式生效的《俄罗斯联邦主体公共权力组织一般原则法》，是俄罗斯议会根据 2020 年宪法修正案中有关实施"公共权力"与建立"统一公共权力体系"的相关条款制定的一部调整联邦公共权力体系的新法。该法涉及的内容范围很广，提出了一系列规范联邦公共权力体系的新原则。它将国家各级权力机构作为一个整体，确定了各权力机构之间的职责和相互关系，进一步强化了总统权力在公共权力体系中的核心地位，并以联邦法律的形式明确了国务委员会在"统一公共权力体系"中的协调与咨询职能。该法的出台对未来俄罗斯联邦制度的发展将会产生很大影响。

关键词： 公共权力　统一公共权力体系　联邦主体　地方自治机构

　　2020 年宪法改革后，针对宪法修正案中的 206 项修宪条款，从 2020 年下半年到 2021 年底，俄罗斯上下两院通过了一系列新法及联邦修改补充法。其中，2021 年 12 月 15 日获得议会通过、12 月 21 日经总统普京签署后正式生效的《俄罗斯联邦主体公共权力组织一般原则法》[①] 最为引人注目。该法根据宪法修正案中有关实施"公共权力"与建立"统一公共权力体系"的相关条款，

---

　　*　李雅君，中国社会科学院俄罗斯东欧中亚研究所俄罗斯政治与社会研究室研究员。

　　①　Федеральный закон от 21 декабря 2021 г. N 414-ФЗ "Об общих принципах организации публичной власти в субъектах Российской Федерации", http：//ivo. garant. ru.

将国家各级权力机构（联邦中央国家权力机关、联邦主体国家权力机关和地方自治机关）作为一个整体，以联邦法的形式确定了各权力机构之间的职责和相互关系，进一步强化了总统权力在公共权力体系中的核心地位，以联邦法律的形式明确了国务委员会在统一公共权力体系中的协调与咨询职能。

一 有关统一公共权力体系的概念

按照政治学的一般原理，所谓"公共权力"，是指在公共管理过程中由各级政府官员及其相关部门掌握并行使，用以处理公共事务、维护公共秩序、增进公共利益的权力，它是对一国政治权力、经济权力和文化权力的综合表述，实施公共权力的各级国家权力机关称为"公共权力机关"。但是，在2020年宪法修改之前，俄罗斯的宪法法律文本中却从未出现过有关"公共权力"和"公共权力体系"的概念。

2020年俄罗斯宪法修正案（其正式名称为《关于完善和调整公共权力机构个别问题的联邦宪法性法律》），首次将涉及"公共权力"和"公共权力体系"的内容分别写入了"联邦体制""俄罗斯联邦总统""地方自治"等三章的相关条款。其主要内容包括："根据联邦法律，可以在俄罗斯联邦境内设立联邦领地。联邦领地的公共权力机构根据联邦法律予以确立"（第67条第1款）；"组织公共权力属于俄罗斯联邦的职权范围"（第71条第4款）；"俄罗斯总统按照宪法规定的程序采取相关措施，以确保统一公共权力体系内各机构的协调运作与相互配合"（第80条第2款）；"俄罗斯联邦直辖市、联邦各主体的行政中心（首府）以及其他地区内公共权力的实施由联邦法律予以规定"（第131条第3款）；"地方自治机关和国家权力机关属于俄罗斯联邦统一的公共权力体系，两者相互协作以更有效地解决当地居民的实际利益问题"（第132条第3款）。①

---

① Конституция Российской Федерации（с изменениями 1 июля 2020 г.），http：//constitution. garant. ru/.

从宪法修正案列举的以上宪法原则可以看出，与"国家权力"相比，俄罗斯宪法中规定的"公共权力"的适用范围更加广泛，"国家权力"被包含在"公共权力"的实施范围之内；负责行使国家"公共权力"的"统一公共权力体系"由"（联邦中央与联邦各主体）国家权力机关"和"地方自治机关"共同组成，其活动宗旨在于："代表社会不同层级权力机构行事，满足社会不同群体的利益需要"；统一公共权力体系须在联邦中央国家权力机关统一领导下，根据国家规范性法律法规（联邦宪法和法律、联邦主体的法律法规、地方自治条例等），按照"三权分立"与"联邦中央和联邦主体划分职权范围"的原则组织社会生活；按照俄罗斯宪法，作为国家的最高首脑，俄罗斯总统有权协调和监督各级公共权力机关的活动；等等。

2020年7月3日宪法修正案经全民公决通过后，俄罗斯议会即着手制定有关"统一公共权力体系"的相关联邦法律。经过一年多的酝酿和准备，2021年11月9日，由国家杜马宪法法律委员会主席帕维尔·克拉申尼科夫和联邦委员会立法委员会主席安德烈·克利沙斯领导的法律起草小组，将《俄罗斯联邦主体公共权力组织一般原则法》（以下简称"统一公共权力法"）草案提交议会审议。12月9日，该法获得国家杜马二读通过；12月15日，该法在联邦委员会获得批准；12月21日，该法经总统签署后正式生效。

二 "统一公共权力法"的主要内容

"统一公共权力法"共分为十一章、64项条款。内容包括：总则、俄罗斯联邦主体立法机关、联邦主体最高领导人、联邦主体执行权力体系、联邦主体其他国家机关、俄罗斯联邦主体国家权力机关参与国家杜马有关共同管辖职权范围的联邦法律草案审议、联邦中央国家权力机关与联邦主体国家权力机关以及地方自治机关划分权力的基本原则、联邦主体公共权力机关活动的经济基础、联邦主体公共权力机关的相互关系，以及对进入统一公共权力体系的联邦主体权力机关的活动实行国家监督（监察）等。

（一）确立统一公共权力体系的基本原则

在第一章（总则）中，"统一公共权力法"阐述了如下基本原则。

在组织国家公共权力方面，该法规定：根据俄罗斯联邦宪法，俄罗斯联邦中央国家权力机关、联邦主体国家权力机关、地方自治机关全部纳入俄罗斯联邦统一的公共权力体系，各权力机关须相互配合；俄罗斯国家权力分为立法权、行政权和司法权；在俄罗斯联邦各级公共权力机构之间划分管辖权限和职权范围；联邦中央国家权力机关可以直接或间接地在联邦主体和地方自治机关内行使职权；俄罗斯联邦总统确保俄罗斯联邦统一公共权力体系中各机构的协调协作与互动；俄罗斯联邦主体的公职人员清单由俄罗斯联邦总统批准；联邦中央执行权力机构可以在俄罗斯联邦所属以及与俄罗斯联邦主体共同所属的职权范围内参与俄罗斯联邦主体执行权力机关的组建，包括任命或解除联邦主体执行权力机关的官员；俄罗斯联邦主体的国家权力机关可以参与地方自治问题的解决，并根据相关法律在俄罗斯联邦主体的国家权力机关和地方自治机关之间重新分配权力；对各级公共权力机关及其领导人的活动实施国家监督（监察）、议会监督和社会监督；俄罗斯联邦国务委员会有权对本法的相关内容提出修改和补充意见。

在联邦主体国家公职人员的任职资格限定方面，该法规定：有权担任联邦主体内公职的人员必须是不拥有外国国籍或其他外国永久居留证的俄罗斯公民；禁止联邦主体内担任公职的人员、其配偶和未成年子女在俄罗斯境外的外国银行开立账户（存款）、存放现金和贵重物品、拥有和（或）使用外国金融工具；联邦主体内的公职人员须履行俄罗斯联邦反腐败立法和联邦法律的各种规定。

在维护俄罗斯联邦宪法权威方面，根据该法：联邦主体的法律和其他规范性法律不得与俄罗斯联邦宪法、联邦宪法性法律、俄罗斯联邦管辖职权以及与联邦主体共同管辖职权范围内通过的联邦法律相抵触；属于俄罗斯联邦主体统一公共权力体系的机构，在行使职权时，要确保遵守俄罗斯联邦宪法、联邦宪法性法律和联邦法律，不得实施与俄罗斯联邦宪法相违背的国际条约。

（二）联邦主体内的公共权力体系

根据"统一公共权力法"，联邦主体内的公共权力体系包括：联邦主体的立法机关、联邦主体的最高领导人、联邦主体最高执行机关，以及联邦主体的其他国家权力机关。

1. 有关联邦主体的立法机关

该法严格规定了联邦主体立法机关的组成方式，包括立法机关名称的选择，代表人数的限定，代表选举的方式以及对代表权限的法律保障与限制，等等。根据该法，联邦主体立法机关是俄罗斯联邦主体的常设国家权力机关，其代表由联邦主体内选民直接选举产生，每届代表任期5年。它的主要职能有：通过联邦主体宪法及其修正案；负责制定联邦主体职权范围内的各项立法；根据俄罗斯联邦税费，负责制定联邦主体内的税费和税率；批准联邦主体内国家预算外基金预算及其执行报告；听取俄罗斯联邦主体最高行政机关和地方自治机关工作情况的年度报告；在俄罗斯联邦议会拥有立法倡议权；监督俄罗斯联邦主体法律的遵守和执行情况以及俄罗斯联邦主体预算的执行情况；确定联邦主体立法机关会议的程序；确定联邦主体立法机关、联邦主体最高领导人和联邦主体内地方自治机关的选举程序；做出对联邦主体最高领导人的不信任（信任）以及对俄罗斯联邦主体执行机关负责人的不信任（信任）的决定；任命和罢免俄罗斯联邦主体的某些官员。该法还规定，如联邦主体立法机关通过的法律违背了联邦宪法和联邦法律，根据联邦宪法（章程）或法律的规定、依据相关法院的裁决，俄罗斯联邦总统有权在警告无效的情况下做出解散联邦主体立法机关的命令。

2. 有关联邦主体最高领导人

该法规定，俄罗斯联邦主体最高领导人由俄罗斯联邦公民或该联邦主体立法机关代表选举产生，任期5年；在俄罗斯联邦永久居住、不拥有外国国籍或其他外国永久居留证、年满30岁且有被选举权的俄罗斯公民可以当选联邦主体最高领导人；联邦主体最高领导人的职位统称为"首脑"（Глава）；遵照公职制度统一原则，联邦主体的最高领导人同时兼任俄罗斯联邦公职和俄罗斯联邦主体公职;联邦主体最高领导人就职时须宣誓效忠人民和俄罗斯联邦宪法、联邦主体宪法(章程)。在联邦主体最高领导人的选举程序上,该法明确规定:联邦主体最高领导人职位的候选人可以由政党提名,也可以以自我提名的方式提名;政党有权提名该政党成员或非该政党或其他政党成员担任候选人;政党提名的候选人和自我提名的候选人,均须得到该联邦主体内5%~10%的直辖市代表机构代表和(或)直辖市市长的签名支持;如果联邦主体的宪法(宪章)规定该联邦主体最高领导人由联邦主体立法机关的代表选举产生,则俄罗斯联邦总统应在投票之日前20天,根据该联邦主体立法机关内各政党推荐的候选人名单,将其中的三个候选人名单提交联邦主体立法机关进行投票选举。

根据该法,联邦主体最高领导人的职责主要有:负责管理联邦主体的行政权力、确定联邦主体行政机关的结构;代表俄罗斯联邦主体,并在联邦主体权限范围内执行对外经济联系;有权代表联邦主体签署协议和协定;签署和颁布联邦主体的法律或否决联邦主体立法机关通过的法律;确保联邦主体执行机关与联邦主体其他国家机关、联邦主体内地方自治机关及其他属于联邦统一公共权力体系的行政机关之间的相互联系与协调;有权参加联邦主体立法机关的工作,并享有咨询投票权;俄罗斯联邦主体最高领导人在其职权范围内通过的法案,对联邦主体具有约束力。该法还规定,联邦主体最高领导人的行为不得与俄罗斯联邦宪法、联邦宪法性法律、俄罗斯联邦中央管辖职权以及与联邦主体共同管辖职权范围内通过的联邦法律相抵触;在相关联邦法律规定情况下,俄罗斯联邦总统有权任命联邦主体的临时最高领导人,直到选出新的联邦主体最高领导人为止;在联邦法律规定的情况下,俄罗斯总统有权对联邦主体最高领导人提出警告或免职。

3. 有关联邦主体最高执行机关

根据该法,联邦主体最高执行机关统称为"政府"(Правительство),它是由联邦主体最高领导人负责领导的联邦主体常设执行机关;联邦主体最高执行机关及联邦主体其他执行机关的财政拨款由联邦主体的预算承担。该法详细规定了联邦主体最高执行机关的主要职责,包括参与实施财政、科教、卫生、文化、体育、社会保障、道路安全、生态等领域的统一国家政策；采取措施落实、保障和保护公民的权利和自由，保护国家财产和公共秩序，打击恐怖主义和极端主义，打击犯罪；确保制定和实施旨在促进联邦主体社会经济发展的措施；采取措施保护和发展居住在联邦主体领土上的俄罗斯居民民族文化和语言的多样性；保护土著居民和其他少数民族的权利；促进移民的社会和文化适应；防止民族间（种族间）冲突，确保种族间和宗教间的和谐；采取措施协调联邦主体内的医疗保健问题，包括确保提供负担得起的优质医疗服务、维护和加强公共卫生、为居民过上健康的生活方式创造条件、形成公民对自己健康负责的文化；确保国家保障人口的措施得到执行，包括社会保障、对公民有针对性的社会支持等；采取措施确保对家庭、母亲、父亲和儿童的保护，保护作为男女结合的婚姻制度，为家庭抚养孩子创造条件，以及督促成年子女履行赡养父母的义务；制定俄罗斯联邦主体的预算草案，并确保联邦主体预算的执行；编制联邦主体预算执行报告、联邦主体最高执行机关活动结果的年度报告、联邦主体国家计划的实施和有效性评估的综合年度报告等，以供联邦主体最高领导人或联邦主体最高执行机关负责人提交联邦立法机关审议；确定由联邦主体最高执行机关管理的战略规划文件的制定和调整程序，并批准这些文件；在地方自治机关颁布的法律以及地方自治机关官员的法律行为与俄罗斯联邦宪法和联邦法律相抵触的情况下，有权对此向相关法院提出申诉。此外，该法还规定，俄罗斯联邦政府有权向俄罗斯联邦总统报告联邦主体执行机关履行职责的情况，联邦主体最高领导人和联邦主体执行机关活动有效性评估指标清单由俄罗斯联邦总统批准；联邦主体最高执行机关在其权限范围内通过的法律，对俄罗斯联邦主体具有约束力；联邦主体最高执行机关、联邦主体其他执行机关的行为不得与俄罗斯联邦宪法、联邦宪法性法律、联邦主体法律相抵触。

4. 有关联邦主体的其他国家权力机关

该法规定，除联邦主体国家权力机关，根据联邦主体宪法（章程）和法律，在联邦主体内还可以设立其他国家机关。例如，为实现对联邦主体内公民权利与自由的宪法保障，根据联邦法律，可以在联邦主体内设立人权专员、儿童权利专员等职位，并可以委托联邦主体人权专员协调这些专员和其他联邦主体政府官员的活动。此外，根据该法，联邦主体的其他国家权力机关还包括：联邦主体选举委员会，联邦主体审计机关，它们分别负责组织筹备联邦主体内的选举和公民投票活动，以及联邦主体对外财政的监察和审核工作。

（三）联邦主体权力机关参与国家杜马有关共同管辖职权法律草案的审议

为了解决俄罗斯宪法规定的、联邦中央与联邦主体共同管辖职权内的问题，"统一公共权力法"做出如下规定。

其一，俄罗斯国家杜马在制定有关联邦中央与联邦主体共同管辖职权的联邦法律草案时，须按照本条款和国家杜马条例规定的程序，与各联邦主体进行协商。未经联邦主体的意见反馈，不得审议有关俄罗斯联邦与联邦主体共同管辖职权的联邦法律草案。

其二，在有关共同管辖职权的联邦法律草案提交国家杜马审议后，须在国家杜马官方网站上公布，同时将该联邦法律草案送交联邦各主体立法机关和联邦主体最高领导人以征询意见，其反馈意见须在 30 天内提交国家杜马。联邦主体的意见反馈期限可以缩短，但不得少于 15 天。

其三，如果超过 2/3 的联邦主体赞成通过该联邦法律草案，则国家杜马可以在规定期限届满之前审议该联邦法律草案；如果 1/3 以上的联邦主体反对通过该联邦法律草案，则国家杜马可以决定成立调解委员会进行进一步协商；如果联邦主体立法机构和联邦主体最高领导人的意见不一，则应视为联邦主体权力机关对该联邦法律草案没有提出明确意见。

其四，联邦主体立法机关对该联邦法律草案的反馈意见，应根据联邦主体立法机关的议事规则或其他相关联邦主体法规规定的程序予以确定；联邦主体最高领导人对该联邦法律草案的反馈意见，应以联邦主体最高领导人发布的规范性法律文件的形式予以确定。

其五，国家杜马一读通过的有关联邦中央和联邦主体共同管辖职权的联邦法律草案，应在国家杜马的官方网站上公布，同时将该法律草案送交各联邦主体立法机关。联邦主体立法机关须在 30 天内向国家杜马提交对上述法律草案的修正意见。根据国家杜马的议事规则，联邦主体提交修改意见的期限可以缩短，但不得少于 15 天。

（四）联邦中央、联邦主体以及地方自治机关之间划分权力的基本原则

"统一公共权力法"法的第七章主要涉及有关进入统一公共权力体系的三个主体——联邦中央国家权力机关、联邦主体国家权力机关和地方自治机关——之间划分权力的原则。这一章包含 13 项条款（第 41~53 条），内容非常丰富，几乎占了整部联邦法律近 1/3 的篇幅。概括起来，本章的主要内容包括以下内容。

1. 有关联邦主体国家权力机关权限划分的法律依据

该法规定：其一，联邦主体国家权力机关行使其事权范围内的权力由联邦主体宪法（章程）、法律及按照联邦主体宪法和法律制定的其他法规来界定；其二，联邦主体国家权力机关行使其共同事权范围内的权力由俄罗斯联邦宪法、联邦法律、权限划分协定和协议以及联邦主体的法律来界定；其三，联邦主体国家权力机关行使俄罗斯联邦事权范围内的权力由联邦法律、依联邦法律制定的俄罗斯联邦总统法令和俄罗斯联邦政府的法规以及相关协定来界定；其四，确定联邦主体权限的联邦法律、关于联邦主体国家权力机关权限划分的条约和协定，应规定联邦主体国家权力机关的权利、义务和责任，规定行使相应权力所需资金的提供方式及资金来源，不得把相同权限同时赋予联邦主体国家权力机关和地方自治机关，此类要求也同样适用于俄罗斯联邦总统令和俄罗斯联邦政府的相关决议；其五，联邦主体内部含有自治州的边疆区和州的权限，由边疆区和州的国家权力机构独立行使。

2. 有关联邦主体国家权力机关行使其职权所需要的资金保障

该法将联邦主体国家权力机关行使职权时所需资金的来源划分为几个方面：其一，联邦主体国家权力机关独立行使联邦主体所属事权时，须使用联

邦主体预算资金（俄罗斯联邦预算补偿金除外）；其二，联邦主体国家权力机关就联邦事权和共同事权行使权力时，使用联邦主体预算资金，也可以依联邦法律规定的程序和情形，从联邦预算和联邦国家预算外基金获得补充资金，其中还包括依照联邦专项纲要提供的联邦补充资金；其三，在行使由联邦事权转给联邦主体国家权力机关的部分权限时，由联邦预算外基金以补偿金的形式承担，也可由部分联邦主体预算基金承担；其四，在联邦主体国家权力机关向地方自治管理机关转交相关权限时，也应同时向其提供必要的物质和资金。

3. 属于联邦主体国家权力机关事权和共同事权的主要任务清单

该法规定，联邦主体国家权力机关依据俄罗斯联邦宪法，在其管辖范围内以及与俄罗斯联邦中央国家权力机关的共同管辖范围内，独立行使其职权，且行使职权的费用由联邦主体预算承担。为此，该法制定了一系列属于联邦主体所属事权和共同事权的任务清单，它们有：向联邦主体行政和事业单位提供必要的物质、技术和资金保障，其中包括发放人员工资；建立应对不可预见风险的储备基金，承担预警跨地区灾难、自然灾害、流行病和消除上述灾害的后果，以及在紧急状态下保护人的生命和健康等工作的资金支出；承担实施跨地区环境保护和生态安全的纲要，建立和保护地区级自然保护区，保护联邦主体制定的濒危物种清单所需支出；制订和实施发展中小企业的纲要和计划，支持以社会服务为取向的非商业组织的慈善和志愿者活动；组织民用航空、水运和公路运输，组织跨地区和城市间的交通以及城市间铁路运输；保障联邦主体内免费学前、小学和中学教育机构的运转，向地方自治机关预算提供一定比例补助金，用于支付上述教育机构人员的工资、购买教材和教辅资料、教学器材、玩具等；保障联邦主体所属国立中学的教育；为在私立学前教育机构学习的儿童提供资金保障；保障中等职业教育，保障学生在联邦主体所属国立学校获得补充教育和补充职业教育；保护、使用和增加属于联邦主体资产的文化设施，如古迹和历史文化设施；组织和支持文化艺术机构；组织向联邦主体内居民提供初级卫生保健，包括为孕妇、哺乳母亲以及三岁以下儿童提供体检；组织无偿献血，为老年人和残疾公民、生活困难的公民以及孤儿、流浪儿童、失去父母照顾的儿童提供社会支持和社会服务；组织向低收入家庭、独居的低收入公民以及其他类别的公民提供国家社会援助；参与保障残疾人社会保护，为残疾人提供教育，组织残疾人社会服务；为联邦主体公职人员、联邦主体国家公务员、联邦主体国家机构雇员提供官方住所；为在偏远地区和人烟稀少的地区进行法律援助提供后勤和财政支持；对国家公证处物质、技术和财政的支持；设立、变更和废除地方税，依据俄罗斯联邦税费立法规定确定联邦税的征税要素；等等。

4. 联邦中央、联邦主体及地方自治机关之间权力划分的形式

除根据联邦宪法对联邦中央和联邦主体在所属事权和共同事权上进行划分，该法还列举了联邦中央与联邦主体之间相互转交各自职权的其他形式。其中包括：

——将联邦中央管辖范围内的部分权力以及与联邦主体共同管辖范围内的部分权力，移交给联邦主体国家权力机关；

——将联邦中央执行机关的某些权力移交给联邦主体的执行机关；

——撤销俄罗斯联邦中央委托给联邦主体公共权力机关的某些权力；

——俄罗斯联邦各主体的公共权力机关参与行使未移交给它们的俄罗斯联邦管辖的权力，以及共同管辖的权力；

——由联邦中央国家权力机关临时行使俄罗斯联邦主体公共机关的某些权力；

——在联邦中央和联邦主体之间签订相互移交部分权力的协议；

——将俄罗斯联邦和联邦各主体的某些国家权力赋予地方自治机关。

（五）联邦主体公共权力机关活动的经济基础

根据"统一公共权力法"，联邦主体公共权力机关活动的经济基础主要分为两部分：一是联邦主体所拥有的财产，包括受到联邦法律保护的、由联邦主体权力机关拥有的公有财产，如用于保障联邦主体国家机关、国家公务员、国家机关的雇员正常活动的财产等；二是联邦主体的预算收入。

该法规定，根据俄罗斯联邦宪法、联邦民法典以及其他联邦法律和法

规，联邦主体国家机关有权独立管理和处置联邦主体所拥有的财产，包括有权将联邦主体所拥有的财产转让给个人或法人临时占有和（或）使用，或者根据联邦法律和联邦主体法律进行其他交易；根据联邦法律、联邦总统令和联邦政府的规范性法律文件，联邦主体财产私有化的程序和条件可以由联邦主体法律和其他规范性法律予以确定。

针对联邦主体的预算情况，该法规定，联邦主体预算（收入和支出）的制定、批准、执行和监督由联邦主体国家权力机关负责；根据俄罗斯联邦预算法以及联邦主体相关法律，联邦主体财产私有化所得的收入，包括联邦主体国有企业在内的国有财产，应列入联邦主体预算；根据该法和其他联邦法律，联邦主体权力机关负责制定联邦主体财产的登记、保存程序，包括接收、审查和保存包含联邦主体财产信息的文件等，并将相关信息输入登记簿；联邦主体的财政机构应按照俄罗斯联邦预算法规定的方式，提交俄罗斯联邦主体合并预算执行情况的年度预算报告；就联邦主体预算草案和联邦主体预算执行情况年度报告的情况举行公开听证会或公开讨论。

（六）调整联邦直辖市和联邦主体首府的法律地位

根据"统一公共权力法"，联邦直辖市、联邦主体首府以及联邦境内一些具有特殊价值的地区，如各类经济开发区、创新科技中心、符拉迪沃斯托克自由港等，均可由联邦法律规定某种符合这些地区现实的公共权力结构，赋予它们特殊的法律地位。

（七）赋予国务委员会调节联邦主体权力机关间争端的权力

为了有效地解决联邦主体立法机关与最高执行机关之间、联邦主体与地方自治机关之间在行使职权方面的争议，"统一公共权力法"规定，争议双方可以向俄罗斯联邦国务委员会提出申诉请求，以确保联邦立法机关按照联邦宪法和联邦法律，协调并消除双方产生的分歧。

三　简要述评

建立统一公共权力体系和确立国务委员会的宪法地位是 2020 年宪法改革的最主要内容之一。"统一公共权力法"的出台，将地方自治机构正式纳入俄罗斯联邦统一公共权力体系。

从联邦层面来说，该法将国家各层级权力机构统一到了一个管理体系之中，打破了俄罗斯长期以来各权力机关之间的界限，建立了一种从中央权力机关到地方自治机关之间的权力互动关系。俄罗斯国家权力体系也由联邦中央—联邦主体的两级结构，变为联邦中央—联邦主体—地方自治的三级结构。[①] 根据"统一公共权力法"，允许将俄罗斯联邦和联邦各主体的某些国家权力赋予地方自治机关，可以预见，在未来的统一公共权力体系中，俄罗斯联邦、联邦主体和地方自治机关之间将会出现职权范围的重新划分。

从立法本身来说，这部"统一公共权力法"涉及的内容范围很广，几乎涵盖了俄罗斯以前实施的有关调节联邦关系和地方自治问题的两部联邦法——《关于俄罗斯联邦主体国家立法和行政权力机构总的组织原则》和《关于俄罗斯联邦地方自治体总的组织原则》的基本内容，同时又提出了一系列规范中央与地方关系的新原则，甚至还直接加入了有关市政改革的内容和条款。在"统一公共权力法"的最后一章（第十一章），还详细列举了自该法生效后即将失效的 120 多部联邦法律和法规的名单。无疑，"统一公共权力法"带有某种"指导性"的联邦法意义，对未来俄罗斯联邦制度的发展会产生很大影响。

[①] Почему необходим этот новый закон，https：//www. pnp. ru/politics/municipalnye‐okruga‐budut‐prinimat‐resheniya‐o‐snose‐samostroya. html.

Y.9
2021年俄罗斯央地关系发展形势

吴德堃*

摘　要： 2021年俄罗斯地方政治形势总体保持了稳定可控。地方政权交接稳步推进，"统一俄罗斯"党在9个联邦主体推举和支持的地方首脑候选人均顺利当选，其余2个联邦主体首脑虽然由体制内反对派当选，但总体符合联邦中央的政治安排。此外，"统一俄罗斯"党在地方议会选举中尽管得票率有所下降，但依旧保持了大部分地区议会多数党地位。俄罗斯共产党和新人党在地方议会保持强劲增长态势，得票率和席位数量稳步上升。在制度层面，俄罗斯继续加强联邦中央对地方的垂直管理，进一步完善地方治理模式。改革联邦区总体全权代表制度，赋予政府副总理直接监管联邦区的权力，同时通过了《俄罗斯联邦主体公共权力组织一般原则法》进一步落实修宪后的统一公共权力体系建设，加大了对市区一级权力的控制力度，理顺了中央对基层的治理路径。

关键词： 俄罗斯联邦制　地方选举　统一公共权力　"统一俄罗斯"党

一　2021年俄罗斯地方选举

2021年俄罗斯地方选举于9月举行。根据俄罗斯中央选举委员会的决

---

* 吴德堃，中国社会科学院俄罗斯东欧中亚研究所俄罗斯政治与社会研究室助理研究员。

定，投票日延长为 9 月 17 日、18 日和 19 日三天。在三天内选举产生 11 个联邦主体的领导人、39 个联邦主体立法机关代表、11 个联邦主体行政中心立法机关代表及部分地方自治机关领导人和代表。总共涉及 4500 场不同级别的竞选活动，有超过 3.1 万个代表席位和领导人职位更替，100 多万俄罗斯人参加投票。①

（一）地方领导人选举

2021 年俄罗斯地方选举共选举了 11 个联邦主体的领导人。其中，车臣共和国、图瓦共和国、莫尔多瓦共和国、哈巴罗夫斯克边疆区、别尔哥罗德州、奔萨州、乌里扬诺夫斯克州、图拉州、特维尔州等 9 个联邦主体领导人通过直接选举产生（见表 1）；北奥塞梯-阿兰共和国、卡拉恰伊-切尔克斯共和国领导人通过地方议会间接选举产生（见表 2）。9 个直接选举地方领导人的地区共有 13 个政党或社会组织②参加竞选，共推举了 51 名候选人。最终实际获批参选的有 10 个政党或组织③，39 人获准参选。④

总体来看，本次地方领导人选举符合俄罗斯政府和"统一俄罗斯"党（简称统俄党）的预期安排。政府推举的统俄党候选人和地方代理行政长官在选举中都顺利当选。其中，图瓦共和国、莫尔多瓦共和国、哈巴罗夫斯克边疆区、别尔哥罗德州、奔萨州、乌里扬诺夫斯克州完成了新老政权的更替。

---

① Единый день голосования–2021，https：//www.kommersant.ru/doc/4977986.
② 13 个政党和组织包括：统俄党、俄共、自民党、公正党、亚博卢、共产党人党、绿党、退休者党、成长党、祖国党、俄罗斯联邦哥萨克党、新人党、赞成党。
③ 10 个政党和组织包括：统俄党、俄共、自民党、公正党、成长党、共产党人党、绿党、退休者党、祖国党、新人党。
④ Сведения о выдвижении и регистрации кандидатов на выборах высших должностных лиц субъектов Российской Федерации（руководителей высших исполнительных органов государственной власти субъектов Российской Федерации）19 сентября 2021 года.

表1　2021年直选产生的联邦主体领导人

地区	前任领导人	代理领导人	当选领导人	得票率(%)
车臣共和国	拉姆赞·卡德罗夫（统俄党）	—	拉姆赞·卡德罗夫（统俄党）	99.7
图瓦共和国	绍尔班·卡拉-奥尔（统俄党）	弗拉基斯拉夫·霍瓦雷克	弗拉基斯拉夫·霍瓦雷克（统俄党）	86.8
莫尔多瓦共和国	弗拉基米尔·沃尔科夫（统俄党）	阿尔乔姆·兹杜诺夫	阿尔乔姆·兹杜诺夫（统俄党）	78.3
哈巴罗夫斯克边疆区	谢尔盖·富尔加尔（自民党）	米哈伊尔·捷克佳廖夫	米哈伊尔·捷克佳廖夫（自民党）	56.8
别尔哥罗德州	叶甫根尼·萨夫琴科（统俄党）	维切斯拉夫·格拉德科夫	维切斯拉夫·格拉德科夫（统俄党）	78.8
奔萨州	伊万·别洛泽尔采夫（统俄党）	奥列格·梅里尼琴科	奥列格·梅里尼琴科（统俄党）	72.4
乌里扬诺夫斯克州	谢尔盖·莫洛佐夫（统俄党）	阿列克谢·鲁斯基赫	阿列克谢·鲁斯基赫（俄共）	83.1
图拉州	阿列克谢·久明（无党派）	—	阿列克谢·久明（无党派）	84.0
特维尔州	伊戈尔·卢坚亚（统俄党）	—	伊戈尔·卢坚亚（统俄党）	52.3

资料来源：俄罗斯中央选举委员会网站，http://www.vybory.izbirkom.ru/region/izbirkom。

表2　2021年地方议会选举任命领导人

地区	前任领导人	代理领导人	当选领导人	得票率(%)
北奥塞梯-阿兰共和国	维切斯拉夫·彼塔罗夫（统俄党）	谢尔盖·梅涅伊洛	谢尔盖·梅涅伊洛（无党派）	81.4
卡拉恰伊-切尔克斯共和国	拉什德·杰姆列佐夫（统俄党）	—	拉什德·杰姆列佐夫（统俄党）	96.0

资料来源：俄罗斯中央选举委员会网站，http://www.vybory.izbirkom.ru/region/izbirkom。

　　图瓦共和国前任领导人绍尔班·卡拉-奥尔在图瓦共和国从政23年，曾历任图瓦共和国最高呼拉尔（议会）代表、主席。2002年担任图瓦共和国政府第一副主席，2003年担任图瓦共和国贸易和商业发展部部长。2007

年开始担任共和国领导人，连续执政了三个任期至 2021 年。2021 年参加国家杜马选举，当选国家杜马副主席。2021 年 4 月 7 日，普京任命图瓦能源销售公司总经理弗拉基斯拉夫·霍瓦雷克担任图瓦共和国代理领导人。霍瓦雷克曾历任图瓦共和国国家资产委员会法务专员、联邦金融和破产事务局图瓦局局长、图瓦共和国财政部司长，2007 年担任图瓦共和国土地和资产关系部部长，2008 年担任图瓦共和国首府克孜勒市市长，2018 年担任图瓦能源销售公司总经理。

莫尔多瓦共和国前任领导人弗拉基米尔·沃尔科夫从 1990 年开始担任共和国高级领导人，历任莫尔多瓦共和国最高委员会建筑工业委员会主席、共和国国家会议主席，1995～2021 年担任共和国政府主席。2012 年被普京任命为莫尔多瓦共和国领导人。2020 年 11 月 18 日，沃尔科夫因年龄原因提前辞去共和国领导职务。随后，普京任命达吉斯坦共和国政府主席阿尔乔姆·兹杜诺夫担任莫尔多瓦共和国代理领导人。兹杜诺夫出生于喀山市，长期从事经济学研究，2006～2010 年任鞑靼斯坦共和国科学院经济研究中心副主任，2010～2018 年担任鞑靼斯坦共和国经济部副部长、部长。2018 年 2 月被达吉斯坦共和国议会任命为政府主席。2020 年 11 月 18 日，普京任命兹杜诺夫任莫尔多瓦共和国代理领导人。2021 年兹杜诺夫以 78.3% 的支持率当选莫尔多瓦共和国领导人。

哈巴罗夫斯克边疆区从 2018 年地方选举后政权一直处于动荡中，社会抗议运动不断。2018 年，时任国家杜马自由民主党（简称自民党）代表的谢尔盖·富尔加尔在地方选举中战胜了政府支持的统俄党候选人、边疆区领导人维切斯拉夫·施波尔特，直接导致统俄党失去了对哈巴罗夫斯克边疆区行政机关的直接控制权。2019 年自民党在边疆区杜马 36 个席位中赢得 30 个席位（83.3%），在哈巴罗夫斯克市杜马 35 个席位中赢得 34 个席位，同时自民党还赢得了国家杜马哈巴罗夫斯克单席位补选和阿穆尔河畔共青团市市长的选举。哈巴罗夫斯克边疆区成为唯一一个由反对党同时控制行政和立法机关的地区。

2020 年 7 月 9 日，俄罗斯联邦安全局和联邦调查委员会以涉嫌参与

2004 年和 2005 年谋杀案突然拘捕了富尔加尔，并于当天直接将其押赴莫斯科。① 从 7 月 11 日开始，哈巴罗夫斯克边疆区多个地区发生历史上最大规模的抗议游行，民众呼吁释放富尔加尔，要求普京辞职重新举行大选。其中最大规模的抗议活动发生在哈巴罗夫斯克市，抗议人数最高达到 6 万人，活动还扩展到了符拉迪沃斯托克、鄂木斯克和新西伯利亚几个邻近城市。随后，普京于 7 月 20 日签署法令免去了富尔加尔边疆区领导人职位，任命了自民党人、国家杜马文体、旅游和青年事务委员会主席米哈伊尔·捷克佳廖夫担任边疆区代理领导人，以平息当地的社会抗议运动。

捷克加廖夫出生于 1981 年，长期从事青年社会政治运动。2003~2005 年，捷克佳廖夫曾加入统俄党，担任统俄党"青年团结"运动萨马拉州支部领导人，同时也是萨马拉州杜马青年议会成员。2004 年当选统俄党萨马拉州杜马代表。2005 年捷克佳廖夫加入自民党，担任自民党萨马拉州支部负责人，成为自民党主席日里诺夫斯基的助理。2007~2011 年当选国家杜马自民党代表，2016 年当选国家杜马文体、旅游和青年事务委员会主席。2020 年担任哈巴罗夫斯克边疆区代理领导人后，捷克佳廖夫为平息当地抗议运动，邀请抗议居民成立人民委员会，免除了两位政府副主席和卫生部部长。最终在统俄党和自民党的双重支持下，捷克佳廖夫以 56.8% 的微弱优势打败了由俄罗斯共产党（简称俄共）和富尔加尔儿子支持的公正俄罗斯党候选人。

别尔哥罗德州前任州长叶甫根尼·萨夫琴科是唯一一个在叶利钦时期就担任地方领导人的"老人"。萨夫琴科从 1993 年被叶利钦任命为别尔哥罗德州州长，连续担任 6 届州长，长达 27 年。2020 年 9 月 17 日，萨夫琴科以年龄原因辞去了州长职务，被州杜马派往联邦委员会担任参议员。别尔哥罗德州第一副州长杰尼斯·布策耶夫担任了代理州长职务。2020 年 11 月 18 日，普京任命斯塔罗夫波尔边疆区政府副主席维切斯拉夫·格拉德科夫担任

---

① Губернатора Хабаровского края Фургала доставили в Москву，https：//iz.ru/1033388/ 2020/07/09/gubernatora-khabarovskogo-kraia-furgala-dostavili-v-moskvu.

代理州长。格拉德科夫是一位出身基层的职业官员，1969年出生于奔萨州，2000年在奔萨州扎雷奇尼市政府工作了16年。先后担任市政府经济与市场关系处副主任、市经济和商业局副局长。2008年格拉德科夫加入统俄党，2009年担任扎雷奇尼市市长。2016~2018年，格拉德科夫担任联邦直辖市塞瓦斯托波尔市负责内政的副市长，任内帮助奥夫夏尼科夫2017年当选该市市长，并促成2018年普京竞选总统在该地区的得票率达到90%，完成这两项任务后，格拉德科夫被调到斯塔罗夫波尔边疆区任负责内政的政府副主席和政府办公厅主任，同时还担任了斯塔罗夫波尔边疆区统俄党支部主席团成员。2020年11月18日，普京任命格拉德科夫担任别尔哥罗德州代理州长，格拉德科夫在本次选举中以78.8%的得票率成功当选别尔哥罗德州州长。

奔萨州原州长伊万·别洛泽尔采夫2021年3月21日因滥用职权罪和贪污罪被俄罗斯调查委员会拘捕。3月23日，普京以失去信任为由签署法令免去了别洛泽尔采夫州长职务。3月26日，普京任命联邦委员会联邦制度、地区政策、地方自治和北方事务委员会主席奥列格·梅里尼琴科担任奔萨州代理州长。梅里尼琴科1973年出生于奔萨州，长期负责俄罗斯地区事务。2004~2021年曾历任总统驻远东联邦区全权代表办公室专家、奔萨州政府公共关系部部长、总统驻伏尔加联邦区全权代表顾问、奔萨州科教部部长、奔萨州副州长、总统驻伏尔加河沿岸联邦区全权副代表，2017年开始担任奔萨州派驻联邦委员会参议员。在2021年9月19日的选举中以72.4%的得票率成功当选奔萨州州长。

乌里扬诺夫斯克州前州长谢尔盖·莫洛佐夫2021年4月8日因宣布参选国家杜马代表辞去了州长职务。当日，普京任命联邦委员会经济政策委员会副主席阿列克谢·鲁斯基赫（俄共）担任乌里扬诺夫斯克州代理州长。俄罗斯政府之所以会放弃该州，任命俄共成员担任州长，在很大程度上因该州政治生态在2018年已经开始全面导向俄共。在2018年地方选举中，统俄党在乌里扬诺夫斯克州议会中的席位从31个席减少到17席，俄共从4个席位增加到14席。在本次选举中，统俄党没有参加该州的选举，俄罗斯政府也变相支持俄共取得州长职位。鲁斯基赫最终以83.1%的得票率赢得了州长职位。

车臣共和国、图拉州、特维尔州三个地区的领导人获得连任。其中，车臣共和国领导人拉姆赞·卡德罗夫得票率最高（99.7%），其次是图拉州州长阿列克谢·久明（84%），特维尔州州长伊戈尔·卢坚亚得票率最低（52.3%）。北奥塞梯-阿兰共和国和卡拉恰伊-切尔克斯共和国是通过议会选举地方领导人，统俄党在两个共和国的议会中都是多数党，因此政府推举的候选人能够顺利当选。

（二）地方议会选举

2021年地方选举中有39个地区的议会进行了改选。36个地区①采取混合制选举方式，3个地区②采用比例制选举方式。共有23个政党和组织分别参加了比例制选区和单席位选区的选举。23个政党和组织在比例制选区共推举了17121名候选人，在单席位选区共推举了4668名候选人。最终实际通过审核允许参加选举的政党和组织共19个③，14674名候选人参加比例制选举，3977名代表参加单席位选举，选举结果见表3。④

---

① 采取混合制选举地区：阿迪格共和国、卡累利阿共和国、莫尔多瓦共和国、楚瓦什共和国、阿尔泰边疆区、堪察加边疆区、克拉斯诺亚尔斯克边疆区、彼尔姆边疆区、滨海边疆区、斯塔夫罗波尔边疆区、阿穆尔州、阿斯特拉罕州、沃洛格达州、加里宁格勒州、基洛夫州、库尔斯克州、列宁格勒州、利佩茨克州、莫斯科州、摩尔曼斯克州、下诺夫哥罗德州、诺夫哥罗德州、鄂木斯克州、奥伦堡州、奥廖尔州、普斯科夫州、萨马拉州、斯维尔德洛夫斯克州、坦波夫州、特维尔州、托木斯克州、秋明州、圣彼得堡市、犹太自治州、汉特-曼西自治区、楚科奇自治区。

② 采取比例制选举地区：达吉斯坦共和国、车臣共和国、印古什共和国。

③ 获准参选的政党和组织：统俄党、俄共、自民党、公正党、亚博卢、成长党、俄罗斯民主党、共产党人党、为了公正党、俄罗斯自由公正党、绿党、退休者党、公民纲领党、祖国党、事业党、新人党、赞成党、公民倡议党、直接民主党。

④ Сведения о выдвижении и регистрации списков кандидатов по единым избирательным округам на выборах депутатов законодательных (представительных) органов государственной власти субъектов Российской Федерации 19 сентября 2021 года；Сведения о выдвижении и регистрации кандидатов по одномандатным (многомандатным) избирательным округам на выборах депутатов законодательных (представительных) органов государственной власти субъектов Российской Федерации 19 сентября 2021 года.

表3　2021年统俄党和其他政党在地方议会席位数量
及所占比例比较*

	地区	上一届议会选举结果	2021年地方议会选举
1	阿迪格共和国	统俄党39席(78%) 俄共4席(8%) 自民党4席(8%) 公正俄罗斯党** 2席(4%) 自我提名1席	统俄党40席(80%) 俄共5席(10%) 自民党3席(6%) 公正党1席位(2%)
2	达吉斯坦共和国	统俄党72席(80%) 公正俄罗斯党10席(11%) 俄共8席(9%)	统俄党69席(76.7%) 公正党11席(12.2%) 俄共10席(11%)
3	印古什共和国	统俄党26席(81.3%) 公正俄罗斯党3席(9.4%) 俄共2席(6.2%) 自民党1席(3.1%)	统俄党27席(84.4%) 公正党3席(9.4%) 自民党2席(6.2%)
4	卡累利阿共和国	统俄党25席(70%) 自民党3席(7.5%) 公正俄罗斯党3席(7.5%) 俄共3席(7.5%) 亚博卢3席(7.5%)	统俄党22席(61%) 俄共4席(11%) 公正党4席(11%) 自民党2席(6%) 亚博卢2席(6%) 新人党1席(2.8%) 退休者党1席(2.8%)
5	莫尔多瓦共和国	统俄党45席(94%) 俄共1席(3%) 自民党1席(3%)	统俄党42席(87.5%) 俄共3席(6.25%) 自民党2席(4.17%) 公正党1席(2%)
6	车臣共和国	统俄党37席(90%) 公正俄罗斯党2席(5%) 俄共2席(5%)	统俄党37席(90%) 公正党2席(5%) 俄共2席(5%)
7	楚瓦什共和国	统俄党36席(82%) 俄共3席(7%) 自民党3席(7%) 公正俄罗斯党2席(5%)	统俄党30席(68%) 俄共7席(16%) 公正党4席(9%) 自民党1席(3%) 退休者党1席(3%) 新人党1席(3%)

	地区	上一届议会选举结果	2021年地方议会选举
8	阿尔泰边疆区	统俄党 42 席（63%） 自民党 9 席（13%） 俄共 8 席（12%） 公正俄罗斯党 8 席（12%）	统俄党 31 席（45.5%） 俄共 24 席（35%） 公正党 5 席（7.3%） 共产党人党 4 席（6%） 自民党 4 席（6%）
9	堪察加边疆区	统俄党 21 席（75%） 俄共 3 席（11%） 自民党 3 席（11%） 公正俄罗斯党 1 席（3.5%）	统俄党 18 席（64%） 俄共 5 席（18%） 公正党 1 席（3.5%） 自民党 1 席（3.5%） 退休者党 1 席（3.5%） 新人党 1 席（3.5%）
10	克拉斯诺亚尔斯克边疆区	统俄党 37 席（71%） 自民党 8 席（15%） 俄共 4 席（7.7%） 爱国者党 1 席（1.9%） 公正俄罗斯党 1 席（1.9%）	统俄党 36 席（69%） 俄共 8 席（15%） 自民党 4 席（7.6%） 新人党 2 席（3.8%） 公正党 1 席（1.9%） 绿党 1 席（1.9%）
11	彼尔姆边疆区	统俄党 40 席（67%） 俄共 6 席（10%） 自民党 5 席（8.3%） 公正俄罗斯党 4 席（7%）	统俄党 40 席（67%） 俄共 11 席（18%） 自民党 3 席（5%） 公正党 3 席（5%） 新人党 2 席（3%）
12	滨海边疆区	统俄党 23 席（57.5%） 俄共 8 席（20%） 自民党 5 席（12.5%） 公正俄罗斯党 1 席（2.5%） 退休者党 1 席（2.5%）	统俄党 23 席（57.5%） 俄共 14 席（28%） 自民党 1 席（2%） 公正党 1 席（2%） 退休者党 1 席（2%）
13	斯塔罗夫波尔边疆区	统俄党 39 席（78%） 俄共 4 席（8%） 自民党 4 席（8%） 自我提名 2 席（4%） 公正俄罗斯党 1 席（2%）	统俄党 43 席（86%） 俄共 4 席（8%） 公正党 3 席（6%）

续表

	地区	上一届议会选举结果	2021 年地方议会选举
14	阿穆尔州	统俄党 25 席(69%) 自民党 7 席(19%) 俄共 3 席(8%) 公正俄罗斯党 1 席(3%)	统俄党 18 席(66%) 俄共 3 席(11%) 自民党 1 席(3.7%) 公正党 1 席(3.7%) 退休者党 1 席(3.7%) 新人党 1 席(3.7%) 共产党人党 1 席(3.7%) 自我提名 1 席(3.7%)
15	阿斯特拉罕州	统俄党 36 席(62%) 公正俄罗斯党 9 席(16%) 俄共 6 席(10%) 自民党 4 席(7%)	统俄党 27 席(61%) 俄共 5 席(11%) 公正党 5 席(11%) 自民党 2 席(4.5%) 退休者党 2 席(4.5%) 新人党 1 席(2.3%) 祖国党 1 席(2.3%)
16	沃罗格达州	统俄党 25 席(74%) 自民党 4 席(12%) 俄共 3 席(8.8%) 公正俄罗斯党 2 席(6%)	统俄党 24 席(70%) 俄共 5 席(15%) 公正党 2 席(6%) 自民党 2 席(6%) 退休者党 1 席(3%)
17	加里宁格勒州	统俄党 29 席(73%) 自民党 4 席(10%) 俄共 4 席(10%) 爱国者党 2 席(5%) 公正俄罗斯党 1 席(2.5%)	统俄党 29 席(73%) 俄共 6 席(15%) 公正党 2 席(5%) 自民党 2 席(5%) 退休者党 1 席(2.5%)
18	基洛夫州	统俄党 37 席(68.5%) 自民党 8 席(15%) 公正俄罗斯党 5 席(9.3%) 俄共 4 席(7.4%)	统俄党 24 席(60%) 公正党 9 席(22.5%) 自民党 3 席(7.5%) 俄共 2 席(5%) 退休者党 1 席(2.5%) 新人党 1 席(2.5%)
19	库尔斯克州	统俄党 35 席(78%) 俄共 5 席(11%) 自民党 4 席(9%) 公正俄罗斯党 1 席(2.2%)	统俄党 31 席(69%) 俄共 7 席(16%) 自民党 2 席(4%) 公正党 2 席(4%) 退休者党 1 席(2.2%) 新人党 1 席(2.2%)

	地区	上一届议会选举结果	2021年地方议会选举
20	列宁格勒州	统俄党40席（80%） 自民党4席（8%） 俄共3席（6%） 公正俄罗斯党3席（6%）	统俄党35席（70%） 俄共7席（14%） 公正党5席（10%） 自民党3席（6%）
21	利佩茨克州	统俄党45席（80%） 自民党4席（7%） 俄共4席（7%） 公正俄罗斯党2席（3.6%）	统俄党23席（55%） 俄共15席（36%） 自民党1席（2.4%） 公正党1席（2.4%） 退休者党1席（2.4%） 新人党1席（2.4%）
22	莫斯科州	统俄党38席（76%） 自民党5席（10%） 俄共5席（10%） 公正俄罗斯党2席（4%）	统俄党37席（74%） 俄共7席（14%） 公正党3席（6%） 自民党2席（4%） 新人党1席（2%）
23	摩尔曼斯克州	统俄党25席（78%） 俄共2席（9.4%） 自民党4席（3%） 公正俄罗斯党1席（6.3%）	统俄党25席（78%） 俄共3席（9.4%） 公正党2席（6.3%） 自民党1席（3%） 退休者党1席（3%）
24	下诺夫哥罗德州	统俄党41席（82%） 俄共4席（8%） 自民党3席（6%） 公正俄罗斯党2席（4%）	统俄党40席（80%） 俄共5席（10%） 公正党2席（4%） 自民党2席（2%） 新人党1席（2%）
25	诺夫哥罗德州	统俄党21席（66%） 公正俄罗斯党5席（16%） 俄共3席（9.4%） 自民党3席（9.4%）	统俄党23席（72%） 公正党3席（9.4%） 俄共2席（6.3%） 自民党1席（3%） 新人党1席（3%） 退休者党1席（3%）

续表

地区	上一届议会选举结果	2021 年地方议会选举
26 鄂木斯克州	统俄党 29 席（66%） 俄共 7 席（16%） 自民党 4 席（9%） 公正俄罗斯党 2 席（4.5%） 自我提名 2 席（4.5%）	统俄党 26 席（59%） 俄共 10 席（23%） 共产党人党 3 席（7%） 公正党 2 席（4.5%） 新人党 2 席（4.5） 自民党 1 席（2.2%）
27 奥伦堡州	统俄党 34 席（72.3%） 俄共 6 席（12.8%） 自民党 6 席（12.8%） 公正俄罗斯党 1 席（2%）	统俄党 29 席（62%） 俄共 12 席（25.5%） 公正党 3 席（6.4%） 自民党 2 席（4.3%） 退休者党 1 席（2%）
28 奥廖尔州	统俄党 34 席（68%） 俄共 6 席（12%） 自民党 5 席（10%） 公正俄罗斯党 3 席（6%） 自我提名 2 席（4%）	统俄党 27 席（54%） 俄共 11 席（22%） 公正党 6 席（12%） 自民党 3 席（6%） 新人党 1 席（2%） 退休者党 1 席（2%） 自我提名 1 席（2%）
29 普斯科夫州	统俄党 33 席（75%） 俄共 5 席（11.3%） 自民党 3 席（6.8%） 公正俄罗斯党 2 席（4.5%） 亚博卢 1 席（2.2%）	统俄党 19 席（73%） 俄共 3 席（11.5%） 公正党 1 席（3.9%） 自民党 1 席（3.9%） 新人党 1 席（3.9%） 亚博卢 1 席（3.9%）
30 萨马拉州	统俄党 40 席（80%） 俄共 5 席（10%） 自民党 3 席（6%） 公正俄罗斯党 2 席（2%）	统俄党 36 席（72%） 俄共 10 席（20%） 公正党 2 席（4%） 自民党 1 席（2%） 新人党 1 席（2%）
31 斯维尔德洛夫斯克州	统俄党 35 席（70%） 公正俄罗斯党 5 席（10%） 俄共 4 席（8%） 自民党 4 席（8%）	统俄党 33 席（66%） 俄共 9 席（18%） 公正党 4 席（8%） 自民党 2 席（4%） 新人党 2 席（4%）

续表

	地区	上一届议会选举结果	2021年地方议会选举
32	坦波夫州	统俄党44席(88%) 俄共3席(6%) 祖国党1席(2%) 公正俄罗斯党1席(2%) 自民党1席(2%)	统俄党42席(84%) 俄共3席(6%) 祖国党3席(6%) 公正党1席(2%) 自民党1席(2%)
33	特维尔州	统俄党31席(77.5%) 自民党4席(10%) 俄共3席(7.5%) 公正俄罗斯党2席(5%)	统俄党29席(73%) 俄共5席(12.5%) 自民党3席(6.8%) 公正党2席(4.5%) 退休者党1席(2.3%)
34	托木斯克州	统俄党31席(73.8%) 自民党5席(11.9%) 俄共4席(9.5%) 公正俄罗斯党2席(4.8%)	统俄党27席(64.3%) 俄共7席(16.6%) 自民党3席(7%) 公正党3席(7%) 新人党2席(4.7%)
35	秋明州	统俄党39席(81.3%) 自民党4席(8.3%) 俄共3席(6.3%) 公正俄罗斯党2席(4%)	统俄党38席(79%) 自民党4席(8.3%) 俄共4席(8.3%) 公正党2席(4%)
36	圣彼得堡市	统俄党36席(72%) 俄共3席(6%) 自民党3席(6%) 公正俄罗斯党3席(6%) 成长党3席(6%) 亚博卢2席(4%)	统俄党30席(60%) 俄共7席(14%) 公正党5席(10%) 自民党3席(6%) 新人党3席(6%) 亚博卢2席(4%)
37	犹太自治州	统俄党13席(68%) 自民党3席(15.8%) 俄共2席(10.5%) 公正俄罗斯党1席(5.2%)	统俄党14席(73.7%) 俄共2席(10.5%) 公正党1席(5.2%) 自民党1席(5.2%) 直接民主党1席(5.2%)
38	汉特-曼西自治区	统俄党28席(73%) 自民党6席(15.8%) 俄共3席(8%) 公正俄罗斯党1席(2.6%)	统俄党29席(76%) 俄共5席(13%) 自民党3席(8%) 公正党1席(2.6%)

	地区	上一届议会选举结果	2021年地方议会选举
39	楚科奇自治区	统俄党10席(52.6%) 自民党2席(10.5%) 俄共2席(10.5%) 公正俄罗斯党1席(5.3%)	统俄党11席(73%) 自民党1席(6%) 俄共1席(6%) 公正党1席(6%)

* 各党派席位占比采用四舍五入。

** "公正俄罗斯-爱国者-为了真理"党本文简称为公正党。

资料来源：中央选举委员会网站 http://www.cikrf.ru/。

总体来看，除阿尔泰边疆区外，统俄党在其余38个地区议会中均赢得了多数席位，总体选举结果保持基本平稳。但统俄党仅在7个地区议会维持了增长，5个地区没有发生变化，27个地区议会的席位和支持率有不同程度的下降。

俄共在本次议会选举中依然保持了强劲的增势，在28个地区议会中席位都有所增加，其中增加最明显的是阿尔泰边疆区议会，俄共增加了16个席位，支持率上升了近2倍。

自民党从2019年开始出现支持率下滑迹象。在本次地方议会选举中，自民党在32个地区的议会席位均有减少，仅在印古什共和国和莫尔多瓦共和国议会席位有所增加。

公正俄罗斯党在2020年出现支持率下滑后，俄智库普遍认为该党在2021年国家杜马选举中将无法进入议会。因此，2021年2月，公正俄罗斯党与2019年新成立的"为了真理"党和老牌政党"爱国者"党联合成立"公正俄罗斯-爱国者-为了真理"党。其中，"为了真理"党在2020年地方选举中进入地方议会取得了参选国家杜马的资格。新合并的公正党在本次选举中表现基本平稳，缓解了公正俄罗斯党支持率下跌的态势。在所有参选的地区议会中，公正党在16个地区议会的席位有小幅度增加，15个地区议会席位与上届持平，在8个地区出现了席位减少现象。

此外，2019年成立的新人党和直接民主党在本次选举中均进入了地方议会。其中，新人党在 2020 年地方选举中顺利进入 4 个地区议会，取得了 2021 年参选国家杜马的资格。新人党除在 2021 年国家杜马选举中取得了议会第四大党的好成绩外，其在 2021 年的地方议会选举中也表现不俗，顺利进入了 20 个地区的议会，取得了 1~3 个席位。直接民主党也进入了犹太自治州的议会，取得了 1 个席位。

二　联邦区监管改革

俄罗斯联邦总统全权代表设立于 2000 年。在时任总统办公厅主任沃洛申、副主任苏尔科夫和联邦安全会议秘书伊万诺夫的提议和设计下，普京 2000 年 5 月 13 日根据俄罗斯宪法第 83 条第 10 款的规定"总统有权任免俄罗斯联邦总统全权代表"，签署了《关于俄罗斯联邦联邦区总统全权代表》① 的总统令。根据该法令，联邦中央按照俄罗斯军区的基本划分方式在境内设立了 7 个联邦区：中央联邦区、西北联邦区、南部联邦区、伏尔加河沿岸联邦区、乌拉尔联邦区、西伯利亚联邦区、远东联邦区，将总统在俄罗斯各地区的全权代表制改为俄罗斯总统在联邦区的全权代表制度，并在联邦区设立了俄罗斯联邦总统全权代表的职位。2010 年 1 月 19 日，梅德韦杰夫签署总统令，在高加索地区单独设立北高加索联邦区，由此俄罗斯联邦区从 7 个增加到了 8 个。

按照普京颁布的总统全权代表法令，全权代表主要有四个任务。首先是在联邦区内组织执行总统确定的国家内政和外交的基本方针政策；其次，对联邦区内各主体国家权力机关执行相关规定进行监督；再次，确保联邦区执行总统制定的人事政策；最后，全权代表需要定期向总统提交保障地区安全及联邦区内政治、经济和社会情况的报告，并向总统提出解决相关问题的建议。

总统全权代表设立的初衷主要是解决中央与地方法律条款矛盾、地方不

---

① Указ Президента РФ от 13.05.2000 N 849（ред. от 04.02.2021）"О полномочном представителе Президента Российской Федерации в федеральном округе", http://www.consultant.ru/document/cons_doc_LAW_23329/8aac918948bb7279afc250e946c12a787a9aa1df/.

服从中央指令和地方分离主义等问题。从2000年总统任命的全权代表履历中可以看出，普京在前两个任期（2000～2008年）任命的总统全权代表大多有在执法和司法部门任职的经历。一些特殊地区，例如南部联邦区，普京任命的代表大多出身军队。这也看出全权代表的设立主要是为了纠正地方法律违背宪法和联邦法律的问题，这有利于建立统一的司法空间。2008年梅德韦杰夫担任总统期间，司法部门出身的总统全权代表有所减少，任命了一些职业官僚出身的人，主要工作是在统一司法空间后，缓和央地矛盾、巩固地方官员和中央领导的关系。2012年普京重新担任总统后，任命的总统全权代表基本还是来自司法机关（见表4）。

表4 历届联邦区总统全权代表

中央联邦区		
	历任全权代表	任职经历
1	格奥尔基·波尔塔夫琴科（2000～2011年）	曾在列宁格勒克格勃分部工作，历任圣彼得堡税务警察局局长，总统驻列宁格勒州全权代表
2	奥列格·戈沃伦（2011～2012年）	历任总统办公厅地区政策局第一副局长，内政局局长
3	亚历山大·别格洛夫（2012～2017年）	历任总统办公厅监察局局长，总统办公厅副主任
4	阿列克谢·戈尔杰耶夫（2017～2018年）	历任农业部部长，沃罗涅日州州长
5	伊戈尔·肖格列夫（2018年至今）	历任总统办公厅新闻局局长，通信与大众传媒部部长，总统助理

西北联邦区		
	历任全权代表	任职经历
1	维克多·切尔克索夫（2000～2003年）	历任圣彼得堡联邦安全局局长，俄罗斯联邦安全局副局长
2	瓦连京娜·马特维延科（2003年）	历任驻希腊大使，政府副总理
3	伊利亚·克列巴诺夫（2003～2011年）	历任圣彼得堡副市长，工业科技部部长
4	尼古拉·文尼琴科（2011～2013年）	历任圣彼得堡副检察长、检察长，联邦司法警察局局长
5	弗拉基米尔·布拉文（2013～2016年）	历任联邦安全局副局长，联邦安全委员会第一副秘书长

	历任全权代表	任职经历
6	尼古拉·楚卡诺夫(2016~2017年)	曾任加里宁格勒州州长
7	亚历山大·别格洛夫(2017~2018年)	历任总统办公厅监察局局长,总统办公厅副主任,总统中央联邦区全权代表
8	亚历山大·古参(2018年至今)	历任圣彼得堡检察长办公室执法监督司司长,联邦副总检察长助理,联邦法警局副局长,联邦总检察长

南部联邦区

	历任全权代表	任职经历
1	维克多·卡赞采夫(2000~2004年)	历任外贝加尔湖军区第一副司令,北高加索军区第一副司令、北高加索军区司令兼联合作战部队总司令
2	弗拉基米尔·雅科夫列夫(2004年)	历任圣彼得堡市副市长,联邦委员会成员
3	德米特里·科扎克(2004~2007年)	历任政府办公厅主任,总统办公厅第一副主任
4	格里高利·拉波塔(2007~2008年)	曾任联邦安全委员会副秘书长
5	弗拉基米尔·乌斯京诺夫(2008年至今)	历任俄罗斯总检察长,司法部部长

北高加索联邦区

	历任全权代表	任职经历
1	亚历山大·赫洛波宁(2010~2014年)	历任国际金融公司商业银行理事会主席,泰梅尔(多尔干-涅涅茨)自治区行政长官,克拉斯诺亚尔斯克边疆区领导人
2	谢尔盖·梅里科夫(2014~2016年)	历任团参谋长,总参情报部高级军官,内务部独立师司令,内务部北高加索司令部第一副司令,内务部部队总参谋部第一副部长
3	奥列格·别拉文采夫(2016~2018年)	历任紧急情况部下属机构负责人,莫斯科州政府办公厅主任,总统克里米亚联邦区全权代表
4	亚历山大·马托夫尼科夫(2018~2020年)	曾在克格勃工作,历任总参谋部特种作战部队副司令,总参谋部总局副局长
5	尤里·柴卡(2020年至今)	历任司法部部长,俄罗斯总检察长,联邦安全委员会成员

伏尔加河沿岸联邦区

	历任全权代表	任职经历
1	谢尔盖·基里延科(2000~2005年)	历任俄罗斯第一副总理、总理,国家杜马"右翼力量联盟"党团领导人
2	亚历山大·科纳瓦洛夫(2005~2008年)	历任圣彼得堡副检察长,巴什科尔托斯坦共和国检察长
3	格里高利·拉波塔(2008~2011年)	曾任联邦安全委员会副秘书长,总统南部联邦区全权代表
4	米哈伊尔·巴比奇(2011~2018年)	曾在克格勃和俄罗斯空降部队任职,历任莫斯科州政府第一副主席,车臣共和国政府主席,国家杜马代表,全俄人民阵线副领袖
5	伊戈尔·科马罗夫(2018年至今)	曾担任俄罗斯国家航天集团负责人,科技和高等教育部副部长

乌拉尔联邦区

	历任全权代表	任职经历
1	彼得·拉德舍夫(2000~2008年)	历任克拉斯诺亚尔斯克边疆区内务部部长,俄罗斯内务部副部长
2	弗拉基米尔·克鲁普金(2008年)	曾任鄂木斯克州内务局局长,斯维尔德洛夫斯克联邦安全局副局长
3	尼古拉·文尼琴科(2008~2011年)	历任圣彼得堡副检察长、检察长,联邦司法警察局局长,总统西北联邦区全权代表
4	叶甫根尼·古伊瓦舍夫(2011~2012年)	曾任塔波里斯克市市长,秋明市市长
5	伊戈尔·霍尔曼斯基赫(2012~2018年)	曾任乌拉尔车厢工厂董事会主席,积极参加2012年支持普京的选举
6	尼古拉·楚卡诺夫(2018~2020年)	曾任加里宁格勒州州长,总统西北联邦区全权代表
7	弗拉基米尔·亚古舍夫(2020年至今)	曾任秋明市市长,秋明州州长

西伯利亚联邦区

	历任全权代表	任职经历
1	列昂尼德·德拉切夫斯基(2000~2004年)	历任俄罗斯驻波兰大使,俄罗斯外交部副部长,俄罗斯独联体事务部部长
2	安纳托利·克瓦什宁(2004~2010年)	曾任国防部副部长、总参谋长

	历任全权代表	任职经历
3	维克多·托洛孔斯基(2010~2014年)	历任新西伯利亚市市长,新西伯利亚州州长,联邦委员会成员
4	叶甫根尼·古伊瓦舍夫(2014~2016年)	曾任内务部第一副部长,内务部部队总司令
5	谢尔盖·梅涅伊洛(2016~2021年)	曾任新罗西斯克海军基地指挥官、黑海舰队副司令
6	尼古拉·楚卡诺夫(2018~2020年)	曾任加里宁格勒州州长,总统西北联邦区全权代表
7	安纳托利·谢雷舍夫(2020年至今)	曾在克格勃工作,历任卡累利阿共和国安全局局长,俄罗斯海关署副署长,总统助理

远东联邦区

	历任全权代表	任职经历
1	康斯坦丁·普利科夫斯基(2000~2005年)	历任北高加索军区副司令,克拉斯诺亚尔斯克市市长
2	卡米利·伊斯哈科夫(2005~2007年)	曾任喀山市市长
3	奥列格·萨冯诺夫(2007~2009年)	曾在克格勃工作,历任列宁格勒州州长顾问,俄罗斯国家渔业委员会人事处处长,总统南部联邦区全权副代表,内务部副部长
4	维克多·伊沙耶夫(2009~2013年)	曾任联邦委员会成员、哈巴罗夫斯克边疆区行政长官
5	尤里·特鲁特涅夫(2013年至今)	曾任彼尔姆市市长,彼尔姆州州长,自然资源和生态部部长,总统助理

资料来源:总统网站,http://www.kremlin.ru/。

从2000年至2012年经过三个阶段的联邦制改革,普京巩固了中央权威,从中央到地方的垂直权力体制基本建立。继续理顺中央对地方治理的关系,提高地方治理效率就成为普京接下来要解决的问题。在6月30日举行的"与民众连线"节目上,普京回答了"为什么只有远东联邦区有单独的副总理级别总统全权代表"(2013年远东联邦区全权代表特鲁特涅夫一直担任政府副总理)的问题,他表示未来将会有更多的联邦政府官员直接负责监管各个地区的事务。普京表示:"最近,政府和我谈到了这一问题。总体而言监管地方这种做法是有道理的……我们将同总理商讨提名一些政府部门负责人和副总理参与地方治理监管……我希望达到这样一种目标，即联邦中央做出的决定能够在地方得到更准确地贯彻。"[①] 之前，总统全权代表不能独立地向联邦政府部门发出具有约束力的行政命令，改革后的全权代表将加强中央与地区间的垂直治理，简化行政程序。目前，除副总理特鲁特涅夫同时担任远东联邦区总统全权代表外，只有曾任副总理的赫洛波宁在 2010～2014 年兼任过北高加索区总统全权代表。

根据当前的实践效果来看，远东各地区州长可以向特鲁特涅夫提出地方上的要求，特鲁特涅夫会按照地方的需求指示联邦政府解决相关问题，要求联邦政府部门提供必要协助。联邦中央一些负责财政的部门在一定程度上可以改善他们所监管地区的状况，如果副总理成为地方的负责人，州长们有很大机会向新的负责人"要钱"，对于联邦中央来说这将创造一个"地区手动管理模式"。因此，联邦政府的权力范围将扩大。政府副总理将不仅负责地区发展，还具有单独监管联邦区的权力。

2021 年 7 月 19 日，米舒斯京在与副总理会议上正式签署命令，由政府8 个副总理负责监管 8 个联邦区（见表 5）。根据米舒斯京的指令，各副总理主要负责提高所监管地区的投资吸引力、提高预算支出的有效性和促进地区社会经济领域的发展。同时，副总理还需要在所监管的地区落实国家项目，向各地区提供财政援助。[②]

除了社会经济因素，受疫情的影响，联邦中央赋予了地方额外的权力来应对社会可能发生的危机，所以联邦政府需要加大对地方州长决策的监督管力度。尤其是 2020 年宪法改革后赋予了联邦政府成员可以同时兼任地方领导人的权力后，中央未来对地方的监管机制将继续完善。

---

① Владимир Путин запускает реформу управления российскими регионами，https：//www.vedomosti.ru/politics/articles/2021/06/30/876407-putin-reformu.

② Михаил Мишустин распределил кураторство федеральными округами между вице-премьерами，http：//government.ru/news/42811/.

表5　2021年政府成员负责监管的地区

副总理	负责领域	监管地区
塔季扬娜·戈利科娃	社会和文化	西北联邦区
马拉特·胡斯努林	工程、建筑和地区发展	南部联邦区
德米特里·切尔内申科	科教、数字经济、媒体、旅游、体育	伏尔加河沿岸联邦区
维克多利亚·阿布拉姆琴科	农工业、自然资源和生态	西伯利亚联邦区
尤里·鲍里索夫	军工业、火箭航天	乌拉尔联邦区
亚历山大·诺瓦克	能源燃料综合体	北高加索联邦区
尤里·特鲁特涅夫	远东地区	远东联邦区
德米特里·戈里高连科	政府办公厅	中央联邦区

资料来源：政府网 http://government.ru/news/42811/。

三　建设统一公共权力体系

2020年俄罗斯修宪后将"统一公共权力"概念写入宪法。2020年12月19日颁布的《国务委员会法》对"统一公共权力"概念进行了详细的说明，将联邦中央国家权力机关、联邦主体国家权力机关、地方自治机关和其他国家权力机关统一纳入公共权力体系框架，由总统统一协调公共权力体系内机构的运作。

根据俄罗斯联邦宪法第一章第十二条规定，地方自治机关不被列入国家权力机关体系，所以从法理上联邦中央机关无权干涉和调配地方自治机关。"统一公共权力"的概念实质是将地方自治机构纳入国家统一控制范围内，中央既可以赋予地方一定职权，也可以在地方行使国家权力。

为配合宪法修改后的公共权力体系建设，2021年12月14日，国家杜马三读通过了《俄罗斯联邦主体公共权力组织一般原则法》（以下简称"统一公共权力法"）以取代《关于俄罗斯联邦主体国家立法和行政权力机构总的组织原则》。12月15日，"统一公共权力法"通过联邦委员会审议后，普京于12月21日正式签署了该法案。由于"统一公共权力法"涉及联邦制度结构变化，需要得到85个联邦主体中2/3的支持。法律得到了除鞑靼斯坦共和国外大部分联邦主体的支持。"统一公共权力法"再次明确将国家权力机关、其他国家权力机关、地方自治机关全部纳入俄罗斯联邦统一的公共权力体系，并且规定了联邦行政机关和联邦主体行政机关可以通过协商，相互转让其部分权力。此外，新法律还加入了对地方领导人和市区级机关的新规定。

第一，"统一公共权力法"要求统一对俄罗斯联邦主体领导人的命名，建议所有地区领导人统称为"俄罗斯联邦主体首脑"。虽然规定了联邦主体法律可以为领导人附加额外的称呼，但是不能以国家元首和总统称呼地方领导人。同时，地方立法机关的称呼也不能以带有国家权力机关名称的"国家、人民、杜马"等字眼命名。目前在 85 个联邦主体中，有 21 个联邦主体领导人被称为"共和国首脑或政府主席"、59 个被称为"州长"、3 个被称为"行政长官"、1 个被称为市长，鞑靼斯坦共和国领导人是唯一被称为"总统"的联邦主体。85 个联邦主体议会的名称也没有被统一，22 个共和国议会中，有 11 个议会名称为"国家会议和国家委员会"、3 个称为"人民会议"、3 个称为"人民呼拉尔和最高呼拉尔"、3 个直接称为"议会"、2 个称为"最高委员会和立法会"。其余 63 个联邦主体议会中，30 个议会称为"立法会"、28 个称为"杜马"、4 个称为"代表会和代表委员会"、1 个称为"人民代表委员会"。"统一公共权力法"的出台将统一俄罗斯境内所有地方领导人和议会的称呼，使其在名称上降低"主权国家"的含义。

第二，基本原则法还对地方领导人的任期做出了统一规定。根据此前的法规，地方领导人每届的任期由地方自行决定，但每届时长不能超过 5 年。"统一公共权力法"将地方领导人每届的任期统一规定为 5 年。同时取消了地方领导人不得连任超过两届的规定，改为由地方自行决定连任时长。该条款取消了对地方领导人任期的限制，为其长期担任领导职务提供了法律保障。另外，"统一公共权力法"还加大了对地方精英和外国组织及资本联系的监督力度。法律规定地方领导人职务必须由年满 30 周岁且不具有外国国籍或任何外国居留权的俄罗斯公民担任。联邦主体的领导人不得参加或管理外国非政府组织。

第三，针对地方领导人参选，新法律规定在直接选举地方领导人的地区，政党候选人或自我提名候选人必须通过市政资格审查，即得到 5%～10%所在地市区级领导人和议员的签名支持，才能参选。自我提名的候选人还同时需要收集选民的签名，签名数量由地方法律自行决定。在由议会间接选举地方领导人的地区，候选人由俄罗斯总统根据地方议会或国家杜马政党的建议向地方议会提名候选人，最后由地方议会投票选举产生领导人。

第四，规定了联邦主体领导人有权免除市区级领导人的职务。"统一公共权力法"赋予了联邦主体领导人监督和管理市区级领导人的权力。联邦主体领导人有权向市区级议会提出免除其行政领导人职务的提议或对其进行申斥。

第五，"统一公共权力法"对联邦主体立法机关的任期进行了统一规定。根据规则，联邦主体立法机关代表的任期是 5 年一届。联邦主体可以根据政党名单自行决定立法机关的席位数量。同时，新法律还规定了联邦主体领导人可以解散地方立法机关。

第六，"统一公共权力法"规定了联邦中央可以参与地方主管教育、卫生、财政等行政部门的组建，这些机构的候选人任命或免职需要与联邦有关部门进行协调。联邦主体权力的变更需要俄罗斯国务委员会同意后才能修改相关法律法规。此外，"统一公共权力法"还规定联邦主体派往联邦委员会的参议员和本地区选举产生的国家杜马代表有权参加联邦主体立法机关会议并做发言。

四 结论

2021 年俄罗斯地方政治形势总体保持了稳定可控。在国家杜马选举的背景下，地方顺利完成了各级行政和立法机构换届，总体符合俄罗斯联邦中央预期目标。在处理央地关系方面，联邦遵循了"中央主导、地方辅政"的原则。随着"统一公共权力法"的出台，垂直权力体制日趋完善，中央进一步加深了对地方的控制，联邦中央的权力已延伸至市区层级。

（一）地方政治势力出现"一超多强"格局

在本次联邦主体立法机关选举中，统俄党在除了乌里扬诺夫斯克州外的其余地区继续保持了第一大党的局面。统俄党在各地立法机构的支持率相较于上一届有明显的下降趋势，但其余政党与其仍有巨大的差距，依然难以撼动统俄党作为地区第一大党的事实。与往届议会政党格局相比，地方议会政治力量"1+3"的模式被彻底打破。传统的以统俄党为主，以俄共、自民党和公正俄罗斯党为辅的"1+3"被"1+n"模式取代。统俄党支持率下降，其余反对党除俄共外，也遭遇不同程度的"滑铁卢"。自民党从传统地方议会第三大党下滑为排名第四的政党。公正俄罗斯党在经历改组合并后勉强维持住了基本盘政党之一的位置。而一些在此前根本无法进入地方议会的小党则瓜分了自民党和公正党的选票，成功进入议会。在本次选举中，退休者党、祖国党、绿党、共产党人党等小党派也取得了1~2个席位，新成立的新人党继续扩大了自己的政治版图，进入了20个联邦主体立法机关，直接民主党在2021年遭遇开局不顺后，本次也成功进入地方议会。联邦主体立法机关出现统俄党领导、多党合作竞争的局面。

造成这种政党格局的原因主要有三。第一，2012年后俄罗斯降低了政党参选的准入门槛，允许地方自行决定政党进入地方议会的门槛。大部分地区将此前支持率7%~10%的准入门槛下调到了5%。本次举行地方议会选举的联邦主体多数是2016年前后进行改选的，政党参选条件放宽的效果在本次选举中得到体现。第二，俄罗斯民众对传统政党产生厌倦，期望新政党能更多发声。随着"80后"和"90后"逐渐成为社会主要力量，青年人对传统政党政治缺乏认知，期望有代表其观念的新的政治力量出现，这也是新人党作为新政党能迅速得到支持的原因。第三，自民党等代表民族主义政党的没落，俄共等代表社会公平的左翼政党力量的崛起，也反映出在当前疫情下民众对社会保障和改善民生有着迫切需求。

（二）总统全权代表和联邦政府对联邦区管辖权限划分不清晰

总统全权代表的职责主要是监督地方对中央政策的落实情况，对地方政治、经济、安全、人事等方面进行监督并向总统汇报。其与联邦主体政府对地方的监督职能有重合之处。虽然规定了政府副总理主要对地方经济和国家项目两个方面进行监督和协调，但地方政府为获取中央的财政和项目支持会更多地依托具有实权的联邦政府部门。这必然会导致总统全权代表与联邦政府之间出现协调矛盾，也间接架空了总统全权代表对地方的控制力。未来，总统全权代表可能在实践中更多地关注地方和国家安全问题，主要的职能还是监督地方分离主义势力并夯实地方对联邦中央的忠诚度。

（三）垂直权力体制持续完善，联邦制单一化趋势加深

"统一公共权力法"最大的改变就是将地方自治机关实际纳入国家权力的控制范围。此前的地方自治机关独立于国家权力机关，以"自给自足"的方式开展工作。联邦仅依靠政党的力量对地方自治机关进行拉拢和干预，而统俄党的支持率下降对地方政治形势造成了不利影响，迫使中央加大了对地方控制的力度。从2000年至2008年，俄罗斯主要理顺了中央与地方的法律关系和权限划分，实现了对联邦主体层面的控制。2020年修宪后和2021年"统一公共权力法"的出台继续完善了中央对基层单位的治理和控制。这种层层递进的"套娃式"的管理方式，在保持地方有一定自主权的情况下，最大限度地实现了地方权力的可控性，将进一步加深俄罗斯联邦制的单一化趋势。

Y.10
2021年俄罗斯安全形势

苏　畅*

摘　要： 2021年俄罗斯安全形势总体稳定，新冠肺炎疫情、经济下滑对社会安全稳定影响有限，社会治安基本良好，社会不稳定因素有所减少。俄罗斯高度重视打击恐怖主义和极端主义，国内恐怖主义活动总体减少，北高加索仍然是全俄恐怖组织和极端思想活跃地区。俄重视反恐去极端化工作，加强在独联体和集安组织框架下的地区安全合作，强调在打击金融恐怖主义、交通运输恐怖主义和网络极端主义等领域的合作。

关键词： 俄罗斯　安全合作　恐怖主义

2021年俄罗斯国内安全形势稳定，社会治安良好，网络及电信诈骗案明显增多；未发生重大恐袭事件，境外恐怖组织在网络空间的招募和传播仍然较为活跃。在打击恐怖主义和极端主义方面，俄罗斯重视青年的作用，加强在中小学校普及相关知识，强调打击与预防并行。俄重视地区安全合作，在预警恐怖袭击，阻断极端思想蔓延，打击洗钱和资助恐怖主义，保障信息安全、生物安全和运输安全，严控非法移民等领域积极展开国际与地区合作。

---

* 苏畅，中国社会科学院俄罗斯东欧中亚研究所研究员，中国社会科学院中俄战略协作高端合作智库办公室副主任。

一　出台2021版《俄罗斯联邦国家安全战略》

2021年7月，俄罗斯推出新版《俄罗斯联邦国家安全战略》（简称"新版国家安全战略"），这是本年度俄罗斯国家安全战略的最重要文件。1997年俄罗斯出台《国家安全构想》，2000年进行了更新和修订，2009年推出《2020年前国家安全战略》，2015年出台《俄罗斯联邦国家安全战略》，此后每6年更新一次。2021年版《俄罗斯联邦国家安全战略》主要有如下几个方面的特点。

一是强调国家安全高于一切。俄罗斯的国家特性体现在视安全利益优先于发展利益。在新版国家安全战略中，强调国家利益的"安全性"及对其加强保卫的必要性；把2015年版国家安全战略中的9项国家战略优先事项，全部赋予安全的重要性，例如使用"经济安全"概念。

二是强调国际重大危机对俄罗斯国家安全的重大挑战。新版国家安全战略提出，当今世界处于变革期，全球增加了多个经济中心和政治中心，推动了国际秩序的新变化，新架构、新规则正在形成；世界进入动荡期，矛盾加剧，全球安全体系遭到破坏，激进主义与极端主义活跃；世界经济衰退，一些国家利用经济手段加剧地缘政治矛盾；军事冲突的可能性增加。

三是强调西方威胁。新版国家安全战略认为西方国家是俄罗斯最主要的外部威胁来源，特别是来自美国的威胁，包括对俄罗斯的地缘政治威胁、意识形态威胁、内部政治威胁、经济威胁、信息安全威胁。

四是强调加强意识形态建设和国防力量建设。新版国家安全战略更加强调国家的文化安全，将俄罗斯的精神、文化历史价值观列为"立国之本"和"国家进一步发展的基础"。加强国防力量建设，国防是国家安全的重点领域。

新版国家安全战略将指导俄未来6年的国家安全及与之相关的各领域工作，其反映的俄战略内倾趋势有深刻的内涵，与俄自身前景、大国关系走向有密切关联。[①]

---

① 陈宇：《从俄新版〈国家安全战略〉看其战略走向》，《现代国际关系》2021年第10期。

二　社会安全形势

2021 年俄罗斯国内社会安全形势良好，据俄罗斯内务部公布的数据，与 2020 年同期相比，犯罪数量下降了 1.2%。但与 2020 年相比网络诈骗和电信诈骗明显增多，并且不乏数额巨大的诈骗案。

网络诈骗和电信诈骗大幅增多。疫情发生之前，俄罗斯国内虽然诈骗案也较多，但大多是线下诈骗。2021 年通过网络的跨境电信诈骗明显增多，甚至有一些案件所涉金额巨大，"杀猪盘"类网络诈骗案亦在俄境内猖獗，甚至有利用网络进行贩毒的现象。俄罗斯内务部负责人称，网络欺诈是增长最快、发展最快的犯罪类型，2021 年全年诈骗金额比上年增加了 1/3。大量个人信息被非法获取，人们对网络诈骗缺乏防范。

除网络诈骗外，线下诈骗案中，老年人和女性仍是诈骗的主要目标，包括谎称亲人车祸、高息储蓄等。12 月，警方破获一起大型非法信贷案件，涉案金额超过 2600 万卢布，受害企业达 200 家。2021 年俄警方还查获了多起数额巨大的假币案。网络和电信诈骗曾于 2020 年在中国高发，诈骗团伙多在海外进行远程操控。经中国警方全方位打击，尤其是全民普及反诈常识及设置反诈监管机制后，相关案件已明显减少。针对俄罗斯网络和电信诈骗案件大幅增多的情况，俄警方采取宣传、警示等方式提醒居民加强防范，并在全国发起"共同打击网络诈骗"大规模行动，该活动的主要目的是让市民了解最常见的欺诈手段。警方在居住地、公共场所和交通工具上张贴预防备忘录，指出骗子经常使用的骗术骗局。

非法移民犯罪案件有所增加。2021 年 8 月，俄罗斯内务部第一副部长亚历山大·戈罗沃伊称，2021 年 1~8 月外国公民犯罪案件数量增加了 5%。表现为严重违反公共秩序、群体斗殴，通常伴随着威胁公民生命和安全的暴力行为、对政府官员使用武力，以及阻碍生命支持设施、交通和社会基础设施的正常运作等。

在打击犯罪方面，俄罗斯一是重视预防犯罪，在各地开展"让我们从安全的一年开始!""俄罗斯儿童-2021"等普法活动。受疫情影响,一些地区的执法部门还在线上开展此项活动。活动针对的对象主要是青少年群体,重点是防止未成年人犯罪和违法行为,以及吸烟、饮酒、吸毒,此外还重视道路交通安全宣传。在中学法律课程中设置预防犯罪内容,讲解未成年人易犯罪行、承担刑事和行政责任的年龄以及惩罚类型等。

二是打击毒品犯罪。2021年,俄罗斯在全国范围实施禁毒行动,实施了"MAK-2021"跨部门综合行动和预防行动,严厉打击贩毒。这一年警方破获了几起毒品种植案,一些毒品种植园被查获。2021年8月,执法人员在阿尔泰地区发现一处罂粟种植园,缴获罂粟嫩芽2117根,以及罂粟提取物、制毒设备等。9月,执法人员在伏尔加格勒地区的杜博夫斯基区发现大麻种植园,查获3500株大麻。12月,俄罗斯执法人员在秋明州抓获3名毒贩,他们通过网店出售毒品。同月,执法人员发现贩毒集团通过互联网以非接触方式在罗斯托夫地区销售毒品,警方查获了甲氧麻黄酮,总重约16公斤。如2021年11月发现哈巴罗夫斯克边疆区一居民种植野生大麻并进行加工,共有220公斤大麻被警方查获。

三是打击有组织犯罪团伙。2021年9月,俄罗斯警方破获一个有组织犯罪团伙,该团伙于2020年1月成立,犯下与贩毒有关的特大罪行80余起,涉案金额超过2.74亿卢布。2021年8月9~18日,俄罗斯内务部与俄罗斯联邦安全局、俄罗斯联邦海关总署、俄罗斯国防部以及达吉斯坦共和国和卡尔梅克共和国的俄罗斯卫队一起,在斯塔夫罗波尔地区以及伏尔加格勒和阿斯特拉罕地区开展了"里海之星-2021"跨部门综合预防行动,清查通过里海国家向俄罗斯联邦走私毒品、武器和弹药的渠道。这次行动规模大、范围广,共进行了9000多次检查,包括18000辆汽车和176条铁路运输设施,以及从里海各州抵达的船只和小型船只的停泊处,对其中的175艘船只进行了检查。行动中共破获毒品犯罪案件241起,查获毒品约188公斤,包括大麻约148公斤、合成毒品600克、海洛因700克、其他毒品超过35公斤、精神药物2公斤,224人被逮捕。破获非法流通武器弹药犯罪61起,其中销售非法制造爆炸物、爆炸装置13起。缴获枪支

77 件、冷兵器 26 件、各种口径弹药 700 多发以及 2 公斤炸药和 6 个爆炸
装置。

三 极端主义与恐怖主义形势

2021 年俄罗斯未发生重大极端恐怖主义事件，境外恐怖势力仍以宣传
和进行招募为主要活动方式，一些居民受到蛊惑参与散布极端思想。2021
年 12 月 14 日，俄罗斯国家反恐怖主义委员会（NAC）报告称，2021 年俄
罗斯共制止了 65 起恐怖主义犯罪。在反恐行动中有 23 名武装分子被打死，
逮捕了 312 名武装分子及 821 名同伙。①普京敦促有关部门采取积极有效的行
动，消灭恐怖组织的"细胞"，彻底消除恐怖组织招募人员的活动。

网络传播极端主义和恐怖主义的现象越来越常见，网络空间的去极端化
治理逐渐成为难题。一些极端主义者在社交平台发表极端言论、图片，主要
内容包括煽动针对非斯拉夫民族的仇恨和敌意，发布针对信奉特定宗教群体
的负面、侮辱言论，煽动基于种族、国籍、语言和出身的激进言论。2021
年 3 月，俄罗斯警方逮捕了一名 33 岁的科纳科沃市居民，他在社交网络
"VKontakte"中使用化名在公共领域向公众提供和分发极端主义信息。发布
者往往在流行的社交网络上注册多个账户。6 月，俄罗斯内务部在监控互联
网时发现一社交网络用户，其在个人页面发布数十张极端主义照片和宣传纳
粹符号的照片拼贴。后经确认，该用户是一名 1987 年出生的萨马拉居民。

北高加索地区恐怖主义活跃，是俄罗斯境内安全形势最为严峻的地区。
2021 年 9 月，4 名恐怖组织成员企图在印古什共和国使用简易爆炸装置发动
恐袭，被俄罗斯安全部队抓获。国际极端组织在北高加索地区发展人员。10
月，执法人员在卡拉恰伊-切尔克斯共和国抓获 5 名极端组织成员，该极端
组织为 At-Takfir Val-Hijra（"定判和迁徙"组织，1972 年成立于埃及，2010

---

① В России за 2021 год предотвратили 65 террористических преступлений，https：//ren.tv/
tag/borba-s-terrorizmom.

年 9 月 15 日俄罗斯联邦最高法院认定其为极端组织），被逮捕的 5 名极端分子均是当地居民。该组织在俄罗斯散布极端思想，"谋求在北高加索地区建立一个伊斯兰政权"①。执法人员还查获了该组织的武器、炸弹和带有极端主义内容的宗教文献。

"一神圣战营"在俄罗斯继续活动，该组织近年来逐渐在欧亚国家活跃，值得关注。"一神圣战营"的阿拉伯语为 Катибатуль Тавхид ва Джихад，俄语为 Батальон единобожия и джихада，英语为 Katiba Tawhid wal-Jihad，是"伊斯兰国"中亚武装组织。该组织曾于 2017 年 4 月 3 日制造圣彼得堡地铁恐怖袭击事件，以及在吉尔吉斯斯坦和瑞典发动过恐怖袭击。领导人是乌兹别克斯坦人阿布·萨拉赫（Абу Салаха），该组织近年在欧亚国家较为活跃。2月 12 日，两名外籍公民在托木斯克和新西伯利亚地区被逮捕，原因是他们资助"一神圣战营"恐怖组织。同月，俄罗斯与乌兹别克斯坦执法机构联合行动，在俄罗斯逮捕了来自乌兹别克斯坦锡尔河州的 9 名务工者，他们涉嫌参与"一神圣战营"活动，为在叙利亚的恐怖分子提供资助，并计划前往叙利亚参与恐怖活动。"一神圣战营"近年来主要在俄罗斯、乌兹别克斯坦、吉尔吉斯斯坦活动，2021 年 7 月，乌兹别克斯坦执法机构在其境内抓获"一神圣战营"的 11 名成员，他们本来准备 3 月赴叙利亚参加恐怖组织，但受疫情隔离政策影响，没能成行。

境外极端组织在俄罗斯开始使用加密数字货币资助当地的恐怖组织。据俄罗斯金融监督机构负责人称，一些境外极端组织在使用加密数字货币资助俄当地的恐怖组织，包括比特币、门罗币，俄罗斯执法部门将密切监视比特币转换为法币的交易。

在俄罗斯工作的欧亚国家劳务移民中掺有激进或极端主义者，他们在俄罗斯进行传播极端思想的活动。2 月，俄方逮捕了一名来自中亚的极端分子，其在社交网络上散布恐怖主义言论。

---

① В Карачаево-Черкесии пресечена деятельность ячейки международной религиозной экстремистской организации «Ат-Такфир Валь-Хиджра», https：//xn--b1aew. xn--p1ai/news/item/26523967/.

俄罗斯高度重视去极端化工作，把预防青少年极端主义放在去极端化工作首位。主要核心工作包括：向青少年普及去极端化常识，解释什么是恐怖主义和极端主义，强调青年形成爱国主义价值观的重要性。在中小学经常举办讲座等活动，与学生们分享在社交网络上谨慎沟通的建议，包括不要在其个人社交网络页面上发布可能煽动对他人仇恨或敌意的材料，不要发表为极端分子和恐怖分子行为辩护的评论。在社交网络上评论某些出版物的行为可以被认定为煽动种族仇恨或为恐怖活动辩护。执法部门举行"儿童反恐行动"，与青少年讨论"恐怖主义"和"极端主义"等概念，并告知发布宣传极端主义和恐怖主义信息需要面对的刑事责任。

在一些地区，警方在学校开设防止青少年极端主义的课程，在这些教育课程中，执法人员强调不同国籍和不同信仰的人之间相互理解的重要性，提醒青少年在公共场所的安全措施，以及在公共场所发现可疑、危险、遗忘或遗留物品时应注意的事项和程序。举行各种论坛、社交网络线下活动，以反恐去极端化为主题，向青少年宣介在互联网上发布旨在煽动仇恨或敌意材料的后果，以及关于举行集会、游行、纠察队和其他公共活动的程序、规定和法律。

在预防青少年极端主义工作中重视青少年的心灵滋养。2021 年 4 月，喀山市开展"您的选择"活动，活动的目的是教育青少年接受和理解他人，热爱和平，反对任何形式的暴力行为。俄罗斯尤其注意预防未成年人的有组织犯罪活动，推动青少年形成健康的生活方式和道德观念。俄认为网络极端主义已对俄罗斯青年价值观和社会行为准则产生严重的影响，因此极为重视治理极端思想在网络空间泛滥的问题。

四 俄罗斯与欧亚国家和周边国家的安全合作

俄罗斯重视与欧亚国家的安全合作。2021 年 3 月 26 日，独联体成员国反恐怖主义中心在莫斯科举行"独联体地区打击恐怖主义"会议，确定了在打击恐怖主义和极端主义领域开展合作和协调工作的优先领域：打击激进意识形态在互联网上的传播，开展国家间合作，查明和封锁相关非法互联网资源；交流从武装冲突地区返回的人员康复和重新融入社会的经验和做法；改进信息交流，包括加强分析工作和主动交流信息；打击恐怖组织的资助和后勤支持。在2021年8月31日举行的独联体成员国国防部长理事会防空协调委员会上，独联体执委会主席、独联体执行秘书谢尔盖·列别杰夫表示，当前全球军事政治形势复杂多变，挑战和威胁扩大，需要建立和完善一体化伙伴关系，增进国防安全领域的互信。

加强去极端化合作。2021年9月16日，独联体成员国举行《2023～2025年独联体成员国去极端化领域合作方案草案》磋商会议。来自阿塞拜疆、白俄罗斯、吉尔吉斯斯坦、摩尔多瓦、俄罗斯、乌兹别克斯坦、独联体成员国反恐中心和打击有组织犯罪协调局的代表出席会议。该方案草案由乌兹别克斯坦于2021年5月初拟订，主要目标是加强和发展独联体成员国之间在去极端化领域的合作，包括帮助从武装冲突地区返回的人员重新融入健康的社会生活，实施全面的跨部门联合预防、作战搜索活动和特种作战，为合作提供信息和科学支持，合作培训人员以及提高专家技能等。

举行多边军事演习。2021年9月20～24日，国际反恐演习"和平使命"在奥伦堡地区举行。除俄罗斯军方外，印度、巴基斯坦、中国和独联体成员国等约10个国家的代表参加了演习。

重视金融恐怖主义、生物恐怖主义、运输恐怖主义等问题。2021年4月2日，独联体国家成员国制定关于确保生物安全领域合作的国家元首声明草案，完善相关法律文件。2021年4月28～29日，由欧亚反洗钱和资助恐怖主义小组主持的"打击洗钱和资助恐怖主义"国际会议召开，就疫情期间洗钱和资助恐怖主义的常见类型进行了讨论，哈萨克斯坦、吉尔吉斯斯坦、白俄罗斯、俄罗斯、塔吉克斯坦、土库曼斯坦、乌兹别克斯坦、中国、印度的代表出席了会议。2021年2月9日，"运输中的恐怖主义与国际安全"会议在莫斯科举行，会议主办方是俄罗斯国家杜马交通和建设委员会、俄罗斯联邦交通部、俄罗斯交通安全基金会。会议审议了立法监管和信息技术在确保运输安全方面的应用，并讨论了空运、海运、河运、铁路、公路、城市地面电力运输、地铁等交通运输的涉恐风险及其防范问题。

重视青年在打击恐怖主义和极端主义中的作用。独联体执委会主席谢尔盖·列别杰夫强调,青年在打击激进主义、极端主义和恐怖主义中有重要作用,独联体国家国际青年合作的战略旨在防止仇外心理在青年中蔓延,防止出现种族极端主义、宗教极端主义、政治极端主义。① 俄重视和推动地区国家积极发挥青年在打击极端主义和恐怖主义中的作用,形成了以"青年反对极端主义和激进主义"为口号的欧亚青年领袖论坛、青年公共协会论坛、独联体青年议会间论坛、伊塞克湖青年知识分子论坛、学生活动家"斯拉夫联邦"阵营、"罗蒙诺索夫"科学论坛、"文化对话"论坛等交流机制。

结　语

2021 年俄罗斯安全形势总体稳定,并未受到新冠疫情和经济下滑的太大影响,社会治安基本良好。网络诈骗和电信诈骗明显增多,非法移民犯罪案件有所增加,犯罪对象多针对老人和女性。2021 年俄罗斯未发生重大极端恐怖主义事件,境外恐怖势力仍以宣传和招募为主要活动方式,一些居民受到蛊惑参与散布极端思想。北高加索地区仍然是全俄恐怖组织和极端思想活跃的地区。在预防青少年犯罪和防止极端思想向青少年渗透方面,俄重视与其他国家开展合作。

---

① Сергей Лебедев направил видеоприветствие участникам Международной онлайн-конференции "Роль молодежи в противодействии радикализму, экстремизму и терроризму", https: // cis. minsk. by/ news/18045/sergej _ lebedev _ napravil _ videoprivetstvie _ uchastnikam _ mezhdunarodnoj_ onlajn-konferencii _ %C2%ABrol_ molodezhi_ v_ protivodejstvii _ radikalizmu_ ekstremizmu_ i_ terrorizmu%C2%BB.

Y.11
与西方对抗背景下的
俄罗斯文化政策新调整

刘博玲*

摘　要：　2021 年俄罗斯当局根据国内国外形势的变化，从概念、法律和
经济等多层次对文化政策进行了调整。对《俄罗斯联邦"文化发
展"国家计划》《俄罗斯联邦国家安全战略》《俄罗斯联邦国家文
化政策纲要》这三份主要的国家政策文件做了调整，即对俄联邦
文化政策的战略规划、法律条规以及具体实施进行了调整。这些
文件指出当前俄罗斯面临西方文化的侵蚀与威胁，文件引入了
"文化主权"的概念，对俄罗斯的传统精神和道德价值观进行了定
义，列举了西方进行文化侵蚀的具体现象，并制定了一系列措施
以保护俄罗斯传统精神和道德价值观。调整后的文化政策目标是
将国家安全利益、文化空间统一和国家民族文化多样性有机和谐
地结合起来，实施以价值观为导向的国家文化政策，传播俄罗斯
社会的传统价值观，增强对俄罗斯文明的认同，提高社会凝聚力。

关键词：　俄罗斯　文化政策调整　西方文化威胁　文化主权　传统价值观

当前俄罗斯与美国和其他西方国家的关系不断恶化，双方围绕北约东扩
和乌克兰问题的争端加剧了国际形势的动荡不安，地缘政治博弈不断加剧。
2021 年俄罗斯当局多次在公开场合指出西方在文化思想领域对俄罗斯的侵

---

* 刘博玲，中国社会科学院俄罗斯东欧中亚研究所俄罗斯政治与社会研究室助理研究员。

蚀，并将这些行为认定为对俄国家安全的威胁。在这样的背景下，为应对面临的新威胁，包括"文化的西化"以及外来的道德价值观对俄民众的影响，俄罗斯政府对国家的主要文化政策法律文件和规划进行了调整。通过分析对文化政策文件调整的内容，可以发现当局对俄罗斯传统精神和道德价值观的重视。俄当局将俄罗斯文明价值观与规范、传统、习俗和行为模式的代代相传作为文化领域的国家目标，文件政策的调整内容增加了反对外部影响的条款，突出了文化主权的概念。

2021 年俄罗斯对文化政策进行的调整表现在一系列战略文件和法令中。2021 年 3 月，俄联邦政府颁布了关于修改《俄罗斯联邦"文化发展"国家计划》的法令①；2021 年 7 月，俄罗斯总统普京签署了新版《俄罗斯联邦国家安全战略》②；2021 年 12 月，俄文化部拟定了调整后的《俄罗斯联邦国家文化政策纲要》草案③，该草案对俄罗斯传统精神和道德价值观做出了明确的定义，并确定文化政策旨在保护社会凝聚力和俄罗斯文化认同。通过分析俄罗斯联邦的这三份文件，我们可以看出 2021 年俄罗斯在文化政策方面进行了哪些具体的调整以及目标所在。

一 修改《俄罗斯联邦"文化发展"国家计划》的法令

俄罗斯联邦政府 2021 年 3 月 31 日颁布了第 516 号关于修改《俄罗斯联邦"文化发展"国家计划》的法令（以下简称《国家计划》）。该法令批准了俄罗斯联邦政府对 2014 年 4 月 15 日第 N317 号法令批准的《俄罗斯联邦"文化发展"国家计划》所做的变更。该法令由俄联邦总理米舒斯京签署。《俄罗斯联邦"文化发展"国家计划》的主要执行者是俄罗斯联邦文化部。④ 在新版《国家计划》中详细规定了实施国家计划的主要负责部门、参

---

① https：//www.garant.ru/products/ipo/prime/doc/400466557/.
② http：//www.kremlin.ru/acts/bank/47046.
③ https：//www.interfax.ru/russia/806394.
④ http：//static.government.ru/media/files/Ns5qKuCMGTcgMpDx1W044DAw5ZdnKtEX.pdf.

与部门，计划的目标、指标、任务，计划实施的阶段和期限，以及计划的预算拨款额、计划实施的预期成果等。《国家计划》的目标是发挥文化作为和谐发展人格精神和道德基础的战略作用，加强俄罗斯社会和俄罗斯公民身份的统一，增加文化资源以满足民众对文化组织和数字服务的需求。《国家计划》的任务是确保公民获得文化产品和文化信息的权利，确保公民参与文化生活的权利，实现国家的创造潜力，为文化领域的可持续发展创造有利条件。

《国家计划》实施的阶段和期限为 2021 年 1 月 1 日至 2024 年 12 月 31 日。

《国家计划》实施的预期成果是，拓展俄罗斯作为历史国家文明体的统一文化空间，加强俄罗斯联邦各民族的精神团结；在统一文化规范的基础上支持俄罗斯人民民族文化的多样性，发展民族间和地区间的文化联系；无论俄罗斯联邦公民居住在哪里，收入、社会地位如何，都将提高其获得文化产品和艺术教育的可能性和质量；形成满足个人和社会日益增长的精神需求的文化环境，提高文化领域服务的质量、多样性和效率；为全体人民参与文化生活以及儿童和青年、老年人和残疾人参与积极的社会文化活动创造条件；为改善群众文化休闲服务、加强产业物质技术基础、发展业余艺术创造有利条件；刺激文化产品的消费；通过在文化领域建立公共电子图书馆、博物馆、剧院和其他互联网资源，确保每个公民能够不受任何限制地获取国家和世界文化资源；到 2024 年，文化组织活动的参与人数每年增加到 3 亿人次；到 2024 年，文化领域数字资源的访问量达到每年 3 亿次；增加国家文物状况良好统一登记册中的文物数量，使其达到 10.6 万件。①

（一）主要变更内容

变更内容主要体现在《国家计划》的子计划一"遗产"、子计划二"艺术"，以及子计划四"确保国家计划的实施条件"条目中。这些子计划对各

---

① http://static.government.ru/media/files/Ns5qKuCMGTcgMpDx1W044DAw5ZdnKtEX.pdf.

个领域的任务做了量化规定。

子计划一的目标是增加对文化和历史遗产的保护。方案的目标是确保对文化遗产的保护和利用，提高图书馆服务的可用性和质量。

子计划一实施的预期结果：（1）使俄罗斯列入联合国教科文组织世界遗产名录的物品在数量方面处于领先地位，进入世界前五名，并提高文物保护系统的效率，从而确保高水平的文物保护和使用效率；（2）提高图书馆和博物馆服务质量和访问量，到2024年将平均展览数量增加到每万人8个单位；（3）到2024年底为50个文化庄园的普及和振兴创造条件（批准50个文化庄园的投资通行证）；（4）到2024年底，改造15个联邦文化机构，提高文化环境质量；（5）到2024年底，按照示范标准对787个市级图书馆进行改造；（6）2021~2024年，为44万名学童开展150个文教项目；（7）到2024年底，将参加志愿活动的公民人数增加到10万人次；（8）2021~2024年举办48个联邦和地区博物馆展览项目；（9）2021~2024年，创建180个与俄罗斯军事历史相关的纪念遗址；（10）每年至少在俄罗斯联邦主体中开办5个军事历史营地，每个营地的学生人数至少为1000人；（11）到2024年底前，为国家电子图书馆数字化出版物基金补充4.8万册出版物。

子计划二"艺术"的目标是促进公民积极参与文化活动，增加他们对非物质文化的需求，在艺术领域为公民提供服务。子计划二的任务包括：（1）为俄罗斯联邦人民的表演艺术、传统民俗文化、非物质文化遗产的保护和发展创造条件，并支持当代美术；（2）为电影的保存和发展创造条件；（3）支持文化领域的民众、创意联盟、知名人士，并为他们组织的创意活动创造条件；（4）为组织和举办俄罗斯文化重大活动和发展文化领域的文化合作创造条件。子计划二目标的具体量化任务此处不再详述。

子计划四"确保国家计划的实施条件"是为实施《国家计划》提供组织、信息、科学和方法条件，并促进俄罗斯联邦主体在文化领域实施《国家计划》。子计划四的目标是改进文化领域的管理系统，包括提供法律支持，加强文化、科学和方法学领域基础科学研究和提高应用科学研究的效率，以支持联邦、地区和地方各个层级制定健全的文化管理决策；发展工业基础设施并支持俄罗斯联邦主体在文化领域的活动。其目标指标包括：（1）提高状况良好的文化机构建筑物占机构建筑物总数的比例；（2）提高文化和休闲类机构的服务水平；（3）增加文化领域专家的数量，通过继续教育体系和高级培训中心培养创新管理人才，增加用于文化的预算外资金数额。

（二）国家文化政策的优先事项和目标

《国家计划》还规定了在文化领域国家政策的优先事项和目标。文化领域国家政策的优先事项由俄罗斯联邦的战略文件和监管法律文件确定，优先事项和目标的实现将使许多问题的解决成为可能。目前存在的主要问题包括对社会文化的战略作用和国家文化政策的重点缺乏了解；历史文化古迹被大量破坏；在向民众提供文化服务方面存在不平衡，例如农村地区和小城镇居民获得的文化资源很少；市辖区多数文化组织状况不佳，文化和休闲机构网络显著减少，服务范围缩小、质量下降；缺少对博物馆和图书馆中文化遗产进行修复工作的合格人员。

根据 2030 年前国家文化政策战略和《国家计划》的规定，文化领域的国家政策目标包括：（1）保护以俄罗斯人民精神和道德价值观以及历史传统为基础的统一文化空间，将其作为俄罗斯国家安全和领土完整的重要因素，保护俄罗斯人民统一的文化基因；（2）将国家安全利益、文化空间统一和国家民族文化多样性有机和谐地结合起来；（3）实施以价值观为导向的国家文化政策，传播俄罗斯社会的传统价值观；（4）保护俄罗斯的传统文化和精神遗产，将其作为俄罗斯民族的原始传统、国家财富和俄罗斯社会团结的基础；（5）确保普通民众最大限度地获得文化和艺术产品；（6）为公民创造性的自我实现，以及文化教育活动、校外艺术教育和文化休闲的组织创造条件；（7）在文化空间推广有助于个人文化和公民道德价值观形成的产品和模式；（8）实施旨在提高家庭在文化教育方面作用的措施，以确保俄罗斯文明传统价值观和规范的培养，并使之代代相传；（9）确保文化领域创新发展，使俄罗斯在文化领域现代技术应用方面处于领先地位；（10）加强文化机构的数字化转型，为加强文化领域的投资活动创造必要条件；（11）利用互联网信息向俄罗斯人民展示俄罗斯文化、艺术的创造力；（12）加强国家在文化领域的投入，激励和鼓励创造性地理解和推广俄罗斯道德价值观、传统和习俗的文化活动；（13）发展和扩大俄罗斯电影作品的制作和发行；（14）完善组织和法律机制，优化组织和机构的活动，发展公私伙伴关系，鼓励开展慈善活动、赞助活动；（15）增加民间社会机构作为文化政策实施主体的作用；（16）加强文化社区、机构和组织在实施联合项目方面的合作，包括在国外对俄罗斯文化、历史和文学等进行研究和展示。

此外《国家计划》还规定了在远东地区、北高加索地区和俄北极地区文化领域的主要优先发展事项。

二　《俄罗斯联邦国家安全战略》的调整

2021年7月3日，俄罗斯总统弗拉基米尔·普京签署了新版《俄罗斯联邦国家安全战略》（以下简称"新版国家安全战略"）。新版国家安全战略发展了2015年12月31日发布的《俄罗斯联邦国家安全战略》的思想。普京在2015年就指出，俄罗斯处于敌人的围堵中，从施加军事压力到传播极端主义思想，他们试图以各种方式侵犯俄罗斯。普京意识到如今敌人的侵犯更加广泛而深入，包括跨国公司在互联网上的活动、"文化的西化"等，即将外来的道德价值观强加给俄罗斯人民，并通过媒体和"公开表演"中的粗鄙语言破坏俄语的纯洁，这些都是对俄国家安全的威胁。[1]

在2015年版的国家安全战略中就已经指出西方对俄罗斯不断施压，以贬低俄罗斯的军事、经济、外交和文化成就。2015年版国家安全战略写道："俄罗斯联邦实行独立的外交和国内政策引起了美国及其盟国的反对，后者试图保持其在世界事务中的主导地位，为遏制俄罗斯而实施的政策包括对其施加政治、经济、军事和信息方面的压力。"[2] 因此，俄罗斯决定以两种方

---

[1] http://static.government.ru/media/files/Ns5qKuCMGTcgMpDx1W044DAw5ZdnKtEX.pdf.
[2] http://static.kremlin.ru/media/acts/files/0001201512310038.pdf.

式应对这种压力：第一，抵制美国及其盟国的侵蚀，制裁其情报官员和企图在俄搞"颜色革命"的人；第二，依靠自己的力量来发展国家。

新版国家安全战略发展了相同的思想，新版国家安全战略中写道，不仅要与破坏俄罗斯宪法秩序的极端分子做斗争，还要与那些在俄罗斯传播西方影响的人做斗争，包括对俄罗斯文化和道德施加影响的人；俄罗斯的发展应该变得更加独立，俄罗斯必须建立一个新的自给自足的高科技经济体，使用更多的清洁能源，减少碳氢化合物的使用，在技术发展方面不靠外力追赶西方。

新版国家安全战略从国防、经济、技术和科学、信息安全、精神价值与文化以及国际合作几个方面指出了当前俄罗斯面临的新"威胁"和应对方法。在国防方面，俄罗斯受到北约和美国导弹防御系统接近其边界的威胁，这"破坏了战略稳定体系"，近年来，俄罗斯与敌人之间发生军事冲突的威胁不断增加。新版国家安全战略写道："对俄罗斯及其盟国和伙伴施加武力的企图，在俄罗斯边境附近建立（北约）军事基础设施，加强情报活动，以及发展针对俄罗斯联邦的大型军事编队和核武基地，加大了对俄罗斯联邦的军事危险和军事威胁。"[1] 俄罗斯通过开发新的战略威慑手段，以及提高动员准备水平来对抗这些威胁。经济方面的准备、国家权力机关的配合和武装部队的部署将确保国家免受武装袭击，并满足战时国家和人民的需要。此外，在公民的军事爱国主义教育和服兵役方面也做出了规划。

新版国家安全战略在信息安全部分的策略变化最大。新版国家安全战略指出，俄罗斯的敌人包括一些国际科技公司，它们通过"传播未经证实的信息"和封锁国家认为具有公共重要性的信息来攻击他国。"出于政治原因，互联网用户被迫接受对历史事实以及对俄罗斯联邦和世界上发生的事件加以歪曲的信息……信息和通信技术的使用正在扩大，以此来干涉他国内政，破坏国家主权，侵犯领土完整……'互联网'大量散播恐怖组织和极端主义组织的资料，号召参与大规模骚乱、极端主义活动、反对既定秩序的

———————
① http://www.kremlin.ru/acts/bank/47046.

群众活动……这种破坏性影响的主要对象是青年。信息和通信技术提供的匿
名性有助于犯罪……在俄罗斯联邦使用外国信息技术和电信设备提升了俄罗
斯信息资源的脆弱性，使其易受国外影响。"因此有必要加强俄罗斯联邦在
信息空间的主权，并提出了一些应对此方面威胁的措施，包括"发展信息
战的力量和手段"，"基于使用先进技术，包括人工智能技术和量子计算，
改进确保信息安全的手段和方法"，以及"向俄罗斯人民和国际公众提供有
关俄罗斯联邦国内和外交政策的可靠信息"①。

在精神价值与文化方面，新版国家安全战略也突出了当前西方对俄罗斯
传统文化的攻击以及对此的应对方法。新版国家安全战略指出，俄罗斯的传
统精神和道德价值观首先包括生命、尊严、人权和自由、爱国主义、公民精
神、为祖国服务和对其命运负责，崇高的道德理想、强大的家庭、创造性劳
动、精神优先于物质、人文主义、仁慈、正义和集体主义。与此同时，新版
国家安全战略指出，传统的俄罗斯精神、道德、文化和历史价值观正受到美
国及其盟国以及跨国公司的猛烈攻击……它们通过传播与俄罗斯联邦人民传
统和信仰相矛盾的社会和道德价值观，对个人、群体和公众意识施加信息
和心理影响，"信息心理破坏"和"文化西化"正在进行，这增加了"俄
罗斯联邦丧失文化主权的威胁"。对俄罗斯历史和世界历史的篡改、对历
史真相的歪曲和对历史记忆的破坏仍在进行时。俄罗斯的传统信仰、文化
和作为俄罗斯联邦国家语言的俄语正在被抹黑。

为此，俄罗斯将采取以下措施：在文学和艺术作品、电影、戏剧、电
视、视频和互联网产品的创作方面执行国家规定，保护俄罗斯传统精神和道
德价值观，保护传统文化，保护历史真相并保留历史记忆，并确保对国家规
定的执行情况进行监督；保护和支持作为俄罗斯联邦国家语言的俄语，加强
对遵守现代俄罗斯标准语规范的监督，禁止通过媒体和公开表演传播不符合
上述规范的词语和内容（包括粗鄙词语）；保护俄罗斯社会免受外部意识形
态和价值观扩张的影响，以及免受外部破坏性信息的影响；根据历史和当代

① http://www.kremlin.ru/acts/bank/47046.

的榜样对公民进行精神、道德和爱国主义教育，发展俄罗斯社会的集体原则，支持具有社会意义的倡议，包括慈善项目、志愿者运动；提升俄罗斯在全球人道主义、文化、科学和教育领域的影响力。

此外，在国际合作方面，俄罗斯计划帮助那些主权正被西方侵犯的国家，承诺给予盟友和伙伴支持，以消除外部干涉其内政的企图。同时计划支持居住在国外的同胞行使其权利，包括维护全俄文化特征的权利；加强俄罗斯、白俄罗斯和乌克兰人民之间的兄弟情谊。[1]

三 《俄罗斯联邦国家文化政策纲要》的新调整

俄罗斯联邦文化部根据国内外形势的变化委托利哈乔夫俄罗斯文化和自然遗产研究所对《俄罗斯联邦国家文化政策纲要》进行调整，制定总统令草案。该研究机构此前制定了2014年普京总统签署的《俄罗斯联邦国家文化政策纲要》（以下简称《纲要》）。《纲要》提出文化领域的国家目标之一是"俄罗斯传统文明价值观和规范、传统、习俗、行为模式的代代相传"。

文化部所做的解释性说明中指出，调整《纲要》文本的必要性是由"2014~2021年在国内和国际舞台上发生的变化"决定的。拟议的新版纲要将确保"本文件符合俄罗斯联邦宪法规定，以及对当前形势、国内外政策目标和任务制定出符合相关法律的政策"。此外，《纲要》草案的调整也符合新版国家安全战略的精神要求。[2]

2021年12月，该研究所拟定了调整后的《纲要》草案。草案拟定者提议在"文化政策基础"中增加一段反对外来影响的条款，并对俄罗斯传统精神和道德价值观做出定义，重申国家文化政策旨在确保将俄罗斯文化认同作为保护社会凝聚力和国家主权的基础。[3]

---

① http：//www.kremlin.ru/acts/bank/47046.

② https：//www.interfax.ru/russia/806394.

③ https：//ria.ru/20211220/politika-1764536191.html.

2021 年 12 月，文化部向公众发布《纲要》草案，指出这将是"保护和加强俄罗斯传统精神和道德价值观的国家政策基本纲要"。然后启动"公开讨论"机制，《纲要》草案现已发布在联邦监管法律法案草案的门户网站，草案接受社会公开讨论。对《纲要》草案的公开讨论在互联网上进行，民众可以在 2022 年 2 月 7 日之前在 regulation. gov. ru 网站上对该文件进行评价并提出意见。文化部将汇总专家和普通公民的意见，并对《纲要》草案进行相应修改。文件的最终版本计划在 2022 年 5 月通过。

《纲要》草案对传统精神和道德价值观的定义如下："传统精神和道德价值观是构成俄罗斯公民世界观的道德准则，代代相传，保障着公民团结，它建立在俄罗斯文明认同和国家统一文化空间的基础上，并在俄罗斯多民族的精神、历史和文化发展中找到了其独特的表现形式。传统精神和道德价值观包括：生命、尊严、人权和自由、爱国主义、公民意识、为祖国服务和对其命运负责、崇高的道德理想、强大的家庭、创造性的工作、精神优先于物质、人文主义、仁慈、正义、集体主义、互助和相互尊重、历史记忆和世代传承、俄罗斯人民的团结。俄罗斯联邦将传统精神和道德价值观视为俄罗斯社会的基础，这使得维护和加强俄罗斯的主权成为可能，以确保俄罗斯联邦作为一个多民族和多宗教国家的统一。在传统精神和道德价值观的基础上对社会、文化、技术过程和现象的理解使我们能够应对新的挑战，保留俄罗斯的文明认同，并考虑到积累的文化和历史经验。"[①]

《纲要》草案规范了政府反对"破坏性意识形态"的行为，强调要保护传统精神和道德价值观以及保障"俄罗斯在国际关系中作为捍卫人类传统价值观道德领袖的地位"。

《纲要》草案建议明确国家文化政策原则中的基本概念："捍卫传统的家庭价值观，将婚姻作为男女结合的制度；保护俄罗斯联邦所有民族和种族的文化独特性，保护民族文化和语言。"此外，《纲要》草案列出一些不友好国家以及跨国公司、外国非政府组织、极端主义和恐怖组织的活动，指出

---

① https：//muzobozrenie.ru/proekt-ukaza-o-tradicionnyh-cennostyah/.

这些活动旨在破坏俄罗斯文化主权、侵蚀俄罗斯传统精神和道德价值观。此外《纲要》草案还引入了"文化主权"的概念，以及"国家对文化领域实施支持时，俄罗斯传统精神和道德价值观的优先地位"。

《纲要》草案对国家文化政策的任务也进行了调整，主要集中在以下几个方面：其一，设立文学和艺术作品创作的国家规定，为保护和普及俄罗斯传统精神和道德价值观提供服务，并将监督此项国家规定的执行情况；其二，在扩大和支持国际文化和人文联系方面，建议为俄罗斯文化和科学在国外的普及创造条件，"采取措施保护俄罗斯社会免受外部意识形态和价值观扩张的干扰，避免民众心理遭受破坏性信息的影响"；其三，要为人格形成创造良好的信息环境，"其基础是普及促进传播可靠信息的信息资源，以及普及俄罗斯传统精神和道德价值观"；其四，保护和纯洁俄语，确保遵守现代俄罗斯标准语言的规范，防止粗鄙语言。

此外，《纲要》草案还建议国家文化政策必须包括提供儿童文学、保存国家重视在艺术领域培养儿童的传统，支持在音乐、戏剧、马戏艺术领域独特的三级教育体系。[1]《纲要》草案认为，冲击俄罗斯公民传统精神和道德价值观的威胁是"崇拜自私行为""崇拜纵容行为""崇拜不道德行为""否定爱国主义理想""否定报效祖国的理想""否认生育理想""否定创造性劳动的理想""否认俄罗斯对世界历史和文化的积极贡献"，这些威胁来自极端主义和恐怖组织、美国（及其盟友）、跨国公司和外国非营利组织。[2]

《纲要》草案的拟定者认为，"保护和加强"传统精神和道德价值观需要非常具体的步骤，包括"执法机构的参与，以制止旨在破坏传统精神和道德价值观的非法行为"。此外，必须检查国家资助的"文化和教育领域的活动"是否符合传统精神和道德价值观。如果当局资助某些"不符合"这些价值观的活动，相关官员应被追究责任。[3]

在公开讨论阶段，只有俄罗斯联邦剧院联盟以集体的方式反对该草案。

---

[1]　https：//www. interfax. ru/russia/806394.

[2]　https：//meduza. io/feature/2022/02/08/zapadnyy-mir-pogibaet-v-rossii-eto-ne-proydet.

[3]　https：//meduza. io/feature/2022/02/08/zapadnyy-mir-pogibaet-v-rossii-eto-ne-proydet.

2022 年 1 月 31 日，俄罗斯联邦剧院联盟主席、Et Cetera 剧院的艺术总监亚历山大·卡利亚金发表了一份声明，他在声明中批评了《纲要》草案。他认为《纲要》草案是对艺术创作活动的审查与控制，这种审查制度会限制创造性文化的发展。

俄罗斯主要剧院的领导人在一封公开信中支持了卡利亚金："拟议的法令草案不能对社会和公民、科学家、教师、艺术家产生积极影响。它的采用绝不会有助于维护和提高传统精神和道德价值观，也不利于培养爱国主义和对我们祖国的热爱。我们同意这样一个事实，即当前的法律已足以规范这一公共关系领域的行为。"①

俄联邦社会院于 2 月 7 日讨论了《纲要》草案。会议首先由文化部前副部长、现任利哈乔夫俄罗斯文化与自然遗产研究所所长弗拉基米尔·阿里斯塔霍夫发言。阿里斯塔霍夫在会上表示，他自己不会讨论价值观清单。他指出，所有基础的编写工作都是在新版国家安全战略精神的框架内进行的。俄罗斯传统精神和道德价值观的清单完全来自该战略。他认为这是理所当然的。另外，阿里斯塔霍夫补充说："从现代科学的角度来看，这份清单考虑了俄罗斯文明固有的主要具体特征。"阿里斯塔霍夫在讲话中批评了卡利亚金，称他的说法"从头到尾都是错误的。创作自由的权利绝不意味着国家有义务资助一切，包括为卡利亚金或其同事宣称的艺术提供资金"②。

四　结语

自 2014 年俄乌冲突爆发以来，俄罗斯与西方的关系不断恶化。2021 年俄罗斯与美国和其他西方国家围绕乌克兰问题和北约东扩问题几乎达到兵戎相见的地步，战争一触即发。除了军事领域的正面交锋，双方在文化思想领域也在激烈地进行斗争。俄罗斯对近年来西方文化对俄罗斯民众尤其是对青

①　https：//meduza. io/feature/2022/02/08/zapadnyy-mir-pogibaet-v-rossii-eto-ne-proydet.

②　https：//meduza. io/feature/2022/02/08/zapadnyy-mir-pogibaet-v-rossii-eto-ne-proydet.

年的侵蚀，一直保持着警醒。早在2014年的《纲要》和2015年版国家安全战略中，文化政策就被提升到了国家安全战略的地位，被视为俄罗斯国家安全战略不可分割的一部分。以普京总统为代表的政府多次强调植入西方价值观是对俄罗斯的毒害。

俄当局指出随着新冠疫情的流行，西方价值观的负面后果更加凸显。俄罗斯联邦安全委员会秘书尼古拉·帕特鲁舍夫认为，西方试图破坏俄罗斯几个世纪以来发展起来的精神和道德基础，强加给俄罗斯社会其他的价值观。帕特鲁舍夫在《俄罗斯报》撰文写道："几个世纪以来发展起来的俄罗斯传统精神和道德价值观体系是我们社会的精神和道德基础。这一体系奠定了苏联人民在1941~1945年伟大卫国战争中取得世界历史性胜利的基础。正是这个基础，使维护和加强主权及建设未来成为可能，尽管历史发展充满各种困难和矛盾。我们的国家确实创造出了自己的价值观，现在子孙后代的主要任务是维护和传承下去。"他指出："西方试图将新自由主义教条引入俄罗斯公民和我们世界各地同胞的脑中。我们看到（西方国家）仍在努力摧毁俄罗斯多民族大家庭的共同家园，贬低俄罗斯传统精神和道德价值观作为文化、精神、政治基础的重要性，最终动摇俄罗斯的国家主权。"[1] 此外，普京也在正式场合明确反对了同性婚姻，明确在俄罗斯婚姻是男和女的结合，强调在其担任总统期间，同性家庭在俄罗斯不会合法化。普京说道："会有爸爸、妈妈。不存在1号父母和2号父母。"[2] 俄联邦安全委员会秘书也指出："在西方，家庭、父母、男人和女人等基本概念被刻意侵蚀，而人为植入的'父母1'和'父母2'等规范形成了文明冲突的基础。这些规范与基督教、伊斯兰教、犹太教和其他宗教的最基本本质相矛盾，是敌对的。"[3]

在2021年的《纲要》草案中引入了"文化主权""文化安全"的概念，进一步明确了文化安全与国家安全直接相关。俄罗斯的文化政策新调整涉及了概念、经济和法律。新版国家安全战略和《纲要》草案是在概念和法律

---

① https：//www. interfax. ru/russia/713582.

② https：//www. interfax. ru/russia/695240.

③ https：//www. interfax. ru/russia/713582.

方面的调整。新版国家安全战略体现出在文化政策价值层面的调整，包含了文化层面国家的战略目标，确立了主要的价值取向，以及随后被传递给整个社会的优先事项。《纲要》草案从法律层面直接规范文化组织活动和创意活动，是确定文化运作规则的法律文件体系。而新版《国家计划》规定了实施文化政策的主要机制。《国家计划》设定了联邦和地方层面的文化政策目标和优先事项、主要负责实施的政府机构和部门、要达成的指标、年度完成计划、计划的预算拨款额和计划实施的预期成果。通过这些战略文件俄罗斯当局对多层次系统的文化政策进行了全方位调整。

经　济

Economy

Y.12

2021年俄罗斯财政金融形势与政策

丁　超[*]

摘　要： 随着抵御新冠疫情的能力增强和商业活动的快速复苏，俄罗斯宏观经济政策逐步回归常态化，重点转向实现2030年前国家发展目标。在油气价格上涨的背景下，俄罗斯财政金融形势总体趋好，预算系统提前回归平衡状态，经常账户也获得了创纪录的盈余。国家福利基金占比稳居GDP的10%以上，为财政政策由民生保障延伸到经济发展创造了安全空间。在刺激投资的过程中，俄罗斯央地联动性空前增强，从国家项目（战略倡议）实施到区域投资政策制定都有联邦政府的统筹协调以及充分的预算资金保障。总需求的积极扩张、劳动力短缺、世界市场上的促通胀因素以及经济主体的高通胀预期等导致通胀水平居高不下，俄罗斯央行货币政策被迫转为紧缩，但仍未能有效控制局势，高通胀成为俄中期内经济发展的首要威胁。除此之外的货币金融指标都在

---

* 丁超，中国社会科学院俄罗斯东欧中亚研究所俄罗斯经济研究室助理研究员。

很大程度上体现并推动了俄罗斯经济复苏的进程。2021 年全球能源转型和低碳议程成为影响财政形势的最重要因素，财政部和央行都提出了应对方案，俄罗斯经济的结构性转型可能因此加速。

关键词： 俄罗斯　财政政策　货币政策　风险应对

一　财政税收系统运行情况

在新冠疫情流行的第二年，俄罗斯财政系统便成功走出危机，提前回归预算的平衡状态。如图 1 所示，2021 年，联邦汇总预算收入达 48.12 万亿卢布，同比增长 23%，占 GDP 的 37%；预算支出为 47.07 万亿卢布，增幅仅为预算收入增幅的一半——12%，占 GDP 的 36%；预算小幅盈余约 1 万亿卢布，不足 GDP 的 1%，2020 年为赤字 3.8%。其中，联邦预算收入 25.29 亿卢布，支出 24.76 万亿卢布；联邦主体汇总预算（以下简称"地区预算"）收入 17.55 万亿卢布，支出 16.89 万亿卢布，盈余 0.66 万亿卢布；预算外基金收入 13.85 万亿卢布，支出 14.01 万亿卢布，赤字约 0.16 万亿卢布，强制医疗保险基金和社会保险基金的盈余仅能部分抵消联邦养老基金 0.33 亿卢布的资金亏空。

俄罗斯财政预算收入来源的动态差异显著。同比而言，增幅最高的是自然资源使用税费，增长 103%，对外经济活动所得增长 84%，主要归功于油气价格的上涨（布伦特原油价格上涨 51.5%，伦敦洲际交易所欧洲天然气期货价格上涨 3.9 倍）。2021 年，俄罗斯油气收入达 9.0565 万亿卢布，占 GDP 的比重尚不足 7%，占联邦汇总预算的 19%、联邦预算的 36%。如图 2 所示，4 月、7 月和 10 月三次超高收入是由于当月财政部取消了部分类别的税收优惠，使超额收入税大幅增加。在经济复苏背景下，企业利润税、增值税和个人所得税均呈现不同程度的增长分别为 51%、28% 和 15%，职业收入

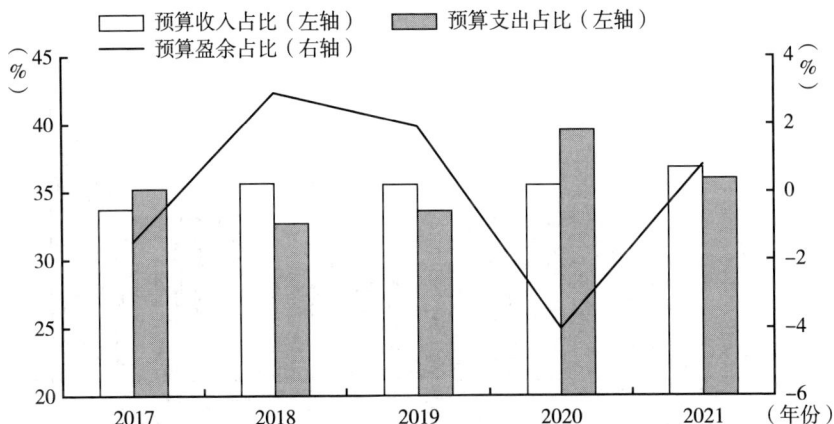

图1　2017～2021年俄罗斯联邦汇总预算收支占GDP的比重

资料来源：根据俄联邦财政部和国家统计局数据测算。

税的大规模推开增加了综合所得税收入，增幅接近38%。相反，消费需求回升、物价上涨虽然在一定程度上推动了消费税的增加，但由于对国内炼油厂的补偿机制（即"反向消费税"）以及对石油加工的消费税补贴（近1.3万亿卢布），使该税收入同比下降近60%，仅占汇总预算收入的1.7%。总体来看，增值税、强制社会保险费、自然资源使用税费、企业利润税和个人所得税为前五大收入来源。

按职能划分的联邦汇总预算支出结构和动态变化呈现一定的同步性，一方面体现了抗疫反危机措施的陆续退出，另一方面也预示着俄罗斯政府为应对经济社会风险做出新的战略性部署——聚焦启动新投资周期，尤其是扩大基础设施建设（包括道路、住房等）领域的投资，发展公私伙伴关系，回应全球气候议程，寻找减少碳排放的有效方法，使低碳发展成为经济增长和经济多样化的推动力。从结构来看，医疗和社会政策支出份额下降，相反，国民经济、住房公用事业、环境保护以及债务偿还支出的份额提升。在动态变化上，环境保护支出增幅高达44%，住房公用事业支出增长37%，债务偿还支出增长34%，国民经济支出（为支持法人实体提供的预算补贴，如工资计划框架内的优惠贷款）增长20%，国防支出也出现了两位数的增长，接近13%。

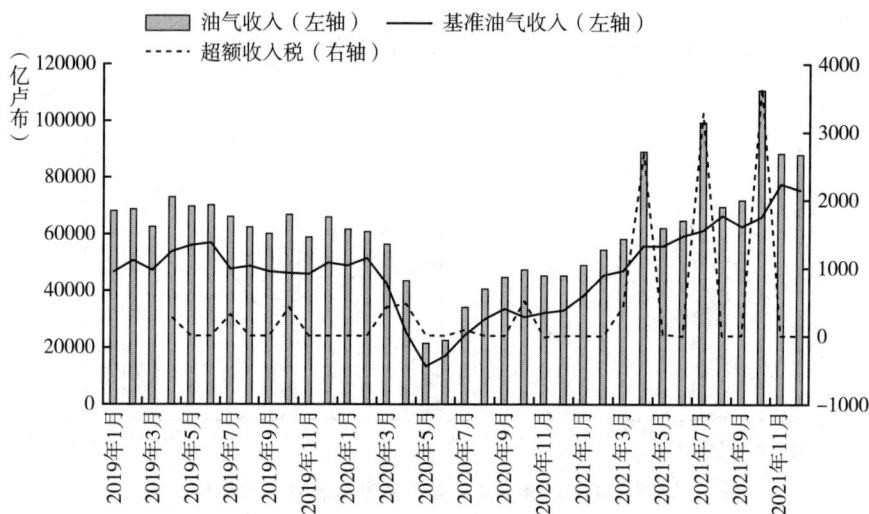

图2　2019~2021年俄罗斯油气收入动态变化

资料来源：俄罗斯财政部网站。

联邦预算执行超出预期：在 2021 年 9 月底财政部提交的中期预算草案中，预测年底将有 2760 亿卢布的小幅赤字。然而，10 月年度收入计划便超额完成（包括一次性收入，即政府购买储蓄银行控股权的 2000 亿卢布和诺里尔斯克镍业公司因燃油泄漏上缴的 1460 亿卢布罚款），而支出仅为年度任务的 73%。[①] 全年来看，联邦预算收入超出计划 35%，支出超出预算法规定的 15%，但低于 3 月综合预算清单修订规模的 2.5%（为支持人口和受影响企业，预算清单增加了 3.9 万亿卢布支出金额）。年底，财政部部长西卢阿诺夫在接受采访时表示，4 万亿卢布的超额收入已全部用于防疫措施、发展经济和支持民生。[②] 也就是说，联邦预算几乎没有增加实际支出，仅不可避免地增加了因 2020 年大量发行债券而导致的偿债支出。可见，2021 年联邦预算严格遵守财政整顿逻辑，最大限度地增收节支。

---

① Минфин досрочно встретил Новый год, https：//www.kommersant.ru/doc/5077399.

② Дополнительные доходы бюджета в 2021 году составили около 4 трлн руб, https：//www.kommersant.ru/doc/5154920.

联邦预算的国家项目支出总额为 2.6 万亿卢布，同比增长 18.6%。与 2020 年相比，支出执行率略有改善，达到计划的 97.8%，但仍有大部分资金集中在 12 月支出。根据财政部监测数据，截至 12 月 1 日执行率为 80.3%（2020 年同期为 78.1%），生态、数字经济、旅游和酒店服务、教育项目尤为典型，执行率仅为 50%~60%；劳动生产率、中小企业和就业支持、国际合作与出口、干线交通基础设施综合规划的执行率为 70%~80%；仅人口项目的执行率达到 90% 以上。[①] 2021 年 10 月，俄罗斯政府批准实施 42 个"战略倡议"，至 2024 年的总支出约为 4.6 万亿卢布，任务是补充现行国家项目系统，改变特定领域的社会经济发展性质——从社会性转向投资性。自 2022 年起，按照新规定（与国家目标相一致、指派副总理级负责人、明确官员渎职责任等）进行调整后，国家项目的实施效率会进一步提升。作为反危机措施，俄联邦政府规定免除各联邦主体新投资项目启动的预算贷款债务，即应纳入联邦预算的税收收入部分，而释放的资金必须定向用于基础设施。区域发展政府间委员会已批准支持了 54 个地区的 315 个新项目，分配了 1411 亿卢布的预算资金。经济发展部正在考虑总额为 576 亿卢布的 132 个项目申请。[②] 此外，责令制定地区投资"路线图"，其中包括基础设施准入、税收优惠、引资规则等内容，成立专门的投资开发机构和由地区长官担任主席的投资委员会，参与该政策的地区将获得 2/3 的税收减免。

俄罗斯地区经济呈现复苏态势，税收和非税收入快速增长。企业利润税是最主要的收入来源，2021 年前三个季度增长 1.5 倍，冶金工业区增长 2.6~3.5 倍，矿石、煤炭和矿物肥料加工区增长 2~2.6 倍，除汉特-曼西自治区和千岛群岛以外的油气产区增幅甚至更高。联邦预算的转移支付共计 1 万亿卢布，占地区收入的约 22%，同比下降 6 个百分点。哈卡斯共和国、克麦罗沃州、利佩茨克州、别尔哥罗德州、雅罗斯拉夫州、科米共和国和鞑靼斯坦共和国降幅最大，减少 19%~27%。各转移支付形式的动态存在较大

① https：//minfin. gov. ru/ru/press-center/? id_ 4 = 37752 -；https：//minfin. gov. ru/ru/press-center/? id_ 4 = 37716.

② Региональным инвестпроектам подобрали базу，https：//www. kommersant. ru/doc/5063671.

差异：特殊补贴和其他预算间转移增加，而一般补贴则减少到 2013 年以来的最低水平，专项补助金也有所减少。这不是一个积极的发展趋势，因为地区能够实际掌控的资金规模将缩小。一般情况下，莫斯科的转移支付份额很少，但 2021 年有所增加。由于奉行反周期财政政策，经济支出快速增加：公路部门支出增长 44%；住房公用事业支出增长更快，主要用于翻新计划；公共债务也增长 5 倍以上。① 近两年，较为富裕的地区开始积极利用债务市场为支出融资。在债务结构方面，由于 2021 年下半年财政部出台了有针对性的措施，以预算贷款取代商业贷款，使后者占比从 18.8% 降至 8.8%，这是 2005 年以来的最低水平，政府担保也降至 1.5%，而预算贷款和政府债券则分别相应提高到 55% 和 34%。②

用于弥补非油气赤字的国内债务增加了 2 万亿卢布，占 GDP 的比重从年初的 11.3% 增至 12.8%。外债规模小幅增加 20 亿美元。国家福利基金规模年内变化不显著，占 GDP 的比重在 12% 左右。截至 2022 年 1 月 1 日，基金总额达 13.57 万亿卢布，占 GDP 的 11.7%，其中流动资金为 8.4 万亿卢布，占 GDP 的 7.3%。5 月，流动资金占比超出当时 7% 的投资支出门槛，俄罗斯正式启动共同融资项目遴选。③ 在投资规则方面，财政部坚持三年内限额 1 万亿卢布，具体的标准包括基金参与的最高份额以及投资的最低盈利水平。④ 此外，基金构成发生了根本性变化：将美元资产清零（2020 年底为 37.8%），英镑减持到 5%（2020 年底为 8.6%），欧元增至 40%（2020 年底为 32.6%），纳入 15% 的人民币（后增持到 30%）和 5% 的日元，黄金占比达到 20%。

① Зубаревич Н. В. Регионы в январе-сентябре 2021 года：две крупнейшие агломерации быстрее выходят из пандемического спада，https：//www. iep. ru/ru/monitoring/regiony－v－yanvare－sentyabre－2021－goda－dve－krupneyshie－aglomeratsii－bystree－vykhodyat－iz－pandemicheskogo-spada. html.

② Дерюгин А. Н. Региональные бюджеты за Ⅲ квартал 2021 года：коммерческие кредиты замещаются бюджетными，https：//www. iep. ru/ru/monitoring/regionalnye－byudzhety－za－iii－kvartal-2021-goda-kommercheskie-kredity-zameshchayutsya-byudzhetnymi. html.

③ Андрей Белоусов провёл совещание по отбору проектов для финансирования из средств ФНБ，http：//government. ru/news/42177/.

④ В. В. Колычев о бюджетном правиле，ФНБ，доходах и расходах бюджета в интервью Reuters，https：//minfin. gov. ru/ru/press－center/？id_4 = 37453.

二　货币金融系统运行情况

2021 年，俄罗斯年通货膨胀水平为 8.4%，超过央行目标值 4.4 个百分点，11 月价格环比增长近 1 个百分点，达到过去六年来的最高水平。大多数商品和服务价格持续上涨。食品价格同比增长 9.2%，糖、鸡蛋和葵花籽油价格增幅都超过 20%；非食品价格增长最快的是建筑材料和烟草制品，有偿服务中酒店服务的价格增长较快。通胀高企的原因主要是总需求的积极扩张、劳动力短缺、世界市场上的促通胀因素以及企业和居民的高通胀预期。2021 年，俄罗斯零售贸易增长 7.3%，创下 2012 年以来的历史新高；与此同时，实际工资稳定增长，失业率保持低位，职位空缺则上升到历史高位，劳动力短缺进一步推高工资水平；生产商不断将成本转嫁到产品价格上。由于世界市场价格持续上涨，中间品采购价格上涨，成本推动型通货膨胀加速。物价上涨伴随着经济主体通胀预期的上升——2021 年增长近 4 个百分点至 14.8%，而 2018~2019 年低通胀时期仅为 8%~10%。鉴于通胀率长期偏离目标值，2021 年俄罗斯央行七次上调关键利率，从年初的 4.25% 提高到 8.5%，达到 2017 年以来的最高值。根据基线预测，通胀稳定将不早于 2022 年夏季，因此 2022 年关键利率将保持在 7.3%~8.3%，2023 年为 5.5%~6.5%，这意味着关键利率在 2023 年中之前不会回归中性区间。2021 年秋季全国范围内的货币供应增速明显提升，年底 M2 增速为 13%，与 2020 年同期持平，因为利率提高增强了定期存款的吸引力。M0 增速从 2020 年下半年达到创纪录的高水平后持续放缓，同比增长 5.4%。

银行业对疫情下的经济复苏做出重要贡献。2021 年俄罗斯银行业总收入为 2.4 万亿卢布，资产回报率达 21%，比 2020 年高出近 50%。盈利的银行高达 98%，系统重要性信贷机构集中了 85% 以上的利润。2021 年底，俄罗斯共有 370 家信贷机构运营，其中 13 家银行的资产份额超过 75%。企业贷款增长 11.7%，主要基于经济复苏过程中的投资需求，尤其是积极使用托管账户进行项目融资。2021 年前 10 个月，贷款的行业结构没有发生重大变化，金融和保险业占据半壁江山，批发贸易占 18%，制造业占 14%；贷款增幅最大的是科技企业，达到近 70%，采掘业增长 55%，房地产增长 50%。尽管国家支持计划仍在进行，但由于借款人不能存在重大债务负担，所以仍有诸多部门存在引资困难，医疗保险和社会服务、信息通信等行业贷款规模下降。① 中小企业优惠贷款计划极大地推动了贷款的增长，国家支持的行业从 11 个扩大到 17 个，贷款期限最长达 18 个月，还款期限也从 6 个月延长到 12 个月。② 2021 年 12 月，卢布贷款组合的年增长率增至 17.3%，明显超过外币贷款增速。2021 年，消费贷款增长 20%（2020 年为 9%），主要来自抵押贷款，增速高达 27%；12 月，得益于国家支持计划（优惠抵押贷款，主要针对新建筑、家庭、远东地区和农村）以及银行和开发商的营销计划，抵押贷款更是创下 6450 亿卢布的历史新高。央行关键利率的提高尚未影响一级市场利率，二级市场利率有所上升但增幅较为温和，银行推迟利率上调以刺激需求。在无抵押消费贷款领域，由于宏观审慎政策框架内贷款利率收紧以及季节性因素，年底的利率增速明显放缓。逾期负债占比降至 4%，这是 2009 年以来的最低水平。③

在银行系统总负债中，企业资金占比超过 30%，2021 年增长 18%，创近十年来新高，世界经济复苏及对俄罗斯出口产品的高需求推动的外汇收入增加是重要原因。与之相比，个人存款仅略有增加，原因在于：一是抵押贷款的可用性提高，大量存款用于购买房产；二是倾向于风险更高的投资，股票和债券的份额增长；三是现金储蓄占比增加；四是对大额存款征收利息税。截至 2021 年 12 月 1 日，外币存款占比约为 21%，尽管央行政策不利于外币存款（法定储备基金率高达 8%），但近年来俄罗斯个人存款的美元化水平几乎没有变化。30 天以内的短期储蓄需求最大，占

---

① Зубов С. А. Корпоративное кредитование в январе-октябре 2021 года, https：//www. iep. ru/ ru/monitoring/korporativnoe-kreditovanie-v-yanvare-oktyabre-2021-goda. html.

② ФОТ 3. 0, http：//government. ru/support_ measures/measure/150/.

③ Ликвидность банковского сектора и финансовые рынки, https：//www. cbr. ru/collection/ collection/file/39805/lb_ 2022-71. pdf.

38%，2019 年仅为 25%。央行上调关键利率使货币政策向存款市场的传导速度逐渐加快，长期利率的增长超过短期利率。12 月下旬，居民储蓄规模最大的十大银行平均最高存款利率上升至 7.74%，达到自 2017 年 5 月以来的最高水平。

经常账户盈余同比增长 3 倍以上，达到创纪录水平。金融账户规模（不包括储备资产）与 2020 年持平，但结构发生变化：资本净流出主要由于境外金融资产购买增长 815 亿美元，而 2020 年仅为 131 亿美元；私营部门资本流出（以非银行部门为主）大幅增加至 720 亿美元，创下过去七年来新高。2021 年 10 月初，央行预测年末资本流出将达到 800 亿美元，说明年底地缘政治风险没有导致预期的资本外流。外国资产增长是基于其他部门业务（如外国子公司的收入再投资），达到 840 亿美元，是过去八年来的最高纪录。由于内部政治和地缘政治风险、美联储货币政策收紧预期以及全球和俄罗斯经济发展的高度不确定性，非居民的联邦债券投资减少了 33 亿美元，12 月初其市场份额从年初的 23.3% 降至 20.5%。2021 年俄罗斯国际储备增长 635 亿美元：一是在预算规则作用下，动用超额油气收入购买大量外汇（截至 2021 年底，俄央行在莫斯科交易所买入外汇时 10 次打破外汇储备纪录，创下 6306 亿美元的历史新高[1]）；二是因国际货币基金组织重新分配特别提款权获得的 175 亿美元。与国家福利基金构成相一致，国际储备的去美元化进程也在加速。根据对外汇和黄金资产管理监管机构的审查，从 2020 年 6 月至 2021 年 6 月的一年间，美元份额下降近 6 个百分点，而欧元份额增长 3 个百分点，人民币份额增长 1 个百分点。[2] 2021 年，俄罗斯本币卢布兑美元汇率变动不大，仅下跌 0.6% 至 74.3 卢布/美元。上半年动态变化相反——走强升至 72.4 卢布/美元。[3]

① Больше，чем долг：международные резервы побили рекорд，https：//www.vesti.ru/finance/article/2666160.

② Россия сократила долю доллара в международных резервах，https：//www.rbc.ru/economics/10/01/2022/61dc54729a794754ec63d6b4.

③ Бажечкова А.В.，Кнобель А.Ю.，Трунин П.В. Платежный баланс：итоги 2021 года，https：//www.iep.ru/ru/monitoring/platezhnyy-balans-itogi-2021-goda.html.

新冠疫情以来，由于银行存款吸引力下降、金融服务技术进步、家庭储蓄率上升、闲暇时间增多以及金融机构和社交媒体的积极营销，大量私人投资者涌入股市。2021 年的俄罗斯股市是全球盈利最多、波动性最大的市场之一，私人投资者在证券交易所流动性和稳定性方面发挥了重要作用。油气价格高企对俄罗斯股市有利，1~10 月非金融机构利润同比增长 2.6 倍，外国投资者的资金流出基本上被国内新投资所抵消。RTS 指数全年增长15%[1]，在全球排名第 12 位。经纪公司的独立客户数量同比增长 1.9 倍，活跃客户数量以同样的速度增长，个人投资账户增加 1.4 倍。[2] 个人投资业务主要由三大银行——Think-off、俄储银行和外经银行——受理，占比约为82.5%。围绕乌克兰局势，俄罗斯地缘政治风险升级，新制裁可能会限制非居民投资并破坏银行业的稳定。

三　潜在风险与政策应对

财政金融政策的密切配合为俄罗斯快速走出疫情冲击提供了重要支撑，这不仅体现了米舒斯京政府的经济治理能力，更为国家政治和社会稳定创造了条件。但新冠疫情的快速蔓延、美欧不负责任的经济政策以及其主导的能源转型议程、持续加码的经济制裁等因素，都对俄罗斯财政金融形势的未来发展构成巨大风险，需要执政当局进行更加有效的经济政策部署。

（一）财政风险与政策方向

2021 年是俄罗斯财政政策的过渡期，配合经济复苏轨迹继续逆周期调整。财政部报告提出的政策风险因素首先是消费市场"过热"，通胀水平居

---

[1]　1997~2021 年，俄罗斯股市先后出现了四次金融危机。2003 年 8 月至 2008 年 5 月是俄罗斯股市历史上唯一没有处于危机状态的年份。从 2008 年至今，RTS 指数一直未恢复到危机前水平。

[2]　Абрамов А. Е. , Косырев А. Г. , Радыгин А. Д. , Чернова М. И. Российский рынок акций в 2021 году и начале 2022 года, https：//www. iep. ru/ru/monitoring/rossiyskiy-rynok-aktsiy-v-2021-godu-i-nachale-2022-goda. html.

高不下。国内需求相对于生产潜力的快速增长为此创造了前提，欧美国家宽松的财政货币政策和某些类别商品的全球产能短缺在一定程度上助推了通胀进程。俄罗斯央行收紧货币政策并提高利率，但效果并不明显，通胀还将持续多久尚未可知，叠加新冠疫情持续扩散的风险①，中期内俄罗斯经济增长可能高度承压。即使是暂时性的通胀加速也将对社会弱势群体造成巨大打击。为此，俄罗斯出台了类似出口配额、特殊关税等外贸政策以及对重点食品生产商的支持计划，还为某些类别的弱势群体提供了一次性社会补贴。在社会支出方面，财政部优先保障普京总统在国情咨文中做出的承诺（见表1）。②

表1　普京总统国情咨文中承诺的社会义务财政保障

单位：亿卢布

年份	2021	2022	2023	2024
3~7岁儿童的每月补贴	2760	3034	3168	3396
"母亲资本"补贴、妊娠妇女补贴	1170	1437	2247	2315
为小学生提供热餐	589	627	627	627
8~17岁孩童的单亲父母补贴	362	764	863	951
社会合同机制	222	222	222	222
初级卫生保健系统的现代化、治疗和康复计划	900	1100	1100	1100
对抗心血管、肿瘤疾病和丙型肝炎	2349	2373	2022	2110
新建1300所学校、资助100所地区高校	1046	1162	1350	1461
学校的扩建、维修和课堂管理	1070	1933	2186	2361

资料来源：根据《2022~2024年预算、税收和关税政策的主要方向》报告测算。

---

① 疫情给俄罗斯经济带来的压力比其他一些国家更大，因为俄民众疫苗接种率相对较低——仅达到40%，疫情能否得到有效控制尚未可知。俄罗斯副总理戈利科娃表示，疫苗接种率达49%就能起到群体免疫效果，达到90%~95%才能稳定疫情局势。

② Основные направления бюджетной, налоговой и таможенно-тарифной политики на 2022 год и на плановый период 2023 и 2024 годов, https：//minfin.gov.ru/common/upload/library/2021/09/main/ONBNiTTP_ 2022-2024.pdf.

中长期内，全球能源转型以及与石油需求下降的相关风险将威胁俄罗斯财政稳定。2021 年 10 月，俄政府制定 2050 年前低碳发展战略①，财政部据此对预算参数进行的压力测试显示，即使在惯性情景下，2025 年全球石油需求也将达到峰值。根据目标情景，三十年后，石油需求将降至目前的 1/5 水平，价格水平将取决于生产石油的成本。如果实施最雄心勃勃的减排方案，在 21 世纪 30 年代初，联邦预算便会出现可持续性问题。因此，在用油气价格相对较高时期积累的额外市场收益进行投资时，尤其需要谨慎。据测算，每年 4000 亿卢布的投资不会对货币政策参数和预算规则的有效性产生重大影响。为此，财政部与央行就乌斯季-卢加天然气化工综合体项目超过限额的问题进行了磋商。此外，还将国家福利基金流动资金的支出门槛从 7% 提高到 10%（不涉及已纳入投资计划的基础设施项目）。值得注意的是，全球能源转型议程只是加速了俄罗斯经济的结构性改革，财政政策的结构性调整始于西方制裁危机，且已取得一定的成效，这主要得益于预算规则的运行以及石油税收制度的改革。2021 年俄政府采取的结构性措施包括：在税收政策方面，除继续降低中小企业、IT 企业的税收负担外，重点提高石油生产收益的有效性②、提高除油气外的资源开采税税率、强化对经济离岸化的监管以及增加针对富裕公民征收的累进所得税。在支出政策上，旨在为国家发展目标的实现提供充分的资金支持，同时最大限度刺激投资。针对中小企业，扩大专利税的适用范围，延长新注册知识产权的免税期限，提高简化税制的收入和就业人数门槛等；针对油气生产商，对部分地区地下开采提供免税权利，为与政府签

---

① 战略中设想了惯性情景和目标情景。在惯性情景中，排放量到 2030 年将增长 8%，到 2050 年将增长 25%，而森林的吸收能力保持不变。在这种情况下，2021~2050 年的温室气体净排放总量将高于欧盟，到 2050 年经济的碳强度将超过全球平均水平，碳中和将无法实现。从 2027 年开始，俄罗斯油气收入预计每年下降 2.7%，未被非油气出口扩大抵消，2030~2050 年 GDP 增速为 1.5%，到 2050 年将放缓到 1%。目标情景假设到 2030 年排放量仅增加 0.6%，到 2050 年排放量减少 79%（比 1990 年减少 89%）。2030 年后油气出口每年实际下降 2%，伴随着非油气出口每年增长 4.3%，2030~2050 年经济增速将达 3% 且到 21 世纪 40 年代末放缓到 2.7%。俄罗斯预计在 2060 年实现碳中和，但可能更早。
② 如撤销已开发油田的税收优惠；撤销特稠油田的矿产资源开采税和出口税的优惠税率；修订超额收入税的优惠参数；撤销 2001 年 7 月 1 日之前进行独立勘探的企业的优惠开采税税率等。

订投资协议的炼油厂提供投资补贴，为协议规定的石化企业新建生产设施提供原材料消费税减免等；针对北极地区，为纳入联邦预算的利润税设定零税率，并赋予该地区降低纳入本级预算的税率的权利。此外，在以促进经济增长为目标的国家项目框架内，通过补贴部分成本，提高用于投资目的的贷款可用性。

（二）金融风险与政策方向

鉴于新冠疫情对俄罗斯金融系统可持续性的负面冲击不再显著，央行的工作重点回到传统领域，即通过"红绿灯"监管确保金融部门的稳定运行。[1] 同时，鉴于世界经济失衡严重，俄央行在中期货币政策报告中还将2023年爆发全球金融危机的可能性纳入考虑。央行认为，如果美国迅速大幅收紧货币政策与资产市场泡沫破灭叠加，就会出现这种情况，规模与2008~2009年相当。届时俄罗斯的GDP将下降1.4%~2.4%，届时央行将没有刺激货币政策的空间。[2]

俄罗斯金融系统不存在红色风险，人口债务负担和零售贷款风险处于橙色区域（亮黄色）。为此，央行分别于2021年7月1日和10月1日提高了对消费贷款的宏观审慎要求。住房市场贷款增长已相对温和，但房价的高速增长仍存在一定风险。与之相比，企业部门的贷款风险则微不足道——处于风险绿色区域。央行还提议为低收入公民设立"社会存款"，将存款利率与通胀率或关键利率挂钩，每个公民只能开立一个金额不超过10卢布的账户，通过国家统一社会保障信息系统确定受益人。鉴于利率上升，其发放的必要性下降，但即使是从银行利润中补贴利息，对银行业财务结果的整体影响也将是微不足道的：预期规模约为2000亿卢布，不足所有零售存款和账户的1%。[3]从2022年2月1日起，俄罗斯还将调整长期消费贷款（四年以上）债务负

---

① Выступление Ксении Юдаевой на пресс-конференции：Обзор финансовой стабильности за Ⅱ-Ⅲ кварталы 2021 года，https：//www. cbr. ru/press/event/？ id=12451.

② Основные направления единой государственной денежно-кредитной политики на 2022 год и период 2023 и 2024 годов，https：//cbr. ru/about_ br/publ/ondkp/on_ 2022_ 2024/.

③ Зубов С. А. Депозиты населения в январе-ноябре 2021 года，https：//www. iep. ru/ru/monitoring/depozity-naseleniya-v-yanvare-noyabre-2021-goda. html.

担指标的计算程序。① 气候问题也处于橙色风险区。全球能源转型将波及诸多经济部门——从电力到采矿。短期内，将导致收入下降，能源密集型企业的经营和资本支出增加，从而提高债务负担。俄罗斯只有少数能源密集型企业设置了减轻环境影响的量化指标。在国际投资者投资组合的"绿色化"背景下，企业难以获得减排融资，大型"棕色"公司只能依赖国内银行投资。俄央行行长纳比乌琳娜指出，需要说服此类企业进行重组，引导其在高度不确定的条件下进行战略投资。央行正在研究可能的风险规避策略，一方面为绿色和适应项目提供贷款激励，使银行业发挥信贷资金指挥者的作用；另一方面防止低估"棕色"公司进行"绿色洗涤"的风险，避免在绿色融资市场形成泡沫。②

　　散户投资者大量涌入股市和金融生态系统的混乱发展使俄罗斯金融市场居于中等风险的黄色区域。外国投资者是俄罗斯金融市场最为活跃的参与者之一，关于制裁的任何言论都可能导致市场波动性增大。随着主要国家央行进入加息周期，投资者撤出新兴市场导致风险敞口持续。公民对证券的大量投资将提升其财务状况对股市波动的敏感度。一项研究显示，2016 年至 2021 年第二季度，俄家庭投资组合的年均回报率为 5.4%，同期通胀为 4.2%，其收益率甚至低于存款的平均利率——6%。③ 此外，银行通过扩展非核心业务、加强与科技公司合作来发展生态系统，使金融市场出现新的风险传播渠道。央行计划引入一类能够与企业和公民合作的非银行支付服务供应商，这对于银行系统的垄断地位和市场份额都将造成冲击，使其无法在标准支付交易中获得超额利润，迫使银行加快数字化转型，以适应竞争性的生态系统。2022 年，俄罗斯将启动新一轮货币改革，数字卢布将被逐步引入俄罗斯货币体系。

① План мероприятий（"Дорожная Карта"）Банка России по совершенствованию расчета показателя долговой нагрузки и по организации регулирования，https：//cbr.ru/Content/Document/File/117740/inf_ note_ jan_ 2021. pdf.

② Выступление Эльвиры Набиуллиной на XIII международной банковском форуме，http：//cbr. ru/press/event/? id=12226.

③ Абрамов А. Е.，Косырев А. Г.，Радыгин А. Д.，Чернова М. И. Поведение частных инвесторов на фондовых рынках России и США，https：//www.iep.ru/ru/monitoring/povedenie-chastnykh-investorov-na-fondovykh-rynkakh-rossii-i-ssha.html.

Y.13
2021年俄罗斯农业发展和农业政策

蒋　菁*

摘　要： 2021年在全球新冠肺炎疫情持续肆虐的背景下，受气候灾害、病虫害频发、原材料和农资价格大幅上涨、居民消费需求低迷等因素的影响，以及叠加疫情防控导致的农业人员短缺和人力资源成本上升等问题，俄罗斯农业产值自2018年以来出现首次下滑，但农产品的产量仍可完全满足国内需求，尤其是农工综合体克服了疫情带来的各种困难，生产和出口发展趋势良好，进口替代的成效进一步显现，这保障了新《粮食安全学说》规定的2021年各项指标得以顺利实现。为确保本国粮食安全，俄罗斯2022年继续对粮食市场采取出口限制。在疫情的持续冲击下，俄罗斯农工综合体发展主要围绕农业现代化建设、农业复合型人才培养以及完善国家支持机制和扶持小型农业企业建设等方面展开。2022年，俄罗斯农业政策持续收紧，政府将进一步加强对农工综合体在行业发展和市场管理方面的监管。在极大刺激农业企业投资活力的同时，大力推行绿色农工综合体和数字农工综合体建设，加快实施农业用地流转和复垦土地开发国家计划，并积极评估ESG转型对农工综合体发展的影响，以不断提高农产品在国际和国内市场的竞争力，从而确保俄罗斯农业的可持续发展，并保持俄在世界农业领域的优势地位。

---

* 蒋菁，中国社会科学院俄罗斯东欧中亚研究所俄罗斯经济研究室副研究员。

关键词： 俄罗斯 农业 农工综合体 粮食价格

2021 年全球新冠肺炎疫情持续肆虐，在俄罗斯经济总体实现恢复性增长的背景下，受气候灾害、病虫害频发、原材料和农资价格上涨以及食品价格上涨加剧居民消费需求持续低迷等因素影响，叠加因疫情防控而导致的农业人员短缺和人力资源成本上升等问题，俄罗斯农业成为唯一产量下降的经济部门。但俄罗斯农业发展的总体优势得以保持，农业生产结构不断调整和优化。今后，俄罗斯农业中长期发展的主要任务是按照国家规划的既定目标，保持农业可持续增长，保障国家粮食安全；优先工作事项是稳定国内农产品市场，保持和扩大国际市场的出口潜力。而农工综合体的稳步发展是实现这一目标任务和优先事项的重要保证。

一 疫情持续冲击下俄罗斯农业及农工综合体 生产经营总体形势

近年来，得益于平衡的农业政策、国家的大力支持和投资者的坚定信心，俄罗斯农业取得了长足的进步和稳定的发展。这不仅保障了本国的粮食安全，还使俄一跃成为世界粮食主要供给国，在世界粮食市场占据了 20% 的份额，其在世界农业领域的地位与日俱升。目前，俄罗斯的农业产值居世界第 5 位，农业领域的外国直接投资流量排名第 7 位，大麦生产居世界首位，葵花籽产量居世界第 2 位，马铃薯和牛奶产量居世界第 3 位，小麦产量居世界第 4 位，小麦出口暂列首位，鸡蛋和鸡肉产量居世界第 5 位。

在疫情持续冲击下，2021 年俄罗斯农业和农工综合体生产经营面临巨大挑战，其总体形势如下。

第一，农业生产方面，出现小幅下降。据俄联邦国家统计局的初步预测，2021 年俄罗斯所有农业生产者，包括农业企业、居民经济和农户（场）经济三个类型在内的农业产出，按现行价格计算，前 11 个月累计达 72637

万亿卢布，同比下降 1.1%。① 全年预计可达 75723.45 亿卢布，同比下降
0.9%，这是俄罗斯农业自 2018 年以来的首次下降。其中：种植业下降幅度
最大，产值为 43826.24 亿卢布，同比下降 1.4%；畜牧业产值为 31897.21
亿卢布，同比下降 0.2%。从农业生产者的类型来看，2021 年农业企业的总
产值，同比下降 0.2%。下降原因主要是种植业农作物减产，产值为
24581.548 亿卢布，同比下降 2.5%；但畜牧业呈现增长，产值为 20199.673
亿卢布，同比增加 1.1%。2021 年居民经济产值同比下降了 2.1%。其中：
种植业农作物产值为 9520.587 亿卢布，同比下降 1.1%；而畜牧业产值为
9771.203 亿卢布，同比下降 3%。2021 年，农户（场）经济保持积极发展
势头，种植业和畜牧业均为正增长。其中：种植业农作物产值达 9724.097
亿卢布，同比增长 1.1%；畜牧业发展较快，产值达到 1926.337 亿卢布，同
比增长 2.4%。②

第二，种植业方面，逐年扩大播种面积，种植结构进一步优化。俄农业
部的数据显示，2021 年俄罗斯新增 60 万公顷的播种面积，主要增加了谷物、
豆类、饲料作物、蔬菜、甜菜和马铃薯的播种量以及增加了葡萄的种植。农
作物收成方面，受气候干旱和疫情带来的一系列负面影响，2021 年俄主要谷
物类粮食产量有所下降，但玉米、荞麦、向日葵、水果和浆果产量有所增加。
2021 年，俄罗斯谷物类粮食产量净重超过 1.23 亿吨，比 2020 年减产 1000 万
吨，其中小麦收成达 7600 万吨。这一产量仅次于 2017 年创纪录的 1.355 亿吨
和 2020 年的 1.33 亿吨，是历史上第三大农业丰收年，其整体发展势头依旧保
持平稳，并按期完成了新版《粮食安全学说》中规定的年内相关指标。③ 俄
联邦国家统计局的数据显示，2021 年黑麦的收成为 170 万吨，大麦为 1800
万吨，燕麦为 380 万吨，稻米为 107.4 万吨。虽然相比 2020 年均有不同程

① Социально-экономическое положение России январь-ноябрь 2021 года. РОССТАТ. г.,
Москва, С. 77.

② РФ в 2021 году снизила производство сельхозпродукции впервые с 2018 года,
INTERFAX, /3 февраля 2022 г., https：//www. interfax. ru/business/820125.

③ Глава Минсельхоза подвел итоги работы российского АПК в 2021 году, 14 декабря 2021г.,
https：//lenta. ru/news/2021/12/14/minselhoz/.

度的减少，但总体仍可充分满足俄罗斯国内需求和扩大出口。此外，俄国内的水果和浆果收成创新高，达 390 万吨，玉米、向日葵、油菜籽、甜菜和蔬菜等也喜获丰收。2021 年俄罗斯所有农业生产者收获的玉米产量为 1460 万吨，荞麦为 92.1 万吨，向日葵籽为 1550 万吨，油菜籽产量预计为 2300 万吨，甜菜 3870 为万吨，土豆为 1820 万吨，其他蔬菜为 1330 万吨。特别是冬季温室大棚种植的黄瓜和西红柿产量创新高，全年预计可超 155 万吨，2020 年为 149 万吨。得益于此，2021 年俄罗斯黄瓜的进口量减少了 32%，西红柿的进口量减少了 17%，进口替代的成效得以进一步巩固。2022 年，为确保种植业稳定发展的态势，俄罗斯将新增 100 万公顷的农作物播种面积，主要是扩大荞麦、甜菜、油菜籽、大豆、马铃薯和露天蔬菜的种植面积。

第三，畜牧业方面，主要牲畜存栏量小幅下降，但生产加工保持稳定发展态势，部分产品出口保持较快增长。截至 2021 年 11 月底，所有农业生产者的主要牲畜存栏量为 1800 万头，同比下降 2.1%。其中：奶牛的存栏量为 780 万头，同比下降 1.9%；猪的存栏量为 2670 万头，同比增加 1.1%；羊的存栏量为 2180 万只，同比下降 3.8%。2021 年前 11 个月俄罗斯家禽屠宰量（活重）为 1390 万吨，同比下降 0.1%；鸡蛋产量 413 亿枚，同比下降 0.1%；牛奶产量 2980 万吨，全年预计可达 3230 万吨，同比增加 11 万吨。与此同时，牛奶和奶制品的进口量减少了约 1/4，而出口量保持较快增长。2020 年其出口增长幅度超过 20%，2021 年保持了这一增长趋势。此外，作为畜牧业产品的主要生产者，农业企业 2021 年前 11 个月的牛奶产量和家禽牲畜屠宰量均保持正增长，牛奶产量同比增长了 1.1%；而家禽和牲畜的屠宰量同比增长 0.6%，其中牛的屠宰量（活重）同比增加 5.2%，猪的屠宰量（活重）同比增加 1.4%。[①]

第四，农产品价格与销售方面，面临食品价格上涨的巨大压力。疫情发生以来由于供应链中断、部分地区不利的气候因素以及一些国家采取保护主

---

① Социально-экономическое положение России январь-ноябрь 2021 года, РОССТАТ. г.，Москва，С. 82.

义政策，全球粮食价格出现大幅上涨，特别是食品价格大幅上涨，这进一步加剧了通胀的压力。俄联邦国家统计局的数据显示，2021 年前 8 个月俄国内鸡肉的平均价格同比上涨 16%，其他肉类产品价格上涨 9% 以上，鸡蛋价格上涨近 25%，水果和蔬菜价格上涨 10%，而葵花籽油和糖的价格上涨更是创历史新高，涨幅分别高达 27.1% 和 146.8%。[1] 进入冬季以来，受产量减少和成本上升等影响，食品价格进一步上涨，俄国内主要蔬菜价格继续攀升。2021 年 11 月食品价格同比增长 11%。到 2021 年 12 月中旬，俄国内市场卷心菜的价格同比上涨 120%，土豆同比上涨 55%，胡萝卜同比上涨 30%，洋葱同比上涨 15%。[2] 在居民实际可支配收入没有同步增长的情况下，居民消费需求被抑制，造成俄国内部分农产品出现滞销。例如，俄国内粮食的销售下降 4.3%，鸡蛋的销售下降 1.4%。为遏制疫情期间农产品价格的上涨，平抑农业生产者的成本上升，使俄国内农产品价格，特别是食品价格在可接受的水平上保持平衡，同时确保其营利能力和投资吸引力不受影响是俄罗斯农工综合体发展必须要解决的问题。

第五，农产品出口方面，继续开辟新的国际市场，出口农产品更加趋于多元化。卢布贬值和国家的大力支持为农工综合体和食品工业的发展提供了有利条件。卢布的低汇率使俄罗斯商品在国外市场具有更强的吸引力和竞争力，这为国内企业开辟了新的前景。俄农业部农工综合体产品出口发展中心的统计数据显示，2021 年俄农工综合体的出口额达 368.466 亿美元，出口量达 6935.29 万吨。近年来，俄罗斯除了谷物和葵花籽油等传统出口商品外，还开始逐步出口食糖、家禽肉和猪肉。2021 年，俄罗斯又获得 53 个产品品类向 19 个国家的出口权，目前约有 900 个品类的农产品销往世界 161 个国家。[3]

① Сельское хозяйство вдруг стало антилидером российской экономики//Газета Экономика. 03 октября 2021 г.，https：//www. ng. ru/economics/2021-10-03/1_ 4_ 8267_ agrary. html.

② Итоги 2021 года в российском агросекторе：АПК устал разгонять экономику и взялся за инфляцию. INTERFAX. 22 декабря 2021 г.，https：//www. interfax. ru/business/811898.

③ Елена Горшкова. Ведущие эксперты отрасли обсудили итоги российского агроэкспорта в 2021 году，13 декабря 2021 г.，https：//www. agroxxi. ru/rossiiskie - agronovosti/veduschie - yeksperty-otrasli-obsudili-itogi-rossiiskogo-agroyeksporta-v-2021-godu. html.

2021 年俄罗斯新开辟了新加坡的牛奶市场、中国的牛肉市场、埃及的乳制品市场等。中国成为俄罗斯牛肉的最大买家，牛肉采购量比 2020 年激增 2 倍以上，且未来还有继续增加采购的潜力。粮食出口方面，截至 2021 年 12 月 12 日，俄罗斯粮食出口额超 330 亿美元，同比增长 21%，欧盟成为俄罗斯粮食最大的买家，而俄对华粮食出口同比减少 12%。俄罗斯农产品出口区域开始从亚洲延伸到波斯湾、中东和非洲等地区。2021 年俄首次向阿尔及利亚出口小麦，而波斯湾国家在俄罗斯禽肉出口中的份额增加了 14%，非洲国家则增加了 8%。今后的 3~5 年，东南亚市场是俄罗斯农产品出口的主攻方向，重点是突破印度尼西亚、马来西亚和泰国市场，主推的出口产品是粮食，包括小麦、玉米，以及肉类、油脂类产品、糖果和乳制品等。

第六，农业机械设备方面，生产和出口均保持较快增长。近年来，在国家政策的大力扶持下，俄罗斯农业机械设备的生产和出口均保持快速增长势头。俄罗斯机械设备协会的数据显示，2021 年俄罗斯农业机械设备的产值达到 2177 亿卢布，同比增长 46.1%，销售额为 1994 亿卢布，同比增长 32.7%。同时，俄罗斯工贸部的数据表明，2021 年俄罗斯农业机械设备的出口额达 210 亿卢布，同比增长 38.5%。目前，俄罗斯农业机械设备的国际销售区域涵盖了近 40 个国家。①

二 疫情持续冲击下俄罗斯农工综合体发展的主要方向

农工综合体作为俄罗斯农业生产的主要经营主体，得益于政府多年的财政支持与政策倾斜以及国家对农业科学技术应用与数字化发展的重视，2021 年俄罗斯农工综合体保持了积极向好的发展态势。这不仅有助于稳定俄国内农产品市场，保障本国的粮食安全，还有助于刺激出口，进一步夯实俄作为世界粮食主要供给国的国际地位。同时，农工综合体还致力于增加高附加值

---

① Российский экспорт сельскохозяйственной техники в 2021 году показал рекордный рост, 26 января 2022 г., https://minpromtorg.gov.ru/press-centre/news/#! rossiyskiy_eksport_selskohozyaystvennoy_tehniki_v_2021_godu_pokazal_rekordnyy_rost.

农产品的出口份额。

自 2006 年 12 月 29 日颁布《俄罗斯农业发展和农产品、原材料、粮食市场调控国家规划》联邦法律以来，该法律已经过多次修订。最新版的农业发展国家规划延至 2025 年底，其主要任务之一就是促进新型农工综合体的全面发展。近年来，在该规划的指导下，俄罗斯农工综合体取得了快速的发展，生产规模和效率都得到了很大的提高，为促进俄罗斯农业发展发挥了重要的带动作用。

2021 年，俄联邦预算为农工综合体发展提供的资金总额为 2918.9 亿卢布，其中实施农工综合体国家计划的预算资金总额达 2562 亿卢布，实施"农村地区综合发展"国家计划的资金总额为 309 亿卢布。此外，2021 年 2 月 13 日，俄罗斯联邦还批准了一项关于为实施该计划拨付额外资金的政府令，金额为 36.3 亿卢布，其中 11.6 亿卢布提供给俄罗斯信贷机构和"DOM. RF"（"俄罗斯之家"）股份公司，用于实施农村抵押贷款；24.7 亿卢布提供给 22 个联邦主体用于在"现代农村面貌"框架内实施的 31 个项目。主要资金流向计划用于刺激农工综合体的投资活动以及农工综合体子行业的发展和农产品出口。2021 年，俄罗斯加大了对面粉研磨和烘焙行业的国家支持力度。[①] 疫情冲击下，俄罗斯农工综合体发展的主要目标就是提高自身的市场竞争力，促进农业可持续发展。

第一，加快农工综合体现代化建设步伐，提升农业可持续发展的效率。主要围绕"绿色农工综合体"和"数字化农工综合体"的建设，特别关注与计算机技术、物联网、自动化和机器人技术相关的现代技术解决方案。目前，农业已经成为经济中数据密集型的部门，应用现代科学处理方法对农业生产链各个环节采集的数据进行分析，以帮助做出正确决策，从而达到降低风险、提高产量、创造附加值和改善农业服务的目标。在新冠肺炎疫情背景

---

① O ходе реализации государственной программы развития сельского хозяйства и регулирования рынков сельскохозяйственной продукции, сырья и продовольствия, Аналитический вестник №9 (769), Комитет Совета Федерации по аграрно-продовольственной политике и природопользованию. 31 марта 2021 года. С. 9.

下，大多数俄罗斯农业生产者已开始使用无人机、专用软件和人工智能技术。例如，在俄罗斯南部的克拉斯诺达尔地区，已对无人机种植水稻技术进行了测试，显著降低了成本。此外，无人机技术还被引入园艺领域，而数字技术在畜牧业和加工领域也被广泛应用。在农业数字化服务领域，引入了农业服务供应商"Digital Agro"开发的农业数据监测服务系统，使农作物的产量平均提高了 10%~15%；俄罗斯农业部还根据"俄罗斯联邦数字经济"国家计划建立了农工综合体数字服务信息系统，该系统于 2021 年开始在试验区试运行。

第二，提高农工综合体就业的吸引力，加强农业复合型高素质人才的培养，为农业可持续发展奠定基础。目前，至少 90% 的农业公司面临人才短缺的问题，其中高素质农业人才的缺口大约为 30%。因此，加强农业高等教育机构对高素质人才的培养能力、提升农工综合体的就业吸引力、加快农村现代化建设、缩小城乡差距等迫在眉睫。目前，俄农工综合体正处在数字化转型的前沿，亟待转变对农业人才培养的传统观念，加强农工综合体周边的基础设施和人才保障机制建设，以适应现代化农工综合体快速发展对复合型高素质人才的需求。目前，俄罗斯农业大学的招生状况并不理想，农业相关的专业设置也亟待结合市场需求做出相应的调整，以吸引年轻的优秀人才积极报考。此外，提高农村周边地区的环境和配套基础设施，也是解决这一问题的关键。目前，俄罗斯政府主要职能部门正积极协商和制定现代化农业人才培养的具体目标和实施计划，同时加强高校的就业指导，以提高对农工综合体现代化发展和就业需求的再认识。

第三，强化农工综合体的国家租赁和保险支持机制，为农业可持续发展提供保障。租赁方面，基于俄罗斯国家的优惠租赁计划，农业生产者对农机设备的需求增长了 30% 以上，且今后对农业工程产品的需求仍将保持高位。为此，俄罗斯进一步扩大了优惠租赁计划的实施范围，并且努力为农业生产者投资设备创造条件和机会。保险方面，俄罗斯国家支持的农业保险市场呈现积极的态势。随着相关法律的颁布和国家层面的积极宣传，农业生产企业投保的积极性不断提高，对保险公司的整体信任度有所提升，投保地区范围扩大，保险合同数量增加，中小企业参与度也与大型农业控股公司相当。一方面，农业保险市场的总量不断扩大。2020年俄罗斯农业保险市场的总量为81亿卢布，2021年其总量将进一步增加，仅上半年就已达46亿卢布。另一方面，畜牧业和种植业的投保范围不断扩大。俄罗斯农业保险公司联盟的数据表明，2021年前8个月俄罗斯畜牧业保险增长了45%，农作物种植业保险增长了37%。[①]

第四，加大国家对小型农业企业的扶持力度，促进农业均衡性全面发展。为激发小型农业企业的投资活力，2021年俄罗斯的农工综合体国家规划中新增了一项针对小型农业企业（不包括农户农场经济在内）的补贴，以"农业进步"资助项目的形式，扩大小型农业企业农产品的生产规模。获得"农业进步"资助项目的小型农业企业原则上必须要有投资信贷资金的参与。从2021年签署协议的情况来看，至少有336个发展家庭农场的项目和不少于110个发展农业消费合作社物质技术基础的项目获得该项资助。从受资助的结果来看，这些小型农业企业的产品销量预计有不低于8%的增长。同时，俄罗斯在83个联邦主体建立了统一的专门为小型农业企业提供综合服务的咨询中心，并与俄罗斯农业银行合作向重点发展领域的小型农业企业推出专项贷款产品，以及研究制定"农业进步"资助项目下的专项贷款解决方案等，以不断完善对小型农业企业服务机制的建设。

三 2022年俄罗斯农工综合体的发展重点

农业作为一个兼具劳动密集型和科学技术密集型的复杂产业，在疫情持续冲击下遭遇了巨大的挑战。在此背景下，农工综合体的发展水平对确保国家安全，特别是粮食安全具有举足轻重的作用。

近年来，俄罗斯农工综合体正在经历一个积极发展的时期，几乎所有部

---

① АПК‑2021: новые возможности и глобальные вызовы, 10 ноября 2021 г., https://chr. plus. rbc. ru/partners/618905817a8aa963aed6ebbf.

门都呈现蓬勃发展的势头。与此同时，农工综合体在快速发展中也积累了诸多共性的问题，疫情发生以来这些问题更加凸显，尤其是俄国内的农业投资活力不强、农产品市场的定价机制不完善、农业用地价格飞涨等，这些都将在很大程度上影响农工综合体的运营与发展。此外，全球疫情形势和相关防控限制、世界农产品价格和成本上涨的压力以及俄罗斯联邦对农产品出口的监管、汇率等因素，也将对俄罗斯农工综合体未来的发展产生决定性的影响。基于这些问题和影响，2022年俄罗斯农工综合体的发展将围绕以下几个方面展开。

第一，进一步刺激农工综合体的投资活力。俄罗斯农工综合体近年来发展的主要限制是投资活力不足，农业投资的下降幅度远大于整个经济的降幅。究其原因：一是疫情当下大多数企业的营利能力降低；二是很多企业的债务负担较重；三是企业获得优惠信贷资源的机会有限。对此，俄罗斯专家指出，要保持农工综合体的稳步发展，新的一年必须要大力鼓励该行业的投资活动，扩大投资规模，包括增加给予农工综合体企业优惠信贷的预算资金额度，提高返还成本的补贴金额，简化农业生产者获得国家支持的办理程序等。同时，增加对农工综合体新增投资的补贴也尤为重要。

第二，着力推行农产品市场的绿色标准。扩大俄罗斯优质农产品在全球市场的份额。继2020年实施《俄罗斯有机产品联邦法》后，自2022年3月1日起俄罗斯开始实施《关于优质农产品、原材料和食品》的法律，这将有助于增加俄国内优质农产品的供应，并更易获取有关此类产品的信息。同时，有助于规范俄罗斯优质有机农产品的质量，保证扩大出口，以便在全球有机农产品市场占有一席之地。目前，全球有机农产品的市场规模每年约为1000亿欧元，并有望增至1400亿~1500亿欧元。

第三，加快推进农工综合体数字化转型。重点是推动农工综合体数字信息服务系统的正式运行。2022年1月26日，国家杜马一审已通过建立农工综合体数字信息服务系统的政府法案。该信息系统作为农工综合体国家平台的一个模块，将完善国家向农民提供支持的机制，提高行业的管理效率，使其更简单、更透明。今后，该系统还计划与公共服务系统相结合，使农业补贴、扶持资金、优惠贷款、优惠租赁等所有国家支持措施的落实都能通过电子方式进行办理，还可在线上实现查询、审核、转款、上报等各种功能。此外，农工综合体数字化转型还体现在农产品线上销售的大幅增加。在新冠肺炎疫情持续的影响下，大部分农工综合体加快了农产品销售模式的转型，很多农业企业转战互联网销售，不仅建立自营网店，还加大了互联网广告的投放量。近年来，俄罗斯经济的快速发展和疫情的不断蔓延导致农业领域的很多业务发生相应的变化。随着农工综合体数字化转型的不断深入，对市场参与者的要求越来越严格，目前试图通过贸易网络简化农业生产者进入食品零售市场的问题仍未解决。今后，提高农业生产者在零售市场的份额将是数字化转型的一项重要任务。

第四，收紧农业政策并加大国家监管力度，以应对全球农产品价格上涨和世界性的粮食危机。疫情发生以来，粮食安全问题引发全球关注，粮食和食品价格不断攀升。2021年12月，世界主要农作物的价格同比上涨20%～40%，其相应的产品价格高出近五年平均水平的50%。粮农组织专家认为，2022年由于能源和运输成本高昂、全球气候问题突出，加上美元的走强，食品价格处于近十年的高位，而糖和玉米价格还将上涨，小麦成本上半年内也将继续上涨。为有效抑制通胀，保障本国粮食安全，俄罗斯的农业政策正逐步趋紧，国家对行业内的监管力度越来越大，干预的范围也越来越广，特别是对重要农产品价格形成机制的干预和对粮食出口采取的限制和监管措施越来越多，并将进一步优化国家支持的范围。2022年，粮食市场限制出口机制将开始全面发挥作用。未来几年，俄罗斯农工综合体必将在国家越来越严格的监管条件下运行和发展，同时将继续努力降低农业生产者所需电力、燃料、润滑油和化肥的价格，并加强农村地区基础设施的发展，扩大"农村地区综合发展"国家计划的实施范围。只有多措并举，才能有效调动各种资源，激发活力，促进农业生产，扩大农工综合体的出口潜力。

第五，实施农业用地流转和复垦土地开发国家计划，以抑制农业用地价格飞涨。土地是农业发展最主要的资源之一，2020年以来俄罗斯的土地价格显著上涨，且2021年的增势不减，特别是土地的年租金相比年初上涨了

11 倍，这大大推高了土地的成本，其中不乏投机资本的运作。有鉴于此，2022 年俄罗斯联邦农业部开始实施将未使用的农业用地纳入流通的国家计划。该计划由总统授权、政府审批。预计未来十年内，至少有 1300 万公顷农业用地将投入流转，该项国家计划的融资规模估计为 7540 亿卢布，其中 5390 亿卢布来自联邦预算。目前，俄罗斯未利用的农业用地估计有近 4400 万公顷，其中耕地有 2000 万公顷。今后，有效参与农业用地流转和复垦土地开发的国家计划将是促进俄罗斯农业发展的驱动力之一。

第六，评估 ESG 议程（基于环境、社会和治理的业务流程管理）对农工综合体未来发展的影响，以便为遵守 ESG 原则做出相应的调整与转型。目前，碳达峰、碳中和正在逐渐成为全球的共识，尤其是疫情后全球气候问题、生态环境问题、粮食危机问题和包括食品安全在内的全球公共卫生健康等问题引发高度关注。由此，ESG 议程也成为俄罗斯农工综合体业内讨论的热点问题，对 ESG 议程的高度关注主要表现在尽量减少农业部门对环境的负面影响，积极推动电子商务，提倡健康生活方式，减少碳排放以及对低收入和弱势群体给予支持等。根据俄联邦国家统计局的数据，俄境内所有温室气体排放中农业所占的比例为 7%。未来，或许只有遵守 ESG 议程原则的农业企业才能得以生存，并在世界粮食市场占有一定的竞争优势。在绿色低碳发展的大趋势下，正确评估 ESG 议程对农工综合体未来发展的影响具有重要的现实意义。

Y.14
俄罗斯服务业数字化转型：
主要进展及驱动因素分析

高际香*

摘　要： 新冠肺炎疫情、数字经济国家项目、商业模式特点、数字基础设施利用水平、行业集中度、灵活的监管规则、民众对数字技术和数字生活的接受程度等是驱动俄罗斯服务业数字化转型的重要因素。在上述因素共同作用下，以金融、医疗、交通物流行业为代表的俄罗斯服务行业数字化转型取得一定进展。但毋庸置疑，驱动服务业数字化转型的核心要素尚未发挥有效作用。未来需要在技术投入、填补立法空白、数据市场建立、人才保障、数字基础设施建设、标准化建设、平台建设、监管规则制定和完善等方面加大力度。

关键词： 服务业　数字化转型　监管规则　民众接受度

　　数字化转型是应用数字技术使业务流程、经济活动或商业模式发生质变并产生巨大社会和经济效应的过程。当前，数字化转型正逐渐成为俄罗斯各行业发展的重要引擎。相比实体行业，诸如制造业、农业等，俄罗斯服务业的数字化转型成效更加显著，特别是金融、医疗和交通物流行业。本文旨在概述这三个行业的数字化转型实践及成效，分析驱动俄罗斯服务业数字化转型的主要因素。

---

　* 高际香，中国社会科学院俄罗斯东欧中亚研究所俄罗斯经济研究室副主任，研究员。

一　服务业数字化转型主要进展

（一）金融行业数字化转型

俄罗斯金融行业在数字化转型方面是无可置疑的佼佼者。金融业数字化转型快速推进，积极成效表现在如下方面。

第一，金融行业对数字技术需求的快速增长推动了对数字技术开发、推广和使用的投入，推动了科技金融的发展，金融科技渗透率大幅提升。根据高等经济大学统计与知识经济研究所问卷测算，2020年俄罗斯金融业对先进数字技术的需求约为555亿卢布，2030年该需求将增至1.4141万亿卢布。[①] 金融行业急需的先进数字技术包括分布式记账技术、神经技术、人工智能技术和无线通信技术。在需求牵引下，金融行业加大了对数字技术研发、推广和应用方面的投入，2019年底金融行业在这方面的投入达3802亿卢布，占金融行业总增加值的8.9%。[②] 出于对金融科技前景的乐观预期，金融科技行业为整合力量、形成合力，在俄罗斯银行的倡议下，于2016年成立了金融科技协会[③]，其战略任务是开发新技术解决方案并在俄罗斯金融市场上推广应用。协会目前已经有30多家参与者，包括银行、保险公司和IT公司。2020年金融数字科技领域的初创公司从风险投资基金吸纳219亿卢布资金[④]，当年俄罗斯金融科技市场的总规模达9.4亿美元[⑤]。俄罗斯公民愿意积极探索使用新的数字解决方案，82%的俄罗斯公民使用各种金融科

[①] Цифровая трансформация отраслей: стартовые условия и приоритеты, М.: Изд. дом Высшей школы экономики, 2021, с. 165.

[②] Там же. с. 160.

[③] Ассоциация «ФинТех».

[④] Венчурный рынок России в 2020 год, https://incrussia.ru/understand/vc-2020/.

[⑤] "Fintech Market Entry to CIS, Central Asia, and Mongolia", https://fintech.aifc.kz/files/pages/2305/documents/.

技服务①，俄罗斯成为金融科技渗透率最高的国家之一。

第二，电子支付稳步增长，其中个人电子支付增加较快。2015年欧盟通过支付服务修订法案第二版（PSD2），这对保护在线支付消费者、推动在线和移动支付发展、促进银行业开放、确保欧洲内部跨境支付服务的安全性具有重要意义。该法案对俄罗斯金融行业确定数字化转型方向产生了重要影响，俄罗斯电子支付运营商的业务因此出现突飞猛进的增长。目前，俄罗斯的电子支付工具主要有 Qiwi、YuMoney、WebMoney、Payeer、AdvCash、Perfect Money 等。② Qiwi 是俄罗斯最大的电子支付服务商之一，其推出的 Qiwi 钱包可以进行话费充值，游戏付费，缴纳水、电、煤气费等，被称为"俄罗斯支付宝"。Qiwi 钱包支持 VISA、Mastercard 等信用卡支付，可以绑定银行借记卡，同时还支持现金付款。Qiwi 钱包是俄罗斯最普及的电子钱包之一，在俄罗斯所有地区建有支付终端，为用户付款提供了极大便利。YuMoney 的前身是 Yandex Money，2020 年被俄罗斯储蓄银行收购后改名，是俄罗斯最大、最可靠和最普及的电子钱包之一。YuMoney 支持信用卡支付、银行转账、现金等多种付款方式，支持白俄罗斯、哈萨克斯坦和阿塞拜疆等多个国家的用户注册。WebMoney 是最早也是最受欢迎的俄罗斯电子钱包之一。其安全性较强，转账需要手机短信验证，拥有异地登录 IP 保护等多重保护功能。Payeer 是较为普及的多币种在线钱包，支持加密货币。AdvCash 也属于多币种电子钱包，安全性能较高。Perfect Money 是用户选择较多的多币种在线支付电子钱包。支付工具的发展，加上俄罗斯居民和企业对电子支付的接受程度较高，使俄罗斯电子支付取得较快发展，2015~2019年个人订单中，电子支付占比已从 51.6% 增至 75.3%；法人订单中，电子支付占比从 91% 增至 96.4%。

第三，数字卢布进入测试阶段。目前，全球 70 多个国家的中央银行正

---

① Statista Consumer Fintech Adoption Rates in Select European Countries in 2019, https：// www. statista. com/statistics/1055338/fintech-adoption-rates-europe-selected-countries/.

② Лучшие электронные кошельки в России - рейтинг самых надежных и надежных онлайн кошельков, https：//walletsrates. com/luchshie-elektronnye-koshelki-v-rossii. html.

在考虑发行央行数字货币（CBDC）。厄瓜多尔、乌克兰和乌拉圭三国已经结束了央行数字货币试点测试，中国、韩国、瑞典等国正在实施试点项目。2020年10月，国际清算银行与加拿大央行、英格兰央行、日本央行、欧洲央行、美联储、瑞典央行、瑞士央行等银行发布题为《中央银行数字货币：基本原则和核心特征》的报告，力图在央行数字货币所需的核心特征方面达成强有力的国际共识。在央行数字货币的研发方面，俄罗斯不甘落后，一直在积极推进。2020年10月，俄罗斯央行在其官网上发布了题为《数字卢布》的研究报告，用以征询公众意见。2021年4月，俄罗斯央行推出数字卢布构想，将数字卢布定义为俄罗斯的第三种国家货币形式，在使用中与现金卢布和非现金卢布等同；当年6月，央行公布参加数字卢布测试的12家银行名单；12月，成功搭建数字卢布平台。2022年1月在对相关法律进行修订后，2月正式启动数字卢布的试点测试。测试分两个阶段进行。第一阶段主要测试个人钱包之间的转账功能，将参加测试的商业银行接入平台，开展C2C转账（个人之间）业务，用户通过运营银行的App打开数字钱包，将账户中的非现金卢布直接兑换为数字卢布后即可进行账户间的转账；第二阶段计划将联邦国库接入数字卢布平台，推出智能合约、自然人和法人之间的业务C2B和B2C，法人之间的业务B2B，自然人、法人和政府之间的业务C2G、G2C、G2B和B2G等。克里米亚共和国成为首个数字卢布试点地区。数字卢布的测试场景包括零售和服务行业付款、公共服务付款等，此外，还将测试离线模式下的交易转账，并研究为非居民用户提供使用数字卢布进行交易的可能性。测试完成后，将制定数字卢布的实施路线图。数字卢布采用双层零售模式，央行是数字卢布的发行人和数字卢布平台的运营方，金融机构为用户开通数字卢布钱包，并在数字卢布平台上进行交易，公民和企业可以在任何提供数字卢布服务的银行获取数字卢布。

正在测试中的数字卢布具有四个特点：一是数字卢布是以黄金为锚定物的加密数字货币，因而币值会更加稳定；二是数字卢布是有国家信用担保的法定货币，由央行发行并由央行代表国家进行担保，可以将其视为纸币卢布的电子版；三是数字卢布支持离线支付，不仅可以在线上支付，在离线状态下亦可支付；四是数字卢布无应用场景限制，可用于小额、零售等高频业务场景，与纸币相比没有任何差异。数字卢布推出后，有可能产生四个方面的积极作用：一是有助于提高支付的便捷性、安全性和防伪水平，降低结算成本；二是鉴于数字卢布的可追溯性，将有助于打击洗钱等犯罪活动；三是俄罗斯央行借助分布式记账技术等创新金融服务，为市场参与者开发新的支付基础设施，有助于维护俄罗斯支付系统的稳定、可靠和不间断运行，进而在总体上维护金融稳定；四是数字卢布为不同国家的银行绕开 SWIFT 系统直接跨境结算提供了潜在的机会，有助于应对美欧对俄罗斯的金融制裁。根据《2022~2024 年金融市场数字化主要方向草案》，俄罗斯中央银行计划提供将数字卢布兑换成外币的可能性以及为非居民客户开设数字钱包的可能性。[1]

第四，金融数字生态系统打造取得进展。在金融数字生态系统打造方面，俄罗斯储蓄银行是先驱者。该银行投资 10 亿美元建立银行数字化生态系统，占其 2016~2019 年利润的 3%。[2] 其平台纳入了数十家不同类型的板块，如抵押贷款门户网站、SberMobile 虚拟电信运营商、在线购物、在线影院、在线医疗等。截至 2020 年底，平台中的个人客户数量超过 300 万人，企业用户超过 20 万家。[3] Yandex 采用融合发展的模式打造数字生态系统，将支付服务 YuMoney、出租车服务、汽车共享和快递服务整合为 Yandex GO 品牌，连同 Yandex. Music、流媒体服务 Kinopoisk 纳入统一的数字空间，便于用户注册。YuMoney 不仅使 Yandex 在电子支付领域占据较大市场份额，也使其成为社交电商市场上金融服务的主要提供者。

（二）医疗行业数字化转型

医疗行业数字化转型的成效主要表现在六个方面。

---

[1] Проект основных направлений цифровизации финансового рынка на период 2022–2024 годов，https：//cbr. ru/Content/Document/File/131360/oncfr_ 2022–2024. pdf.

[2] https：//www. banki. ru/news/bankpress/? id = 10902694.

[3] Цифровая экосистема Сбера，https：//www. sberbank. com/ru/eco.

第一，医疗信息系统建设稳步推进。2018 年第 555 号《关于国家统一医疗信息系统（ЕГИСЗ）政府令》和"医疗"国家项目框架下的"国家统一医疗信息系统框架"联邦项目[①]共同开启了医疗行业数字化转型之路。截至 2020 年底，已有约 83% 的国家医疗机构被纳入国家统一医疗信息系统（ЕГИСЗ）。2020~2021 年逐步建成针对不同疾病和保健领域的纵向集成医疗信息系统（ВИМИС），如"肿瘤疾病""心血管疾病""妇产科""新生儿科""疾病预防和健康生活方式推广"等信息系统。医疗文本登记系统（РЭМД）、实验室信息系统（ЛИС）、集成电子病历系统（ИЭМК）等也逐步建成。目前正在搭建国家级的人工智能医疗平台。该平台作为国家统一医疗信息系统的子系统用于收集医疗数据并通过机器学习算法进行处理，以此推动人工智能医疗发展，包括医疗决策。

第二，医疗电子档案管理一体化正式启动。俄罗斯联邦卫生部 2020 年第 947 号令确定了医疗电子档案的法律地位。第 947 号令有助于在医疗机构中引入电子文档管理系统，并实现与联邦公共服务体系的交互，如国家统一医疗信息系统（ЕГИСЗ）、纵向集成医疗信息系统（ВИМИС）、医疗文本登记系统（РЭМД）、实验室信息系统（ЛИС）、集成电子病历系统（ИЭМК）等。法律障碍的消除必将加快医疗电子档案管理一体化进程。2021 年俄罗斯卫生部力推医疗机构进行医疗电子档案管理。目前不少莫斯科市民已经使用电子病历并以电子形式接收实验室检测结果。

第三，对数字医疗技术的强劲需求推动数字医疗投资大幅增长。高等经济大学统计与知识经济研究所问卷调查结果显示，2020 年医疗行业对先进数字技术的需求为 131 亿卢布，到 2030 年将达到 1958 亿卢布。医疗行业最具有前景的数字技术是先进生产技术、虚拟和增强现实技术（VR/AR）、神经技术和人工智能。[②] 在医疗保健行业的各类 IT 解决方案中，企业资源规划

---

① Федеральный проект "Создание единого цифрового контура в здравоохранении на основе Единой государственной информационной системы в сфере здравоохранения（ЕГИСЗ）".

② Цифровая трансформация отраслей: стартовые условия и приоритеты, М. : Изд. дом Высшей школы экономики, 2021.

系统（ERP）、视频会议系统以及电子文档管理系统（EDMS）和业务流程管理系统的的需求量最大。2020 年和 2021 年俄罗斯数字医疗投资分别达 4730 万美元和 5020 万美元，均为 2019 年的 3 倍（1580 万美元）左右。从数字医疗投资的细分领域看，2014~2021 年投向数字医疗的资金中，数字医学投资占 31%，患者服务系统投资占 29%，医疗保险投资占 20%，人工智能技术投资占 11%，基因技术投资占 4%，物联网投资占 3%，数字诊疗和医疗决策支持系统投资各占 1%。①

第四，远程医疗和智慧医疗取得长足发展。在 2017 年第 242 号联邦法允许医疗工作者与患者之间进行线上复诊预约或进行初诊预约前的问询后，远程医疗取得较快发展。2020~2021 年通过 Medved. Telemed② 系统进行了 5 万多次会诊，累计为 1.75 万名患者提供了帮助。内分泌科大夫接受的远程问诊最多，占远程医疗问诊次数的 40%；位居第二的是社区儿科大夫和内科大夫，均占 20%；另外 10% 的远程问诊由妇产科大夫提供。应用远程医疗比较多的地区是雅库特（萨哈）共和国，占 65%。2020 年新冠肺炎疫情之下，俄罗斯多地设立了地区远程医疗中心，提供远程医疗咨询。在智慧医疗发展方面，设立医疗决策支持系统 Webiomed，可以识别疾病风险，预测并发症甚至患者死亡的可能性，然后形成疾病预防个性化建议。目前，医疗决策支持系统 Webiomed 已成功在亚马尔-涅涅茨自治区、基洛夫州、孔多波加而和彼得罗扎沃茨克运行。智慧医疗在防疫方面发挥了巨大作用。2020 年新冠肺炎疫情期间俄罗斯卫生部启动了一个聊天机器人系统，用于向公民通报新冠肺炎疫情的流行状况、诊断及预防信息。圣彼得堡市和莫斯科市的多家诊所启动语音助手 Victoria，由其承担接线员职责，负责安排医生的出诊。

第五，数字医疗技术和服务供给商不断推出各种技术解决方案。俄罗斯最大的医疗 IT 技术和服务供应商是 Tsifromed③。2020 年其收入达 57 亿卢布，同比增长 608%。排名前五的数字医疗技术服务供给商还包括 Croc、RT

---

① https：//webiomed. ai/publikacii/.

② https：//medved-telemed. ru/.

③ 俄语为 Цифромед。

MIS、BARS Group、ICEL Techno①。俄罗斯 Intellogic 公司开发了一个人工智能驱动平台 Botkin. AI，用于图像分析和加工，不仅可以减轻医务人员工作量，加快诊断速度，而且可以降低误诊率。"第三方意见"公司②开发了一个分析医学影像的模块，可以适时进行人工智能医学影像分析。医疗决策支持系统 Webiomed 由 K-Sky 公司开发，可以在对疾病进行风险评估后提供医疗解决方案。除了上述比较有名的数字医疗技术公司外，数字医疗技术领域内的初创企业也不断涌现。

第六，发达地区的数字医疗渗透率显著提高。俄罗斯各地区数字医疗渗透率参差不齐，存在数字鸿沟，几个发达地区的数字医疗渗透率较高。2021年俄罗斯卫生部开始对数字医疗渗透率进行监测评估。卫生部设定的监测指标包括利用公共平台（ЕПГУ）的挂号率，电子医疗卡使用率，集中处理和存储电子诊断结果情况，远程健康监测情况，远程诊疗情况，还包括"医生与医生之间的会诊"和"医生与患者之间的医疗咨询"，以及通过公共平台（ЕПГУ）召开视频会议等情况。监测评估结果显示，数字医疗渗透率较高的地区为图拉州、坦波夫州和列宁格勒州。而从依靠预算拨款的医疗机构数字化转型水平看，居于前列的地区有莫斯科市、圣彼得堡市和俄罗斯中部地区。

（三）交通物流行业数字化转型

俄罗斯各种运输方式中，数字渗透率存在较大差异。数字渗透率最高的行业是航空运输业、海运行业，而公路运输行业尚有较大的提升空间。

首先，按数字化水平，俄罗斯航空运输业居于世界前列。为消解新冠肺炎疫情负面影响俄罗斯航空运输业引入了数字解决方案。主要航空公司在地面和空中利用了大量数字工具，包括云服务、机组无接触服务、数据自动管理系统等。大型空港也正在推广应用生物识别系统。世界上大约75%的国

---

① 俄语分别为 Крок，РТ МИС，БАРС Груп，АйСиЭл Техно。
② Компания《Третье мнение》。

际机场计划在未来几年引入生物识别技术，无纸化自助登机系统已经在英国（希思罗机场）、乌拉圭（卡拉斯科机场）、墨西哥、中国香港、迪拜等国家和地区使用。俄罗斯交通运输部公布的行业数字化转型计划提出，到 2023 年底，6% 的俄罗斯机场将利用生物识别技术识别乘客并在数据处理中使用人工智能。为此，机场运营商需要与运输安全保障国家统一信息系统（ЕГИС ОТБ）签订信息交换协议。多莫杰多沃机场和谢列梅捷沃机场已装备生物识别系统。此外，"无人航空货运"进入试点测试阶段。将无人机纳入俄联邦国家空域的构想获得政府批准后，俄罗斯邮政启动无人航空货运试点。因重型无人机在空域飞行需要 100% 的飞行安全，俄罗斯邮政选择与 4 个地广人稀的联邦主体签订了试点协议，将首先在这些地区开发"无人航空货运"路线。4 个联邦主体分别是亚马尔-涅涅茨自治区、楚科奇自治区、堪察加边疆区和汉特-曼西自治区。俄罗斯邮政将在试点地区开发一个由 48 条航线组成的试验性航运网络。2022 年开始设计和建造着陆点并配备设备，并在亚马尔-涅涅茨自治区和楚科奇自治区进行"无人航空货运"试运行。

其次，在海运行业数字化转型领域俄罗斯也位居世界前列。俄罗斯目前正在测试自动驾驶船舶。当然，自动驾驶船舶的领先者是挪威，其自 2017 年起一直在进行自动驾驶船舶测试。2018 年，国际海事组织对自动驾驶船舶做了初步定义，将其分为四个等级：部分操作实现自动化、远程控制和部分船员控制、完全的远程控制、完全的操作系统自主控制。2019 年，国际海事组织又推出自动驾驶船舶测试指南，对世界各国的海运数字化产生了极大的推动作用。国际大趋势下，2020 年俄罗斯船舶登记局批准了一揽子自动导航技术解决方案，为测试自动驾驶船舶提供了监管框架。作为 2025 年之前实验的一部分，允许悬挂俄罗斯国旗的船只使用自动驾驶系统。① 俄罗斯海港公司（Росморпорт）已经在刻赤海峡以自动驾驶船舶模式启动实验。2021 年，俄罗斯海港公司确定了一条自动驾驶船舶的试点路线，从乌斯季-

---

① Постановление Правительства Российской Федерации "О проведении эксперимента по опытной эксплуатации автономных судов под Государственным флагом Российской Федерации", 5 декабря 2020 г., № 2031.

卢加港到波罗的斯克港。自动导航系统的技术提供方是 Sitronics 集团公司。自动驾驶船舶也已建造完成，是国家技术倡议（НТИ）项目的开发成果，目前正在进行技术和工艺参数测试。根据计划，2022 年将部署无线宽带数据传输装置，为自动模式运行船只配备相应设备，为自动驾驶船舶控制中心提供设备，制订船员培训计划等。

最后，公路运输行业数字化成熟度相对较低。网约车已经成为俄罗斯民众出行的选择之一，俄罗斯网约车除了优步和 Gett 平台之外，还有本土的"Yandex 出租车"平台。2019 年底滴滴出行在俄罗斯完成法人注册，计划在俄罗斯的 100 座城市推出滴滴出行打车服务。从 2016 年 9 月起，拼车平台"BlaBlaCar"开始在俄罗斯运营。另外，莫斯科还兴起了"共享汽车"租车平台，诸如"Delimobile""YouDrive""Anytime""Car5"等。在无人驾驶汽车领域，2016 年，Yandex 与 KAMAZ 协议开发无人驾驶车辆，德国戴姆勒公司和俄罗斯中央汽车与汽车发动机科学研究所（НАМИ）是该项目的合作伙伴。[①] 截至 2021 年底，Yandex 无人驾驶出租车已经在 Innopolis 运营三年多，完成了 2 万多次载客，并开始在莫斯科进行无人驾驶出租车测试。目前，联邦高速公路 M-11 的莫斯科—圣彼得堡段被确定为无人驾驶卡车试验路段。2022 年将开始建设 M-11 无人驾驶公路段的基础设施，并为此通过相应的法律。到 2022 年底，至少将制造 4 辆高度自动化货运车辆原型车（驾驶室配备一人，但不驾车），并将在 2023 年晚些时候投入商业运营。从国际比较看，在自动驾驶汽车成熟度方面，俄罗斯相对落后。2020 年毕马威发布的各国自动驾驶成熟度指数报告显示，领先者是新加坡、荷兰、挪威、美国和芬兰，在所列出的 30 个国家中，俄罗斯排名第 26 位。

俄罗斯计划在地区和国际交通项目中利用先进数字技术，如北方海航

---

① Индустриальный（Промышленный）Интернет Вещей. Мировой опыт и перспективы развития в России. Оценка влияния на качество жизни граждан и экономическое развитие страны，http://json.tv/ict_telecom_analytics_view/industrialnyy-promyshlennyy-internet-veschey-mirovoy-opyt-i-perspektivy-razvitiya-v-rossii-otsenka-vliyaniya-na-kachestvo-jizni-grajdan-i-ekonomicheskoe-razvitie-strany-20161128041733.

道、贝阿铁路、"欧洲—中国西部"交通走廊、"南北"国际交通走廊、高铁路线等，希望通过数字化转型推动欧亚经济联盟进一步发挥过境运输潜力，未来交通物流业数字化水平进一步提升值得期待。

二　服务业数字化转型驱动因素分析

综上可见，数字化正在重塑以金融、医疗和交通物流行业为代表的俄罗斯服务业的发展底层逻辑。驱动上述服务行业数字化转型取得较快进展的主要因素可以归纳如下。

（一）新冠肺炎疫情成为数字化转型的重要驱动因素

新冠肺炎疫情在带来危机的同时，也成为推动服务业快速数字化转型的重要力量。疫情危机下，防疫和抗疫的数字解决方案、工具和服务的开发和应用提速，数字平台的利用率大幅提升。通过应用系统和工具软件对疫情进行监测、追踪和数据采集，以及对疫情涉及范围、感染人员等数据的分析，一方面对有效抗击疫情产生了积极作用；另一方面相关应用程序和解决方案得以在不同场景应用，为其进一步完善、改造、升级提供了支撑。为避免人际接触，越来越多的服务型企业和组织将业务和服务转移到网上，加速了服务业数字化水平的提高，特别是医疗行业和金融行业。这也是近两年远程医疗、智慧医疗发展提速、电子支付迅猛发展的重要原因。

（二）数字经济国家项目的推动作用

在促进数字经济发展和数字化转型方面，俄罗斯充分发挥政府作用，自上而下地系统推动，政府从顶层设计、制度供给、网络安全保障、资金支持、基础设施建设、推动技术研发以及人员培训等维度给予不遗余力的支持。2021年，在数字经济国家项目原有 7 个联邦项目（"数字环境监管""信息基础设施""数字经济人力资源""信息安全""数字技术""国家管理数字化""人工智能"）的基础上又新增了 3 个联邦项目（"数字服务和在线服务""IT 行业人才潜力开发""发展卫星通信保障联网")。2021年底之前批准了12个行业的数字化转型战略方向，其中包括医疗、教育、国家管理、建筑、城市及住房公用事业、交通、能源、科学、农业、金融、制造业、生态和社会发展领域。国家项目的实施无疑对服务业数字化转型产生了巨大的推动作用。

（三）商业模式、数字基础设施利用水平、行业集中度、预算投入等因素的驱动作用

考察俄罗斯不同行业的数字化转型水平可知，行业特殊性在很大程度上决定了数字化转型的特点、轨迹和速度。服务业数字化转型推进较快与其商业模式、数字基础设施利用水平、行业集中度、预算投入等因素密切相关。从商业模式看，服务业与终端客户的联系紧密，通过不断开拓与终端客户互动的服务和数字渠道，以客户为中心的导向性更加明显，能更多考虑到消费者的"价值主张"，并能根据消费者的反馈即时做出业务调整，因此经济效益提升较快。经济效益提升后，行业内企业对进一步提升数字化水平更有信心，因而形成良性循环。从数字基础设施利用水平看，相比其他产业，服务业企业的上网率较高，如金融业和医疗行业上网率分别达到93.8%和92.4%，远高于农业企业74.3%的水平，数字化转型基础较好。从行业结构看，俄罗斯金融业和交通物流业集中度较高，大企业居多。大企业盈利水平较高，对先进数字技术的认知度更高，数字化转型投入较多，往往是数字化转型的领先者，具有成为行业数字化转型头部企业的优势，能有效带动中小企业参与，并整体提高行业的数字化转型水平。从预算投入看，医疗行业数字化转型推进主要依靠预算投入，疫情发生之前的2019年，大多数行业发展趋于停滞，固定资本投资减少，但医疗行业固定资产投资同比增长13.4%。疫情发生后的两年间，俄罗斯各级预算对医疗数字化转型的投入加大，有效提升了医疗行业的数字化水平。

（四）兼具透明度和灵活性监管规则的作用

数字化转型需要处理好发展和规范的关系问题，坚持发展和监管规范并

重，出台兼具透明度和灵活性的监管规则至关重要。监管一方面需要建立透明稳定的"游戏规则"，另一方面需要确保监管的灵活性，二者相辅相成，缺一不可。透明稳定的"游戏规则"可以最大限度地降低市场参与者面临的风险；灵活性则可以通过规范流程测试数字化解决方案加快推动其商业化，有助于在效率、安全和伦理等多重选择难题中选择最佳方案。近年来俄罗斯在监管方面的一些实践对服务业数字化转型产生了积极影响。一是通过《银行服务和公共服务远程生物识别法》。2021 年 1 月 1 日起该法生效，规定允许在提供各种金融和公共服务时使用统一生物识别系统（ЕБС）进行远程识别。[①] 法律还允许俄罗斯银行在与政府协商后，使用商业生物识别和鉴定系统（КБС）进行识别。法律扩展了银行服务范围，可以在没有客户亲自到场的情况下执行三项操作：开设账户、转账、获得贷款。2021 年在统一生物识别系统中注册的银行有 231 家，这些银行在全俄各地有 1.33 万个分支机构。[②] 二是通过《数字金融资产、数字货币和俄联邦某些立法法案的修正案》（第 259 号联邦法）。该法于 2021 年 1 月 1 日生效，规定纳入中央银行特别登记册中的俄罗斯银行、证券交易所和其他法人实体有资格成为"数字金融资产"业务经营者，并有权进行此类资产的买卖交易和交换。可以说，该法为数字资产和数字货币市场参与者确定了透明且明确的规则。三是通过《关于俄罗斯联邦数字创新领域的实验性法律制度》（第 258 号联邦法）。该法于 2021 年 1 月 28 日生效，规定允许用"沙箱实验"对新的数字技术进行测试，以确保其安全性、有效性和实用性，然后根据测试结果，决定是否修改现行法律以适应数字创新。具体做法是在限定区域内建立一个"沙箱"，即微缩版的真实市场，允许一定数量的公司测试其数字创新产品，包括人工智能技术、大数据技术、机器人技术、量子技术等，引入"沙箱实验"的领域包括金融活动、贸易、建筑、公共服务、医疗、交通、农业、

---

① Ирина Алпатова，Путин подписал закон о биометрии для получения банковских услуг，https：//rg.ru/2020/12/30/.

② В Единой биометрической системе зарегистрировались более 160 тыс. Россиян，https：//www.vedomosti.ru/society/news/2021/02/18/858488-v-edinoi-biometricheskoi-sisteme.

工业等。四是 2020 年 3 月俄罗斯总理米舒斯京签署《公共道路上无人驾驶车辆安全行驶构想》①。提出无人驾驶车辆的道路安全原则是"最大限度地发挥道路运输基础设施的潜力，进行全面的风险管控"。提出自动驾驶系统必须符合的基本要求：遵守交通规则，确保乘客和驾驶员安全，与基础设施交互，在正常环境中安全运行；与其他系统组件实行信息交互，在紧急情况下可以切换到最小风险模式，安全自动启停。安全构想将车辆自动化划分为五个级别：第一和第二级别称为驾驶员辅助系统，第三到第五级别称为自动驾驶系统。

（五）俄罗斯民众对数字技术和数字生活的接受程度较高

服务业与社会发展深度融合，其数字化转型既离不开数字生态环境打造，更离不开社会的参与度与接受度。尽管数字技术在服务行业的应用会不可避免地产生安全性、伦理性和合法性等风险，但俄罗斯公民对数字技术和数字生活抱有极高的参与度与包容度。2020 年的一项调查②显示，从民众对数字服务的参与程度看，64%的受访者表示对使用通用辅助机器人感兴趣，62%的受访者表示有兴趣使用机器人送货，12%的受访者分享了他们在家庭或避暑别墅中使用智能设备的体验，9%的受访者声称曾通过互联网获取医疗咨询服务。2021 年，俄罗斯数字发展部在公共平台（ЕПГУ）上推出了"在家呼叫医生"在线服务，之后有 54 个地区的市民使用"在家呼叫医生"在线服务达近百万次。③从对数字化转型的接受程度看，俄罗斯罗米尔调研公司的调研证实，52%的受访者对数字化持积极态度，其中 35～44 岁人群、受教育程度较高居民、大城市居民和高收入居民对数字化的接受程度更高，

---

① Концепция обеспечения безопасности дорожного движения с участием беспилотных транспортных средств на автомобильных дорогах общего пользования, 25 марта 2020 г., No 724-р.

② 高等经济大学统计与知识经济研究所做的调查。

③ Минцифры сообщило о запуске онлайн-услуги вызова врача на дом в 52 регионах, https：//d-russia.ru/mincifry-soobshhilo-o-zapuske-onlajn-uslugi-vyzova-vracha-na-dom-v-52-regionah.html.

接近 60%。对数字化持消极态度的俄罗斯居民仅占 20%，与其他国家形成鲜明对比，如对数字化持消极态度的居民在印度占 61%、在泰国占 36%、在韩国占 34%。[①]

三 简要述评

尽管以金融、医疗、交通物流业为代表的俄罗斯服务行业在数字化转型方面取得了一定进展，但起重要推动作用的主要是新冠肺炎疫情因素影响。驱动服务业数字化转型的其他核心要素尚未能发挥积极作用。未来需要在技术投入与引进、填补立法空白、数据市场建立、人才保障、数字基础设施建设、标准化建设、平台建设、监管规则制定和完善等影响各行业数字化转型的共性问题上加大政策支持和实施力度。

---

① Больше половины россиян лояльно относятся к цифровизации，https：//adindex.ru/news/researches/2021/12/07/300691.phtmlhttps：//adindex.ru/news/researches/2021/12/07/300691.phtml.

Y.15
2021年俄罗斯的对外经济关系

许文鸿*

摘　要： 在美欧等国制裁、世界经济发展趋缓和新冠肺炎疫情多重因素叠加的背景下，俄罗斯的经济取得了一定的成绩。2021年俄罗斯的对外经济关系中凸显了三大热点问题，即在反西方制裁背景下以去美元化为核心的金融领域的博弈；围绕"北溪-2号"天然气管道展开的俄欧美等多方博弈；新冠肺炎疫情背景下俄罗斯围绕抗疫开展的博弈。与此同时，俄罗斯积极开展同欧盟、东盟等地区组织及非洲、拉美等地区的经济交往，极力拓展对外合作空间，这既是全球化时代俄罗斯经济参与国际交流的需要，也是俄罗斯打破西方制裁、拓展外交空间的必要措施。制裁与反制裁成为俄罗斯对外经济关系中的重要内容。

关键词： 俄罗斯　去美元化　金融制裁　"北溪-2号"　对外经济关系

　　2014年的克里米亚事件后，低油价、俄罗斯经济结构不合理和美欧制裁等因素的综合作用使得俄罗斯经济在2015年陷入深度衰退，当年经济萎缩4%，2016年萎缩1%。随后，由于国际油价反弹和俄罗斯实施的进口替代政策，俄罗斯经济从2017年开始恢复温和增长。2020年的新冠肺炎疫情导致俄罗斯经济增速放缓，加上2020年初俄罗斯与沙特油价战导致的油价下跌以及全球能源需求的减少，再次使俄罗斯经济陷入衰退。在以GDP计

---

　　* 许文鸿，中国社会科学院俄罗斯东欧中亚研究所俄罗斯经济研究室副研究员。

算的全球经济总量排名中，2021年俄罗斯排名世界第11位（相当于美国的7%，中国的10%），其GDP仅为1.775万亿美元①，军费开支列世界第8位（相当于美国的6.4%，中国的20%）。

随着全球能源转型，作为俄罗斯经济发展、财政收入甚至政治稳定重要支柱的俄罗斯能源产业也面临多重挑战。2021年，俄罗斯出口原油2.29亿吨，出口量下降3.8%。但由于国际市场原油价格逐渐高企，出口额增长51.8%，达1101.19亿美元。石油、天然气等能源产业是俄罗斯经济的基本支柱。俄经济经过近30年的转型，仍未摆脱对能源产业的依赖。在新冠肺炎疫情和美欧全面制裁的背景下，俄罗斯经济对能源部门的依赖进一步增强，同时也表明，俄罗斯产业升级的难度进一步加大。

美欧等国的制裁无意间促成了俄罗斯经济的自给自足，尤其是在农业领域。2014年俄罗斯被制裁后，国内食品行业迅速发展起来，外国食品，如奶酪等完全可以找到优质的国产替代品。在西方多年的经济制裁下，俄罗斯逐渐建立了一套有抵御能力的、自给自足的经济体系。俄罗斯的食品、化妆品行业都取得了国产替代的显著成果。苏联时期，国家曾花费巨额外汇进口粮食，而自2014年后。俄罗斯逐渐成为小麦、大麦的出口大国。2021年俄罗斯粮食产量增加到近1.23亿吨。在反制裁的过程中，俄罗斯逐渐积累了充足的能源收入，储备了约6430亿美元的外汇，且对外汇结构进行了较大调整，美元所占比重明显下降；债务约占GDP的16%，是所有主要国家中外债占比最低的国家。

随着乌克兰局势的恶化，美欧等国对俄罗斯实施各种制裁，压缩俄罗斯的国际战略空间。俄罗斯也把打破美欧等国的各种制裁作为突破点，并将其作为本国对外经济关系中的重点问题加以应对。

综合而言，俄罗斯在国际能源市场、武器市场、新冠疫苗市场上都有自己的一席之地，经济上对美欧等国的依赖性不强，虽然美欧等国对俄罗斯的

---

① 据俄联邦国家统计局公布的数据，俄罗斯国内生产总值为130.7953亿卢布。据美国商务部公布的最新数据，美国GDP为23.0396万亿美元；中国的国内生产总值为114.367万亿人民币。

制裁逐步加强，但迄今没有产生明显的效果。制裁与反制裁、压缩与反压缩成为俄罗斯对外经济关系的主基调。

一 俄罗斯对外经济关系中的三大热点问题

2021年，俄罗斯经济关系中主要有三大热点问题，即在反西方制裁背景下以去美元化为核心的金融领域的博弈；围绕"北溪-2号"天然气管道展开的俄欧美多方在能源领域的复杂博弈；新冠肺炎疫情背景下俄罗斯围绕抗疫开展的疫情博弈。

（一）俄罗斯经济中的去美元化

2014年克里米亚事件后，在美国及其盟国持续的制裁背景下，俄罗斯开始实施强力的去美元化措施。2021年俄罗斯经济中的一个重要议题是去美元化，在去美元化过程中与世界各国的互动日益活跃。

仅以中俄双边贸易中美元的交易占比为例。2015年，中俄双边贸易额的90%是以美元结算，到2020年第一季度，中俄贸易结算中的美元交易占比已降至46%，欧元交易占比升至30%，其余24%则以中俄两国本币实现交易。俄罗斯不仅在中俄贸易中降低了美元的交易占比，在同欧洲国家的贸易中也越来越多地使用欧元，在同伊朗、印度、非洲、拉美国家的贸易活动中也尽可能减少美元的使用。

此外，在外汇储备结构调整过程中，俄罗斯也尽力减少美元所占比重，不断增加欧元的比重，适时增加黄金的持有量，以英镑和日元做有益的补充，人民币的份额有了明显的增加，同时，积极研究数字货币并促进央行数字货币的发展。俄罗斯政府还宣布，到2021年7月5日在国家福利基金中彻底排除美元，预计2028~2030年理论上俄将完全摆脱美元的束缚。俄罗斯财政部部长2021年发表声明指出，俄罗斯外汇储备的目标是持有40%的欧元、30%的人民币、20%的黄金以及5%的日元和英镑。

2021年美元储备约占俄罗斯外汇储备的16.4%，较2020年6月占比

22. 2%的水平进一步下降。此外，俄罗斯外汇储备中欧元约占 1/3、黄金占 21. 7%、人民币占 13. 1%。截至 2022 年 2 月 18 日，俄罗斯央行的国际储备（以各种国际货币和黄金计价的资产）约 6430 亿美元，其中 3110 亿美元是以外国证券的形式储存，1520 亿美元以现金或存款存入国外银行，另有 1320 亿美元的黄金储备（约 7400 万盎司）和 300 亿美元的国际货币基金组织特别提款权。

俄罗斯抛售美元美债的同时，并没有抛售欧元债券，相反，俄罗斯在对外贸易包括在对华贸易中积极使用欧元结算。鉴于美国和欧盟对俄罗斯的态度截然不同，除了俄罗斯与欧盟之间的能源联系，俄罗斯"挺欧元"也是表明希望同欧盟修好。欧盟已经成功地将欧元国际化，国际货币中欧元和美元所占的比例最为接近，由此，欧元已对美元的霸权地位形成挑战。欧元要有生命力就需要欧洲保持稳定与和平，需要欧洲国家加强独立自主，逐步摆脱美国的束缚。随着乌克兰局势逐步升级，从中获利的是美国、英国等非欧盟国家。因此，尽管美欧关系密切，但实际上欧盟也已经开始去美元化。2021 年，欧盟宣布计划将欧元作为国际和储备货币，与美元直接竞争。在巩固和加强欧元地位、联合去美元化的问题上，俄罗斯与欧盟在一定程度上存在共同利益和默契。

此外，1998 年俄罗斯债务违约导致其借债难度加大，成本提高。但也因为当时借债困难，此后的俄罗斯历届政府逐步缩减财政。2000~2008 年，俄罗斯用借助国际油价上涨积蓄的外汇偿清了以前的外债，在新的经济活动中俄有意减少借贷，目前俄罗斯债务占 GDP 的比重仅有 16%，远低于其他经济体。因此，尽管美欧等国使用了几乎所有方法制裁俄罗斯，但由于俄罗斯外汇储备充足，债务比例太低，其外汇储备能直接覆盖所有债务，单凭制裁显然无法从根本上摧毁俄罗斯经济。俄罗斯经济目前处于增速虽慢但比较稳定的状态。

（二）俄罗斯对外关系中的能源问题

近年来，乌克兰等诸多地区性事件不断演变，俄罗斯、美国、欧洲国家围绕诸多问题展开博弈,其中,能源问题一直是影响俄、美、欧大国博弈的核心问题。

1. 能源问题

进入 21 世纪,由于核能安全事故多发且后果严重,多数欧盟成员国经济发达且科学技术先进,加之欧盟国家也是全球推进碳减排的先锋,欧洲各国(尤其是德国)逐步关停核电站并开始积极利用其他替代能源。天然气是过去 20 年间欧盟国家消费量增长最快的一次性能源之一,欧盟各国的石油消费量则保持相对稳定,各国的清洁能源使用占比较大但本地区产量有限。在此背景下,欧盟各国的核电站、煤电站逐渐关闭,能源需求逐渐集中在天然气上,仅天然气的年需求量就达到 5500 亿立方米,此外,还需要大量的石油供应。

据国际能源署数据,俄罗斯是世界上最大的原油及其精炼产品出口国。截至 2021 年底,俄罗斯平均每天向全球市场提供近 800 万桶原油,其中约 60% 出口欧洲,2% 出口英国,8% 出口美国,20% 出口中国。此外,俄罗斯平均每年向全球天然气市场提供 1800 亿立方米的天然气,是欧洲天然气的主要供应国。

自 2015 年开始美国通过开采页岩气成为重要的能源出口国,其 2020 年的天然气耗用占比与石油接近,石油和天然气占能源消耗比重分别为 35% 和 38%,在此基础上,美国不仅实现了能源自给自足,而且成为主要的页岩气产品(LNG)的出口国。

因此,在大国博弈中,能源成为欧洲国家的软肋(欧洲国家所需要的能源中,进口部分约占 70%),成为俄罗斯发展经济的依赖(2021 年俄罗斯货物出口额达 4933 亿美元,其中燃料和能源占 54.3%),也成为美国拓展欧洲市场的能源武器。俄罗斯、美国、欧洲国家围绕诸多问题展开博弈,其中,为争夺欧洲的能源市场,俄美展开了激烈的竞争,因此,从长期看,能源问题将成为大国博弈的核心问题。

2. "北溪-2号"天然气管道

为解决欧盟国家的能源供应问题,2011 年俄欧之间曾建成"北溪-1

号"天然气管道。但该管道的供应能力远不能满足欧盟的需求,并且管道途经乌克兰和波兰等对俄罗斯怀有敌意的国家,该管道对欧俄双方都不理想。因此,从2015年9月开始,俄罗斯与相关国家商讨修建全长约1200公里的"北溪-2号"天然气管道。该管道经波罗的海海底到德国,再通过德国管道干线把天然气输送到欧洲其他各国。管道建成后俄罗斯每年可向欧洲各国供应550亿立方米的天然气。"北溪-2号"天然气管道从2018年下半年开始修建,由俄罗斯、德国、荷兰、法国和奥地利等国油气企业投资,总预算约95亿欧元。乌克兰、波兰坚决反对修建该管道,担心管道建成后俄罗斯天然气不再过境乌、波两国,影响其国内收益。美国也以"北溪-2号"管道影响乌波两国利益为名阻挠其建设。尽管俄罗斯承诺其天然气将继续过境乌波两国,但美国仍然予以反对。2019年12月,在项目已经完成90%之际,美国通过2020财年国防授权法案宣布对参与该项目的企业进行制裁,激起俄罗斯和欧盟(德国)的强烈反对,使得欧俄双方进一步走近,以维护共同利益。由于美国政府的制裁,"北溪-2号"项目延迟了近两年,最终于2021年9月完工,但因该项目未获得运营许可,迄今尚未正式运营。

美国政府以"北溪-2号"项目威胁欧洲的能源安全,使欧洲更加依赖俄罗斯能源为由阻挠该项目建设,而其真正目的是向欧洲国家销售本国的液化天然气(LNG)。美国试图通过否决"北溪-2号"项目让德国摆脱对俄罗斯日益增强的能源依赖。因此,这条管道从修建开始,就充满了大国博弈。但美国液化天然气(LNG)价格和成本明显高于俄罗斯的管道天然气,且目前越洋运输液化天然气的基础设施也难以满足欧盟国家的需求。因此,美国对该项目的制裁使得美欧(德)关系出现裂缝,而促成俄欧(德)接近。2019年12月美国开始制裁"北溪-2号"项目后,德国曾公开表示欧盟国家将联合抵制美国长臂管辖。随着乌克兰局势的日益紧张,美国和其他西方盟国一直推动德国承诺,一旦俄罗斯军事干预乌克兰,就立即封存"北溪-2号"管道。但德国尽量避免做出封存的承诺,只承诺在乌克兰问题上站在美国这一边。对德国来说,涉及"北溪-2号"项目的决定是关系其自身利益的重大举措。

（三）新冠肺炎疫情下的俄罗斯对外经济关系

2021 年是新冠肺炎疫情在俄罗斯肆虐的第二年。尽管俄罗斯政府采取了多种积极措施抑制疫情的扩散和蔓延，但疫情依旧很严重。在此背景下，俄罗斯迅速开发了自己的新冠疫苗。围绕新冠疫苗，俄罗斯开展了一系列积极的对外经济活动。

1. 新冠肺炎疫情的扩散

2020 年初新冠肺炎疫情开始在俄罗斯出现。俄罗斯首例新冠肺炎患者是在意大利旅行时感染的。① 目前，无论从累计感染病例还是从累计死亡病例来看，俄罗斯都是全球疫情最严重的国家之一。

欧洲新冠疫情首先在意大利等国流行，随后迅速在欧洲各国蔓延。在欧盟各国自顾不暇之时，俄罗斯向意大利等国家提供了大量医疗物资援助。在新冠疫情的威胁面前，俄罗斯与欧盟反对美国的自私行为，积极支持世界卫生组织（WHO）的工作，给需要帮助的国家提供援助。

2. 新冠疫苗的研制

2020 年 8 月 11 日，俄罗斯研制的新冠疫苗被命名为"卫星 – V"（Sputnik V），并获得俄罗斯卫生部的许可和注册。据俄卫生部信息，接种该新冠疫苗后可获得长达两年的免疫力。俄罗斯疫苗在经过小范围的测试后就开始大规模生产，国际社会对俄罗斯疫苗的效能表示质疑。为表示对该疫苗的支持，俄罗斯总统普京表示，自己的女儿已接种了该疫苗。俄罗斯新冠疫苗的研制成功引起欧洲各国的震惊和疑虑。经过几个月的疑虑和批评后，欧洲国家依旧拒绝接受俄罗斯"卫星-V"疫苗。随着新冠病毒的不断变种，欧洲和美国研制的疫苗供应延误使欧洲各国的疫情进一步恶化。同时，测试数据显示，俄罗斯的疫苗几乎与辉瑞疫苗（BioNTech）和摩德纳疫苗（Moderna）一样有效，比阿斯利康疫苗（AstraZeneca）效果明显。测试结

---

① В Москве выявлен первый случай заражения коронавирусом Заболевший недавно вернулся из Италии. До этого смертельный вирус нашли у четырех россиян. https：//lenta.ru/brief/2020/03/01/corona_ msk/.

果对欧洲来说是一个打击，因为自1957苏联第一颗人造地球卫星发射以来，俄罗斯在技术发展上很少能超越欧洲和美国。欧美国家不愿意承认俄罗斯研制的新冠疫苗，欧洲公司也试图控制疫苗的市场份额。随着疫情的扩散，防疫形势不断恶化，欧盟国家无法应对巨量的疫苗需求，但出于商业因素或政治偏见大部分欧洲国家仍排斥俄罗斯疫苗。在欧盟国家中，匈牙利是率先决定使用俄罗斯新冠疫苗的国家；在拉美地区，阿根廷是第一个决定使用俄罗斯新冠疫苗的国家。

2021年2月，国际知名医学期刊《柳叶刀》刊登的一篇研究报告指出，俄罗斯"卫星-V"新冠疫苗在三期临床试验中的有效性达到91.6%，且无严重副作用，此外，该疫苗价廉物美，便于储存运输。由此，俄罗斯新冠疫苗逐渐树立起自己的声誉并成为国际疫苗市场上的抢手货。目前，全球已有10多个国家批准使用俄罗斯"卫星-V"疫苗，超过数百万人接种了俄新冠疫苗。俄罗斯不断增强疫苗生产能力，俄罗斯新冠疫苗在欧洲、非洲、拉丁美洲等国逐渐受欢迎。新冠疫苗成为疫情背景下俄罗斯外交有力的工具。

二 俄罗斯的对外经济关系

在全球经济普遍放缓、新冠疫情以及俄罗斯与西方国家在乌克兰问题上的争端逐渐升温的背景下，俄罗斯的对外贸易大幅减少。但俄罗斯还是积极开展对外经济联系，在同美国、欧盟、日韩等国保持经济联系的同时，积极拓展与东盟、非洲、拉丁美洲等地区（组织）的经济关系，与这些地区国家的经济关系出现了新的发展。由于本文篇幅所限，仅以各地区主要代表性国家为例进行阐述。

（一）俄罗斯与美国的经济关系

俄罗斯与美国分别是世界上面积最大的国家和最大的经济体，且互为邻国。随着两国政治关系的不断恶化，两国经济联系也日益减少。自2014年俄罗斯将克里米亚纳入版图及乌东局势持续动荡以来，美国暂停了与俄罗斯政府在大多数经济领域的双边接触。美国发起的制裁降低了俄罗斯在金融、能源和国防领域的融资能力，限制了俄罗斯在某些领域获取关键技术的机会。美国还通过国会立法和行政命令对部分俄罗斯个人和俄罗斯实体实施了一系列单方面制裁。

在2020年的俄美贸易中，美国是俄罗斯的第九大贸易伙伴。俄罗斯对美出口额为109.6亿美元，自美国进口额为132.1亿美元。俄美贸易主要集中在能源领域，美国从俄罗斯进口了约2040万桶原油及精炼油品、8%的液体燃料。美国使用的能源中约1/3来自石油，而2021年美国进口的石油和石油产品中约有7%来自俄罗斯。2021年美国每天从俄罗斯进口石油近70万桶，约占美国全球石油进口量的10%。

由于长期低迷的双边关系，美国与俄罗斯相互间的直接投资规模很小。仅有麦当劳、福特、埃克森美孚等美国企业在俄罗斯有部分投资，多年累计投资额仅有百亿美元左右。俄罗斯在美国的投资仅占美国外国直接投资总额的0.1%。

与世界上其他国家一样，俄罗斯曾用其外汇购买美国国债，以加强其外汇储备。随着双边关系的恶化和乌克兰局势的升温，俄罗斯自2018年开始了坚决的去美元化进程，近年来俄持有的美国国债几乎被抛售一空。

（二）俄罗斯与欧盟国家的经济关系

欧盟是俄罗斯最大的贸易伙伴。俄欧之间保持着密切的经济联系，欧盟国家高度依赖俄罗斯的天然气和原油。欧盟约70%的能源需要进口，其中40%的天然气和30%的原油来自俄罗斯。与此同时，俄罗斯也需要欧盟的投资、市场和技术。

俄欧关系恶化的主要原因是乌克兰问题。自2014年克里米亚事件以来，欧盟不断升级和延长对俄罗斯的经济制裁，俄欧关系进入以对抗为主的时期。俄欧间的对话机制和伙伴关系协议基本停摆，自2014年1月欧盟—俄罗斯举办峰会以来，双方再未举行过类似的对话会。美欧等西方国家对俄罗斯制裁导致的经济损失主要由欧盟国家承担，欧盟国家也不希望在制裁与反制裁中损害自身利益，因此，德国、法国、意大利、西班牙等主要欧洲国家都不愿因乌克兰而与俄罗斯走向对抗；而波罗的海国家、部分东欧国家（波兰、捷克等国）出于对俄罗斯的畏惧和敌视，希望采取更加激进的措施来制裁俄罗斯。美、英出于大国博弈的需要则极力推动欧盟实现与俄罗斯的"脱钩"。因此，俄欧处于错综复杂的关系中。但显然，俄欧关系不同于俄美关系，俄欧双方地缘相近，经济联系密切，共同利益更多。在维护中东局势、加强能源与经济贸易合作以及应对美国压力和非传统安全问题（诸如气候变化、防止核扩散、抑制新冠疫情蔓延、减少难民问题）等方面，欧盟需要加强与俄罗斯的合作与协调。

俄欧双方都认识到了改善双方关系的重要性。其中，俄罗斯更显主动。俄罗斯希望加强与欧盟国家对话，希望欧盟国家（尤其是法、德）对俄罗斯的政策不要与美、英两国捆绑在一起，希望欧盟能够更独立地在国际舞台上开展行动，积极发挥欧洲安全与合作组织的作用，加强欧洲国家的团结与合作，同时，在一定程度上逐步降低北约在欧洲安全方面的作用。欧洲国家（包括法、德等国）在安全方面需要美国的支持和援助，同时其独立自强的愿望也在逐渐增强。因此，欧盟国家（特别是法、德两国）也希望缓和与俄罗斯的紧张关系，对俄罗斯的呼吁有一定的回应。

近年来，随着乌克兰局势的日益升温，美、俄、欧等多方博弈的局势也更加复杂多变。美国借机增加了在北约盟国的驻兵以加强对欧洲各国的控制。此外，在伊朗核问题、叙利亚局势、利比亚等问题上，俄欧的合作大于冲突，双方保持着频繁的沟通与协调。尽管有美国阻挠、白俄罗斯选举骚乱等事件的影响，俄、欧双方曾一度努力推进"北溪-2号"天然气管道建设，双方的经贸关系也在加强。但与此同时，俄欧在价值观、安全利益、对后苏联空间国家的政策等问题上仍存在根本分歧，双方都无法促使对方改变政策，乌克兰问题也未得到根本解决。由此可见，俄欧合作有限，长期来看，竞争与合作、矛盾与妥协并存将是俄欧关系的新常态。美（英）、俄、欧盟（法、德）围绕"北溪-2号"管道项目、增持欧元以对冲美元霸权的压力和新冠疫情防控等问题开展了激烈的博弈，这些问题也成为近年来俄欧关系中的热点问题。

根据俄罗斯经济部资料，2020年1~3月俄罗斯与欧盟的贸易额占其对外贸易总额的41.3%（2019年1~3月为43.4%），双边贸易额同比下降了14.3%，其中俄出口同比减少21.2%，进口同比增加4.6%。这说明，尽管受新冠疫情、乌克兰危机等多重因素的影响，欧盟是俄罗斯最大贸易伙伴的状况并未改变。2014年克里米亚事件前，俄欧年双边贸易额曾超过4000亿美元，但在欧盟对俄罗斯实施制裁后双边贸易额迅速下降，直到2019年才勉强恢复到2900亿美元。如果没有乌克兰危机后欧盟国家对俄罗斯实施的制裁，如今俄欧的双边贸易额完全可能达到5000亿美元，也能同欧美、欧中的贸易规模相媲美。尽管欧盟国家目前对俄罗斯还在进行经济制裁，但双方仍继续保持着密切的经济往来。2020年，受各种因素的影响，欧俄贸易额再次减少，仅为1743亿美元。但即使在如此艰难的背景下，欧俄之间的直接投资也保持了一定的水平。2019年欧洲对俄罗斯市场的直接投资额超过3110亿美元。

目前看来，俄欧关系因地缘政治竞争和价值观的冲突在短期内难以弥合，很难回到乌克兰危机前的状态，但双方在许多重大国际问题和涉及共同利益问题上的合作仍在向前推进。特别值得一提的是，在去美元化进程中欧盟开发了特别支付系统INSTEX，以绕过美国对伊朗的制裁，得到了俄罗斯的支持，双方还共同要求伊朗遵守伊朗核问题全面协议。此外，在目前的中俄能源合作和俄欧贸易中也使用欧元结算，中、俄、欧三方有望在某些具体问题上进一步加强合作。

1. 与法国、德国的经济关系

法国和德国是欧盟的核心国家。法国是欧盟国家中唯一的联合国安理会常任理事国，德国是欧盟国家中经济体量最大的国家，法德两国与俄罗斯的经贸关系在欧盟国家中也是最密切的，所以两国有必要处理好与俄罗斯的关系。目前，俄乌冲突升级，对德国的经济打击最大。俄罗斯与法国和德国频频就重大问题沟通协调，经济合作成为联系俄、法、德三国的纽带。

在俄罗斯的对外经济关系中，德国是仅次于中国的俄第二大贸易伙伴。

德国55%的天然气和40%的石油和煤炭依赖俄罗斯进口。2020 年俄德双边贸易额同比下降22.2%，为449 亿欧元（约合 544 亿美元），降至 2005 年以来的最低水平。德对俄出口同比下降 13.1%，为 230 亿欧元（约合 280 亿美元），德自俄进口同比下降 29.9%，为 219 亿欧元（约合 265 亿美元）。2021 年俄德贸易额增至 600 亿美元，德国对俄投资累计达到 200 亿美元。

德国在默克尔离开政治舞台后坚持去核电的路线，但由于其他能源短缺，天然气价格上涨，德国有可能重开煤电。如果重开煤电，将是德国绿党难以承受的政治失败。因此，即使在乌克兰局势持续升温的背景下，德国仍将继续与俄罗斯在能源供应领域展开合作。

2020 年，法国核能消费量为 3.14 艾焦耳，占全球核电消费量的 14%，占其一次能源消费总量的 36.09%，是世界上对核能依赖程度最高的国家。因为坚持发展核能，相对而言，法国在能源领域对俄罗斯的依赖没有德国那么强。2020 年，俄罗斯自法国进口额为 80.8 亿美元，对法国出口额为 47.6 亿美元，主要集中在农业食品、金融和银行业以及分销、能源和汽车行业方面。法国也是俄罗斯资本市场的主要外国投资者。但总体上看，俄法两国的经济贸易关系脆弱。这也反映在两国的政治关系中，相对其他国家，法国对俄罗斯更为强硬。

2. 与英国的经济关系

在俄罗斯与所有欧洲国家的关系中，俄罗斯与英国的关系最为敌对。单独作为一个国家，英国在国际舞台上的作用有限，只有在联合国、北约等国际组织中才能体现英国的影响力和作用。英国脱欧后认为自己仍是大国，并重新定位为"全球英国"。但英国在外交政策中往往选择完全支持和追随美国的立场，因而暴露出一系列矛盾。目前，由于一系列事件①，俄罗斯与英国的外交关系也处于历史低谷。

在俄英经济关系中，俄罗斯出口英国的石油占其需求量的 8%，英国自

---

① 2006 年俄罗斯叛逃特工亚历山大·利特维年科之死；2013 年 3 月俄罗斯寡头鲍里斯·别列佐夫斯基（Boris Rezovsky）在伦敦西部的伯克希尔郡神秘死亡；2020 年俄罗斯反对派纳瓦利内中毒事件等。

俄罗斯进口的天然气只占俄罗斯天然气出口总量的 4%。2021 年，英国从俄罗斯进口石油约为 40 亿英镑（53 亿美元），其中原油及其精炼产品占英国能源进口总额的 13.4%。英国对俄罗斯的能源依赖远远小于欧洲其他国家。因此，英国限制和制裁俄罗斯的态度比较强硬。

英国伦敦是欧洲最重要的金融中心，许多俄罗斯重要的公司在英国资本市场筹集资金，这是俄英关系的重要内容。此外，长期以来，英国是俄罗斯富豪移民定居、购买房产和海外投资的热门目的地。有数据表明，在英国购买超 50 亿英镑资产的人中，有 1/5 来自俄罗斯。俄罗斯富豪与英政界、金融界联系紧密，俄罗斯寡头长期以来一直与英国保守党、媒体以及英国的房地产业和金融业交织在一起。据悉，自约翰逊首相上任以来，保守党从俄捐助者那里获得约 200 万英镑捐款。

（三）俄罗斯与欧亚经济联盟国家的经济关系

俄罗斯主导的欧亚经济联盟的目标是争取在 2025 年前实现联盟内部商品、服务、资本和劳动力的自由流动，并推行协调一致的经济政策，争取早日建立类似于欧盟的经济联盟，从而形成一个拥有 1.7 亿人口的统一市场。尽管俄罗斯为欧亚经济联盟的运转提供了大量的公共产品，并主导着联盟经济政策走向，但欧亚经济联盟贸易创造和贸易转移效应并不明显，成员国总体经济基础薄弱，工业化水平不高，基础设施建设滞后，且经济结构相对单一，互补性差；各成员国间贸易额在联盟贸易总额中的占比很小，2018 年成员国间贸易额仅占联盟贸易总额的 7.34%。同时，随着乌克兰局势逐渐升温，美欧等国对俄罗斯的制裁进一步加强，使得俄罗斯总体经济实力下降，在欧亚经济联盟中的经济带动作用不强。

美欧等西方国家对俄罗斯全方位的制裁还在不断升级，尤其是在金融领域加强了对俄罗斯的制裁；俄罗斯的反制裁措施也逐步加强，尤其是俄罗斯近年来推行的去美元化措施也在逐步加强。俄罗斯和欧亚经济联盟的其他成员国正在积极突破金融领域合作的瓶颈，力图建立共同支付系统，最大限度地向以卢布和人民币结算过渡。目前，卢布仍是欧亚经济联盟成员国间最主要的贸易结算货币。在俄罗斯与白俄罗斯、哈萨克斯坦、吉尔吉斯斯坦的贸易中，使用卢布结算的比重分别达 82%、63%、58%；美元仍是第二大结算货币，占比分别为 9%、28%、40%；人民币结算的份额有逐渐增加的趋势。

（四）俄罗斯与中国的经济关系

近年来，由于中俄两国政治互信，建立了新时代全面战略协作伙伴关系，在政治上排除了影响经贸关系发展的各种障碍，双方都致力于促进经贸关系的发展，中俄双边贸易持续增长，2021 年中俄贸易额达到 1468.87 亿美元，连续第四年创历史最高纪录。

即使在影响世界其他国家的能源问题上，中俄两国也进行了良好的合作。俄罗斯多年来是中国能源产品第一大进口来源国。2021 年，中国从俄罗斯进口了价值 273 亿美元的石油，约占中国石油进口总额的 15%。除石油之外中国还从俄罗斯进口成品油，如汽油、柴油、煤油等石油炼化物。俄罗斯对中国的液化气出口占中国进口总量的 8%。2022 年 2 月，普京总统来华访问期间在北京签署了中国进口 1 亿吨俄罗斯石油、为期 10 年，进口 1 万亿立方米俄罗斯天然气、为期 30 年的合同。并签订了建设经过蒙古国的天然气管道合同（自签订之日起开工）。中国未来一段时期的能源安全得到了进一步保障。

2020 年，中国从俄罗斯进口了 1264 万吨铁矿石等矿物原料。俄罗斯出口商品以自然资源为主，此外，木材、机械和鱼类也是中国从俄罗斯进口的主要商品。从俄罗斯一方来看，机械产品是俄罗斯从中国进口的主要产品，其次是电子产品、塑料和纺织品。

近年来，金融合作也逐渐成为中俄合作的重要领域。2020 年超过一半的中俄贸易结算放弃使用美元，其中以欧元结算占了大部分，以人民币和卢布结算的比重也在增加。双方在金融领域的合作有利于国际货币体系的多元化，可有效回避美国借助美元霸权对双方可能采取的各种制裁。

（五）俄罗斯与亚太地区国家的经济关系

2014 年克里米亚事件后，俄罗斯开始"向东转"，主要加强了与日本、韩国、印度、东盟等国家的经济联系。但日本、韩国有美国驻军,核心企业的部分股权控制在以美国为首的资本集团手中,俄与日、韩的经济联系不够紧密。因此,积极拓展同印度、东盟国家在贸易、能源、国防安全等领域的合作便成为当前一段时期俄罗斯与亚太地区国家发展经济关系的主要内容。

1. 与日本的经济关系

2014 年克里米亚事件后,日本追随美欧国家对俄罗斯实施制裁。作为反制,俄罗斯在南千岛群岛（日本称北方四岛）等问题上对日本进行了牵制。对日本来说,领土争端更为敏感和重要,日本有求于俄罗斯,所以在俄日关系中日本显得有点被动。对俄罗斯来说,掌握着争议岛屿的实际控制权,占有战略主动性,可以随时"撩拨"日本敏感的神经。日俄两国关系要想真正走上全面发展还面临许多实际的困难。经过多年商讨,双方依旧未能就缔结和平条约一事取得进展,只是确认将继续举行谈判,这对于两个存在严重领土纠纷且军事实力都很强大的国家来说是相当危险的。

俄日之间保持了一定的经济贸易联系。2020 年,俄罗斯对日本出口额为 90.5 亿美元,自日本进口额为 71.1 亿美元,双边贸易主要集中在能源、木材、汽车及汽车零配件等领域,两国经济贸易联系非常薄弱。按照普京在2016 年亚太经合组织（APEC）第二十四次领导人非正式会议上的讲话,这主要是受到第三方政治的影响。

近年来北极航道的开发利用正在加速,北极航线比传统航线可提高40%的效率,俄日两国有意加强在北极航道的合作。同时,俄日在能源、交通、农业等领域也有较强的合作意愿,俄日在远东地区农业领域的合作逐步加强。[①]

2. 与韩国的经济关系

韩国与俄罗斯于 1990 年 9 月建立外交关系。30 年来,俄韩先后经历了

---

① Japan Seeks Arctic Shipping, "Agricultural Partnerships in Russia's Far East", *Moscow Times*, January 26, 2021.

建设性互补伙伴关系、全面伙伴关系、战略合作伙伴关系的历程，两国均把对方视为重要合作伙伴。俄韩双方在某些领域内具有互补性优势，双方合作意愿强烈，合作潜力巨大。

1994年，俄韩宣布建立建设性互补伙伴关系时双方贸易额仅有21.9亿美元，韩对俄投资仅有2600万美元，俄对韩投资则可以忽略不计。到2020年，俄罗斯对韩出口额达124.7亿美元，自韩进口额达71.6亿美元。两国在能源、科技等领域有着强烈的合作意愿和巨大的合作潜力。积极吸引韩国资金和技术是俄对韩关系中的重要内容。俄韩关系发展具有广阔前景，也有着不可忽视的地缘影响力。但美国时刻关注俄韩关系发展，美国不允许其盟友与"假想敌"走得过近。因此，当俄韩在贸易领域达成协议时，美国就对韩国发出警告，防止俄韩关系过度接近而损害美国利益。

拓宽能源渠道、储备稀缺能源是韩国要解决的重大问题。而俄罗斯远东地区有着丰富的石油、天然气等能源储备。2014年俄罗斯联邦能源部发布《2035年前俄罗斯能源战略草案》，提出要开拓亚太市场，实现能源出口多元化。俄韩管道建设因朝鲜问题而搁置，俄韩油气贸易对常规交通运输方式的依赖性远高于中国。

3. 与东盟国家的经济关系

1995年，俄罗斯参加东南亚国家联盟（东盟）东盟区域论坛，并于1996年正式成为东盟的对话伙伴。2014年克里米亚事件后，俄罗斯加快了"向东转"的步伐，开始拓展新的战略空间。东盟成为俄罗斯融入亚太一体化、构建欧亚新秩序的切入点之一。2016年普京提出"大欧亚伙伴关系"计划，与东盟发展合作关系成为"大欧亚伙伴关系"计划的重要内容之一。与东盟加强合作是俄罗斯在新形势下维护国家利益的现实需要。长期以来，俄罗斯与东盟的经贸合作优势不明显，东盟与俄罗斯的双边贸易额从2005年的5亿美元增至2019年的182亿美元。俄罗斯在东盟地区的大部分投资集中在能源（石油、天然气和核能）领域。2019年俄罗斯在东盟的直接投资仅为4500万美元，而当年东盟共获得1600亿美元的外国直接投资。可以说，俄罗斯与东盟国家相互间的贸易投资在各自对外贸易投资中的占比很小。2021 年 10 月 28 日，第四届俄罗斯—东盟峰会在线上举行，通过了一系列旨在进一步发展俄罗斯与东盟战略伙伴关系的重要文件，其中包括《东盟—俄罗斯贸易和投资合作路线图》和《2021~2025 年东盟—俄罗斯贸易和投资合作工作方案》等。

2016 年 8 月，欧亚经济联盟与东盟建立自贸区的设想进入实践阶段。据俄罗斯官员表示，新加坡、印度尼西亚、柬埔寨和泰国等国家也有意与欧亚经济联盟建立自由贸易区。2018 年，欧亚经济委员会最高理事会表决通过了《欧亚经济联盟国际活动的主要方向》，将快速融入亚太经济一体化作为欧亚经济联盟发展对外合作的战略优先方向之一。

俄罗斯通过欧亚经济联盟先后与越南（2015）和新加坡（2019）签订了自由贸易协定，越南是第一个与欧亚经济联盟建立自由贸易区的东盟国家，也是目前世界上唯一与欧亚经济联盟建立了自由贸易区的第三方国家。2021 年，越南占欧亚经济联盟自东盟进口总额的 24.75%、占出口总额的 34.86%，是欧亚经济联盟在东盟最大的贸易合作伙伴。越南呼吁整个东盟集团与欧亚经济联盟建立自由贸易区。但由于东盟成员国发展差异巨大，欧亚经济联盟与越南自贸区建设的经验难以在东盟其他成员国简单复制。

此外，在欧亚经济联盟与东盟的贸易中占比较大的还有新加坡、印度尼西亚、马来西亚、泰国，而文莱、柬埔寨、老挝、缅甸无论在进口还是出口方面所占份额都很小。

截至目前，俄罗斯已经与越南完成了多个海上石油项目的共同开采，与印度尼西亚签署了共建炼油厂协议（2016 年），正在积极寻求与缅甸、文莱的合作；同时，俄罗斯还积极推广核电技术，开拓东盟核电市场，2015 年以来俄罗斯先后与越南、缅甸、印度尼西亚等国签署了核能合作协议。

东盟国家是俄罗斯重要的军售市场之一。俄罗斯在东盟军售的对象主要有两类国家。一是传统军事技术合作伙伴国，如越南、马来西亚和印度尼西亚等国。长期以来，俄罗斯是越南武器装备的最大供应国，在越南军备市场上占据绝对优势地位。据 SIPRI 统计，2014~2018 年俄罗斯居越南武器进口市场的第一位，份额为 78%；2012~2016 年越南居俄罗斯武器出口市场的第二位，份额为11%。俄罗斯是印度尼西亚军事装备的主要供应国。在过去的25年里，俄罗斯向这个群岛国家交付了价值超过25亿美元的武器，其中包括苏霍伊战斗机和步兵战车。2000~2017年，印度尼西亚占俄罗斯对该地区武器出口10%的份额。2014~2019年，缅甸采购的武器中至少有16%来自俄罗斯。二是对美国的亚太政策感到失望、不想对美国"一边倒"的东盟国家，如菲律宾等国。与美国相比，俄罗斯在军售时不附带政治条件和价值观要求、不介入东盟国家内政，这受到了部分东盟成员国的欢迎。作为与俄罗斯贸易合作最少的东盟成员国之一，近年来菲律宾与俄罗斯的军事技术合作逐渐增多。杜特尔特就任菲律宾总统后，一改此前菲律宾与美国交好的单边外交政策，向俄示好，并将军售和军事技术合作作为俄菲合作发展的重点领域之一。

4. 与印度的经济关系

俄罗斯与印度有着传统的友好关系。2019年9月在俄罗斯符拉迪沃斯托克举办的东方经济论坛上，俄罗斯总统普京称印度是"俄罗斯最关键的伙伴之一"。同时，印度也把与俄罗斯的关系当作印对外关系的重要支柱之一。

在全球经济减速和新冠肺炎疫情背景下，印俄两国的进出口受到一定的影响。2020年印俄双边贸易额仅为80.8亿美元，其中印度对俄出口额为26亿美元，俄罗斯对印出口额为54.8亿美元。印俄两国的贸易主要集中在钢铁、机械、电子、航空航天、汽车、商业航运、化工、制药、化肥、服装、宝石、工业金属、石油产品、煤炭、高端茶叶和咖啡产品等领域。加强经贸关系已被双方领导人确定为优先领域，并计划到2025年将双边投资额增加到500亿美元。

2021年9月1~5日，印度石油和天然气部部长访问俄罗斯，参加在符拉迪沃斯托克举行的东方经济论坛，与俄方共同主持了印度—俄罗斯商业对话，并与俄罗斯能源巨头，包括俄罗斯石油公司、俄罗斯天然气工业股份公司和西伯尔公司进行了磋商。2021年10月，印度钢铁部部长率领印度钢铁公司代表团前往莫斯科参加俄罗斯能源周。双方签署了一份具有里程碑意义的谅解备忘录，内容涉及俄罗斯向印度供应炼焦煤和钢铁行业合作事宜。

2021 年 12 月 6 日，俄罗斯总统普京对印度进行为期一天的短暂访问，并参加了俄印第 21 届峰会。该次峰会成为俄印关系发展的重要节点。峰会期间，两国领导人庆祝了《和平友好合作条约》签署 50 周年①，并签署了包括为期 10 年的军事合作协议在内的 28 项协议。俄罗斯开始向印度交付 S-400 导弹防御系统，向印度开出了出售卡-226T 直升机的优厚条件。这些措施为维护俄印关系发挥了积极的作用。俄印两国在军事领域合作频繁，其中武器贸易是俄印关系的重要内容。目前，印度国防体系中约 50%的产品依赖于与俄罗斯的武器贸易。除武器贸易、联合军事演习外，双方还开展了众多联合研制项目，涉及导弹、核潜艇和战斗机等现代军事前沿方向。

随着印度的不断发展，其对能源的需求日益增加，印度有可能超越日本成为世界第三大石油进口国。由于国际局势动荡对国际原油贸易路线构成威胁，印度将俄罗斯视为重要的能源供应国，加强了在能源领域同俄罗斯的合作。近年来，俄印双方加大了在石油和天然气领域的投资。目前，印度在俄罗斯石油、天然气领域投资超过 55 亿美元，其中包括印度财团收购俄罗斯 Vankorneft 公司 23.9%的股份和 Taas-Yuryakh 公司 29.9%的股份等。而俄罗斯国有石油巨头俄罗斯石油公司（Rosneft）则收购了印度埃萨石油公司 98%的股份。

在和平利用核能方面，俄印两国也加强了合作。俄罗斯参与了印度库丹库拉姆核电站的建造。此外，铀是核能工业发展的主要原料，俄罗斯是印度铀燃料的主要供应国。

在交通运输领域俄印两国也有密切的合作。2000 年，印度、俄罗斯、伊朗三国提出了"国际南北运输走廊"的构想。按照规划，该线路将绕开局势不稳定的阿富汗和印度近邻巴基斯坦，借助伊朗的海港联通里海，将印度、伊朗、中亚、外高加索和俄罗斯南部连接起来，起到促进经济发展、提高运输效率、保障能源安全的作用。2018 年，印度与俄罗斯确认了"国际南北运输走廊"构想。这条路线沿途很多地区盛产石油，表明俄印加强能

---

① 1971 年 8 月 9 日，苏联和印度缔结了具有军事性质的《苏维埃社会主义共和国联盟和印度共和国和平友好合作条约》。

源交通领域合作的强烈愿望。

近年来,俄罗斯积极开展对数字卢布的研究,印度也计划在不久的将来拥有数字货币,俄印两国在数字货币领域开展了有效的合作。印度同时考虑在其外汇储备中增加欧元和黄金的份额,这也是俄罗斯正在积极推进的方法。印度的去美元化将是对美印关系的直接挑战。

此外,俄印两国在新冠疫苗试验、生产、疫苗认证、药物供应和两国公民返回本国等问题上也开展了积极的合作。

(六)俄罗斯与非洲国家的经济关系

近年来,随着非洲的发展,世界各主要国家都加强了同非洲国家的合作,非洲大陆成为大国博弈的新战场。其中,2014年后,俄罗斯高调重返非洲。普京先后到访了埃及(2015年和2017年)、南非(2018年7月)等国,同时,多位非洲国家领导人也先后访问了俄罗斯,并在2019年举办了首届俄非峰会。2014年迄今,俄罗斯已经同非洲54国中的20个国家签署了包括军事合作在内的多领域合作协议。借助同非洲国家的外交关系,俄罗斯在非洲重新树立起其大国形象。

非洲是俄罗斯产品特别是非能源产品出口的重要目的地。虽然在西方制裁下俄罗斯产品的潜在市场正在缩小,但非洲国家仍然有意与俄罗斯扩大贸易。因此,非洲大陆是俄罗斯出口的一个日益重要的市场,包括从农产品到军事装备。即使在2020年新冠肺炎疫情期间,俄罗斯对非洲的出口也增长了7%,达到24亿美元,其中大部分是粮食和武器等。俄罗斯主要矿业公司,如Alrosa、Rusal、NordGold、Uralchem和Renova以及石油和天然气巨头——俄罗斯天然气工业股份公司、俄罗斯石油公司都活跃在非洲大陆。

俄非贸易主要集中在七个非洲国家——埃及、阿尔及利亚、摩洛哥、南非、突尼斯、尼日利亚和苏丹。俄罗斯与非洲的贸易总量不大,占俄罗斯对外贸易总额的3%,占非洲对外贸易总额的2%;但俄非贸易发展迅速,特别是俄对非洲国家的出口增长速度比较快(2018年增长84%)。因此,俄非贸易发展潜力巨大。武器和国防产品是俄罗斯对非洲的主要出口产品;非洲国家出口俄罗斯的主要农产品是水果、可可等。俄罗斯也一直在积极增加对非洲国家的农产品和食品出口。此外，在化肥领域，俄罗斯乌拉尔化工厂和乌拉尔钾肥公司都计划在赞比亚和津巴布韦等国开拓销售渠道。

俄罗斯在非洲的活动依据各国的自然资源禀赋不同而有所不同。俄罗斯在阿尔及利亚开采石油，在安哥拉、坦赞尼亚、南非建立水电站，在南非开采镍矿，在尼日利亚开采铝矿，在纳米比亚开采铀矿等。俄罗斯国家原子能公司同赞比亚、苏丹、卢旺达进行核电领域的部分合作。自 20 世纪 90 年代以来，俄罗斯国家原子能公司一直向非洲大陆唯一的核电站——南非的库贝赫核电站（Koeberg）供应浓缩铀产品①；在埃及建造埃尔达巴（El Dabaa）核电站②时向埃及提供贷款③。

2020 年新冠肺炎疫情后，俄罗斯承诺向非洲国家提供数百万剂新冠疫苗。2019 年俄非峰会之后，俄罗斯与非洲国家在政治、安全、经济、法律、科学、技术、人道主义、信息、环境等多领域开展了合作，该次峰会成为俄罗斯高调重返非洲的重要标志。根据该峰会的设置，以后峰会将每三年举办一次，2022 年将有可能举行第二届俄非论坛。④

（七）俄罗斯与拉美国家的经济关系

拉美国家有潜力形成一个独立于西方的经济区，并且拉美左翼执政的国家都很重视与俄罗斯的关系。俄罗斯与拉美地区国家保持着密切的联系，尤

---

① History of cooperation, https://rosatomafrica.com/en/rosatom - in - country/history - of - cooperation/.
② 埃尔达巴（El Dabaa）核电站将是埃及的第一座核电站，位于亚历山大以西 250 公里的地中海沿岸马特鲁省。2015 年 11 月，埃及与俄罗斯签署核电站建设和融资协议，于 2020 年动工建设，预计 2026 年开始调试。俄罗斯国家原子能公司（ROSATOM）是 El Dabaa 核电站的开发商。该核电站包括 4 个压水反应堆（PWR），总容量为 4.8GW，其发电量预计将占埃及发电能力的 50%。该核电站将由埃及核电站管理局（NPPA）拥有和运营。根据埃及财政部与俄罗斯联邦财政部签署的融资协议，俄罗斯将提供 85% 的建设资金，约 250 亿美元的贷款。贷款在 22 年内以每年 3% 的利率偿还。
③ https://www.aier.org/article/russias - africa - policy - geopolitics - and - commercial - interests/ Russia's Africa Policy: Geopolitics and Commercial Interests.
④ https://summitafrica.ru/en/about-summit/declaration/.

其是巴西、委内瑞拉、厄瓜多尔、阿根廷等国。

早在 1885 年阿根廷便与沙皇俄国建立了外交关系，迄今已有百年多历史。阿根廷首都约有 30 万俄罗斯裔移民。[①] 俄罗斯支持阿根廷对马尔维纳斯群岛的主权声索。1982 年，在马尔维纳斯冲突爆发之前，苏联对联合国第 502 号决议投了弃权票，该决议要求阿根廷军队撤离，停止敌对行动和恢复谈判。阿根廷政府希望苏联作为安理会常务理事国行使否决权，但因谈判仓促没有成功。

在阿根廷回归民主后，阿方辛总统（1983~1991）特别重视与苏联的关系，增加贸易往来并促进农业、工业和基础设施合作项目的发展。1986 年，戈尔巴乔夫与阿方辛会晤时强调："如果不包括古巴，阿根廷是苏联在拉丁美洲最重要的伙伴。"阿根廷发电厂的一部分设备是由苏联制造的。最后一位访问苏联的阿根廷总统是卡洛斯·梅内姆，他有意增加对苏贸易以及军事和情报交流。在此情况下，戈尔巴乔夫表示："在我青年时代，拉丁美洲是美国的后院，但随着现任领导人更加负责，世界正处在一个伟大的转型过程中。"

近年来，普京曾两次访问阿根廷。第一次是在 2014 年 7 月，他与时任阿根廷总统克里斯蒂娜会晤并签署了核能合作协议。第二次是在 2018 年 12 月，普京抵达布宜诺斯艾利斯参加由阿根廷主办的二十国集团峰会。

2015 年 4 月，阿根廷与俄罗斯签署了全面战略伙伴关系协定，这个协定包括一系列涵盖科学、技术、贸易、文化、政治协商、能源、教育的协议。在俄阿两国领导人发表的联合声明中还强调，南大西洋军事化不可接受，反对美英军舰和潜艇定期在该区域的活动。他们强调，拉丁美洲必须遵守《核不扩散条约》。俄罗斯多次公开支持阿根廷对英国控制的马尔维纳斯群岛的领土主张。

2021 年 12 月 23 日，阿根廷卫生部批准了由俄罗斯研发的"卫星-V"

---

① 进入阿根廷的俄罗斯移民潮可以分为五波，他们在不同历史时期进入阿根廷。参见 Русская белая эмиграция, И. Н. Андрушкевич. Буэнос-Айрес, 2004 г. 。

新冠疫苗的紧急使用申请，阿根廷由此成为拉美第一个、全球第二个批准使用俄罗斯新冠疫苗的国家，并承诺购买2000万剂"卫星-V"新冠疫苗。由于俄罗斯的新冠疫苗在研制过程中省略了临床试验中必不可少的第三阶段，疫苗的质量和效果还存在疑问，为了表示对俄罗斯疫苗的支持，阿根廷总统阿尔贝托·费尔南德斯成为阿根廷第一个注射俄罗斯新冠疫苗的人。2021年6月4日，俄阿两国总统举行视频会议，共同宣布在阿联合生产俄罗斯"卫星-V"疫苗。随后，俄罗斯与委内瑞拉、墨西哥及巴西的两个州（巴伊亚州和巴拉那州）也签署了新冠疫苗供应协议。

俄罗斯计划在阿根廷发展核能和常规能源。阿根廷拥有世界第二大非常规油气田。阿根廷的能源有20%是使用俄罗斯设备生产的，俄阿在油气领域开展了广泛的合作。俄罗斯公司有意为阿根廷水力发电站供应设备。俄罗斯还提出了核能合作的备选方案，内容涉及建设一个强大的核反应堆和其他中子反应堆，甚至建设浮动式核电站，这是世界上最具创新性的项目之一，俄罗斯是唯一建造过浮动式核电站的国家。阿根廷是一个由北向南延伸的国家，海岸线非常长，有在任何地方安装这种反应堆的优势，并可以为最小的城镇以及有需求的地方提供能源。俄罗斯提出的项目还包括巴亚布兰卡盆地铁路线的建设和翻新工程，该铁路全长750公里，需要新建150公里，翻新修复600公里，项目总投资为8亿美元。

巴西是拉美地区的重要国家，俄罗斯同巴西保持着密切的联系。近年来，两国的双边贸易、高层互访以及军事技术关系都取得显著进展。俄罗斯和巴西在联合国、金砖国家集团和其他国际组织中也保持着密切的合作关系。正是在这种密切的经贸关系基础上，2014年3月，巴西在对联合国大会第68/262号决议投票时投了弃权票，拒绝在克里米亚问题上谴责俄罗斯。

俄巴贸易往来在拉美国家中规模最大。2001年巴西与俄罗斯的双边贸易额仅有10亿美元，2008年双边贸易额增至65亿美元。此后多年发展平稳，在西方制裁、新冠肺炎疫情等多种因素影响下仍稳步增长，2021年达到75亿美元。对俄罗斯的出口仅占巴西贸易总额的0.74%。巴西对俄罗斯的出口以农产品为主（约占对俄出口总量的94%），包括牛肉、家禽、大豆、咖啡等。俄罗斯对巴西的出口虽然比进口更多样化，但化肥占有比较大的份额，约占65%。大豆是巴西的主要作物，随着产量的增长，大豆对含磷肥料的需求不断增长。因此，俄罗斯是巴西农业化肥的主要来源国。此外，自俄罗斯进口的金属和高科技机械设备分别占巴西进口总额的12%和11%。

俄巴两国的相互投资规模不大。早在2011年，俄罗斯天然气工业股份公司在里约热内卢开设了代表处。同年，俄罗斯亿万富翁伊戈尔·久津（Игорь Зюзин）（俄罗斯钢铁制造商和煤炭生产商 OAO Mechel 首席执行官）与巴西钢铁生产商 Usina Siderurgica do Para 建立了一家注册资本为8亿美元的合资企业。俄罗斯 TNK-BP 公司和巴西 HRT Participações em Petróleo 公司利用亚马孙油田联合生产石油和天然气。2011年，俄罗斯国防出口公司与巴西政府就建立生产轻型装甲警车的合资企业进行了谈判。

近年来，巴西对核技术的需求不断提升。《巴西国家能源计划》要求到2030年建造4~8座核电站。巴西信任俄罗斯的反应堆，认为其比日本福岛核电站具有更好的安全机制。

在双边贸易和沟通日益广泛的背景下，军事和技术合作已成为俄巴两国关系中的前沿领域。

俄罗斯和巴西在能源、国防、农业、核电、化肥、天然气、空间技术、电信技术等领域有着广泛的合作。俄罗斯支持巴西在高科技产业，包括国防和核电部门的发展。未来，俄巴合作的增长点聚焦农业、制药、数字经济、电子商务等领域，两国经济关系将有广阔的发展前景。

小　结

在美欧等国对俄罗斯制裁逐步升级的背景下，由于国际原油价格的波动、新冠肺炎疫情的影响以及乌克兰局势的进一步恶化，俄罗斯与世界各国的经济关系出现了新的变化。一方面，俄罗斯经济通过实施"进口替代"

政策取得了一定的成绩，为可能到来的各种制裁和危机做好准备；另一方面，在全球化背景下，俄罗斯也越来越重视与世界各国的经济联系，这既可以为俄罗斯经济发展提供必要的国际环境，同时也是俄罗斯打破美欧等国制裁、进行突围和反制裁的需要。因而，制裁和反制裁已成为俄罗斯对外经济联系的重要内容。也正是在制裁的背景下，俄罗斯与美国、欧盟、亚太、非洲、拉美等国家和地区的经济关系有着不同的内容和不同的特点。

外　交
Diplomacy

Y.16

2021年俄罗斯亚太外交：
加强地缘政治影响力与扩展经济利益

李勇慧*

摘　要： 在俄罗斯与西方的对抗和对冲交替进行、俄罗斯与美欧结构性矛
盾无法解决的前提下，俄罗斯亚太外交在俄对外政策中显得更加
重要，更具对冲性、战略性，以及长远性。2021年俄罗斯加紧
布局亚太外交，奉行加强地缘政治影响力与扩展经济利益同步并
举的政策。俄罗斯与亚太友好传统国家巩固政治关系，加强信
任；重视与东盟的多边合作；与美国盟友日韩发展不等距离的关
系。与亚太国家经济关系平稳发展，虽然经贸额较低，但是经贸
关系潜力巨大。俄罗斯亚太外交人文合作中抗疫合作突出。俄罗
斯亚太外交谋划构建欧亚地区的地缘政治新格局遇到美国"印
太战略"的挑战。

----

* 李勇慧，中国社会科学院俄罗斯东欧中亚研究所俄罗斯外交研究室副主任，研究员。

关键词： 亚太外交 俄日关系 俄印关系 俄韩关系 俄蒙关系

2021 年，相比俄罗斯与西方紧张对峙、剑拔弩张的关系，俄罗斯与亚太国家关系在平稳中向前推进，务实合作富有前景，既体现对冲性，也具有战略性。美国"印太战略"是俄亚太外交谋篇布局的主要障碍。2021 年俄罗斯亚太外交主要有以下几个特点。

一 与传统友好国家进一步巩固政治关系，不断增强互信

2021 年是俄（苏联）与印度《和平友好合作条约》签署 50 周年及俄罗斯与印度建立战略伙伴关系 20 周年纪念。2021 年俄印关系最引人瞩目的就是 12 月 6 日普京对印度的访问。这是时隔 2 年，而且是疫情期间普京第一次出国访问，这次访问内容非常丰富。普京和莫迪都有可能在 2024 年后继续执政，因此此次访问具有战略意义，也为两国战略伙伴关系提供了充足的动力。

普京访问期间，双方不仅讨论了双边关系，确立了"2+2"外长和防长会晤机制，还更多地讨论了地区和全球性的问题，以及两国在这些问题上的合作。峰会后双方发表了题为"和平、进步与繁荣的伙伴关系"的联合声明，声明共有 99 项内容，[①] 几乎涵盖了两国双边和国际合作的所有方面，从推动双边关系到改革联合国议程、解决地区危机和热点问题等，俄印再次重申尊重联合国的核心作用，致力于多极化，维护战略稳定，希望共同为应对全球新挑战和威胁做出贡献，并将在金砖国家、上海合作组织、俄印中战略三角、G20 等平台上就国际热点问题继续互动。例如，在阿富汗问题上，

---

① Путин и Моди договорились о новом этапе сотрудничества России и Индии, https: // rg. ru/2021/12/06/putin - i - modi - dogovorilis - o - novom - etape - sotrudnichestva - rossii - i - indii. html.

俄印希望阿富汗成立一个真正具有包容性和代表性的政府，反对将阿富汗变成全球恐怖主义的避风港。与此同时，俄印表示在解决叙利亚危机方面将团结一致，支持迅速恢复与伊朗的核协议。双方一致强调执行联合国大会和联合国安理会关于打击恐怖主义和极端主义的决议以及联合国全球反恐战略的重要性，强烈谴责一切形式和表现的恐怖主义，呼吁国际社会加强合作，共同打击恐怖主义。

越南是俄罗斯在亚太地区的传统伙伴之一，俄越政治关系始终建立在高度互信的基础上并不断得到巩固。两国高层互动频繁，越共中央总书记阮富仲于 2021 年 4 月与俄罗斯总统普京通电话；越南国家主席阮春福于 2021 年 9 月与普京通电话；越南国会主席王庭惠于 2021 年 6 月与俄罗斯联邦委员会主席马特维延科通电话；越南外长裴青山于 2021 年对俄罗斯进行了正式访问。

2021 年是俄越建立全面战略伙伴关系 20 周年。11 月 29 日至 12 月 2 日，越南国家主席阮春福访俄，这是越南在 2021 年开展的重要双边活动之一，此访成功为俄越两国关系巩固、全面、务实和稳定发展开启了新阶段，为俄越建立全面战略伙伴关系注入新动力。同时证明了俄越关系是始终如一、相互支持和特殊密切合作的关系。[①] 俄罗斯总统普京在会谈中重申，俄罗斯始终将越南视为地区的主要战略伙伴。阮春福强调，普京总统是越南人民伟大而亲密的朋友，越南一贯重视发展与俄罗斯传统友谊和全面战略伙伴关系。双方在会谈后发布《2030 年前俄越全面战略伙伴关系愿景的联合声明》，重申将继续携手努力，到 2030 年加强俄越全面战略伙伴关系。除了高层定期会晤外，两国保持多个专题对话和交流机制，如副外长级年度外交与防务安全战略对话会、副防长级国防战略对话等。此外，两国外交部在合作计划框架内建立了部级、局级、司级之间政治定期磋商机制。

在多边外交方面，俄越在联合国、亚太经合组织（APEC）、亚欧会议（ASEM）等国际组织和论坛上保持密切配合与互相支持。在南海问题上，

---

① Вьетнам ждет активизации России в Юго-Восточной Азии. https：//www.ng.ru/kartblansh/2021/11/25/3_ 8311_ kb. html.

支持有关各方保持克制，不使用武力或威胁使用武力，在遵守包括《联合国宪章》《联合国海洋法公约》等国际原则和标准的基础上，以和平方式解决争端。俄越支持全面且有效落实 2002 年《东海各方行为宣言》（DOC），欢迎有关各方为尽快达成《东海行为准则》（COC）而做出努力。

2021 年蒙古国与俄罗斯建交 100 周年，蒙古国总统呼日勒苏赫于 12 月 15~17 日对俄罗斯进行正式访问。会晤后双方发表了蒙俄建交 100 周年联合宣言，再次重申了两国世代友好的传统关系，签署多项合作文件，进一步深化了两国的政治经济关系。这是呼日勒苏赫 6 月当选蒙古国总统之后的首次外访，他希望蒙古国成为中俄友好关系的受益者。秉持中立和独立的立场，是呼日勒苏赫最基本的执政理念。可以看出，呼日勒苏赫的外交政策更加务实，对蒙古国在欧亚大陆的地位认识也更加清晰。

蒙古国提出"过境蒙古国"交通计划，旨在发展交通基本设施，将蒙古国打造成连接亚欧、连接中俄的运输走廊。2021 年 12 月，蒙古国副总理萨·阿玛尔赛汗与俄罗斯天然气工业股份公司董事会主席米勒举行在线会晤，双方签署纪要文件，确认俄罗斯经蒙古国向中国输送天然气管道项目技术经济可行性研究报告已经完成。2021 年，在俄罗斯经蒙古国向中国输送天然气管道建设项目框架内实施了三个重大项目，具体为：确定天然气管道铺设路线地带，完成技术经济可行性研究报告，获得专项任务公司所需相关许可。目前以上工作已经全部完成，随时准备开展下一阶段工作。2022 年该项目计划开展详细的工程研究和天然气管道设施的设计工程，工作于 5 月开始，计划于 11 月 30 日完成。

二 重视多边外交与合作，加强与东盟关系

2021 年是俄罗斯与东盟建立外交关系 30 周年。经过 30 年的发展，双方关系得到进一步巩固。2021 年 10 月 28 日，普京总统在线出席了第四届俄罗斯-东盟峰会，普京在致辞中强调俄罗斯与东盟的战略性关系，指出东盟是俄罗斯外交政策的优先事项之一，双方在全球和地区重大问题上立场相

近，都希望在亚太空间开展平等互利的合作。峰会期间双方发表了联合声明，表达了建设和平、稳定和有韧性的地区的意愿；双方共同发布了俄罗斯与东盟战略伙伴关系将实施的综合行动纲要（2021～2025 年），纲要包括103 项内容，从双边关系到多边合作都做出了明确的规定，是一份面向未来的详细的合作路线图。俄罗斯通过签署一系列重要文件与东盟巩固战略伙伴关系。2021 年 12 月初，俄罗斯与东盟首次海上联合军演在印度尼西亚北苏门答腊海岸附近展开，东盟 10 个成员国全部参加。俄罗斯驻东盟大使伊万诺夫称，此举意味着"俄罗斯与东盟正开启战略伙伴关系的新篇章"。

俄罗斯与东盟合作也是俄罗斯在亚太地区强化存在感、扩大地缘政治影响力的主要内容。俄罗斯在与东盟的多边外交中承认东盟在地区的中心地位，尊重东盟的共同价值观与规则，在此框架下通过对话和合作维护地区的和平与稳定。

首先，在政治安全领域内的合作，充分尊重和利用东盟的共同价值观和行动原则，巩固和构建俄罗斯与东盟政治安全合作机制。包括巩固"10+1"形式，即俄罗斯-东盟峰会和东盟部长级会议、俄罗斯-东盟高级官员会议、俄罗斯-东盟联合合作委员会会议、俄罗斯-东盟对话伙伴关系及其他工作机制；必要时继续俄罗斯和东盟成员国驻第三国大使的互动；发展俄罗斯和东盟负责安全问题的高级代表磋商机制，将其作为一个非正式平台，促进就国际安全、应对传统和非传统威胁与挑战的经验和最佳做法进行交流；促进俄罗斯联邦与东盟成员国国防部长的对话伙伴会议（"CMAS Plus"），经CMAS 批准的联合演习、培训、科学讨论和互动实际合作等。①

共同打击恐怖主义和跨国犯罪。执行、更新已有合作计划，根据《联合国宪章》、联合国安理会专题决议和《联合国全球反恐战略》加强国际反恐合作，包括举办培训，交流信息，建立和联通数据库，鼓励跨宗教和文化对话，发展信息通信技术，确保信息网络安全等。

---

① Комплексный план действий по реализации стратегического партнёрства между Российской Федерацией и Ассоциацией государств Юго-Восточной Азии（2021–2025 годы），http：// www. kremlin. ru/supplement/5726.

其次,加强经济领域的多边合作。促进俄罗斯与东盟在国际多边组织框架下的合作,包括联合国系统相关组织、世界贸易组织、国际货币基金组织、世界银行集团、世界经济论坛、亚太经济合作组织和二十国集团。推动东盟与上合组织以及欧亚经济联盟的合作,推动欧亚地区经济一体化的发展。通过建立和扩大俄罗斯与东盟成员国企业之间的合作,包括通过俄罗斯-东盟商业理事会、东盟商业咨询委员会、俄罗斯联邦工商会和东盟成员国国家工商会等机构和组织,扩大俄罗斯与东盟之间的贸易和投资机会。利用东盟商业与投资峰会及圣彼得堡相关商业论坛平台举办商业峰会、对话、投资座谈会等活动,包括俄罗斯-东盟商业理事会推荐的活动,如国际经济论坛、东方经济论坛,以及叶卡捷琳堡的"INNOPROM"国际工业展览会。

在东盟能源合作行动计划第一阶段(2016~2020年)的基础上,配合制订新的2021~2025年俄罗斯-东盟能源合作工作计划。探索在民用核电及相关产业领域进一步开展核电合作的机会。通过增加对包括可再生能源和替代能源在内的所有能源的联合研究、开发、生产和使用,促进低碳和高能效可持续发展,提高能源安全和可持续性方面的能源合作技术水平。

加强数字经济合作,在工业和矿产资源领域发掘合作潜力。推动欧亚地区互联互通,支持俄罗斯和东盟的运输和物流供应链多样化,以提高效率和竞争力,促进经济增长。加强俄罗斯与东盟相互粮食供应、加强农业和林业合作。在信息和通信技术领域继续开发和更新更多方向的合作。

再次,人文领域的交流与合作也是俄罗斯与东盟有潜力的发展方向,包括教育、旅游、人员培训、生态环境保护、医疗卫生等方面。

最后,加强智慧城市建设和网络联通,建立俄罗斯与东盟智慧城市联合工作组。参与对方智慧城市的建设,发展区域经济和互联互通,推动可持续发展。

三 俄与美国盟友日韩发展不等距离的关系

美国推动"印太战略",其两个盟国日本和韩国是其重要的战略伙伴,日本是美国"印太战略"的基础，韩国被寄予希望。在此背景下，日本加紧追随美国，但韩国尚未表示要加入"印太战略"。美国"印太战略"的推进影响俄罗斯与日韩的政治关系，2021年俄日关系相对疏远，俄韩关系较为密切。

2021年俄韩关系进一步稳定向前发展，相互举办了纪念建交30周年的活动。3月24日，俄罗斯外长拉夫罗夫在韩国与文在寅总统共同为"俄韩交流年"揭幕。这是拉夫罗夫自2013年陪同俄罗斯总统普京访韩后时隔8年再次访韩，俄韩关系更加接近，充满了建设性议程。在西方对俄遏制打压的背景下，韩国并未直接参与对俄的"围堵"。俄罗斯外长拉夫罗夫在韩国强调反对美国推进的"印太战略"，他表示，美国试图改变亚太地区的战略格局，与以东亚峰会、东盟地区论坛、东盟防长扩大会议等为核心的地区结构对峙，这令人担忧。他指出，美国积极推动的"印太战略"是在国际上构建反对特定国家的联合阵营。

俄韩政治关系密切，不仅体现在双边关系上，还体现在关于朝鲜半岛问题的密切沟通上。2009年为斡旋半岛局势，拉夫罗夫外长曾先后访问朝鲜和韩国。文在寅总统对俄外交表现出极大的兴趣，支持中俄提出的解决半岛局势的双暂停路线图，对俄罗斯协助解决朝鲜半岛问题寄予希望。2022年1月17日，朝鲜进行了自年初以来的第四次导弹发射。1月26日，俄罗斯副外长莫尔古洛夫与韩国和平与安全特使卢奎德通电话，双方讨论了朝鲜半岛局势。① 韩国希望俄罗斯在促进半岛问题解决进程中发挥积极作用。

2021年俄日之间的领土问题再次陷入僵局，日本追随美国的印太战略导致俄日关系低迷。2020年8月日本首相安倍晋三因病辞去首相职位，其解决领土问题的事业未竟。2021年菅义伟执政下日美安保同盟进一步加强，与邻国关系都有不同程度倒退。俄罗斯普京总统在9月召开的东方经济论坛上提出，在有争议岛屿南千岛群岛（日本称北方四岛）实行免税10年的优

---

① Представители РФ и Южной Кореи обсудили ситуацию на Корейском полуострове，https：//regnum. ru/news/3488195. html.

惠政策，鼓励本国和外国企业去那里投资建业。① 对此，日本认为俄违反了
国际法，俄罗斯的政策等同于俄日之间不存在领土问题。② 俄罗斯全俄舆论
研究中心做过一次调查，77%的俄罗斯人认为与日本之间不存在领土问题，
领土问题已经全部解决。③ 日本民众认为安倍对俄政策是失败的，领土问题
没有得到解决，还将俄视为战略伙伴，而俄罗斯却在有争议的领土上宣布建
立经济特区，这更令日本"受伤"。④

2021年10月新上台的日本首相岸田文雄认为，俄罗斯在领土问题上强
硬，同时又与中国结成战略协作伙伴关系，因此，中俄关系是日本最大的战
略挑战。岸田上台后对俄政策首先从领土问题出发，立场非常强硬，他在竞
选辩论中表示，他的任务是将四个岛屿全部收归日本管辖，从实力出发，全
力保护国家利益和领土完整。⑤ 这个立场比安倍时期更加大胆和激进。安倍
没有直接喊出四岛全部归还的口号，甚至暧昧同意可先归还四岛中的两个小
岛——齿舞和色丹。在地区事务上岸田也表示要与俄拉开距离，进一步迎合
美国的"印太战略"，毫无安倍时期在日俄之间弱化美国因素维护与俄合作氛
围的努力。针对岸田的表态，俄外长拉夫罗夫表示要谨慎看待俄日关系。⑥

美国拜登总统上台后，不断加强"印太战略"，在这一背景下，俄日关
于和约的谈判已停止。由于俄罗斯在2020年宪法修正案中禁止对领土进行
割让，俄日之间的领土问题似乎陷入僵局。不仅如此，2021年俄罗斯重要

---

① На Курильских островах создадут особый налоговый режим, https：//ria. ru/20210903/
kurily-1748482876. html.

② Япония назвала особый налоговый режим на Курилах «неприемлемым», https：//vz. ru/
news/2021/09/24/1120665. html.

③ Опрос показал, что 77% россиян выступают против передачи Японии южных Курил,
https：//ria. ru/20190128/1549996832. html.

④ Новое руководство японии не видит в россии стратегического партнёра, но и не считает её
врагом, https：//globalaffairs. ru/articles/novoe-rukovodstvo-yaponii/.

⑤ Японская пресса：Новый премьер намерен говорить с Россией по вопросу островов с
позиции силы, https：//topwar. ru/187711-japonskaja-pressa-novyj-premer-nameren-govorit-
s-rossiej-po-voprosu-ostrovov-s-pozicii-sily. html.

⑥ Лавров считает, что говорить о влиянии нового правительства Японии на диалог с РФ
рано, https：//tass. ru/politika/12571905.

领导人频繁登上有争议的岛屿宣示主权。7月，俄罗斯总理米舒斯京登上了南千岛群岛进行视察，这是继2015年时任俄罗斯总理梅德韦杰夫两次登岛后俄罗斯再次向日本表明其维护领土主权的态度。米舒斯京视察了岛上的基础设施，了解了当地的社会经济发展状况。现在看来，这是为普京9月宣布在南千岛群岛建立经济特区做准备。10月，俄罗斯两位副总理也到南千岛群岛视察工作，以进一步落实普京的9月指令。日本官方和学界对俄方在有争议岛屿上实施的政策和活动表示抗议和担忧，同时指出，俄2020年宪法修正案实质上已经关闭了解决有争议领土问题的大门。

2021年10月中俄进行海上联合军演，第一次组队穿越日本主要岛屿本州岛和北海道之间的津轻海峡，在日本海进行了中俄两军有史以来的第一次战略巡航，这是中俄相互借重对日本与美国加强"印太战略"的回应，对日本进行"敲打"的意味浓重，引起日本国内的严重焦虑，也再次显示了俄罗斯在东北亚地区的地缘政治影响力。

四 俄罗斯与亚太国家经济关系平稳发展

第一，俄日经贸关系稳定发展。2021年1~9月俄日经贸额为141亿美元，同比增长18%。俄日经济合作正在按照日方2016年提出的八点合作计划平稳发展。作为该计划的一部分，在广泛的领域进行了合作：迄今为止，已在医药、城市环境、中小企业、能源、产业多元化和生产力等领域形成了约200个商业项目。疫情期间，俄日联合开发了一种快速检测新型冠状病毒的方法，该检测方法主要用于接待外国人抵达的机场。此外，哈巴罗夫斯克的俄罗斯铁路医院开设日俄预防医学和诊断中心的项目正在落实。俄日在绿色能源领域的合作也在发展，例如阿穆尔州的甲醇项目和萨哈共和国的风能项目。

在地方合作层面，地区和城市之间的交流为俄日两国关系的进一步发展发挥了积极的作用。2019年5月G20大阪峰会期间，俄日达成了举办"俄日地区间结对交流年"的协议。即使在新冠肺炎疫情大流行的背景下，交流年框架内仍举行了各种活动，包括线上线下形式。自 2020 年 1 月"俄日地区间结对交流年"启动以来，日方已开展约 200 个项目，参与人数超过 40 万人次。2021 年底，俄罗斯最大的日本节日"J-FEST"首次在网上举办。在莫斯科政府和其他合作伙伴的协助下，超过 21 万人次参加了为期三周的活动。①

第二，俄罗斯与韩国经贸关系不断提升合作水平。排除美国制裁的影响，俄韩近些年的经贸关系得到较大的改善。韩国总统文在寅希望将他的新北方政策和九桥计划与俄罗斯的远东开发结合起来，进行战略项目的对接，以确保获取俄罗斯天然气等能源的长期供应。② 2021 年在庆祝韩俄建交 30 周年之际，两国为应对不断变化的经贸形势，积极寻找有前景的合作领域，修订了 2019 年 2 月两国副总理商定的《落实九桥倡议行动计划》，该计划规定在包括经济在内的九个重点领域分别实施具体项目，编制了《实施九桥倡议 2.0 行动计划》，两国副总理于 2021 年 10 月在视频会议上签署了该计划。"九桥行动计划 2.0"的合作领域有能源、铁路和基础设施、造船、港口和航运、健康、农业和渔业、投资、创新、文化和旅游。此外，更新后的行动计划还包括中长期能源基础设施建设目标，以创造机会将朝鲜半岛与广阔的欧亚大陆连接起来，实现整个欧亚大陆的共同繁荣。

2021 年 11 月第三届俄韩地方合作论坛商务项目启动，来自远东和北极 18 个地区的代表、发展机构负责人和企业家参加。两国拟在滨海边疆区建立韩国工业园区，在天然气生产、能源、航运、汽车和造船、农业和渔业、医疗保健和创新技术等领域实施大型双边项目。俄罗斯总统普京在第三届俄韩地区间论坛开幕式上表示，俄韩关系正朝着建设性的友好方向发展。③

2021 年 12 月 7 日，俄韩经济、科学和技术合作联合委员会第十九次会议以视频方式在莫斯科举行。会上宣布，2021 年两国经贸额到年底很有可

① Быки идут медленно, но мощно, https://rg.ru/2021/03/30/iapono-rossijskie-otnosheniia-prodolzhaiut-razvivatsia-na-osnove-dostignutyh-dogovorennostej.html.
② Путин заявил, что отношения России и Южной Кореи развиваются в дружественном ключе, https://ru.valdaiclub.com/a/highlights/rossiya-yuzhnaya-koreya-sblizhenie/.
③ Путин заявил, что отношения России и Южной Кореи развиваются в дружественном ключе, https://www.gazeta.ru/politics/news/2021/11/04/n_ 16801279.shtml.

能达到 300 亿美元的历史最高水平。韩国对俄罗斯投资放缓。2020 年底，俄罗斯在韩国对外投资国家名单中排名第 35 位。在俄罗斯远东地区，有 10 个来自韩国的投资项目正在实施，总额达 1.2 亿美元。俄副总理特鲁特涅夫邀请韩国参与千岛群岛的开发，俄在千岛群岛建立具有特殊税收制度的新型优惠政策，投资者将获得开展业务和启动项目的新机会。俄罗斯还建议韩国投资以远东大学为基础创建的科学、教育和技术集群的教育和科技项目。俄韩举办了第三届国际合作论坛，俄罗斯邀请韩国参与北极地区开发，以及在南萨哈林岛的氢气生产项目投资。俄希望与韩国共同改变远东地区的交通运输状况，共同参与关于气候变化的联合项目。①

美国对俄制裁也影响了俄韩经济关系。尽管韩国没有加入对俄罗斯的制裁，但因为担心美国制裁与俄有合作的韩国公司，韩国银行并没有为韩国公司提供资金参与远东项目。涉及朝鲜的三边项目如联通半岛的铁路和天然气管道建设，以及电网联通等领域的合作前景都因半岛紧张的局势尚未开展。俄方指出："到目前为止，这些计划还停留在纸面上，但我们相信它们值得认真关注，因为其能够为解决朝鲜半岛问题创造条件。"韩国为了表达合作的诚意，也宣布暂停实施多项单边对朝鲜的制裁。②

第三，俄罗斯与蒙古国的经贸关系。2020 年俄蒙友好关系与全面战略伙伴关系条约生效，在此基础上，俄蒙优先发展经贸关系，2021 年 1～10 月双边经贸额同比增长 22%，达到 14.3 亿美元。2021 年 11 月 26 日，俄蒙政府间经贸、科技合作委员会第二十三次会议在乌兰巴托举行，讨论了多元化合作的问题。双方的主要合作方向是：从俄罗斯经蒙古国到中国的天然气管道建设可行性研究，现有能源设施的现代化改造和新能源设施建设项目的启动准备，提高合资企业修建乌兰巴托铁路的效率。双方在产业领域的合作不断扩大。在新冠肺炎疫情仍流行的情况下，2021 年乌兰巴托举办了现代俄

① Юрий Трутнев: В этом году российско-корейский товарооборот может выйти на исторический максимум, http://government.ru/news/44029/.

② Россия-Южная Корея: политическое сближение и экономическая активизация? https://ru.valdaiclub.com/a/highlights/rossiya-yuzhnaya-koreya-sblizhenie/.

罗斯农业和道路建设设备展览"Spetsmash-2021",计划向蒙古国矿业企业供应俄罗斯重型工程产品,以及讨论俄罗斯向蒙古国供应皮革原材料的可能性。① 未来,随着工业、能源、农业、环境保护、交通基础设施、高科技、数字经济和绿色经济领域的合作得到落实,两国经贸关系将会更具前景。

第四,俄罗斯与新加坡的经贸关系。2021 年 12 月 17 日,俄罗斯与新加坡举行了政府间高级别委员会第十一次会议,共同讨论了经贸合作问题,签署了联合声明。双方提出到 2025 年将双边贸易额提升到 50 亿美元,两国将在以下领域发展合作:农产品贸易、高科技企业、服务和投资、数字化和通信技术、创新和教育、开发北极、共同发展气候项目和绿色经济。双方特别提出要加强在金融领域的合作,使俄罗斯支付系统 MIR 能够在新加坡的 ATM 机上使用,以方便商业和旅游支付。2020 年底,俄新贸易额为 16.8 亿美元,2021 年 1~9 个月俄新贸易额为 17.1 亿美元。②

第五,俄罗斯和越南经贸关系的多样化得到增强。近年来,两国经贸合作活跃发展。2020 年两国的贸易额近 48.5 亿美元,同比增长近 9%。2021 年前 9 个月的贸易额达 36 亿美元,同比增长近 5%。截至 2021 年 4 月,在越南的投资来源国中,俄罗斯排名第 25 位,投资项目 144 个,注册投资总额达 9.44 亿美元。越南对俄罗斯的投资项目共 20 多个,注册投资总额近 30 亿美元。2021 年 12 月,俄罗斯副总理德米特里·切尔尼申科在莫斯科会见了越南副总理黎文青。黎文青是俄越政府间贸易、经济、科学和技术合作委员会的联合主席。双方重点讨论了建设发电和接收液化气的基础设施以及可再生能源园区的建设问题。同时,两国将在数字化、和平利用外层空间以及高等教育机构学术交流等领域加强互动,扩大燃料能源综合体、信贷金融等领域的合作。

俄越军事技术合作密切。越南是继印度和中国之后俄罗斯武器的第三大

---

① Встреча Михаила Мишустина с Президентом Монголии Ухнагийн Хурэлсухом, http://government. ru/news/44140/.

② Дмитрий Чернышенко и Тарман Шанмугаратнам определили приоритетные направления сотрудничества России и Сингапура, http://government. ru/news/44143/.

买家。根据斯德哥尔摩国际和平研究所（SIPRI）的数据，越南占俄罗斯武器出口的10%。越南从俄罗斯购买了636基洛项目的柴电潜艇、Su-30MK2战斗机、11661项目的Gepard-3.9护卫舰和沿海导弹系统。2020年1月，俄越签署合同，越南购买12架俄罗斯Yak-130战斗训练机，价值超过3.5亿美元。2021年12月1日，两国国防部长会议在莫斯科举行。俄罗斯国防部部长绍伊古与越南国防部部长范文江签署了军事技术合作政府间协议，以及军事历史领域合作备忘录。根据协议，俄越将在东盟各国国防部长会议机制内协调所有联合行动；越南决定参加第九届莫斯科国际安全会议，俄欢迎越南代表定期参加俄罗斯国防部的重大国际活动，包括陆军国际军事-技术论坛和国际陆军运动会；越南成为东南亚第一个举办2021年国际陆军运动会比赛的国家。12月1日，俄罗斯与东盟成员国在马六甲海峡开始了首次联合海军演习。

第六，俄罗斯和印度经贸关系历史悠久，能源军工合作突出。印度的石油和天然气消费量大部分来自进口，它正在大力投资开发俄罗斯的能源资源，包括在北极的项目。两国继续落实《2019~2024年油气行业合作发展路线图》，为了在2050年之前保持必要的经济增长率，印度至少25%的能源将由核设施生产。俄罗斯是唯一在印度建造核电站的境外国家，目前，俄罗斯建设的库丹库拉姆核电站是印度功率最强大的核电站，印度计划2039年之前再建造20多个核电机组。普京在12月访问印度期间，双方签署了一项2030年前军事技术合作协议，印度武装部队70%的装备来自俄罗斯，或是在俄罗斯许可下印度制造的军事装备，包括核潜艇，预警机以及可以使用俄全球导航卫星定位系统格洛纳兹，俄罗斯还将向印度供应S-400导弹防御系统，允许印度在北方邦生产AK-203卡拉什尼科夫冲锋枪。从某种意义上可以说，俄罗斯正是通过与印度等国家进行军事技术合作，推动了本国国防综合体的现代化改造。

俄印两国的贸易额并不高，2020年双边贸易额约为92.6亿美元，比2019年减少17%。相比之下，同期印度和美国的贸易总额为1460亿美元。2021年1~9月，俄印贸易额较2020年同期增长38%。双方计划将在2025

年实现双边贸易额 300 亿美元、相互投资达到 150 亿美元的目标。此外，欧亚经济联盟也将与印度就自由贸易协定展开谈判。

五 俄罗斯亚太外交人文合作中抗疫合作突出

虽然新冠肺炎疫情全球蔓延，俄罗斯与亚太国家的人员往来几乎停摆，但是云端的各项人文活动相继展开。由于俄罗斯拥有较先进的公共卫生防疫体系和防疫科学家，是应对新冠病毒研发的积极参与者，因此，俄罗斯与亚太国家的抗疫合作显得非常突出。

新冠肺炎疫情流行后，俄罗斯研发的"卫星-V"疫苗是世界上第一款得到注册的、大规模生产并且对民众进行接种的新冠肺炎疫苗。到目前为止，俄有五种疫苗可供选择使用；在新冠肺炎药物研发领域，俄科学家也取得数项新突破。俄首款注射剂形式的新冠药物"阿雷普利韦"（Арепливир）注册成功，2021 年 12 月投入生产，而片剂形式的"阿雷普利韦"药物自 2020 年起就已实现大规模生产。此外，俄联邦生物医学署宣布，新冠肺炎药物"和平-19"2021 年底注册，这是一款适用新冠肺炎全周期治疗的药物。俄加马列亚流行病学和微生物学国家研究中心主任金茨堡也宣布，俄科学家正在积极研发一款能够抑制新冠病毒繁殖的药物，适用于新冠肺炎重症患者，新药的临床试验于 2022 年 1 月开始，为期 3~4 个月。

凭借良好的医药科研条件，在疫情初期俄罗斯就开始与亚太国家进行抗疫合作，尽管俄罗斯国内新冠肺炎感染人数众多，但是死亡率极低。以旅游业为主的东南亚国家，虽不是感染率最高的国家，但是希望尽快控制疫情，打开国门重振入境旅游，因此均积极与俄罗斯展开抗疫合作。俄罗斯与亚太多数国家的抗疫合作主要体现在以下几个方面。

一是俄罗斯派出医疗科研队伍前往亚太国家进行科研支援，加强与亚太国家流行病学专家之间的互动，向亚太国家相互提供人道主义援助。俄罗斯与东盟国家建立了军医互动机制，组建志愿者团体相互协助。在俄罗斯和印度尼西亚的倡议下，该地区的国家领导人通过了《关于提高地区应对流行病能力的措施的声明》。在疫情严重时，俄罗斯向亚太国家派出流行病学专家组，提供检测、疫苗等抗疫物资援助。例如，俄向蒙古国运送了大约5500个检测系统、14.2万剂俄罗斯"卫星-V"疫苗等。

二是向亚太国家商业化转让技术，实现本地化生产，以确保疫苗和核酸检测的最大可用性。2021年1~8月，俄罗斯向域外国家出口36.25万支疫苗，出口额超过了7.137亿美元。[①] 在越南建立"卫星-V"疫苗全周期生产项目，就"卫星-V"和"Sputnik Light"疫苗在越南的装瓶和包装本地化达成协议，并向越南配送现代测试系统和移动实验室。俄韩合作生产针对新冠病毒的疫苗，并就进一步扩大医疗卫生、传染病防治等领域的合作达成共识。2021年5月，俄韩两国议长在莫斯科决定共同合作生产新冠疫苗，主要确保尽快建立俄罗斯"卫星-V"生产基地。俄罗斯直接投资基金（RDIF）和韩国生物技术领域的龙头企业之一"GL Rapha"在2020年底已签署在韩国生产1.5亿剂俄罗斯"卫星-V"疫苗的协议，计划将这些产品全面交付到中东国家。俄日联合开发了一种快速检测方法来诊断新的冠状病毒感染。此外，哈巴罗夫斯克的俄罗斯铁路医院进行俄日预防医学和诊断中心项目的合作。新冠肺炎疫情为俄印提供了更多的合作机会。世界上最大的疫苗生产商印度血清研究所（Serum Institute）一直在生产俄罗斯"卫星-V"疫苗，目标是每年生产3亿剂。

六 俄罗斯亚太外交谋划构建欧亚地区的地缘政治新格局遇到美国"印太战略"的挑战

美国正在亚太地区推动以美为主导的"印太战略"，近两年构建了新的多边机制，其中包括四方安全对话机制（QUAD）以及三方安全伙伴机制（AUKUS）。美国想把印度等亚太国家拉入四方安全对话机制，主要目的之

[①] Россия усилит коронавирусный фронт стран АСЕАН, https：//news. ru/asia/rossiya-usilit-koronavirusnyj-front-stran-asean/.

一是想让印度摆脱俄罗斯的影响并将其变成中国的主要对手，同时实施对中国和俄罗斯的双遏制战略。2021 年 9 月首次召开的四国领导人峰会达成安全领域的合作意向，并就卫星数据交换和 5G 网络发展达成一致，还将在 2022 年进行新冠肺炎疫情控制演习，并计划协调对阿富汗的政策。三方安全伙伴机制的成立进一步将美国的战略重心从欧洲转移到亚太地区，俄罗斯认为，这是美国正在组建"亚洲版"北约。

美国"印太战略"的意图是重新构建亚太地区的安全架构，削弱中国和俄罗斯在亚太地区的地缘政治影响力。针对四方安全对话机制的发展，俄罗斯学者认为，与三方安全伙伴机制的区别在于，四方安全对话机制的目标不仅是对抗中国，更是欲将印度从俄罗斯的影响下夺走。① 俄学者认为："印度可能会成为美国对抗中国的一个有价值的制衡点，同时制衡北京和莫斯科，最终将把亚太地区分为两个阵营：中国和美国盟友。美国的'印太战略'将俄罗斯推向中国并使之可能结盟。"其实这是俄罗斯不愿意看到的，因此普京 2021 年底亲自访问印度，俄罗斯强调印度对地区安全架构的重要性，提出俄印中要维持战略三角关系，成为亚太地区安全稳定的基础。

俄罗斯外长拉夫罗夫曾经指出，新的三方安全伙伴机制等联盟旨在削弱亚太地区现有的政治对话形式。美国"印太战略"不仅反华，而且破坏东盟在地区的中心地位，动摇东盟内部现有模式和稳定。② 俄罗斯把三方安全伙伴机制直接比喻为未来的"亚洲版北约"。不仅如此，美国将建造核潜艇的技术转让给澳大利亚，因此，事实上加速了地区军备竞赛，导致亚太地区战略局势进入不稳定期。俄罗斯担心，核潜艇技术的扩散会威胁俄太平洋舰队的安全。2021 年 10 月，俄罗斯太平洋舰队宣布未来将补充 4 艘潜艇，其中 2 艘配备巡航导弹，另外 2 艘配备弹道导弹，北约称其为"Murena"和

---

① Окно возможностей: Как Россия может воспользоваться антикитайским союзом, https://www.gazeta.ru/politics/2021/09/24_ a_ 14019301. shtml.

② Как создание AUKUS может повлиять на стратегическую ситуацию в Тихоокеанском регионе, https://russian. rt. com/world/article/913589-aukus-lavrov-tihii-okean-stabilnost.

"Typhoon" 项目。[1]

　　总之，俄罗斯亚太外交具有战略性，是俄罗斯成为全球大国、变革国际秩序战略的重要组成部分，是俄罗斯维护国家安全利益的重要组成部分。2021年6月出台的《俄罗斯联邦国家安全战略》再次明确，在亚太地区构筑欧亚地区秩序需要加强政治和经济关系多元化，俄罗斯亚太政策最优先的方向是中国和印度，其中的内涵就是：亚太地区安全形势复杂，要构建以俄中印以及东盟为支柱的亚太安全架构，以应对美国不断推进的"印太战略"，强化俄罗斯的地缘政治影响力。同时，俄罗斯通过欧亚经济联盟加大与亚太国家的自由贸易，参与亚太地区经济一体化的进程，特别是与印度、越南等经济快速发展的经济体合作，以扩大本国的经济利益，为未来"大欧亚伙伴关系"的建设做铺垫。而印度、东盟国家尽管在很多方面与俄罗斯拥有共同的利益，但在大国博弈中不选边站队才能实现它们利益的最大化。

---

[1]　Эксперт NI указал на усиление Тихоокеанского флота в ответ на появление союза AUKUS, https：//politexpert.net/265849-ekspert-ni-ukazal-na-usilenie-tihookeanskogo-flota-v-otvet-na-poyavlenie-soyuza-aukus.

Y.17

2021年举步维艰的俄欧关系

吕 萍*

摘 要： 2021年俄罗斯与欧盟的关系延续了自乌克兰危机以来的"非正常化"态势，纳瓦利内回国被捕并被判刑引发双方之间的外交冲突，欧盟因此首次动用了欧盟人权与民主行动计划，对俄罗斯官员施加制裁，引发俄罗斯的反制裁；欧盟认为"明斯克协议"未能得到充分执行，再次延长了对俄罗斯的经济制裁，俄罗斯也延长了对欧盟的制裁期限；博雷利提出了对俄关系"三原则"，即对抗、遏制、协作；俄罗斯与部分欧盟成员国相互驱逐外交官。北约与俄罗斯矛盾激化，美国支持乌克兰加入北约导致安全形势恶化，俄罗斯向美国和北约提出安全保障条约草案并希望得到美国的回应。"北溪-2号"天然气管道项目在美国的一路制裁下全部完工，等待通过欧盟和德国的认证以便开始运营，但俄乌形势的恶化导致该项目未来的不确定性增大。

关键词： 俄罗斯 欧盟与北约 乌克兰 制裁与反制裁 "北溪-2号"项目

2021年，俄罗斯与欧盟关系继续的恶化。一方面，纳瓦利内回国后立即被捕令俄欧双方在人权、自由等欧盟价值观问题上的冲突和对立更加严重，导致欧盟追加对俄制裁；另一方面，拜登上台后，修复重建了美欧关系令俄

---

* 吕萍，中国社会科学院俄罗斯东欧中亚研究所俄罗斯外交研究室副研究员。

罗斯与欧盟的关系进一步复杂化，"北溪-2号"天然气管道项目虽然完工进入认证阶段，但由于俄乌形势不利其未来能否顺利启动运营仍不明朗。同时，俄与北约各自军演频繁。在这种形势下，乌克兰危机的解决和"明斯克协议"的执行更加困难，俄罗斯与欧盟的关系难以在近期得到恢复。

一　俄欧龃龉不断、冲突频发

俄罗斯与欧盟从2021年初起争执与冲突不断，原有的问题没有解决，新问题又层出不穷，双方关系在冰点层面再度下滑。

（一）纳瓦利内归国被捕引发俄欧新冲突

2020年，纳瓦利内中毒案犹如一场强烈"地震"，令俄罗斯为缓和与欧盟关系所付出的努力功亏一篑，双方关系也因此在克里米亚"并入"俄罗斯后再度陷入谷底。2021年伊始，纳瓦利内回国即被捕并被判刑入狱，重新引发俄罗斯与欧盟在人权、自由等价值观问题上的尖锐冲突和对立。

1月17日，在德国接受了5个月治疗的纳瓦利内返回俄罗斯。为了避开在原定降落机场等候的记者和纳瓦利内的支持者，飞机在莫斯科上空盘旋一个多小时后，改换机场降落。纳瓦利内随即在走出机场时被以多次违反保释期间规定为由拘捕。次日，纳瓦利内被判入狱30天。2月2日，纳瓦利内三年半有期徒刑缓刑的判处被取消。纳瓦利内被捕并被判刑激起欧盟对俄罗斯的强烈谴责，认为这是对批评政府者的政治迫害。尤其是德国总理默克尔和法国总统马克龙认为，对纳瓦利内的判刑违背法治国家的标准，是不可接受的，要求俄罗斯立即撤销判决，还纳瓦利内以自由。欧盟理事会主席米歇尔和欧盟委员会主席冯德莱恩也呼吁立即释放纳瓦利内。

2月4日，欧盟外交与安全政策高级代表博雷利到访俄罗斯。博雷利计划就无条件释放纳瓦利内、乌克兰局势、美国总统换届后的伊核问题、新冠肺炎疫情以及气候变化等问题与俄罗斯磋商，并表示希望会见俄罗斯反对派。但俄罗斯在博雷利访问前就明确表示不会回应任何说教式的声明。博雷利的此次访问并不成功，俄方不仅没有在纳瓦利内问题上满足欧盟的要求，而且在博雷利访问期间以非法参与支持纳瓦利内的反对派活动为由驱逐了德国、瑞典和波兰的3名外交官。不仅如此，俄罗斯还当面拒绝了博雷利关于撤销这一决定的请求。俄罗斯的这一做法被欧盟视为对博雷利和欧盟的"侮辱"。博雷利返回欧洲后称"俄罗斯正在远离欧洲"，并表示将发起对俄罗斯的制裁。[①] 俄外长拉夫罗夫则表示如果欧盟对俄罗斯的经济敏感部门实施制裁，俄罗斯将断绝与欧盟的关系。[②]

3月2日，欧盟首次动用之前通过的欧盟人权与民主行动计划，就纳瓦利内被捕并被判刑一案对俄罗斯施加制裁。欧盟此次制裁的对象是俄侦委主席巴斯特雷金、俄总检察长克拉斯诺夫、俄国民近卫军总司令佐洛托夫、俄联邦惩罚执行局局长卡拉什尼科夫。作为报复，俄罗斯对8名欧盟官员实施了反制裁，禁止他们入境俄罗斯。

（二）欧盟延长对俄罗斯的个人和经济制裁

3月12日，欧盟宣布，因破坏乌克兰领土完整和主权，将对俄罗斯和乌克兰有关公民实施的制裁有效期延长半年。欧盟从2014年3月起因克里米亚"并入"俄罗斯而对俄罗斯和乌克兰的部分公民实施个人制裁，制裁名单中包括177名个人和48家组织，2020年10月，因建造克里米亚大桥欧盟又将2人和4家机构列入制裁名单。

2015年3月欧盟开始将是否撤销制裁与"明斯克协议"的执行情况挂钩。2021年7月12日，欧盟理事会宣布，由于俄罗斯未能充分执行"明斯克协议"，将对俄罗斯的经济制裁再延长半年，至2022年1月31日。欧盟对俄经济制裁从2014年7月31日开始实施，主要针对俄罗斯的金融、能源和国防部门。俄罗斯也针对欧盟实施反制裁措施。俄欧双方的制裁与反制裁

① Россия все больше отходит от Европы, https：//www. kommersant. ru/doc/4682173.
② От отношений с Европой мало что осталось, заявил Лавров, https：//ria. ru/20210215/
lavrov-1597533415. html？in＝t.

一直延续至今。2021 年 12 月召开的欧盟峰会决定，2022 年 1 月 31 日制裁措施到期后将对俄的经济制裁再延长半年。

（三）博雷利提出欧盟对俄关系"三原则"

2021 年 6 月 15 日，博雷利公布了其起草的未来欧盟对俄外交战略，其中指出了对俄关系"三原则"，即对抗、遏制、协作。根据对俄关系"三原则"，第一，要抵制俄罗斯"侵犯人权或违反国际法、干涉欧盟的民主进程"；第二，要遏制俄罗斯的影响力，遏制其散布"虚假信息"和对欧盟的网络攻击；第三，在抵制和遏制的同时在一些问题上与俄罗斯进行合作，如打击恐怖主义、气候变化、伊核问题、中东问题及能源安全等欧盟和俄罗斯共同关心的问题。[①] 此外，博雷利还提出对包括学生在内的俄罗斯人简化签证制度，加大对"独立俄语媒体"的支持力度，以增加欧盟与俄罗斯民众之间的联系。随后博雷利又专门撰文《如何与俄罗斯相处》，指出与俄罗斯关系中的三个方向，即与"俄罗斯故意违反国际法"相抗衡，阻止克里姆林宫破坏欧盟统一的企图，与莫斯科互动以解决全球和地区问题。[②]

针对欧盟对俄关系"三原则"，俄罗斯外交部发言人扎哈罗娃批评博雷利称："能想象一个人跟你提出根据'对抗、遏制、协作'原则建立关系吗？无法想象是吗？这个人就是博雷利。发明这种概念的人显然在历史知识、对现实的认知和对创造性世界观恐惧方面有问题。"[③] 在俄罗斯看来，欧盟的对俄关系新战略就是以年轻人为目标干涉俄罗斯内政。

（四）欧盟成员国对俄态度不同导致俄欧关系难以正常化

欧盟实行协商一致原则，虽然这照顾了各成员国的平等，但也导致欧盟

---

① Боррель рассказал о новой стратегии ЕС в отношении России, https://tass.ru/mezhdunarodnaya-panorama/11658089.

② Боррель написал статью "Как быть с Россией", https://ria.ru/20210629/borrel-1739028029.html.

③ Захарова раскритиковала новую стратегию ЕС в отношении России, https://rg.ru/2021/06/16/zaharova-raskritikovala-novuiu-strategiiu-es-v-otnoshenii-rossii.html.

工作效率低下。尤其是在外交政策上，协商一致原则严重束缚了欧盟的手脚。欧盟内部在对俄罗斯的态度上差别明显。"老欧洲"的西欧国家，如德国和法国，对俄罗斯态度相对缓和；而"新欧洲"，即冷战后新入盟的中东欧国家则不同，由于长期的历史积怨，"新欧洲"国家对俄罗斯的态度十分敌视，坚决反对解除对俄罗斯的制裁，同时极力主张北约在欧洲的军事存在。在协商一致原则下，即使德法等西欧大国想解除对俄制裁，恢复与俄罗斯的正常关系，"新欧洲"国家的反对也使其无法实现这一愿望。

2021年，欧盟内部在是否召开欧俄峰会的问题上再次出现分歧。克里米亚"并入"俄罗斯后，欧盟中断了一年召开两次的欧俄峰会，双方之间已经连续7年处于在外交层面断绝关系的状态。6月16日，欧盟夏季峰会召开前夕，普京和美国总统拜登在日内瓦举行了第一次会晤。鉴于此，德国总理默克尔提议邀请普京参加峰会，这一主张得到了法国总统马克龙的支持。德法两国认为，有必要重新考虑与俄罗斯的关系，制定新的欧盟战略，与俄罗斯进行更密切的协作，就重要的国际问题与俄罗斯讨论。然而，尽管默克尔希望欧洲领导人在这一问题上能够表现出更大的勇气，但经过讨论之后，由于并非所有成员国都同意举行欧俄峰会，欧盟内部未能就举行欧俄峰会达成一致，最终欧俄之间这一唯一的对话机制未能得到恢复。

部分中东欧国家对俄罗斯的负面态度根深蒂固，不仅反对恢复欧俄关系，同时还提议加强对俄制裁。例如，继在欧盟夏季峰会上反对召开欧俄峰会后，立陶宛又向9月16日召开的欧洲议会全体会议就欧盟对俄罗斯的关系提交了措辞强硬的报告，呼吁欧盟扩大对俄制裁，加强防御能力以遏制俄罗斯，制定战略以减少欧盟对俄罗斯的能源依赖，并呼吁在俄罗斯议会选举被认定为不公正和违反民主原则时不承认其选举结果。

（五）俄罗斯与欧盟多国相互驱逐外交官

2021年，俄罗斯与西方国家关系持续恶化，与多个欧盟成员国发生外交冲突，并相互驱逐涉事外交官。

2月5日，俄罗斯宣布撤销德国、瑞典和波兰3名外交官的任职资格，并将他们驱逐出境。驱逐理由是这 3 名外交官未经授权参加了支持纳瓦利内的非法示威集会。事件发生时正值欧盟外交与安全政策高级代表博雷利访问莫斯科并与俄外长拉夫罗夫会谈，博雷利得知这一消息后，当面请求拉夫罗夫撤销这一决定，但遭到拒绝。博雷利事后表示俄罗斯离欧盟越来越远，俄罗斯则指责欧盟干涉俄罗斯内政，是不可靠的伙伴。2 月 18 日，俄罗斯外交部宣布一名爱沙尼亚外交官为"不受欢迎的人"，要求其离境。此举是为报复之前爱沙尼亚驱逐俄驻爱沙尼亚的一名外交人员。

4 月 17 日，捷克以俄罗斯情报人员涉嫌参与 2014 年军火库案为由驱逐了 18 名俄驻捷克外交人员，要求他们在 48 小时内离境。次日，俄外交部宣布驱逐 20 名捷克驻俄使馆人员，要求他们 24 小时内离境。捷克要求俄方在 22 日中午前允许被驱逐人员返回俄罗斯。22 日，捷克因为俄方未能满足这一要求而宣布，将俄驻捷克使馆人员数量限制在与捷克驻俄使馆人员相当的水平。

4 月 26 日，俄罗斯外交部称俄罗斯将驱逐意大利驻俄使馆的 1 名工作人员，作为对意大利驱逐俄罗斯外交人员的报复。此前意大利政府以涉嫌情报交易为由驱逐了 2 名俄罗斯外交人员。

4 月 28 日，俄罗斯外交部宣布驱逐 7 名外国驻俄使馆人员，限他们 7 日内离境。其中立陶宛驻俄使馆 2 名，拉脱维亚驻俄使馆 1 名，爱沙尼亚驻俄使馆 1 名，斯洛伐克驻俄使馆 3 名。俄罗斯以此作为对早前这些国家支持捷克而驱逐俄外交官的回应。

7 月 6 日，俄罗斯以从事与其外交身份不符的活动为由拘捕爱沙尼亚驻圣彼得堡总领馆领事马尔特·利亚特，宣布其为不受欢迎的人并将其驱逐出境。爱沙尼亚驱逐了俄驻爱沙尼亚大使馆的三等秘书作为回应。俄罗斯随之于 8 月 3 日又驱逐了 1 名爱沙尼亚驻俄大使馆人员。8 月 30 日，爱沙尼亚外交部宣布不再向俄罗斯外交官发放签证。

对于一系列驱逐外交人员的事件，俄罗斯认为背后都有美国的身影，是美国策划的结果，而那些冲突对立方则是为了紧跟美国的步伐。俄罗斯因此将美国列入"不友好国家"名单，不允许其雇用俄罗斯公民在其驻俄的外交机构中工作。

二　美国和北约的"回来"激化俄乌冲突
和地区安全形势

2021年1月20日，拜登宣誓就任美国第46任总统。拜登改变了特朗普任美国总统时期的孤立主义外交政策，高调宣布"美国回来了"，要"重返"欧洲。"美国回来"的同时也"带回"了北约。欧盟成员国与北约成员国高度重叠，北约对俄罗斯的态度对俄欧关系有着直接的影响。

特朗普时期，美国更关注的是美国在与其他国家关系中自己的利益，对欧洲盟友也不例外，在利益核算上锱铢必较，基于此，在北约的重大行动中美国只考虑自己的利益，大小事宜从不与盟友协商也不事先告知。美国只顾自己而置盟友利益和安危于不顾的做法令其北约盟友极为失望。例如，美国在未与北约盟友协商也未通知盟友的情况下便直接从叙利亚撤军后，马克龙公开表示北约已经"脑死亡"。拜登就任美国总统后，已经"脑死亡"的北约也随之"复活"，俄罗斯与北约之间的对抗重新开始。

（一）北约在俄罗斯西部边界密集军演

拜登就任美国总统后不久北约便以俄罗斯为假想敌在俄西部边界外密集举行大规模军演，对俄罗斯实施战略围堵。

2021年3月15日，北约开始在拉脱维亚举行代号为"水晶箭-2021"的军事演习。演习持续到3月26日，来自拉脱维亚、美国、加拿大、德国、西班牙、意大利、波兰等十三个国家的1700多名军人参加了演习。此次演习的目的是提高北约驻拉脱维亚部队在组织共同防御、威慑和进攻行动时的合作与协调能力。

3月15日，与"水晶箭-2021"军演同时开始的还有在爱沙尼亚举行的代号为"波罗的海三叉戟"的军事演习。此次演习旨在演练航空支援部门飞行调度员协调行动、战术管理空对空行动以及检验机场跑道的刹车系统性能等。芬兰、德国、波兰、立陶宛和英国空军参加了演习。美军的8架F-

15E 和 F-15C 战机以及两架 KC-135 空中加油机也参加了演习。

5 月初，北约 25 年来最大规模军演"欧洲捍卫者-2021"在爱沙尼亚拉开帷幕。军演在欧洲十六个国家进行，二十七个北约成员国和伙伴国共派遣约 28000 名军人参加。"欧洲捍卫者-2021"军演选择在爱沙尼亚开场，直接表明演习的假想敌是俄罗斯。

5 月 17 日至 6 月 5 日"春季风暴"演习在爱沙尼亚北部和中部地区举行。来自爱沙尼亚、美国、英国、拉脱维亚、波兰、意大利、法国和丹麦的约 7000 名军人参加了演习。

6 月 28 日至 7 月 10 日，"海上微风-2021"军事演习在黑海举行。演习主要参与方包括乌克兰、美国、加拿大、英国、荷兰、罗马尼亚、保加利亚、希腊、土耳其和拉脱维亚等三十二个国家的 5000 名军人，参加演习的有 40 艘战舰、快艇和辅助船只，30 架航空技术装备，100 多辆装甲车和汽车。俄罗斯称"海上微风-2021"军事演习是针对俄罗斯的挑衅行为。该演习始于 1997 年，在乌克兰境内举行，美国和乌克兰是演习的组织者。俄罗斯认为，演习结束后一些武器将留在乌克兰并在顿巴斯冲突中使用。

7 月 27 日，"敏捷精神-2021"（Agile Spirit-2021）多国军演在格鲁吉亚揭幕，来自美国、英国、德国、意大利、西班牙等十二个北约成员国以及阿塞拜疆、乌克兰、格鲁吉亚等国的约 2500 名士兵参与演习。

8 月 30 日至 9 月 19 日，北约九国约 700 人参加的"Ample Strikeiplip"演习在捷克举行，来自法国、德国、匈牙利、美国、荷兰、波兰、英国和斯洛伐克的军人参加了此次演习。

10 月 12 日，北约"铁狼-2021 Ⅱ"演习在立陶宛开始，演习持续了两周左右，内容是攻防行动。有 3000 名士兵和 1000 件军事装备参演。立陶宛和北约其他国家的军人以及乌克兰士兵参加了演习。

10 月 25 日，美国特种作战力量在里加斯皮尔韦机场举行演习。演习中动用了"高机动火箭炮系统"（HIMARS）。演习目的是展示北约盟国迅速向拉脱维亚运送武器以支持其武装力量的能力。

11月22日至12月4日，北约在拉脱维亚举行"冬季盾牌-2021"实弹军事演习。拉脱维亚和北约驻拉脱维亚部队、美国司令部部队的1500多名军人参与了此次演习。

除了例行演习，美国和北约还经常在俄罗斯西部边界进行各种计划外演习和军事训练，如战机训练飞行、陆军和空军的互动、盟国之间的行动协调等，以测试和强化战斗能力，同时提升相关国家的军事人员技术水平。北约战机也经常携带武器抵近俄罗斯西部边界飞行，军舰在黑海地区的活动更是常态。到了11月，俄罗斯每周都能记录到50架沿俄罗斯边界飞行的侦察机和无人机。俄罗斯国防部副部长弗明曾在新闻发布会上表示，北约每年进行30多次大型军演，以演练针对俄罗斯的战争。[①] 虽然俄罗斯也举行军演作为对北约军演的回应，但北约在俄罗斯国界近距离的军事活动和进攻态势仍令俄罗斯感到极大的安全威胁和忧虑。

（二）俄罗斯向美国及北约递交安全保障条约草案

乌克兰一直谋求加入北约。2021年4月，乌克兰总统泽连斯基向北约秘书长斯托尔滕贝格表示，乌克兰加入北约是结束顿巴斯冲突的唯一途径。6月10日，普京在电视节目中谈到这一问题时重申，乌克兰加入北约是俄罗斯不可触碰的"红线"。但北约对于俄罗斯"红线"要求的回应是：乌克兰是否加入北约应该由乌克兰和北约自己决定，俄罗斯无权干涉和阻碍。随着与北约的军事合作不断加强，乌克兰提议在乌领土上部署美国防空系统。乌克兰总统泽连斯基在8月访美期间与美国签署了国防伙伴关系战略基本原则协议，美国表示支持乌克兰的领土完整以及获得北约的成员国资格，并将与乌克兰共同对抗俄罗斯。与此同时，美国又向乌克兰提供了一揽子新军事援助。

---

① Минобороны: НАТО проводит 30 учений в год по ведению войны против России, https://ria.ru/20211227/ucheniya-1765714797.html.

12月7日，俄总统普京和美国总拜登举行了闭门会谈。会谈中普京指出，乌克兰不履行"明斯克协议"并破坏协议，北约持续在俄罗斯边界强化军事存在，再次强调俄罗斯的"红线"是北约停止进一步东扩和停止在乌克兰部署进攻性武器。然而双方的会谈未能取得任何有效的结果。

北约在俄罗斯西部边界外的活动频率日益增大，美国向乌克兰提供武器并支持乌克兰加入北约，令俄罗斯对自身安全越来越感到焦虑，对可能发生军事冲突和意外事件感到担忧。俄罗斯认为，只有美国和北约明确承诺不进行任何东扩、不在俄边境地区部署进攻性武器、后撤军队和装备、放弃各类军事演习等挑衅行为，并且以具有法律效力的条约形式加以保障，才能缓和和解除俄罗斯对安全的担忧。12月17日，俄外交部公布了俄罗斯提交给美国的安全保障条约的草案和俄罗斯与北约关于安全保障的协议草案。此前俄罗斯于12月15日向美国及其盟国转交了安全保障条约草案。除了安全保障事宜，草案中还提出北约应承诺不进一步扩大并且不接纳乌克兰为正式成员国，同时也不再吸收后苏联空间国家加入。尽管俄罗斯副外长谢尔盖·里亚布科夫表示，如果北约和美国不对俄罗斯提出的安全保障要求做出回应，很可能会导致新一轮对抗，但美国和北约在2021年结束前依然未就俄罗斯的关切做出回应。

普京认为，北约在黑海水域的计划外演习中出动战略航空兵并使用实战武器是对俄罗斯的重大挑战，而北约秘书长斯托尔腾贝格则辩称，北约在自己的责任区域东部，包括黑海地区的存在具有防御性，并未威胁到俄罗斯。对于北约的回应俄罗斯多次发出警告，如果北约继续针对俄罗斯的痛点攻击，俄罗斯将做出军事回应。俄罗斯与北约之间的矛盾与冲突愈演愈烈，相互驱逐对方代表处的工作人员，俄罗斯关闭了北约驻俄代表处，与北约断绝了关系。冲突最终发展成双方都在边界地区部署军事装备和集结部队，危机一触即发。由于欧盟成员国与北约成员国高度重合，俄罗斯与北约的冲突直接对俄罗斯与欧盟的关系产生极大的负面影响，也令双方关系正常化进程更加复杂和困难。

三 "北溪-2号"管道项目建设完成

"北溪-2号"项目是俄罗斯与欧盟近年来最重要的能源合作项目。对俄罗斯来说,欧洲是其巨大的能源市场,"北溪-2号"项目是俄罗斯实现能源出口多样化的有效方案。对欧盟来说,在天然气开采量下降但需求上涨、停止用煤以应对气候变化、新的清洁能源还不能完全替代石油和天然气的情况下,价廉、输送便利的俄罗斯天然气是实现能源来源多样化、缓解能源紧缺、填补天然气需求缺口的最佳选择。但是,由于触及重要的地缘政治和经济利益,"北溪-2号"天然气管道从开始铺设时便引起多方关注。其中美国的态度对该项目的建设进程起着决定性作用。美国认为,"北溪-2号"项目实际上暗藏着俄罗斯的地缘政治目的。与此同时,美国也想在欧洲市场推销自己的液化天然气,因此,从该项目诞生之日起便不断对其进行打压和制裁。在美国的域外制裁和"长臂管辖"之下,"北溪-2号"项目命运多舛,多次因美国制裁而被迫停工,进展艰难。2019年12月,该项目由于美国制裁而被迫停工,一年后的2020年12月才得以恢复建设。

(一)美国持续制裁"北溪-2号"项目

美国坚称"北溪-2号"天然气管道是俄罗斯的地缘政治项目,其目的是分裂欧洲,让俄罗斯有机会将能源作为武器并降低欧洲的能源安全。"北溪-2号"项目虽然恢复建设,但美国并没有放松对该项目进行跟踪监视,一旦发现有符合其制裁标准的活动就对相关公司实施制裁。2021年1月1日,美国参议院投票通过了2021财年的国防预算授权法案。国防预算草案扩大了对"北溪-2号"项目以及"土耳其流"天然气管道项目的制裁,为管道提供测试和进行认证的机构也被列入制裁名单之列。

美国的制裁规定一出台,参与"北溪-2号"项目建设的公司都受到了美国的制裁,如俄罗斯"Fortuna"铺管船以及该船所属的"KVT-Rus"公司、"俄罗斯油轮"公司（Rustanker OJSC）以及其他14家来自意大利、瑞士、美国、委内瑞拉、马耳他和英国的公司，包括"马克西姆·高尔基"（Maxim Gorky）号油轮在内的六艘油轮也被列入了制裁名单。制裁名单还增加了3名自然人：1名瑞士公民、1名意大利公民和1名委内瑞拉公民。此外还包括对俄制裁、对也门制裁、对委内瑞拉制裁和反恐制裁。

除了受制裁的公司，另有一些公司迫于制裁威胁，或拒绝参与项目的工作，或中途退出。如挪威"Det Norske Veritas-Germanischer Lloyd"公司（DNV GL）拒绝参与对"北溪-2号"项目的认证，瑞士苏黎世保险集团和德国"Bilfinger"公司退出该项目。

随着"北溪-2号"项目建设的推进，美国加大了制裁威胁。3月18日，美国要求参加"北溪-2号"项目的企业停止建设。美国国务卿布林肯警告称，参与"北溪-2号"项目的任何组织都有被美国制裁的风险，应该立即停止参与。24日，美国国务卿布林肯在与德国外长马斯进行会谈期间表示，如果"北溪-2号"项目建设完成或者被认证，美方可能会实施制裁。3月29日，美国国务卿布林肯再次宣称，美国将继续制裁参与"北溪-2号"项目的企业。

美国在阻挠"北溪-2号"项目实施的同时也希望加强与德国的关系，因此对项目的制裁一度有所松动。5月20日，白宫发言人普萨基表示，拜登任总统时该项目已经建造了95%，接近完工，难以继续阻挡，美国放弃对参与"北溪-2号"项目的"Nord Stream-2 AG"公司的制裁，但仍然制裁了一批参与项目的俄罗斯公司和船只。然而，6月20日，美国总统国家安全事务助理杰克·沙利文表示，美国将继续针对参与"北溪-2号"项目建设的公司实施制裁。

7月15日，德国总理默克尔访美，虽然德美双方在"北溪-2号"项目上仍有分歧，但最终达成共识，即鉴于管道建设已经趋于完工，美国不再施加制裁，同时也制定了一系列运营"北溪-2号"项目的条件，尤其是双方共同支持乌克兰建立绿色能源，继续让俄罗斯天然气过境乌克兰，等等。为了监督协议的执行美国专门任命了一位"北溪-2号"项目谈判特使。

"北溪-2号"完工后，美国加强了对其制裁，12月1日，美国共和党将对该项目实施新限制措施的提案纳入一揽子美国国防预算修正案。8 日，沙利文在新闻发布会上公开表示，"北溪－2 号"项目是西方对俄罗斯施压的杠杆，以使其不要冒险入侵乌克兰。在制裁"北溪－2 号"项目的同时，美国仍然持续向德国政府施压，要求其停止或不通过对该项目的认证。

（二）俄罗斯与德国推进"北溪-2号"项目建设

"北溪－2 号"项目对俄罗斯和德国意义重大。德国联邦议院国际委员会成员瓦尔德马尔·格尔特评价称，德国的能源缺口巨大，即使"北溪－2号"项目启用也无法完全满足德国的需求，不启动它更是无法想象，在德国逐步关闭核电站的情况下，放弃"北溪－2 号"项目简直就是自杀。[①] 为了支持参加"北溪－2 号"项目建设的公司，德国专门成立了自然保护基金会。基金会不仅支持"北溪－2 号"项目，也呼吁政府为项目的完成承担责任以保证欧洲和德国的能源供应安全，拒绝治外法权反对该项目的努力，支持那些有助于完成项目的国家机关和社会团体。德国在联邦议院和政府层面都对"北溪－2 号"项目建设给予了全力支持，拒绝美国的域外制裁和中止"北溪－2 号"项目的要求，也拒绝了美国提出的将向欧盟供气与保障乌克兰联系起来的中止机制问题。

9 月 10 日，俄罗斯天然气工业股份公司宣布"北溪－2 号"项目建设工作全部完成，10 月 4 日，"北溪－2 号"项目运营公司"Nord Stream-2 AG"发布消息称，该公司开始向"北溪－2 号"管线第一条支线注气。同日，丹麦能源署指出，"北溪－2 号"B 支线可以投入使用。"北溪－2 号"项目完工后即进入德国和欧盟的认证阶段。

尽管普京明确指出，在欧盟做出启动"北溪－2 号"项目的决定后俄罗斯将立即开始通过该管道向欧洲供气，但随着俄罗斯与乌克兰局势的紧张，"北溪－2 号"项目的认证受到来自美国越来越大的压力。美国要求德国保

---

① Немецкий депутат назвал самоубийством для ФРГ отказ от Северного потока－2，https：//iz.ru/1107719/2021-01-03/nemetckii-deputat-nazvali-samoubiistvom-dlia-frg-otkaz-ot-severnogo-potoka-2.

证在"俄罗斯入侵乌克兰"时不允许"北溪-2号"天然气管道投入使用，虽然德国新总理朔尔茨拒绝将"北溪-2号"项目政治化，但来自绿党的新任外长贝尔伯克却表示，在乌克兰局势激化的情况下不会允许其启用。欧盟委员会主席冯德莱恩也明确表示，欧盟支持乌克兰主权和领土完整，并将与包括美国在内的伙伴合作，在局势升级情况下扩大对俄罗斯的制裁。

由于涉及各方的巨大利益，"北溪-2号"项目建设从开始动工便一路伴随着美国的制裁和一些欧盟国家的强烈反对，因而也成为美国及其盟友与俄罗斯博弈的筹码。在乌克兰局势不断紧张的背景下，即使已经建成完工，只等认证启动，"北溪-2号"项目未来能否顺利运营仍是变数。

结 语

2021年俄罗斯与欧盟的关系依然是矛盾频出，冲突和对抗不断。但俄罗斯与欧盟之间的政治争端没有对经贸合作造成负面影响，俄罗斯与欧盟成员国之间的双边贸易仍保持着良好的发展态势并快速增长。根据俄罗斯海关的数据，2021年俄罗斯与欧盟之间的贸易额占俄罗斯全年贸易总额的35.9%，比2020年增长了19.4%。德国是俄罗斯的第二大贸易伙伴国（第一大伙伴国是中国）、荷兰排名第三位、英国第六位、法国第七位（土耳其第四位、韩国第五位）。[1] 然而，经贸合作的顺畅无法掩盖俄欧政治关系的糟糕局面，因此俄外长在评价俄欧关系时称："俄罗斯与欧盟的关系处于可悲的境地。"[2] 欧盟希望与俄罗斯保持更可预测的关系，但其前提是俄罗斯必须遵守国际法、保护人权和捍卫民主，即欧盟的价值观。[3] 但从俄罗斯与北约和乌克兰的紧张关系不断升级来看，俄罗斯与欧盟关系也将再次跌至低谷。

---

[1] ФТС России：данные об экспорте-импорте России за январь-декабрь 2021 года，https：// customs. gov. ru/press/federal/document/325325.

[2] Лавров назвал плачевным текущее состояние отношений России и ЕС，25 авг. 2021，https：//tass. ru/politika/12216513.

[3] В ЕС выступили за предсказуемые отношения с Россией，https：//ria. ru/2021/06/15/ evropa-1737110548. html.

Y.18
2021年俄美关系

韩克敌*

摘 要： 2021 年，拜登上台伊始，履行竞选承诺，对俄发起了一系列的
制裁，以反击俄罗斯的种种"恶行"。拜登政府加强了与乌克
兰的关系，不断给予乌克兰军事和经济援助。普京则毫不示弱，
针锋相对地采取各种反制措施，在俄乌边境屯驻重兵，施加威
慑。2021 年 12 月，俄罗斯突然提出北约东扩和乌克兰入约问
题，要求美国给予具有法律效力的安全保证，限期答复，态度
强硬。乌克兰重新成为俄美关系的核心问题，美国政府拒绝接
受俄罗斯划定的"红线"，战争风险不断累积。拜登执政第一
年的俄美关系明显比特朗普时期更为紧张，但是在军备控制领
域，双方还是取得了一些实质性的进展。俄美核战争风险降低，
常规战争风险增加。

关键词： 俄美关系 乌克兰 北约东扩 军备控制 经济制裁

2021 年，是拜登政府上任的第一年。上台伊始，拜登履行竞选承诺，
对俄发起了一系列的制裁，以反击俄罗斯的种种"恶行"。普京毫不示弱，
针锋相对地采取各种反制措施，如在俄乌边境屯驻重兵，不断举行各种演习
进行威慑，年末又突然提出北约东扩和乌克兰入约问题，要求美国给予明确
的具有法律效力的安全保证。乌克兰重新成为俄美关系的核心问题，战争风

---

* 韩克敌，中国社会科学院俄罗斯东欧中亚研究所俄罗斯外交研究室副研究员。

险不断累积。拜登执政第一年的俄美关系明显比特朗普时期更为紧张，但是在军备控制领域，双方还是取得了一些实质性的进展。

一 军备控制（核及导弹）问题

2021 年 2 月 5 日，俄美同意将 2010 年签署的《新削减战略武器条约》在 2021 年到期后顺延 5 年，直到 2026 年 2 月 5 日。拜登的政策选择明显与特朗普不同，此前特朗普政府曾表示不会延长该条约。2020 年 11 月 22 日，特朗普政府宣布美国正式退出《开放天空条约》。2021 年 6 月 7 日，普京签署了退出《开放天空条约》法律草案。2021 年 12 月 18 日，俄罗斯宣布正式退出《开放天空条约》。莫斯科强调，俄罗斯退约是因为美国此前已经退出，美国应该承担全部责任，而且其他欧洲国家拒绝向俄方保证不会将其在俄领空飞行侦察时收集的信息交给美国。

在 2021 年 6 月 16 日举行的日内瓦峰会上，俄罗斯总统普京和美国总统拜登同意重启俄美双边战略稳定对话，重点是确保可预测性、降低核战争风险，并为未来制定军备控制和降低风险措施奠定基础。在双方共同发布的联合声明中，两国元首表示，两国计划启动的战略稳定对话将是"一体的""精细的""强有力的"。联合声明重申 1985 年美国总统里根和苏联领导人戈尔巴乔夫的表述，即"核战争不可能赢，也绝不能打"的原则。双方决定重新建立"俄美双边战略稳定对话机制"，由外交官和军事专家组成，控制战略武器造成的风险。联合声明确定了俄美同等的战略武器强国地位，满足了俄罗斯的大国愿望。普京表示："美国和俄国对全球战略稳定承担特殊责任，因为在弹头和弹药总量、运载工具数量、核武器的质量和先进程度方面，我们是两个最大的核国家。我们了解这种责任。""我们在许多问题上的立场存在分歧，但我仍然认为，我们双方都表现出相互理解的意愿，并寻求使我们的立场更加接近的方法。会谈富有建设性。"[1]

---

[1] "News Conference Following Russia-US Talks", June 16, 2021, http://en.kremlin.ru/events/president/news/65870.

　　元首会晤之后，2021年7月底和9月底，俄美分别举行了两轮战略稳定对话，标志着这一对话机制的恢复。此前最后一次俄美战略稳定对话是2020年8月在特朗普执政时举行的。2021年10月5~14日，俄美《新削减战略武器条约》双边协商委员会在日内瓦举行了第19次会谈，双方讨论了有关条约执行的问题。

　　美国和俄罗斯对战略稳定和军备控制有着不同的理解和关注。2021年6月10日，美国国家安全顾问沙利文表示，美国政府的目标是讨论"我们两国面临的一系列非常复杂的核武器问题"，例如《新削减战略武器条约》之后可能出现的问题，"我们如何处理《中导条约》不再存在的事实，以及我们如何处理对俄罗斯新核系统的担忧"。美国此前还表示，希望解决俄罗斯的非战略核武器问题，并将中国纳入军备控制进程。俄罗斯外交部部长拉夫罗夫6月9日则表示："任何影响战略稳定的东西都必须在对话中讨论，包括核武器和非核武器以及进攻性和防御性武器。"俄罗斯还建议不仅要将中国纳入军备控制谈判，还应包括法国和英国。① 俄罗斯外交部副部长里亚布科夫批评美国在东欧部署导弹防御系统："事情正在发展，在波兰、罗马尼亚和其他地方的设施正在成为全球导弹防御系统的一环，会一直升级且扩展能力，这是不争的事实。""所以我们会在军事规划中考虑这一点。"

　　美国要求俄罗斯撤出已经秘密部署在其欧洲部分的中程导弹。美国总统核不扩散问题特别代表埃伯哈特（Jeffrey Eberhardt）表示，美国暂停在欧洲部署中短程导弹的前提是俄罗斯拆除这些导弹。"俄罗斯部署这些导弹，已经违反了《中导条约》。因此，解决方案是拆除这些导弹。"普京表示，莫斯科做好准备不在俄罗斯的欧洲部分部署9M729导弹，但条件是北约要采取对等措施。他还建议北约对等检查其在欧洲基地拥有的MK-41发射系统和"宙斯盾"作战系统以及俄在加里宁格勒部署的9M729导弹。②

---

① Kingston Reif and Shannon Bugos, "U. S. , Russia Agree to Strategic Stability Dialogue", *Arms Control Today*, Jul/Aug 2021, p. 23.

② 《美国谈暂停部署中短程导弹：解决方案是俄罗斯拆除导弹》，https://sputniknews.cn/military/202110141034638330/。

俄罗斯继续研发和测试新的武器系统。2021 年 11 月 15 日，俄罗斯进行反卫星试验，使用导弹击毁一颗卫星。美国指责俄罗斯的反卫星试验极不负责任，制造了大量的太空垃圾，事先也没有通知美国，对美国和其他国家的飞行器和宇航员造成威胁。俄罗斯则反驳称，美国历史上也曾进行类似的试验，而俄罗斯试验的危险性则可控。

2022 年 1 月 3 日，中俄美英法五个核大国领导人发表《关于防止核战争与避免军备竞赛的联合声明》。该声明强调"避免核武器国家间爆发战争和减少战略风险""核战争打不赢也打不得""必须防止核武器进一步扩散""防止核武器未经授权或意外使用"，① 重申这些原则对于稳定大国关系和防止核扩散具有十分积极的意义。

二 乌克兰及北约东扩问题

2021 年 7 月 12 日，普京专门写了一篇题为《论俄罗斯人和乌克兰人的历史统一》的文章，阐述了他有关俄罗斯和乌克兰是一个民族的观点，重新点燃了俄乌之间的论战。

普京总统在 10 月的"瓦尔代"国际俱乐部辩论论坛上激烈批评北约东扩和乌克兰寻求加入北约。他指出："（乌克兰）正式加入北约可能永远不会发生，但领土的军事扩张已经开始，这确实对俄罗斯联邦构成威胁，我们意识到这一点。想想 20 世纪 80 年代末 90 年代初发生的事情，当时所有人都向我们保证，德国统一后北约基础设施的东扩是不可能的。他们说，俄罗斯可以绝对相信这一点。这些都是公开声明。但事实上发生了什么？他们撒谎了。现在他们要我们拿出一份文件来证明这一点。他们扩大了北约一次，然后又扩大了两次。军事战略的后果是什么？北约的基础设施越来越近。什么样的基础设施？在波兰和罗马尼亚部署了反导系统，使用'宙斯盾'作

---

① 《五个核武器国家领导人关于防止核战争与避免军备竞赛的联合声明》，http: // www.xinhuanet.com/2022/01/03/c_ 1128228931. htm。

战系统，可以装载战斧（导弹）打击系统。只需要单击一个按钮，即可轻松完成此操作。只要换个软件就行了——就是这样，没人会注意到。中短程导弹也可以部署在那里。为什么不呢?" "乌克兰宪法允许设立训练中心。但这可以是任何东西，可以被称为一个训练中心。我曾经说过，公开说过，如果明天哈尔科夫出现导弹，我们到时怎么办? 我们不会带导弹去那里，但是导弹会被带到我们门口。"①

2021 年 4 月和 11 月以后，俄罗斯军队先后两次在俄乌边界大规模军事集结，4 月集结了 5 万人以上，11 月之后的集结规模更大，超过 10 万人。这是 2014 年乌克兰危机以来最大规模的军事集结，俄罗斯的行为和意图受到世界广泛关注，俄乌、俄美、俄欧关系持续紧张。

2021 年 9 月 1 日，乌克兰总统泽连斯基访问华盛顿并与拜登举行会谈，双方签署了《关于美乌战略合作伙伴关系的联合声明》。该文件强调: "在 21 世纪，不能允许各国使用武力重划边界。俄罗斯在乌克兰违反了这个基本原则。主权国家有权自主决定或选择自己的联盟。美国与乌克兰站在一起，将继续追究俄罗斯的侵略责任。美国对乌克兰主权和领土完整的支持坚定不移。美国没有也永远不会承认俄罗斯对克里米亚的吞并。" "美国支持乌克兰不受外来干涉自由选择自己的未来外交政策道路，包括乌克兰加入北约的愿望。"②

2021 年 10 月，美国国防部部长奥斯汀（Lloyd Austin）先后访问了格鲁吉亚、乌克兰等抗俄前线国家。在基辅，奥斯汀表示，美国不承认克里姆林宫划定的所谓"红线"。"美国对乌克兰主权和领土完整的支持是坚定不移的。因此，我们再次呼吁俄罗斯结束对克里米亚的占领。停止使乌克兰东部的战争永久化……结束其在黑海和乌克兰边境破坏稳定的活动……并停止对

---

① "Valdai Discussion Club Meeting", October 21, 2021, http: //en. kremlin. ru/events/president/ news/66975.

② "Joint Statement on the U. S. -Ukraine Strategic Partnership", September 1, 2021, https: // www. whitehouse. gov/briefing-room/statements-releases/2021/09/01/joint-statement-on-the-u-s-ukraine-strategic-partnership/.

美国及其盟国和伙伴的持续网络攻击和其他恶意活动。""美国将继续提供援助，不仅加强乌克兰的海上能力，而且加强格鲁吉亚、罗马尼亚和保加利亚的海上能力。""在 2021 年 6 月的北约峰会上，美国及其盟国重申，我们支持乌克兰有权在不受外来干涉的情况下决定自己未来的外交政策方针，包括乌克兰加入北约的愿望。"①

2021 年 11 月 10 日，美乌两国外长在华盛顿签署《美国-乌克兰战略合作伙伴宪章》。该宪章强调："支持彼此主权、独立、领土完整和边界不可侵犯性，是我们双边关系的基础。""美国承认乌克兰对核不扩散和核裁军的独特贡献，并重申美根据 1994 年 12 月 5 日'关于乌克兰加入《不扩散核武器条约》的安全保证备忘录'（《布达佩斯备忘录》）所做的承诺。""乌克兰和美国打算继续采取一系列实质性措施，防止对乌克兰的外部直接和混合侵略，并追究俄罗斯这种侵略和违反国际法行为的责任，包括夺取和企图吞并克里米亚以及俄罗斯领导的乌克兰顿涅茨克和卢甘斯克部分地区的武装冲突，以及其持续的恶意行为。美国计划支持乌克兰打击俄罗斯武装侵略、经济和能源破坏以及恶意网络活动的努力，包括维持对俄罗斯的制裁或与俄罗斯有关的制裁，并采取其他相关措施，直到乌克兰在其国际公认边界内恢复领土完整。""在北大西洋理事会 2008 年 4 月 3 日《布加勒斯特首脑会议宣言》的指导下，并在 2021 年 6 月 14 日北大西洋理事会《布鲁塞尔首脑会议公报》中得到重申的是，美国支持乌克兰有权决定自己未来的外交政策方针，不受外来干涉，包括尊重乌克兰加入北约的愿望。"②

2021 年 12 月 7 日，拜登在和普京的视频会晤中重申了美国支持乌克兰主权和领土完整的主张，并表示美方对俄罗斯军队在乌克兰边境集结感到担忧，同时威胁称，如果俄罗斯有所行动，美方对俄方将采取"强有力的经

---

① "Secretary of Defense Lloyd J. Austin Ⅲ's Remarks at Ukraine Ministry of Defense Post-Bilat Joint Press Event", Oct. 19, 2021, https：//www. defense. gov/News/Transcripts/Transcript/Article/2815310/secretary-of-defense-lloyd-j-austin-iiis-remarks-at-ukraine-ministry-of-defense/.

② "Ukraine-U. S. Charter on Strategic Partnership", November 10, 2021, https：//mfa. gov. ua/en/news/ukraine-us-charter-strategic-partnership.

济制裁和其他措施"。①普京则指责基辅方面的挑衅行为，并要求北约做出不会东扩以及不会在俄罗斯附近部署进攻性武器的承诺。普京强调："不应将责任推到俄罗斯身上，因为北约正在危险地试图开发乌克兰领土，并在我们的边界周围建立军事能力。因此，俄罗斯对获得可靠、合法的保障措施有着强烈的需求，这些保障措施必须排除北约向东扩张和在俄罗斯邻国部署进攻性武器系统。"②

2021年12月15日，俄罗斯突然向美国和北约分别提交了《俄美安全保障条约》和《俄罗斯与北约成员国安全保障措施的协议》两份草案，随后（17日）又迅速对外公开发布，主要内容包括：北约停止东扩，不接纳后苏联空间国家加入北约；不在俄罗斯邻近国家部署军事基地和进攻性武器系统；停止前沿的军事演习或训练；撤回所有在国外部署的核武器。普京总统、拉夫罗夫外长等俄罗斯高层官员一再强调，北约进一步东扩、在乌克兰以及俄罗斯周边国家的领土上部署进攻性武器，已触及莫斯科的"红线"。

普京表示："美国和北约的军事力量在俄罗斯边境附近的增长以及重大军事演习，包括计划外的军事演习，令人担忧。""特别需要警惕的是美国全球防御系统在俄罗斯附近的部署。可以发射战斧巡航导弹的 MK-41 发射装置，已经部署在罗马尼亚，还将部署在波兰。如果这种基础设施继续向前推进，如果美国和北约的导弹系统部署在乌克兰，它们到达莫斯科的时间只需要 7~10 分钟，高超声速系统甚至只需要 5 分钟。这是对我们安全的巨大挑战。""我们需要具有法律约束力的长期保证。好吧，我们非常清楚，即使是法律保障也不可能完全安全，因为美国很容易以各种理由退出任何其不再感兴趣的国际条约，有时提供解释，有时不提供解释，就像对《反导条约》和《开放天空条约》一样——什么都没有。""然而，我们至少需要一

① "Readout of President Biden's Video Call with President Vladimir Putin of Russia", December 7, 2021, https：//www. whitehouse. gov/briefing - room/statements - releases/2021/12/07/readout - of-president-bidens-video-call-with-president-vladimir-putin-of-russia/.

② Встреча с Президентом США Джозефом Байденом, 7 декабря 2021 года, http：// www. kremlin. ru/events/president/news/67315.

些东西，至少是一个具有法律约束力的协议，而不仅仅是口头保证。"① 拉夫罗夫说："我们坚决不容忍北大西洋公约组织直接出现在我国边境，尤其是考虑到乌克兰领导人过去和现在所奉行的方针。这是一条红线。""即使乌克兰不加入北约，（它）可能与美国、英国，与其他在乌克兰部署军事装备、在亚速海建立基地的西方国家举行双边谈判。这也是我们不能容忍的，因为在我们邻国境内部署进攻性武器，将对俄罗斯造成威胁，这是另一条红线。"②

2021 年 12 月 16 日，乌克兰总统泽连斯基紧急访问北约总部。他表示，乌克兰的北约成员国问题应该由乌克兰人民和北约来决定，而不应该考虑其他国家的威胁或"红线"。乌总统强调，支持加入北约的乌克兰人长期保持在 50%，2014 年乌克兰危机以后还有显著提高。泽连斯基提到俄罗斯为施加压力和搅乱局势而使用的一系列混合手段（hybrid elements）如制造难民危机和能源危机，传播虚假信息，实施网络攻击等。③

执行 2015 年签署的"明斯克协议"本身也成为一个问题。基辅不愿与顿涅茨克和卢甘斯克两个"人民共和国"进行直接对话，也不愿将该地区的特殊地位写入宪法，同时要求在实施"明斯克协议"的政治条款之前先控制顿巴斯与俄罗斯的边界地区。莫斯科则再三强调，自己不是乌克兰冲突的相关方，要求基辅与东部两个"人民共和国"直接对话，同时修改宪法，给予顿巴斯地区特殊地位，先实施地方选举，再控制边界。

为了回应俄罗斯的要求，美国、北约、欧洲安全与合作组织与俄罗斯安排了三场会谈。2022 年 1 月 10 日，俄罗斯副外长里亚布科夫与美国副国务卿谢尔曼在日内瓦举行双边安全会谈。1 月 12 日，北约与俄罗斯在布鲁塞尔举行会谈。1 月 13 日，欧洲安全与合作组织与俄罗斯在维也纳举行会谈。

---

① "Expanded Meeting of the Defence Ministry Board", December 21, 2021, http：//en. kremlin. ru/events/president/news/67402.

② 《俄外长：北约仍不断试图人为招揽新成员》，https：//sputniknews. cn/20220114/1037103704. html。

③ "President：Ukraine's Membership in NATO is a Matter for the Ukrainian People and Members of the Alliance, not for Any Other Country", December 16, 2021, https：//www. president. gov. ua/en/news/prezident-chlenstvo-ukrayini-v-nato-ce-pitannya-ukrayinskogo-72113.

由于立场分歧严重，三场会谈都没有取得成果。

2022 年 1 月 21 日，美国国务卿布林肯和俄罗斯外交部部长拉夫罗夫就莫斯科要求的书面安全保障问题在日内瓦会谈，无果而终。布林肯称若俄罗斯"进一步侵略"乌克兰，美国将做出"统一、迅速和严厉的回应"。拉夫罗夫则表示"期待美国对俄罗斯的提议给出具体的答复"。他还驳斥了有关俄罗斯即将"入侵"乌克兰的说法。

2022 年 1 月 26 日，就俄要求的双边安全保障问题，美国和北约分别向俄罗斯递交了书面回复，拒绝接受俄罗斯划定的不接纳乌克兰加入北约的"红线"。相反，美国和北约要求俄罗斯撤出克里米亚、德涅斯特河左岸、阿布哈兹和南奥塞梯。拉夫罗夫批评说："这份文件对主要问题未做积极回应。主要问题在于，我们对北约不得进一步东扩和部署可能威胁俄联邦领土的进攻性武器持明确立场。"[①] 2022 年 2 月 1 日，俄罗斯总统普京在与匈牙利总理欧尔班的联合记者招待会上表示，美国和北约 1 月 26 日的书面回复忽略了俄罗斯的三个基本要求：北约停止扩张、不在俄罗斯边境部署进攻性武器系统、北约在欧洲的军事基础设施回到 1997 年"俄罗斯-北约基础文件"签署之前的状态。[②]

随着俄乌紧张局势的不断升级，2021 年 11 月以后，美国白宫、国务院和国防部多次预警，俄罗斯可能"入侵"乌克兰，很多西方媒体也在猜测俄发起进攻的时间和路线。美国、英国、加拿大、波兰、波罗的海三国等紧急向乌克兰运送了多批次的军事装备和物资。2021 年 12 月底，拜登政府批准了一项价值 2 亿美元的对乌军事援助，包括小型武器、弹药、医疗设备和雷达。2022 年 1 月 2 日，拜登总统发表声明称："如果俄罗斯进一步入侵乌克兰，美国及其盟友和伙伴将反应坚决。"他强调，在乌克兰问题上，"没有乌克兰同意美国什么也不会做"的原则，重申支持乌克兰的主权和领土

---

① 《拉夫罗夫表示美国未回应主要问题——有关北约不扩张的问题》，https：//sputniknews. cn/2022/01/27/1038560004. html。

② "West Ignored Russia's Key Demands in Responses to Security Guarantee Proposals—Putin", February 2, 2022, https：//tass. com/world/1396205.

完整，支持通过诺曼底模式和"明斯克协议"协商解决问题，降低危机。①

俄罗斯外交部批评这些是假新闻："2021 年底 2022 年初，世界信息空间发生了一场规模空前、组织严密的宣传运动，其目的是让国际社会相信，俄罗斯联邦正在准备对乌克兰领土的入侵。""事实上，西方媒体服务于本国政府的政治需求，协调一致地传播虚假信息，参与全面的信息战。"俄罗斯认为，西方媒体的虚假报道"是正对莫斯科进行协调一致的信息攻击的证明，其目的是诋毁俄罗斯关于提供安全保障的正当要求"。② 俄罗斯驻美国大使安东诺夫批评美国"向基辅政权供应武器的计划将只会恶化乌克兰东南部的局势"。③ 2022 年 1 月 19 日，俄驻美使馆发表声明："如果美国真正致力于解决乌克兰内部冲突的外交努力，他们就应该放弃为乌克兰武装部队提供新一批武器的计划。相反，华盛顿应该利用其对乌克兰当局的影响力，说服他们停止破坏'明斯克协议'。""我们再次强调：俄罗斯不会攻击任何人。在我们自己的土地上调动军队的做法是一项主权权利。我们呼吁结束歇斯底里，不要在顿巴斯问题上制造紧张局势。最重要的是，不要把基辅的'暴徒'推向新的挑衅。"④

从 2021 年 10 月下旬开始，俄罗斯持续向俄乌边境、白俄罗斯、加里宁格勒、克里米亚、黑海和地中海水域调派大量部队、装备和舰船。2021 年底 2022 年初，俄白两国空军多次组织图-22M3 轰炸机、苏-30SM 战斗机联合巡逻。同期，俄罗斯海军在多个海域举行多场演习。2022 年 2 月 10 日至 20 日，俄白两军在白俄罗斯五个训练场举行"联盟决心-2022"大规模军

---

① "Statement by Press Secretary Jen Psaki on President Biden's Call with President Volodymyr Zelenskyy of Ukraine", January 2, 2022, https://www.whitehouse.gov/briefing-room/statements-releases/2022/01/02/statement-by-press-secretary-jen-psaki-on-president-bidens-call-with-president-volodymyr-zelenskyy-of-ukraine/.

② 《俄外交部：对俄信息攻击的目的是诋毁其安全要求》，https://sputniknews.cn/2022/02/12/1038919090.html。

③ "Russia Issues Warning to US Over Ukraine", November 11, 2021, https://www.rt.com/russia/539966-washington-ukraine-weapons-deal-supply/.

④ "Russian Embassy Calls on US to Abandon Plans to Provide More Weapons to Ukraine", January 19, 2022, https://tass.com/politics/1390075.

事演习。俄罗斯东部军区的部队远程机动近 1 万公里部署到白俄罗斯，从北面对乌克兰首都基辅构成威胁。①

2022 年 2 月 2 日，美国总统拜登下令向欧洲增派 2000 名美军官兵，1000 名官兵驻德美军移驻罗马尼亚（罗马尼亚已经驻有 900 名美军官兵）。同时命令另外美国本土的 8500 名美军官兵处于高度戒备状态。② 2 月 5 日，第一批美国 82 空降师伞兵抵达波兰。

2022 年 2 月 19 日，在乌克兰危机不断发酵的背景下，普京主持了俄罗斯战略威慑力量全方位大演习，发射各种类型的弹道导弹和巡航导弹，对美国及北约进行战略威慑。普京与白俄罗斯总统卢卡申科在指挥中心共同观摩了演习。

三　制裁与反制裁

2021 年 3 月和 4 月，针对俄罗斯反对派领导人纳瓦利内中毒事件和俄罗斯所谓"干预"美国大选、实施网络攻击，拜登政府宣布对俄实施一系列制裁措施，包括冻结一些企业及个人的资产并禁止入境。

2020 年 8 月 24 日，德国医生宣布，经过德国、法国、瑞典以及"禁止化学武器组织"（OPCW）指定的实验室分析，纳瓦利内是"诺瓦乔克"神经毒剂（Novichok nerve agent）中毒，"诺瓦乔克"神经毒剂由苏联研制，俄罗斯是唯一使用过这种化学武器的国家，西方国家称，俄罗斯曾于 2018 年 3 月在英国索尔兹伯里暗杀俄罗斯前军事情报官员斯克里帕尔时使用了"诺瓦乔克"神经毒剂。③

---

① "The Minister of Defence Held a Conference Call with the Leadership of the Armed Forces", February 1, 2022, https：//eng. mil. ru/en/news _ page/country/more. htm？ id = 12406387 @ egNews.

② "Pentagon Press Secretary John F. Kirby Holds a Press Briefing", February 2, 2022, https：// www. defense. gov/News/Transcripts/Transcript/Article/2921277/pentagon-press-secretary-john-f-kirby-holds-a-press-briefing/.

③ "Treasury Sanctions Russian Officials in Response to the Novichok Poisoning of Aleksey Navalny," March 2, 2021, https：//home. treasury. gov/news/press-releases/jy0045.

2021 年 3 月 2 日，美国宣布因纳瓦利内中毒及被监禁一事对俄进行制裁。受到制裁的 7 名个人是：联邦安全局局长博尔特尼科夫（Aleksandr Bortnikov）、总统国内政策局局长亚林（Andrei Yarin）、总统办公厅第一副主任基里延科（Sergei Kiriyenko）、国防部副部长克里沃鲁奇科（Aleksey Krivoruchko）、国防部副部长波波夫（Pavel Popov）、联邦监狱管理局主任卡拉什尼科夫（Alexander Kalashnikov）、总检察长克拉斯诺夫（Igor Krasnov）。① 受制裁的机构包括：俄联邦安全局（FSB）和总参谋部军事情报局（GRU）、第 27 研究所、国家有机化学与技术研究所、第 33 研究所。其中国家有机化学与技术研究所研发了"诺瓦乔克"神经毒剂，第 27 研究所和第 33 研究所隶属于俄军的化学、生物和放射防御部队，第 33 研究所还负责管理俄罗斯的化学武器试验场。②

2021 年 3 月 15 日，美国国家情报总监办公室公布《针对 2020 年美国大选的外国威胁》报告称，俄罗斯总统普京授权进行"旨在诋毁拜登和民主党、支持前总统特朗普、破坏公众对选举过程的信心、加剧美国社会政治分歧的行动"。3 月 16 日，拜登在接受美国广播公司（ABC）访谈时被问及是否认为普京是一个"杀手"，拜登给出了肯定的回答，并表示如果发现俄罗斯干涉2020 年美国大选的证据，普京将为此"付出代价"。

针对美国指责俄罗斯干涉 2020 年美国总统大选，俄罗斯总统新闻秘书佩斯科夫（Dmitry Peskov）表示："俄罗斯没有干预以前的选举，也没有干预 2020 年报告提到的选举。俄罗斯与反对任何候选人的任何行动无关。在这方面，我们认为这个报告是不准确的。"对于拜登认同普京是"杀手"的言论，3 月 17 日，俄国家杜马（议会下院）主席沃洛金（Vyacheslav Volodin）表示："拜登的讲话侮辱了俄罗斯公民。……这是无能的愤怒。普

---

① "Treasury Sanctions Russian Officials in Response to the Novichok Poisoning of Aleksey Navalny", March 2, 2021, https：//home. treasury. gov/news/press-releases/jy0045.

② "U. S. Sanctions and Other Measures Imposed on Russia in Response to Russia's Use of Chemical Weapons," March 2, 2021, https：//www. state. gov/u－s－sanctions－and－other－measures－imposed-on-russia-in-response-to-russias-use-of-chemical-weapons/.

京是我们的总统，攻击他就是攻击我们的国家。""拜登今天的话很反常。作为一个自称奉行民主原则和道德行为的国家领导人，这样做应是不被允许的。"①

2021年4月15日，拜登签署行政令，以俄罗斯进行网络袭击、干预2020年美国选举等"恶意活动"为由，对多名俄罗斯个人和实体实施制裁，驱逐了俄罗斯驻华盛顿外交使团的10名外交人员。4月16日，俄罗斯采取报复措施，驱逐10名美国外交官，同时公布了一系列针对美国驻俄机构的限制措施。5月14日，俄罗斯宣布将美国列入对俄不友好国家名单。俄罗斯政府指令，美国驻俄大使馆不得雇用当地和第三方国家雇员，作为对美国制裁和再次驱逐俄罗斯外交官的回应。从5月12日开始，美国驻俄罗斯大使馆宣布暂停所有非外交非移民签证服务。美国大使馆表示，由于俄罗斯的限制，它将不得不减少75%的驻俄领事人员。6月，美国国务院以"恐怖主义"担忧和缺乏领事支持为由，警告美国人不要前往俄罗斯。至2021年10月，美国驻俄罗斯使馆有约130名工作人员；俄罗斯驻美国使领馆有不到200名工作人员，其中55人被要求在岁末年初离开美国。② 2022年2月17日，作为报复措施，俄罗斯驱逐了美国驻莫斯科使馆副馆长戈尔曼（Bart Gorman）。目前，俄罗斯驻西雅图、旧金山的总领事馆，美国驻圣彼得堡、叶卡捷琳堡和符拉迪沃斯托克的总领事馆处于关闭或停顿状态。美国在俄罗斯的外交机构只有驻莫斯科大使馆还处于运营状态，而俄罗斯驻美国纽约及休斯敦的总领事馆由于受到各种限制已难以正常运作。

2021年12月7日的俄美首脑会晤讨论了两国外交使团面临的问题。普京强调："这一切都是美国采取政策的结果，5年前，美国当局开始对俄罗斯外交官实行大规模限制、禁令和大规模驱逐，我们不得不对此做出相应的

① "Joe Biden Backing 'Putin is a Killer' Claim is "Tantrum of Powerlessness" & Attack on Whole of Russia, Country's Top MP Declares", March 17, 2021, https://www.rt.com/russia/518359-putin-killer-claim-response/.

② "Foreign Ministry Spokeswoman Maria Zakharova's Reply to a Media Question about the Functioning of Russian and US Diplomatic Missions", October 29, 2021, https://mid.ru/en/press_service/spokesman/answers/1784704/.

反应。俄罗斯方面建议将对外交使团的所有限制归零，这可能有助于其他方面关系的正常化。"①

9月10日，俄罗斯外交部召见美国驻俄大使沙利文，抗议美国干涉俄罗斯国家杜马选举（9月17~19日）。俄外交部发言人扎哈罗娃表示："我们摆出详细的事实，向美方阐明了情况，证明从美国境内利用隶属于美国互联网巨头的互联网平台采取明显的行动，干涉俄罗斯内部进程，包括政治进程、选举进程和选举，有文件能够证明。"② 扎哈罗娃指责美国和德国使馆向纳瓦利内提供资金。"纳瓦利内的活动受到外国大使馆工作人员的资金支持，手法是外国驻俄大使馆雇用俄罗斯公民，付给他们钱，让他们向有关机构汇款。"③

美国为了缓和与德国的关系，拜登政府在2021年5月放松了对"北溪-2号"天然气管道的制裁。该管道已经于2021年9月基本完工。但是，随着乌克兰局势的升级，2021年11月，美国宣布对一家与俄罗斯有联系的实体公司和一艘与"北溪-2号"建设有联系的船只实施新的制裁。乌克兰呼吁美国采取更严厉的措施，阻止该项目开通运营。在"北溪-2号"问题上，德国和乌克兰、波兰、波罗的海三国的态度有明显不同。俄罗斯强调这是一个纯粹的商业项目，德国希望获得能源安全保障，而乌克兰则强调这是一个政治项目，是俄罗斯的政策工具。

随着年底乌克兰危机的升级，美国拟定了针对俄罗斯金融机构、能源公司和领导人的进一步制裁措施。"今天（12月7日）拜登总统看着普京的眼睛告诉他，那些我们在2014年没有做的，我们现在准备做。"④ 美国总统安

---

① Встреча с Президентом США Джозефом Байденом, 7 декабря 2021 года, http://www. kremlin. ru/events/president/news/67315.

② 《俄外交部：有文件证明美国干涉俄罗斯选举》，https://sputniknews.cn/politics/202109121034450171/。

③ 《俄外交部：美德两国因被曝向纳瓦利内"捐款"而开始歇斯底里》，https://sputniknews. cn/politics/202109101034441182/。

④ "Biden Told Putin that 'Things We Did not Do in 2014, We are Prepared to Do Now' if Russia Escalates in Ukraine, Top Adviser Says", December 8, 2021, https://edition. cnn. com/2021/ 12/07/politics/biden-putin-call-ukraine/index. html.

全事务助理沙利文强调。美国政府暗示，如果俄罗斯发动对乌克兰的战争，有可能将俄罗斯排除出环球银行间金融电信协会（SWIFT）系统。2014年乌克兰危机之后，俄罗斯央行开发了一个自己的金融信息系统——金融信息传输系统（SPFS），希望在危机时刻能够以此替代由美国主导的SWIFT系统。

对于美国威胁要给予进一步的严厉制裁，俄罗斯一方面警告美国，针对俄罗斯及其领导人的新制裁将会彻底切断两国关系，另一方面又表示，美国的制裁对俄罗斯不会产生什么影响。俄罗斯安全会议副主席梅德韦杰夫表示，从苏联时期开始，俄罗斯就经常面临制裁，俄罗斯对此已习以为常。"我们真的不害怕那些制裁，这不是修辞也不是夸张，这就是实际的情况。""我们目前正面临'来自地狱'的制裁（威胁）。嗯，我不知道它是什么，也不知道它将由什么组成。""他们说，来自地狱的制裁。另外，我清楚地记得我的同事奥巴马的话。在2015年，众所周知的原因使我们的关系陷入僵局，（美国）实施了制裁，我记得他说过的一句话。他说，俄罗斯经济会'支离破碎'。好吧，我们能说什么，奥巴马现在在哪里？退休了，而我们的经济繁荣并继续向前。""（俄罗斯经济）没有什么太可怕的事情发生。在某些领域，它变得更好，例如农业。"①

四　结语

2021年6月到2022年2月，美俄先后四次举行首脑会晤，一次线下、三次线上，讨论的问题非常广泛，包括战略稳定、核问题，网络安全、外交使团、俄罗斯在押美国公民的命运、伊朗核问题、地区冲突等。2021年12月30日和2022年2月12日的电话会谈主要围绕乌克兰的紧张局势，以及俄罗斯提出的安全保障问题。拜登一再警告，一旦俄罗斯入侵乌克兰，美国

---

① "Russia not Unnerved by Sanctions, not Even by US' Much-touted 'Sanctions from Hell'", January 27, 2022, https://tass. com/politics/1393917.

将对其实施严厉制裁。普京则一再声称，需要重视俄罗斯的安全关切，没有入侵乌克兰的计划。

普京和拜登都是老牌政治家，经验丰富，极有分寸感，两国政府既相互攻击，又保持接触，特别是高层接触。即使处于疫情期间，俄美高层官员互访仍然非常频繁。俄罗斯外长拉夫罗夫和美国国务卿布林肯多次举行会谈，俄美战略稳定对话也得到恢复。正如拜登总统所说："关于俄罗斯，我对普京总统讲得非常清楚，我们不寻求升级，但他们的行动是会产生后果的。对于俄罗斯干涉我们的选举和对我们的政府和商业机构进行网络攻击，我采取了直接和恰当的方式做出回应。他们做了这两件事，我已经回应了。但是在符合双方利益时，我们也可以合作。正如我们延长有关核武器问题的《新削减战略武器条约》和应对气候变化时所做的那样。"①

2021年12月，俄罗斯突然发动一场巨大的外交和宣传攻势，辅之以大规模的武力前沿威慑，要求美国及北约给予明确的法律保证，不允许乌克兰和格鲁吉亚加入北约，限期书面答复，态度强硬，令人惊讶。很多人猜测普京的意图是趁拜登政府刚上台立足未稳的时机一劳永逸地解决乌克兰问题，并且试图利用中美在亚太的对抗乘势而动，从中渔利，逼迫美国在欧洲让步，重建俄罗斯的势力范围。

俄罗斯的"极限施压""战争边缘""最后通牒"效果有限，美国、北约、乌克兰一致拒绝接受俄罗斯提供法律安全保证的要求。俄罗斯强调安全不可分割的原则，而美国和北约则强调主权国家自由选择的权利。国际舆论理解和支持俄罗斯的寥寥无几，俄罗斯的态度让很多中东欧国家不满，乌克兰等国加入北约的心志日坚，北约的凝聚力不降反升。对于普京对乌克兰的政治高压和战争边缘政策，俄罗斯国内也存在一些不同意见。

俄罗斯对美政策仍然是以政治为主、军事威慑为辅。在美国转向亚太瞄

---

① "Remarks as Prepared for Delivery by President Biden — Address to a Joint Session of Congress", April 28, 2021, https://www.whitehouse.gov/briefing-room/speeches-remarks/2021/04/28/remarks-as-prepared-for-delivery-by-president-biden-address-to-a-joint-session-of-congress/.

准中国之际，俄罗斯力图逼迫美国在欧洲做出让步，控制乌克兰，重建其势力范围。尽管美国国内不乏有人主张对俄妥协退让，甚至联俄抗华，但是美国政界主流仍然将俄罗斯视为主要的竞争对手之一，反对在乌克兰问题上退让。拜登本人对普京十分厌恶，这跟特朗普对普京的暧昧态度完全不同。拜登政府切实加强了与乌克兰的关系，美乌战略伙伴关系不断加强巩固了乌克兰的独立和主权，这让普京十分不满，增加了普京的危机感。2021年，俄美核战争风险降低，常规战争风险提升。在乌克兰，普京加大了赌注，拜登绝不退让，一场更大的危机正在到来。

Y.19
2021年俄罗斯的中东外交：
平衡各方，深度参与

胡 冰*

摘　要： 2021年中东地区秩序正在经历深刻变革，俄罗斯利用冲突作为
切入点加深在中东地区的存在，进一步拓展利益范围。普京处理
冲突的方法一直是在某种程度上对冲突各方施加影响：在叙利
亚，试图在伊朗和以色列之间取得平衡；在利比亚，在哈夫塔尔
和团结政府之间寻求俄罗斯的长期存在。俄罗斯已成为中东地区
的一个关键角色，但目前俄还没有能力也没有意愿建立一个自己
设计的地区秩序，因为它仍然能从以美国为首的地区安全秩序中
受益且能以最低成本促进地区目标实现。此外，如果美国和俄罗
斯之间的紧张关系在其他地方升级（比如乌克兰危机），也可能
导致双方在中东地区的直接竞争加剧，也将再一次考验俄罗斯与
地区大国的关系（俄土关系和俄以关系）。

关键词： 中东　俄土关系　俄以关系　利比亚　叙利亚

俄罗斯自2015年以来已经成为中东地区的一个关键角色。在迅速找到
支点后，俄罗斯的外交视野已经扩大到中东地区的所有国家，在能源、经济
和国防等领域俄罗斯正在与这些国家建立实质性联系，同时寻求地区和平与
安全。俄罗斯现在不仅是叙利亚和利比亚局势的重要影响因素，是伊朗、埃

---

* 胡冰，中国社会科学院俄罗斯东欧中亚研究所副编审。

及的战略伙伴，也是海湾国家（尤其是阿联酋和沙特）、以色列、阿富汗和巴勒斯坦及其他许多政治实体的对话者，还是影响也门局势的关键因素，并仍在持续拓展俄在北非的利益。过去一年，乌克兰危机不断加剧，尽管阿拉伯官方对乌克兰危机的反应很少，但许多国家已经意识到这场危机的危害及对中东的潜在影响。

一 乌克兰局势升级再考验俄土关系

土耳其与俄罗斯之间的恩怨从未平息。然而，土耳其总统雷杰普·塔伊普·埃尔多安与俄罗斯总统弗拉基米尔·普京阶段性的友好关系受到了普遍欢迎，因为这打破了土耳其敌视俄罗斯的历史模式。

近年来，土耳其和俄罗斯加强外交努力，在多个领域的合作使这两个雄心勃勃国家的复杂关系趋于缓和。土耳其近一半的天然气和 2/3 的小麦进口来自俄罗斯。普京对土耳其在叙利亚击落俄罗斯飞机一事轻描淡写，并努力向土耳其出售俄罗斯的 S-400 防空系统，尽最大努力帮助土耳其控制叙利亚北部。他们的合作一度依存在三个关键热点问题上微妙而脆弱的平衡：叙利亚问题、利比亚问题和纳戈尔诺-卡拉巴赫问题。土耳其和俄罗斯成功地发展了一套有效的运作方式，为拓展双方的地区影响力、有效控制冲突发生做出了保障。

然而，这三个热点问题并不是土耳其和俄罗斯利益冲突的全部领域，除此之外，二者关系还受到以下三个方面的影响。首先，卡在两国关系中的一根鱼刺是克里米亚。2020 年 12 月 29 日，土耳其外交部部长恰武什奥卢（Mevlut Cavusoglu）访问索契，并与俄罗斯外长拉夫罗夫（Sergey Lavrov）举行了土耳其-俄罗斯联合战略规划小组第八次会议。恰武什奥卢在重申与俄罗斯关系重要性的两天后表示，土耳其不承认俄罗斯对克里米亚半岛主权的立场没有改变。事实上，这不是一个新的声明，而是土耳其在克里米亚问题上的一贯立场。俄罗斯充分了解其立场，并继续重申自己的立场。俄罗斯总统发言人德米特里·佩斯科夫（Dmitry Peskov）表示，克里米亚是俄罗斯与土耳其关系中的"一个巨大分歧"。

其次，土乌关系影响俄土关系。进入 2021 年，俄罗斯在乌克兰边境的部队集结在 3 月达到顶峰，10 万名官兵以及军事装备的部署标志着自 2014 年克里米亚"并入"俄罗斯以来最大规模的兵力动员。虽然强大的国际压力促使俄罗斯在 6 月前部分撤军，但危机在 10 月再次出现，俄又一次增兵。2021 年 4 月 10 日，乌克兰总统泽连斯基前往伊斯坦布尔出席土乌高级别战略合作委员会第九次会议。虽然会议的主要议题包括国防工业、自由贸易协定以及旅游业合作等内容，但他访问土耳其的主要目的是商讨乌克兰东部局势，寻求土耳其总统埃尔多安在乌克兰问题上支持乌克兰，这是比贸易和投资更紧迫的优先事项。此前，土耳其向乌克兰出售了土耳其制造的 Bayraktar TB2 武装无人机，乌克兰将这些装置用于打击顿巴斯的亲俄分裂势力，已经引发了俄罗斯的不满。

最后，土耳其与北约的关系影响俄土关系。土耳其是一个北约国家，俄罗斯自 2016 年以来一直在与土耳其建立战略伙伴关系，以在导弹防御方面对抗北约，在俄乌问题上，土耳其的决定同时受到俄罗斯、美国和北约三方的密切关注。一方面，土乌之间的合作提高了土耳其作为北约成员国的地位；另一方面，土耳其可能参与北约范围内对俄罗斯的制裁。二者均将深刻影响俄罗斯对土耳其的看法。土耳其当然有权把参与的制裁措施限制在某些方面，甚至可以选择退出制裁，但无论如何这都会影响其与俄罗斯或与美国的关系，政治损失仍然相当可观。此外，出于打探情报和加强威慑的目的，美国和北约在黑海和乌克兰上空的活动必然会加强，这也引发土耳其参与北约海空联合行动的问题。土耳其是否会允许其护卫舰或空中加油机参与此类行动？

这些问题反映了俄罗斯与土耳其关系的多面性，俄土关系也在多个方面受到了俄罗斯与乌克兰关系恶化的影响。俄罗斯可能对乌克兰使用的土耳其制造的军事装备采取行动；也可以对土耳其实施反制裁（比如停止旅游和农业进口）；还可以在叙利亚北部对土耳其军队采取强硬立场并将在叙国内流离失所的叙利亚人安置在土耳其边境附近。

此前，埃尔多安和其他执政党官员为了争取对伊斯坦布尔运河的支持而公开讨论蒙特勒公约（Montreux Convention）的重要性，因为该公约是土耳其在俄罗斯、乌克兰及其非沿岸西方盟友之间保持平衡的关键因素。[①] 伊斯坦布尔运河是一个有争议的项目，其将在黑海和马尔马拉海之间开辟一条新的航道，因为这条新运河可能再次允许非沿岸国的军舰进入黑海，包括航空母舰和潜艇，所以土耳其兴建伊斯坦布尔运河的提议也引发了俄罗斯军方的忧虑。

因此，对于土耳其来说，在俄罗斯和西方之间建立新的平衡可能非常困难。一方面，如果土耳其军队参与北约在黑海等地区的行动，俄罗斯如何接受土耳其的调解角色；另一方面，在北约国家眼中土耳其如何扮演忠实盟友的角色，这对土耳其来说也是一个需要考虑的关键问题。

2022年当地时间2月21日，俄罗斯宣布承认卢甘斯克和顿涅茨克"独立"，埃尔多安发表了他对俄罗斯最尖锐的声明之一，称俄罗斯的举动是"不可接受的"。埃尔多安在为期四天的非洲之行中对随行记者说："我们重申我们对国际准则和对国际法的尊重。"随着危机的发展，土耳其处于冲突的地理中心，乌克兰呼吁土耳其关闭俄罗斯海军进入黑海的海峡。2月27日，土耳其宣布在黑海海峡实施蒙特勒公约。到目前为止，土耳其一直在寻求一种平衡，既谴责俄罗斯对乌克兰的入侵，又对美国和欧洲对俄罗斯实施严厉制裁投了弃权票。

二 俄罗斯在叙利亚继续扩大政治经济影响

2021年，叙利亚局势已经转向政治和经济重建的阶段，为了适应叙利亚新的发展形势，俄罗斯对叙利亚从原来的以军事介入为主切换到新的干预

[①] 该公约于1936年签订，是《协约和参战各国对土耳其和约》（《洛桑条约》）的延伸。它赋予土耳其对黑海和地中海之间海上通道的控制权。根据该和约，土耳其有权对所有外国军舰关闭海峡，或者在战时受到侵略威胁时关闭海峡。2008年，当俄罗斯承认格鲁吉亚两个地区阿布哈兹和南奥塞梯独立时，安卡拉曾拒绝美国让其军舰通过该海峡的请求。

方法。

首先是派驻总统特使。2020 年 5 月 25 日，俄罗斯总统弗拉基米尔·普京任命俄罗斯驻叙利亚大使亚历山大·叶菲莫夫（Alexander Yefimov）为总统特使，负责发展俄罗斯与叙利亚的关系。这一任命是为了帮助在叙利亚的俄罗斯外交和军事团队找到平衡，新特使可以在管理叙利亚局势的任务中发挥更多的经济外交作用。叶菲莫夫特使获得的新权力赋予他在关键时刻可以直接与俄罗斯总统办公厅联系，而不必求助于外交部的中东和北非司，他还被授权直接与叙利亚政府领导人接触，无须求助于叙利亚外交部的相关部门。在两国高层间，这位特使的任务具有从战略层面开展工作和在紧急情况下进行直接沟通的特点。

叶菲莫夫本人除与普京保有直接联系，他还是俄罗斯著名经济学家，对叙利亚的局势也十分了解，他能够发挥理顺俄叙之间经济关系的作用，包括重组债务和签署经济协议。叙利亚的社会经济发展正在加速，美国实施的《恺撒法案》（《叙利亚平民保护法》）可能对叙利亚经济部门以及与叙利亚打交道的外国公司产生负面影响，再加上叙利亚货币和市场的崩溃、影响叙利亚各方势力之间的经济冲突和竞争，所有这一切都需要俄罗斯政府直接判断形势，从而能够在缩短制度决策周期的情况下做出适当的决定。

其次是保护和扩大俄罗斯在叙利亚的投资。2020 年 5 月 28 日，普京签署了一项法令，授权国防部和外交部开始与叙利亚政府进行谈判，以期向俄罗斯军方提供更多设施并扩大在叙利亚的海上控制范围，但前提是新安排将补充 2015 年 8 月签署的允许在叙利亚军事存在的协议。这一决定被视为保护和扩大俄罗斯在叙利亚的投资，向俄罗斯经济精英传递俄罗斯政府关心他们在叙利亚经济利益的信息。因此，俄罗斯希望阻止任何其他外国势力接近叙利亚重要资产，尤其是海上资产。俄罗斯也担心叙利亚局势出现意外发展，这促使它在获得叙利亚当局和机构合法批准后，尽可能多地获取红利。

俄罗斯控制着叙利亚 100 多个军事地点以及重要的经济设施，从海岸和沿海山区延伸到大马士革郊区、叙利亚沙漠、代尔祖尔和拉卡。这些地区有营地、军事基地、石油和天然气设施、胡姆斯化肥厂和塔尔图斯港。普京签署授权法令意在关注整个叙利亚海岸，这是考虑到叙利亚重建刚刚开始和叙利亚港口区域贸易流量的重要性，海岸区域是各方力量必争之地。对叙利亚海岸的控制也将赋予俄罗斯开发叙利亚领海的权利，主要是在叙利亚海岸勘探和开采石油。

最后是对交通运输实施控制。俄罗斯做出巨大努力确保对 M4 和 M5 两条公路的控制权，并为保障这两条公路的通行安全在伊德利卜问题上向土耳其做出了让步，因为俄罗斯公司可能从每年的运输收入中获益。哈马、阿勒颇和沙漠地区的军事和民用机场位于俄罗斯经济和军事影响地区的中部或邻近地区，考虑到这种影响的重要性，俄罗斯需要确保这种影响的持续。从经济角度考虑叙利亚东部地区的重要性，这些地区除了是伊拉克的过境点外，还包括油田和农业地区。俄罗斯在 2019 年底接管哈萨卡省的卡米什利机场后，计划租用该机场 49 年，对机场的控制意味着俄能通过空中连接叙利亚海岸和叙利亚东部。

叙利亚局势正经历着重要的结构性变化，俄罗斯寻求对这些变化做出回应。其中，俄罗斯军队和情报机构等权力机构考虑俄罗斯的长期地缘政治回报，而其他权力机构及俄罗斯的经济精英则关心经济回报，其中存在的分歧促使俄罗斯总统普京寻找新的方式来处理叙利亚问题，以实现双方的平衡，并确保俄罗斯在复杂的地区和国际事务中继续掌控叙利亚问题。

此外，鉴于俄罗斯在叙利亚舞台上的主要作用，大多数阿拉伯媒体将报道集中在乌克兰危机对叙利亚局势的潜在影响上。俄乌危机和叙利亚战争之间有一些相似之处，两者都成为引发涉及全球和地区多个大国更大冲突的温床。鉴于这两个问题的参与者有很多重叠之处，许多媒体认为，俄罗斯在叙利亚的表现大大扩展了它在乌克兰问题上的地缘战略雄心。此外，俄罗斯在叙利亚和克里米亚的联通问题上发挥了关键作用，它支持一项将俄罗斯控制的叙利亚港口拉塔基亚和克里米亚连接起来的协议，这一协议提供了一个海上通道——通过地中海和黑海进入俄罗斯的通道。半岛电视台指出，乌克兰危机危及叙利亚与海湾地区的和解，并有可能加强伊朗与叙利亚的联盟，尤其是在维也纳谈判失败的情况下。其还警告说，乌克兰局势升级将有利于伊朗的利益，同时可能威胁到以色列的利益。

三 俄以在叙利亚的新博弈及后内塔尼亚胡时代俄以关系的新发展

2021 年是冷战结束后以色列和俄罗斯建交 30 周年。俄罗斯和以色列双方多年来一直在叙利亚问题上进行协调，在此期间，除了极少数情况，双方都设法防止发生军事冲突。自 2015 年秋季俄军事介入叙利亚以来，俄罗斯通过热线电话与以色列达成秘密谅解，在不影响叙利亚政权安全或其政治未来的前提下，控制了这一微妙而危险的局势。俄罗斯的行为一直被分析为利用以色列的袭击在叙利亚创造了一种新的平衡。但 2020 年俄乌关系的再次持续恶化对俄以在叙利亚问题的协调上产生了影响。

2020 年 6 月，俄罗斯在叙利亚的军事指挥中心赫梅米姆空军基地（Hmeimim）史无前例地宣布，叙利亚在本月下旬使用俄罗斯提供的防空系统"Pantsyr-S"和"Buk-2ME"对以色列的 3 起袭击做出拦截，并击落了所有由以色列飞机发射的导弹（类似情况在 2021 年 8 月 20 日发生的一次突袭中再次出现）。此后，以色列一名与俄罗斯国防部关系密切的高级官员在接受《以色列新闻报》采访时表示："俄罗斯最近一直在采取行动，改变游戏规则，限制以色列在叙利亚境内的袭击。"他还补充说："（俄罗斯）正在制定一个正式的框架，以界定在叙利亚境内什么是允许的，什么是不被允许的。"值得注意的是，以色列安全和军事官员并没有对这些事态发展发表评论，尽管一些以色列报道称"他们对这件事感到惊讶"。这意味着俄罗斯方面没有事先通知以色列俄关于叙利亚规则的任何改变，俄罗斯对以色列行动的不满并未消失。在此之前，俄罗斯外长拉夫罗夫曾发表声明说，俄罗斯对以色列的行为感到不安，因为以色列不承诺在袭击威胁俄罗斯利益的目标之前通知俄罗斯。

俄罗斯对以色列空袭叙利亚的立场发生变化的原因有很多。首先，对以色列支持乌克兰形成威慑。有报道称，以色列打算向乌克兰提供其"铁穹"系统，以帮助基辅加强防御，抵御任何可能来自俄罗斯的袭击——此类报道的可信度较低，因为以色列必须考虑这一举措对俄以关系的影响。在叙利亚与俄罗斯协调关系被视为以色列的安全优先事项，但乌克兰与以色列的关系也非常密切，并且已经出现以色列向乌克兰出售各类武器的报道。因此，俄罗斯找不到比缩小以色列在叙利亚行动空间更好的办法，将此作为惩罚以色列支持乌克兰的手段，或者至少警告它不要这样做。

其次，从经济收益的角度来看，以色列对叙利亚境内目标的持续攻击令俄罗斯的国防工业感到尴尬，而国防工业是俄罗斯经济的重要收入来源。在军事介入叙利亚后，俄罗斯为其武器设计了一场大规模的宣传活动，并希望在新的武器市场中确立自己的地位，尤其是防空武器。很明显，在赫梅米姆基地的俄罗斯军事指挥中心发表的声明集中在"Pantsyr-S"和"Buk-2ME"系统上，与"S-200"和"S-300"系统相比，这些系统有些过时。俄罗斯似乎想证明，它的旧系统就足以挫败由美国制造的最新型号的以色列飞机发动的攻击，那如果使用其尖端系统，情况又会如何呢？

最后，俄罗斯试图给外界留下叙利亚战争在总统选举后已经结束，叙利亚已是一个稳定国家并准备开启重建进程的印象，俄罗斯希望从中获得更大的经济利益。毫无疑问，以色列的持续打击与俄罗斯的宣传相左，并为叙利亚的安全局势制造了某种程度的混乱。与此同时，以色列空袭正在接近俄罗斯军队直接监督的地点，或俄罗斯方面与叙利亚政权共同管理的地点，对这些地点的俄罗斯军队构成风险。除此之外，与2015年俄罗斯被迫需要与地区各方达成谅解，以完成其在叙利亚任务时的情况不同，俄罗斯领导层现在认为不再需要遵守过时的规则，因为俄认为叙利亚的局势已经发生变化。

此外，在叙利亚问题上的俄以关系还受到伊朗因素的影响。以色列认为伊朗在叙利亚的成功存在是威胁以国家安全的一条红线。而目前的事态发展揭示了俄罗斯在处理叙利亚问题时在某些方面陷入僵局，并且俄罗斯与在这一地区存在利益和目标的各方之间对问题有着相互矛盾的理解。俄罗斯因此无法履行其削弱伊朗在叙利亚影响力的义务。未来俄罗斯有可能改变对抗以色列空袭的决定，并将对以色列的政策保持在可以表达不满而不能将不满转化为实际军事行动的范围内。

俄罗斯也将以色列新政府视为俄罗斯重新调整游戏规则并就新规则与以达成一致的机会。2021 年 6 月 13 日，纳夫塔利·贝内特（Naftali Bennett）宣誓就任以色列新一任总理。众所周知，曾担任过两届以色列总理的本杰明·内塔尼亚胡（Benjamin Netanyahu）和普京总体上保持了友好的关系。有时，内塔尼亚胡的政治对手甚至指责普京专门采取行动帮助内塔尼亚胡继续掌权。例如，在 2019 年 4 月大选之前，俄罗斯促成了在第一次黎巴嫩战争中被埋葬在叙利亚的以色列国防军士兵的遗体归还。2020 年 1 月，普京亲自监督释放背包客纳马·伊萨查尔（Naama Issachar），她在 3 月大选前几周乘坐内塔尼亚胡的专机从俄罗斯返回。

2021 年 10 月，新当选的以色列总理贝内特飞往索契与俄罗斯总统普京会面。在启程前贝内特发表声明："由于俄罗斯在该地区的特殊地位和国际角色，以俄关系是以色列对外政策中的重要元素。在以色列有上百万讲俄语的人，他们构成了两国之间的桥梁。"普京和贝内特之间的会晤持续了 5 个小时，这意味着贝内特不得不延长在俄罗斯的逗留时间至安息日，这一事实被解读为访问进展顺利。

此次会谈内容主要包括三个方面。一是继续执行两国空军之间在叙利亚消除冲突的机制。以色列袭击叙利亚境内的伊朗目标，是为了阻止伊朗及其代理人在以色列北部边境建立基地或向真主党转移武器，但以色列将尽一切努力避免在这些行动中意外伤害俄罗斯军队。二是双方同意加快达成两国之间的贸易协议，尽管美国食品和药品监督管理局（FDA）尚未批准俄罗斯的 Sputnik-V 新冠疫苗，但两国希望找到一种方式允许俄罗斯游客前往以色列旅游。三是再次肯定两国的人文交流。贝内特指出："以色列有 100 多万说俄语的以色列人，他们对以色列的文化做出了巨大贡献，同时也为以色列文化注入了努力工作、坚韧不屈的品格。"普京也表示以色列可能是后苏联空间以外讲俄语人最集中的地方。贝内特表示，他与普京的会晤是基于两国之间的深厚联系。他对普京说："我们认为您是犹太人的真正朋友。"

2022年2月24日，俄罗斯攻打乌克兰。2月27日，以色列总理贝内特与俄罗斯总统普京在冲突发生后首次通电话，贝内特提议以色列充当俄罗斯和乌克兰之间的调解人，通话持续了45分钟。但贝内特早些时候对乌克兰总统泽连斯基表示以色列愿意充当调解人时，并未表态说明以色列希望在俄乌之间做出平衡。俄乌冲突升级对后内塔尼亚胡时代的俄以关系是一次考验，有待进一步观察。

四 俄是否将离开利比亚？

2021年2月5日，在瑞士日内瓦举行的马拉松式的利比亚政治对话论坛（LPDF）以39票对34票的结果任命由商人出身的阿卜杜勒·哈米德·德贝巴（Abdul Hamid Dbeibah）担任利比亚总理，同时任命鲜为人知的外交官穆罕默德·尤尼斯·门菲（Mohamed Younis Menfi）担任三人总统委员会主席，接替自2015年以来一直由法耶兹·萨拉杰（Fayez al-Sarraj）领导的功能即将失效的九人委员会，这是经过漫长而复杂的谈判最终达成的重大政治解决方案。这个四分五裂、饱受战争蹂躏的国家终于有了总理和总统委员会。

在2021年6月23日举行的关于利比亚的第二次柏林会议上，俄罗斯（以及其他与会者）重申了早先的呼吁，"采取可信的步骤，让各方解散武装团体和民兵组织"。利比亚的"武装团体和民兵组织"之一是俄罗斯私人军队瓦格纳雇佣军。这是否意味着俄罗斯真的打算将瓦格纳雇佣军从利比亚东部撤走，抑或是将以另一种形式在利比亚保留军事存在？

作为利比亚冲突解决进程的一部分，利比亚成立了民族团结政府（Government of National Unity，简称GNU），表面上看，其统一了西部的全国团结政府（the Government of National Accord，简称GNA）和东部由哈夫塔尔（Haftar）支持的众议院。根据柏林会议的协议，即将解散的利比亚民兵中的"合适人员"将"以个人为基础，纳入国家的文职、安全和军事机

构"。但是，目前还不清楚哈夫塔尔是否会向西方支持的利比亚官方军队屈
服，或者官方军队是否会欢迎哈夫塔尔和他的部队。

俄罗斯一直支持联合国发起的利比亚冲突解决进程，正因如此，俄罗斯
同意解散利比亚的武装团体和民兵组织。但土耳其已经明确表示，它不打算
从利比亚西部撤出自己的武装部队，因为这些部队受到国际（包括俄罗斯）
公认的全国团结政府的邀请。如果土耳其军队继续驻扎在利比亚西部，俄罗
斯是否会从利比亚东部撤出瓦格纳雇佣军似乎就是一个问号。但是俄罗斯已
同意解散在利比亚的武装团体和民兵组织，它还能在利比亚保持军事存在
吗？应该指出的是，尽管普京有时宣布俄罗斯以某种形式从叙利亚撤军，但
实际上这种情况并没有发生。因此，俄罗斯关于支持解散利比亚武装团体和
民兵组织的协议可能并不足以表明俄罗斯真的将从利比亚撤出瓦格纳雇
佣军。

普京本人曾多次宣称瓦格纳雇佣军与俄罗斯政府无关，俄罗斯政府并没
有为此买单。在这种情况下，俄罗斯政府可以辩称它没有责任消除瓦格纳雇
佣军在利比亚的存在，而且，只要哈夫塔尔希望雇佣军留下，民族团结政府
是否有能力迫使其离开，即使有土耳其人的支持，也是值得怀疑的。

此外，俄罗斯也有可能说服民族团结政府正式邀请俄罗斯军队进入利比
亚，类似于全国团结政府与土耳其之间达成的协议。民族团结政府可能愿意
这样做，因为这会给它额外的保护以抵御哈夫塔尔的攻击，或者至少表明民
族团结政府希望如此。如果民族团结政府正式邀请俄罗斯武装部队在利比亚
拥有一个或多个基地，俄罗斯可能会愿意看到瓦格纳雇佣军离开利比亚。或
者俄罗斯可以在民族团结政府的邀请下将官方武装部队派往利比亚，同时让
瓦格纳雇佣军仍留在那里帮助哈夫塔尔。

这似乎令人难以置信，但普京在某种程度上对冲突各方施加影响的处事
风格，决定了这种可能性的存在，类似的方法在俄处理该地区其他对立方之
间的冲突时已有所体现。即使在俄罗斯力挺阿萨德政权的叙利亚，俄罗斯也
试图在两组对手伊朗和以色列之间以及土耳其和叙利亚库尔德人之间取得平
衡。在也门，俄罗斯与伊朗支持的胡塞武装、沙特支持的哈迪政府和阿联酋

支持的南方分裂分子均保持着良好关系。在阿富汗，俄罗斯与喀布尔政府和塔利班也都保持着良好的关系。因此，俄罗斯高层支持利比亚的对立双方并不会令人感到奇怪。

利比亚冲突解决进程极有可能会完全崩溃，在这种情况下，无论是俄罗斯，还是现在支持利比亚各方的任何其他外部势力，都不太可能结束在那里的存在。

结　语

中东地区秩序正在经历深刻的变革，美国不再是中东地区无可争议的霸主。美国角色的削弱，导致俄罗斯、伊朗和土耳其的地区权力投射。美国的核心利益是维护地区稳定、反恐、不扩散核武器、能源安全和以色列安全等。中国、俄罗斯和美国在中东地区的政策带来了不同的能力投射和目标。俄罗斯在发生内部冲突的国家中往往会灵活运用外交技巧，并以这些冲突为切入点来加深俄在这一地区的影响力，但俄罗斯目前还没有能力建立一个自己设计的地区秩序。

拜登政府已经表示，尽管在某些问题上与俄罗斯对峙，但美国希望在美俄利益交汇的地方与俄罗斯合作。中东过去20年的历史表明，至少在这一区域，事实上确实存在一个俄美双方强有力的合作基础，尽管俄罗斯在中东影响力的扩大也面临一些局限。首先，美国仍然是该地区的主要安全参与者，美国的参与为其他外部大国设定了参数。俄罗斯目前没有能力取代美国成为中东的主导力量，它也不想这样做。俄罗斯并没有直接挑战以美国为首的地区安全秩序，因为俄能从中受益，这一地区秩序为俄罗斯更多地参与该地区事务提供了安全保护伞，同时又无须承担实际保护自己利益的成本，从而使俄罗斯能够以非常低的成本推进其目标。

总之，俄罗斯重返中东绝不是单方面的。该地区的势力将大国竞争重返该地区视为利用大国政治为自己谋利的机会。而俄罗斯和美国在中东的竞争只是俄美间更广泛的大国竞争的一部分。俄美大国竞争将受到地区事态发展和其他地区敌对行动的影响。如果美国和西方与俄罗斯之间的紧张关系在其他地方升级，比如在东欧，也可能导致中东地区的直接竞争加剧。俄乌危机可能在 2022 年发展成为二战以来欧洲最大的国家间冲突，战争的影响将不仅仅局限于欧洲大陆。中东国家与俄乌双方在贸易、旅游和国防方面有着深厚的联系。虽然埃及和利比亚等北非国家与俄罗斯有军事联系，但它们也依赖从乌克兰进口农产品。俄罗斯进攻乌克兰后国际油价已自 2014 年以来首次突破 100 美元/桶，危机向能源领域的传导也将世界的注意力引向了海湾阿拉伯国家。

Y.20
2021年俄罗斯对后苏联空间外交

刘 丹*

摘 要: 2021年,俄美、俄欧关系持续走低,没有改善的迹象。后苏联空间依然是俄罗斯外交最优先方向。俄罗斯依托该地区三大组织——独联体、欧亚经济联盟和集体安全条约组织——发展与后苏联空间各国的联系。在美军撤出阿富汗背景下,俄罗斯加大对中亚局势的关注。在独联体和集体安全条约组织框架下密切与中亚各国的军事关系,召开多次会议并举行多次军事演习。俄罗斯与乌克兰关系持续恶化,已然陷入对立,甚至走到战争边缘。俄罗斯与白俄罗斯关系得到较大程度提升,特别是在俄白联盟国家框架下,两国达成多项经济协议,一体化步伐大踏步前进。俄罗斯在调节亚美尼亚与阿塞拜疆冲突中扮演重要角色,所产生的地区影响力持续提升。俄罗斯将摩尔多瓦、格鲁吉亚与乌克兰一样视为北约东扩的"红线"。

关键词: 后苏联空间 独联体 俄罗斯 欧亚经济联盟 集体安全

长期以来,为保障后苏联空间稳定,维护外部边界安全,应对恐怖主义、信息挑战和其他威胁[1],俄罗斯一直重视加强独联体国家的互动,发展各国在经济、政治、安全以及文化人文领域的联系。2021年,俄罗斯仍旧以

---

* 刘丹,中国社会科学院俄罗斯东欧中亚研究所俄罗斯外交室助理研究员,博士。
[1] 《普京:俄罗斯认为独联体为保障安全加强互动非常重要》,俄罗斯卫星网,https://sputniknews.cn/politics/202012181032748801/。

独联体、欧亚经济联盟和集体安全条约组织为平台加强与后苏联空间各国政治、经济等各方面的联系，推动地区军事层面有效互动，共同维护地区安全。

一 独联体依然是俄罗斯最主要的优先发展方向

在西方国家制裁和施压背景下，加强独联体国家间的经济合作、人文联系是俄从西方国家制造的困局中走出来的方法之一。[①] 据此，俄罗斯需要在不同层次、不同速度的一体化原则基础上，更大范围地团结独联体成员国，实现独联体国家合作与协同增效，并促使欧亚经济联盟、集安组织、上合组织等一体化组织发挥更大的作用。俄罗斯一方面基于历史情感积极夯实独联体国家间关系的基础，另一方面以欧亚经济联盟和集安组织为载体重点推动各方在经济和安全领域的合作。

（一）珍惜独联体共同的历史，加强独联体国家的经济、安全合作

2021 年 5 月 8 日，俄罗斯总统普京向阿塞拜疆、亚美尼亚、白俄罗斯、哈萨克斯坦、吉尔吉斯斯坦、摩尔多瓦、塔吉克斯坦、阿布哈兹、南奥塞梯的领导人和民众，以及格鲁吉亚和乌克兰的人民祝贺伟大卫国战争胜利 76 周年。普京在贺词中缅怀父辈功勋的同时声称："珍藏并向正在成长的新一代传递那些年的记忆，是我们的道义责任。我们应当共同坚决对抗任何歪曲和虚构历史、篡改伟大卫国战争结果、为纳粹分子及其走狗犯下的暴行洗白的企图。"[②] 普京认为，在艰苦战争年代形成的兄弟般的友情和互助传统仍是建立和发展建设性睦邻关系的坚实基础。[③] 普京的讲话表达了其希望延续后苏联空间国家的传统、加强后苏联空间凝聚力的愿望。

① 《独联体执行委员会主席呼吁面对西方压力成员国应加强合作》，俄罗斯卫星网，https：//sputniknews.cn/politics/202105271033782757/。
② Путин заявил о "недобитых карателях", пытающихся переписать историю，РИА Новости，9. Мая. 2021，https：//ria.ru/20210509/pobeda-1731550001.html.
③ 《普京向独联体国家领导人和民众及格鲁吉亚和乌克兰人民祝贺胜利日》，俄罗斯卫星网，https：//sputniknews.cn/russia/202105081033643202/。

经济上，俄罗斯充分利用欧亚经济联盟的平台优势，开展务实的经济合作。2021 年，欧亚经济联盟与联盟以外国家的贸易额为 8442 亿美元，其中出口 5257 亿美元，进口 3185 亿美元。与 2020 年相比，贸易额增长了 35.1%，其中出口增长了 44.1%，进口增长了 22.6%。① 2021 年 8 月 19~20 日，欧亚经济联盟政府间委员会会议期间共签署了 16 份文件。签署的文件涉及欧亚经济联盟成员国间的贸易与对外贸易的保险支持等问题。成员国政府领导人还就欧亚经济联盟框架下建立有机农产品统一市场、2021~2023 年联盟成员国实施协调运输政策，以及为发展欧亚经济联盟成员国与中国的经贸合作推动铁路货运数字化等问题达成一致。

安全上，进一步加强独联体的安全合作，对抗西方的分裂活动。2021 年，极端主义、激进主义、非法贩毒、大规模移民和非法武器贸易被列为独联体国家安全的首要威胁，独联体安全合作致力于消除这些威胁。2021 年 5 月，俄政府讨论了《关于批准独联体成员国武装力量联合通信系统协议》的联邦法案，该法案为提高独联体国家武装力量的指挥稳定性创造了法律基础。8 月 31 日，美国从阿富汗撤军完毕，结束了在该国 20 年的军事存在。阿富汗局势进一步紧张，恐怖活动从阿富汗转移到独联体空间的风险陡然上升。10 月，普京同独联体国家情报部门负责人举行视频会晤，共同商讨独联体国家武装力量联合通信系统协议的问题，并就独联体国家集体应对安全挑战的措施进行磋商。

事实上，独联体情报部门合作的另一个大的主题是曝光和对抗西方干涉独联体国家内政、破坏局势稳定的计划。此前，俄罗斯情报部门多次指出，西方国家正在实施战略削弱方针，即对独联体国家发动混合战争，破坏独联体国家之间的密切关系并削弱欧亚一体化进程。因此，通过情报机关的合作保护独联体国家不受外部威胁很重要，这也有利于促进独联体国家联合，保障该地区的和平与稳定。俄罗斯联邦安全委员会秘书尼古拉·帕特鲁舍夫认

① Об итогах внешней и взаимной торговли товарами государств - членов Евразийского экономического союза1 Январь - декабрь 2021 года，http：//www.eurasiancommission.org/ru/act/integr_ i_ makroec/dep_ stat/tradestat/analytics/Documents/express/Jan-Dec%202021.pdf.

为，独联体成员国的集体工作需要其情报机构和执法机构协同配合，以跟踪西方在独联体空间内的颠覆活动，有效抵制"颜色革命"。①

2021年11月17日，在莫斯科举行的独联体成员国安全会议秘书年度会议上，各国就国家和地区层面的国际安全合作实际问题进行了探讨。与会者重点关注阿富汗国内局势对独联体国家安全威胁，以及在移民领域的合作、生物技术领域的发展等相关议题。

（二）俄罗斯学者对"年满30周岁的独联体"的定位及看法

俄罗斯学者对独联体看法不一，但对其作用则基本持肯定观点，特别是对欧亚经济联盟的发展持乐观态度。

俄罗斯外交部独联体国家第一司司长米哈伊尔·叶夫多基莫夫在《后苏联空间：从"和平离婚"到多速度、多形式的融合》② 一文中充分肯定了独联体的作用。他认为，独联体已从"文明离婚工具"转变为独联体国家联系沟通的平台，它是建立独联体国家之间区域合作体系的关键，只有在平等互利的基础上恢复20世纪90年代中断的联系，后苏联空间才能在世界舞台上成为具有竞争力的地区。

安纳托利·肖金认为，独联体不可能成为类似于欧盟的组织，作为后苏联空间国际关系子系统的一个组织，它凭借自身"柔软"、灵活的合作形式，仍然发挥着关键的平台作用。虽然出现了欧亚经济联盟等新的次区域一体化组织，但独联体与之并行不悖，"独联体一体化潜力尚未耗尽"。③

还有学者认为，独联体的存在为解决联盟内所有主权国家之间复杂的问题提供了可能性。但与此同时，大量带有适用例外情况的双边协定和政府间

---

① 《独联体国家安全会议秘书将在莫斯科讨论安全合作问题》，俄罗斯卫星网，https：//sputniknews. cn/20211117/1034812184. html。

② Михаил Евдокимов: Постсоветское пространство: от «мирного развода » к разноскоростной и многоформатной интеграции, Международная жизнь, 2021. No12.

③ Щёкин Анатолий Сергеевич: Роль СНГ в подсистеме международных отношений на постсоветском пространстве： к 30 - летию Организации, 14 декабря 2021, https：//russiancouncil. ru/blogs/NSO_ MGIMO/35651/？ sphrase_ id = 86940013.

一体化协议并不具法律约束力，这就导致了以下事实：独联体不能转变为一个具有高度一体化和超国家治理要素的真正经济实体，独联体内部也无法出现真正的政治联盟。相比之下，欧亚经济联盟则是一条比较成熟的一体化道路。①

俄罗斯除了在后苏联空间实施整体的外交政策实践，还与该地区国家发展双边关系，这也是俄罗斯对后苏联空间外交的重要组成部分。

二 俄乌关系陷入对立 俄与北约矛盾升级

俄乌关系是后苏联空间一组最重要的双边关系。但是在克里米亚"并入"俄罗斯以及顿巴斯地区武装冲突的背景下，多年来，莫斯科与基辅的关系一直在持续恶化。乌克兰政府多次指责俄罗斯干涉其国家内政，并于2015年1月正式宣布俄为"侵略国"。在波罗申科担任总统期间，乌克兰政府不止一次地宣布要正式退出独联体。2019年4月，《俄乌友好合作伙伴关系条约》到期后正式失效。2020年8月，乌克兰退出了独联体国家在民用航空领域缔结的七项国际条约。2021年2月，乌克兰又退出了独联体《关于协调邮政和电力通信领域内国家关系的协议》。

2021年4月，乌克兰总统弗拉基米尔·泽连斯基签署的一份《关于批准乌国家安全与防御委员会制裁俄罗斯联邦独联体事务、俄侨和国际人文合作署和俄罗斯"伏尔加-第聂伯河"航空公司等多家公司的决定》的行政令开始生效。② 对此，莫斯科认为，乌克兰当局制裁俄联邦独联体事务、俄侨和国际人文合作署是很不正常的行为。乌克兰境内生活着很多俄罗斯族人，他们被剥夺了与俄罗斯文化承载者交流的机会③；乌当局针对俄罗斯

① Николай Межевич, Владимир Шамахов: После 30 лет постсоветской интеграции. Почему потери заметны, а приобретения не так очевидны? Международная жизнь, 2021. No12.

② В Кремле оценили последствия украинских санкций против России, РИА Новости, 5. апреля. 2021, https://ria.ru/20210405/sanktsii-1604268375.html.

③ 《俄议员：若基辅关闭俄人文合作署，其代表处则可迁往顿巴斯》，俄罗斯卫星网，https://sputniknews.cn/society/202104051033415472/。

公民和企业的制裁是践踏国际法和丧失理智的例子①，这一方针使俄乌关系进一步恶化。

2021年7月12日，俄总统普京发表万字署名长文《论俄罗斯人和乌克兰人的历史统一性》。普京认为："苏联解体之初，俄乌两国彼此信任，相信两国的经济、文化和精神联系会得以延续。然而，乌克兰逐步被拖入危险的地缘政治游戏，最终成为横亘在欧洲和俄罗斯之间的障碍，成为西方反对俄罗斯的跳板。"②"如今，乌克兰这个欧洲最贫穷的国家只有在与俄罗斯的伙伴关系中，才有可能获取真正的主权。"③ 8月2日，乌克兰外长库列巴在《外交事务》发表署名文章，强调"乌克兰是西方的一部分"，他认为对乌克兰来说，加入北约和欧盟才是当务之急。而普京文章所表达的是其欲"重组苏联国家"的意图。④

12月末，乌克兰总统泽连斯基以法令形式批准了信息安全战略，其中俄罗斯的信息政策被定义为对乌克兰的威胁。该文件称："俄罗斯联邦的信息政策不仅是对乌克兰的威胁，而且也是对其他民主国家的威胁。"⑤

2021年，美国进一步加大了对俄乌局势的"关切"。4月以来，西方媒体多次指责俄罗斯准备"入侵乌克兰"，披露俄军在边境陈兵的数量已从7.5万人增加到17.5万人。俄罗斯对此一直予以驳斥，指出本国没有威胁任何一个国家，在境内调兵是主权事务。12月底，普京称北约若东扩至乌克兰将对俄罗斯造成非常重大的安全威胁。俄罗斯还指出，北约每年举行30多次旨在针对俄罗斯的大规模军事演习。

① 《沃洛金：基辅对俄制裁是践踏国际法的例子》，俄罗斯卫星网，https：//sputniknews. cn/politics/20210405103341 5448/。

② Владимир Путин：Об историческом единстве русскихи украинцев，http：//kremlin. ru/events/president/news/66181.

③ Владимир Путин：Об историческом единстве русскихи украинцев，http：//kremlin. ru/events/president/news/66181.

④ 《乌克兰外长回应普京：谁跟你一家人，我是西方的一部分》，观察者网，https：//www. guancha. cn/internation/2021_ 08_ 04_ 601560. shtml。

⑤ 《乌总统批准对抗俄政策的乌克兰信息安全战略》，俄罗斯卫星网，https：//sputniknews. cn/20211229/1036868958. html。

以上事态表明，俄乌关系已经陷入严重对立，俄与北约矛盾进一步升级。俄罗斯对乌克兰的政策目标是：尽力将乌克兰留在独联体框架内，使乌克兰成为该框架一体化进程的参与者；对乌克兰加入北约持坚决反对态度，这是俄对乌政策红线；在乌俄罗斯族人的安全与发展也在俄罗斯考虑之中。①无论从历史联结、地缘状况，还是从民族心理上来说，乌克兰都是俄罗斯最后的底线。俄罗斯要保障自己西部有稳固的安全缓冲带，绝不允许乌克兰被纳入西方的轨道。②同时俄罗斯认为，美国和北约是致使乌克兰政策转向西方的罪魁祸首，这也是导致俄罗斯与西方直接对峙的重要原因之一。当前，俄乌两国关系很难回转，并将面临更加艰难的未来。

三 俄白一体化取得突破性进展

相对于走向对立的俄乌关系，俄白关系一直处于相对良性发展的轨道上，2021年俄白一体化取得了突破性进展。白俄罗斯在面对西方强大压力的形势下，立足于欧亚地区，全力建设与独联体国家、俄罗斯和中国的新关系。③

（一）"俄白联盟国家"一体化进入新阶段

俄白关系中最引人注目的是俄白联盟一体化进展。俄罗斯与白俄罗斯于1999年12月8日在莫斯科签署了《组建联盟国家的条约》，联盟国家成立。2019年12月在该条约签署20周年之际，两国提议深化一体化计划，并成立了制定提案的工作组，双方将共同拟定约30份深化各领域一体化的"路线图"。

2020年8月的白俄罗斯大选危机中，俄罗斯在联盟国家框架内成功助

---

① 刘丹：《后苏联空间：俄罗斯的战略依托和大国博弈》，《俄罗斯东欧中亚研究》2021年第6期。
② 同上。
③ 《卢卡申科：面对西方压力明斯克着力建设与独联体国家、俄罗斯和中国的新关系》，俄罗斯卫星网，https://sputniknews.cn/politics/202107031034006874/。

力白俄罗斯化解危机，为两国关系发展注入新的动力，两国关系得以强化。2021 年 9 月，俄白两国就有关联盟国家的所有 28 项合作计划达成一致，并宣布两国开始经济一体化。2021 年 9 月，白俄罗斯和俄罗斯的天然气联盟计划准备就绪。该计划的核心是，未来一年在统一天然气市场运作原则和方法上双方达成一致。2022 年，俄罗斯向白俄罗斯出口天然气的价格将为每 1000 立方米 128.5 美元，与所有独联体国家和欧盟国家相比是最优价格。

2021 年 11 月 4 日，俄罗斯的民族团结日当天，俄总统普京与白俄罗斯总统卢卡申科通过视频连线出席了俄白联盟国家最高国务委员会会议。会议审议通过了《关于 2021～2023 年落实联盟国家条约原则的基本方向》一揽子一体化协议，文件包括 28 个联盟计划，以及联盟军事学说和联邦国家移民政策构想，充分体现出俄白在经济、政治、军事等领域的一体化进一步深入发展。这是俄白自签署《关于建立白俄罗斯和俄罗斯共同体条约》之后，迈出的重要一步，标志着联盟国家一体化进程发展到一个新的阶段。最为重要的是，联盟计划的获批和实施将进一步深化俄白经济联系。两国在宏观经济政策、工农业政策、一般性竞争规则、统一运输市场、商品标签可追溯性和一体化系统、兽医和植物检疫监督等方面逐步协调和统一。

在此次会议上两国还表示将进一步深化科技和人文合作，其中包括：积极制定《2030 年前联盟国家统一科技空间发展战略》；在国家元首层面讨论和实施大型联合项目，特别是在核能和太空探索领域的合作；在新冠肺炎疫情大流行的情况下加强医学领域的合作；加大人文合作，打击篡改伟大卫国战争历史的企图，对公民实施爱国主义教育。

值得一提的是，在新冠肺炎疫情流行的情况下，俄罗斯积极帮助后苏联空间国家生产疫苗，并与白俄罗斯分享"卫星 V"疫苗生产技术。在此背景下，卢卡申科表示，白俄罗斯一个月可生产 50 万剂俄新冠疫苗，并期待在一年内"将解决所有问题"。

（二）"俄白联盟国家"一体化取得突破性进展的原因

俄白联盟国家取得重大进展是多重因素合力的结果。长期以来，西方对俄白制裁是促使两国关系走近的最直接的外部因素；深植两国的文化联系是两国走近的根本原因，共同的种族、历史、语言、文化和宗教信仰使俄白联盟国家成为东斯拉夫人民紧密连接的一体化组织；俄白各自的战略需要是两国关系走近的现实原因。对于俄罗斯来说，白俄罗斯是其西部抵御西方地缘压力的重要屏障，俄白联盟国家是欧亚地区一体化的典范和标杆，是俄欧亚一体化战略中重要的一环；对于白俄罗斯来说，俄白联盟国家是其对外政策的"优先方向"，是应对突变、改善国内政治经济环境的重要战略选择。

（三）"俄白联盟国家"一体化新进展的影响

联盟国家的一体化虽然只是俄白两国的一体化进程，但因联盟的特殊性质，其影响是大范围的。

第一，俄白两国一体化程度全方位加深，白俄罗斯完全倒向俄罗斯。联盟计划的批准与实施将使两国在政治、经济、外交、军事以及人文等各领域进一步紧密合作，结成更加稳固的同盟关系。俄罗斯在与美国和其他西方国家的博弈中先胜一筹，成功拉回了白俄罗斯这一盟友。白俄罗斯已经放弃了在俄罗斯和西方之间寻求平衡的外交路线，完全倒向俄罗斯。

第二，对欧亚一体化进程来说，联盟国家的进一步融合是一把双刃剑。一方面，作为欧亚地区一体化标杆，俄白联盟国家一体化的深入发展将推动欧亚经济联盟一体化的发展，从而带动欧亚地区的一体化进程；另一方面，俄白的紧密结合也将加重后苏联空间国家的"恐俄症"，俄罗斯一直强调独联体是其"战略利益区""传统利益区""切身利益区"，这在某种程度上增加了地区国家的不安全感和不信任感，它们担心俄罗斯一家独大，自己作为"小国"将过度让渡主权。

第三，俄白联盟的发展使两国与美国和西方的关系进一步复杂化。一方面，俄白两国一体化的深入发展是对西方制裁和分化俄白关系图谋强有力的回应，表明西方在白俄罗斯的努力暂时前功尽弃，特别是在能源领域，西方难以找到突破口分化联盟国家；另一方面，美国和其他西方国家将加大力度拉拢乌克兰，强化乌作为其欧亚地区支点的作用。这势必引起俄与美国和其他西方大国新一轮的博弈，使欧亚地区形势进一步复杂化。

四 俄罗斯与中亚国家发展多边军事合作和双边友好关系

2021 年，俄罗斯与中亚各国关系得到了加强。无论是在集体安全条约组织框架内的多边军事合作，还是与各国的双边关系，都处于良性发展的轨道。

（一）在集体安全条约组织框架内加强与中亚的军事合作

2021 年 9 月，美军及其盟友从阿富汗仓促撤军以及塔利班重新在阿富汗上台之后，集安组织成员国领导人立即召开非例行峰会，就阿富汗局势发生根本性变化所带来的风险交换了意见。普京在集安组织峰会上指出，集安组织责任区内和成员国外部边界局势的不稳定给各国安全带来了新的严峻挑战和风险；在当前情况下，集安组织成员国比以往任何时候都需要更加紧密的协调和团结，这已达成共识。[①] 在集安组织成员国安全委员会秘书会议、防长理事会、外长理事会杜尚别联合会议上，各代表团团长就集安组织集体安全理事会宣言草案达成一致，通过了多项声明，尤其是集安组织成员国通过了《关于阿富汗局势》的联合声明。此外，集安组织正在制定巩固塔吉克斯坦与阿富汗边境安全的方案。

为应对地区形势，2021 年集体安全条约组织进行了一系列军事演习。一是 9 月 7 日在吉尔吉斯斯坦启动的集安组织"边界-2021"联合军事演习。来自哈萨克斯坦、吉尔吉斯斯坦、俄罗斯、塔吉克斯坦的军人，以及集体安全条约组织联合参谋部和秘书处的各行动小组，吉尔吉斯斯坦内务部、

---

① 《普京：集安组织成员国必须团结协作　以在阿富汗局势背景下确保安全》，俄罗斯卫星网，https://sputniknews.cn/20210916/1034480068.html。

紧急情况部以及国家安全委员会机构的人员参加了此次演习，共有超过
1000 人和 150 台设备参演。演习参与者开展了联合反恐行动，实际演练了
摧毁入侵集安组织成员国领土的非法武装团体的作战行动。

二是 10 月 18 日在塔吉克斯坦距阿富汗边境 20 公里处举行的"战斗兄
弟情-2021"联合战役战略演习。来自俄罗斯、塔吉克斯坦、哈萨克斯坦、
白俄罗斯、吉尔吉斯斯坦和亚美尼亚的部队参加实际操演。为了确保中亚地
区集体安全的稳定，参演军人演练了封锁和摧毁假想恐怖团伙的科目。在本
次联合战役战略演习中，集安组织成员国 4000 多名军人和 500 多件装备参
加了"梯队""搜索""协作"演习的实操阶段。

除此之外，2021 年，作为对中亚地区威胁的反应，俄中部军区[①]进行了
近 50 场国际活动，其中主要的是 11 场联合军事演习，这些演习分别在俄罗
斯、吉尔吉斯斯坦、塔吉克斯坦和乌兹别克斯坦境内举行。俄中部军区司令
亚历山大·拉平称："考虑到中亚地区的军事威胁加大，2022 年俄罗斯将增
加与中亚国家联合训练活动的数量。与集安组织维和部队的联合演习'牢
不可破的兄弟情-2022'将最具意义。"[②]

（二）俄罗斯发展与中亚各国的友好关系

一是祝贺萨德尔·扎帕罗夫当选吉尔吉斯斯坦新任总统。2021 年 1 月
10 日，吉尔吉斯斯坦举行了总统选举和有关政体的全民公决。扎帕罗夫在
总统选举中大幅领先，得票率为 79.2%。随后，俄总统普京祝贺扎帕罗夫
赢得吉尔吉斯斯坦总统选举，并希望他的执政有助于巩固俄吉两国关系。普
京认为，俄罗斯和吉尔吉斯斯坦具有战略合作伙伴和盟友的性质。两国在欧
亚经济联盟、集安组织、独联体和上合组织框架内的建设性协同及各领域合

① 俄中部军区位于 3 个联邦区和 29 个俄联邦主体范围内。属于军区编成的还有驻塔吉克斯坦
第 201 军事基地、驻吉尔吉斯斯坦联合军事基地以及驻哈萨克斯坦境内的分队，总部位于
叶卡捷琳堡。
② 《俄中部军区 2022 年将增加与中亚国家的联合活动数量》，俄罗斯卫星网，https：//
sputniknews.cn/20211213/1034964440.html。

作方面积累了丰富的经验。

二是积极发展与哈萨克斯坦的科技合作。2021年俄国家航天集团公司与哈萨克斯坦就建立欧亚经济联盟统一的地球遥感卫星网的合作进行了谈判，协商各种合作方案，两国政府都对此表示支持，该项目计划于2027年前完成。

三是支持乌兹别克斯坦重新回到集体安全条约组织。在中亚五国中，乌兹别克斯坦在阿富汗问题上的态度最为积极。乌在阿富汗境内实施各种经济项目，扩大双边经济合作，旨在通过经济活动来降低各种恐怖主义威胁的风险。但阿富汗不断变化的潜在危险局势可能会影响乌兹别克斯坦外交政策优先事项的调整，安全的重要性被进一步提升，这加大了该国恢复集体安全条约组织成员的可能性。12月2日，俄联邦常驻集体安全条约组织代表米卡埃尔·阿加桑接受卫星通讯社采访时表示，俄方欢迎乌兹别克斯坦为重返集安组织采取的任何可能措施。

四是发展与土库曼斯坦的友好关系。9月27日，普京向别尔德穆哈梅多夫发贺电庆祝土库曼斯坦宣布独立30周年。普京指出："土库曼斯坦在经济和社会领域取得了巨大成绩，其所奉行的积极中立政策有利于巩固中亚地区的稳定与安全。"普京强调，两国关系正以战略伙伴关系精神发展，积极开展政治对话和各领域富有成果的合作，以及在独联体等国际机构框架内的互动。[①]

五是与塔吉克斯坦签订区域防空系统协议。12月30日，普京批准了俄罗斯与塔吉克斯坦成立联合区域防空系统的协议。俄塔联合区域防空系统作为独联体成员国联合防空系统的一部分，旨在提高该地区完成防空任务的有效性。俄罗斯国家杜马国防委员会主席卡尔塔波洛夫向记者表示："批准该协议完全符合俄罗斯的利益，落实该协议将对保障军事安全产生积极影响。"[②]

---

① 《普京向土库曼斯坦总统祝贺土宣布独立30周年》，俄罗斯卫星网，https://sputniknews.cn/politics/202109271034545899/。
② 《普京批准俄罗斯与塔吉克斯坦的区域防空系统协议》，俄罗斯卫星网，https://sputniknews.cn/20211231/1036903100.html。

五 俄罗斯继续在亚美尼亚和阿塞拜疆的地区 冲突中发挥重要作用

6月20日，亚美尼亚举行了非例行议会选举，21个政党和4个联盟参加了选举。据中央选举委员会的资料显示，亚美尼亚代理总理帕希尼扬领导的"公民协议"党以53.92%的得票率获胜。9月，普京分别向亚美尼亚总统萨尔基相、总理帕希尼扬致贺电，就亚美尼亚独立30周年表示祝贺。普京指出，本着同盟精神发展双边关系符合两国人民的根本利益。[①] 两国在各个领域建立了密切合作，在欧亚经济共同体、集体安全条约组织和独联体框架内建立了建设性互动关系。

2020年9月底，纳戈尔诺-卡拉巴赫重燃战火，这是多年冲突的延续，并造成平民伤亡。双方曾多次尝试签署停火协议，最终于11月10日凌晨达成三方协议。在俄罗斯的调解下，阿塞拜疆和亚美尼亚同意完全停火并交换囚犯和死者尸体。亚美尼亚还把克尔巴贾尔、拉钦和阿格达姆区移交给阿塞拜疆。此外，俄罗斯维和人员也驻扎该地区。2021年，亚美尼亚与阿塞拜疆关系有所缓和。10月15日，阿塞拜疆总统伊利哈姆·阿利耶夫出席独联体国家元首理事会视频会议时表示，作为战胜国的阿塞拜疆愿意实现与亚美尼亚的关系正常化，愿意与亚美尼亚就边界划定开始谈判，但前提是亚美尼亚承认阿的领土完整，并希望亚美尼亚领导层不会错过这个历史性机会。[②]

俄罗斯重视发展与亚美尼亚和阿塞拜疆的友好关系，在调节纳卡冲突上起到了关键作用，并派驻了维和部队。未来，俄罗斯会持续关注该地区形势，并在必要时发挥地区主导作用。

[①] 《俄总统普京就亚美尼亚独立30周年致电亚方领导层表示祝贺》，俄罗斯卫星网，https://sputniknews.cn/politics/20210921034508827/。

[②] 《阿塞拜疆总统：巴库愿意在埃里温承认领土完整的情况下讨论划界问题》，俄罗斯卫星网，https://sputniknews.cn/politics/20211015034653380/。

六 俄罗斯将摩尔多瓦、格鲁吉亚与
乌克兰一样视为北约东扩的"红线"

是否加入欧盟和北约一直是独立以来的摩尔多瓦需要面对的问题。在对待欧盟的态度上,摩尔多瓦总统玛雅·桑杜及纳塔利娅·加夫里利策领导的政府均秉持与欧洲一体化的方针。摩尔多瓦政府2014年在布鲁塞尔与欧盟签署了联系国协定,最终于2015年生效。2021年12月28日,桑杜还表示,该共和国未来完全可能成为欧盟的一部分,但希望同时保持与俄罗斯的建设性关系。"除了与欧洲一体化外,该共和国没有其他选择。"[1]

同时,桑杜在对待是否加入北约的问题上表示:"摩尔多瓦宪法规定其为中立国,摩既没有修改过宪法,也没有类似的倡议,摩尔多瓦不对任何人构成任何军事威胁,并希望局势得以和平发展。"[2] 根据摩尔多瓦宪法,该国具有中立地位,但自1994年以来,该国一直在独立合作伙伴行动计划框架内与北约合作。2017年12月,北约联络处在摩首都基希讷乌开设。公共舆论民意调查显示,超过60%的居民反对摩尔多瓦加入北约。

2008年8月的俄格战争在经过5日激战后,以俄罗斯军队的胜利而速战速决。8月26日,在俄罗斯联邦承认了南奥塞梯和阿布哈兹的"主权"之后,俄罗斯和格鲁吉亚处于断交状态。2009年8月,格鲁吉亚退出了独联体组织。尽管如此,格鲁吉亚在地缘上仍然是后苏联空间的组成部分,俄罗斯仍主张同格鲁吉亚和平共处地合作。同时,俄罗斯认为,北约在格鲁吉亚部署打击武器系统将从根本上改变南高加索地区的军事政治力量形势,并对俄罗斯及其地区盟国构成直接威胁。

---

① Санду: Молдавия может стать частью ЕС, но хочет сохранить диалог с Россией, Sputnik, 28 декабря 2021, https://radiosputnik.ria.ru/20211228/moldaviya-1765799723.html.

② Президент Молдавии исключила вступление республики в НАТО, РИА Новости, 28 декабря 2021, https://ria.ru/20211227/sandu-1765741915.html.

12 月 26 日，俄罗斯总统新闻秘书德米特里·佩斯科夫在"俄罗斯 1"电视台接受采访时称，北约向乌克兰、格鲁吉亚和摩尔多瓦的扩张对俄罗斯来说是生死攸关的问题。这表明了俄罗斯一以贯之的立场，即俄罗斯不允许后苏联空间国家加入北约。

结　语

后苏联空间构成了俄罗斯的战略安全和战略发展空间，是俄罗斯的"战略利益区""传统利益区""切身利益区"，对俄具有极其重要的意义。美欧对后苏联空间的介入与影响日益突出，极大地恶化了俄罗斯的地缘战略环境，使其在该地区的政策实施受到掣肘。

2021 年 12 月 15 日，俄罗斯向美国提交了"俄美安全保障条约"和"俄与北约成员国安全保障措施协议"两份草案文本。其中涉及后苏联空间国家的主要条款有：排除北约进一步扩大和乌克兰加入北约的可能性；除非俄罗斯和北约成员国同意，北约不得在 1997 年 5 月（东欧国家加入北约之前）形成的边界以外再部署军队和武器；北约应放弃在乌克兰、东欧、外高加索、中亚的任何军事活动；美国承诺排除北约进一步东扩，不接收后苏联国家加入北约；美国承诺不在后苏联国家建立军事基地，不使用该地区的军事基础设施，也不与该地区国家发展军事合作。[①] 克里姆林宫表示，俄准备立即开始有关项目的谈判。如果北约和美国不回应俄安全保障要求，可能会引发另一场对抗。

俄罗斯的态度明确而强硬。多年来，它一直在强调，后苏联空间是其对外政策的"红线"，不容以美国为首的北约染指；无论国际形势如何变幻，后苏联空间都是俄罗斯对外战略中的最优先方向，俄罗斯将不遗余力维护其在后苏联空间的主导地位。

---

① МИД опубликовал проекты договоров с США и НАТО о гарантиях безопасности，РИА Новости，17 декабря 2021，https：//turbo.ria.ru/20211217/bezopasnost-1764226189.html.

Y.21
当代俄罗斯对外政策的优先事项

摘　要：　本文从政治现实主义角度分析了当代俄罗斯对外政策的若干趋势，并对自 2016 年通过《俄罗斯联邦对外政策构想》以来相关优先事项的变化进行了总结。出于一系列原因，乌克兰历来是俄罗斯在独联体空间内的关键利益所在，如果乌克兰加入北约，将对俄罗斯构成生存威胁。近期外交往来中唇枪舌剑的升级旨在制造条件，使北约国家无法支持乌克兰收回克里米亚的努力。由于与西方的长期对抗，俄罗斯除了"向东转"之外，还积极加强与拉丁美洲和非洲的联系，但现实因素使俄无法将欧洲排除在其重要伙伴之外。俄罗斯对外政策战略的理论缺乏一个基于系统性跨学科分析的理论框架。当前出现了一种与海外侨胞合作的趋势——他们不仅被视为国家"软实力"的核心，也是选民的一部分。弗拉基米尔·普京提出的"健康的保守主义"反映了俄罗斯在共同价值观标准下对民族理念的追求，其理论内容和实际意义还有待进一步探析。

关键词：　俄罗斯对外政策　政治现实主义　"软实力"　全球性大国多极世界

---

* 波莫佐娃，俄罗斯国立人文大学当代东方学教研室副教授；译者白娜，中国社会科学院俄罗斯东欧中亚研究所图书馆助理馆员。

引　言

俄罗斯的政权党——"统一俄罗斯"党（以下简称"统俄党"）首次在其纲领中加入了"外交与国防政策"这一章节，这充分说明了外交政策对俄罗斯联邦的重要性在持续上升。纲领中关于相关优先事项的表述如下："本党一贯坚持俄罗斯对外政策的基本原则：维护俄罗斯联邦的国家利益和主权，维护世界和平，促进普遍安全和稳定，以建立公平、稳定的国际关系体系。"①

为落实该章节中的内容，2021 年 11 月 5 日，统俄党总委员会成立了国际合作与支持海外侨胞委员会。该委员会由俄罗斯相关领域的知名专家组成，俄罗斯外交部部长谢尔盖·拉夫罗夫出任主席，这一人事安排也凸显了该委员会对于实现国家对外政策目标将起到重要作用。

2022 年初，考虑到国际局势的变化，俄罗斯联邦外交部计划向确定对外政策的弗拉基米尔·普京总统提交新版对外战略。②

方法与讨论

新版对外战略极有可能包括俄罗斯在独联体空间的外交政策以及与北约东扩相关的内容。这里我们讨论的是欧洲的安全原则，它仍然是世界上的关键地区之一。问题不是要将北约的边界恢复到 1997 年的状态，而是要采取一系列措施，从而获得某种保证（尽管在当代国际政治中这种保证更多是宣示性的），即欧盟的军事力量不参加与乌克兰相关的行动。

2016 年版的《俄罗斯联邦对外政策构想》（以下简称《构想》）中指

---

① Народная программа «Единой России». Внешняя и оборонная политика, Режим доступа, https: //er. ru/party/program.

② Лавров: новую концепцию внешней политики представят в начале 2022 года, РИА Новости. Режим доступа, https: //ria. ru/20211118/lavrov-1759684158. html.

出："俄罗斯联邦对外政策的优先事项是发展与独立国家联合体成员国的双边与多边合作……"① 而长期以来一直处在西方和俄罗斯信息领域中心的乌克兰，在其中更是占有特殊地位。乌克兰加入北约的可能性被俄罗斯视作一种生存威胁。俄罗斯在于 2021 年 12 月 15 日提交给美国的关于安全保障条约的草案中提出"承诺避免北约进一步东扩，并拒绝接纳后苏联空间国家加入北约"的要求②，这被西方解读为俄罗斯阻止乌克兰加入北约的最后通牒，并导致外交往来中唇枪舌剑的升级。

对俄罗斯而言，乌克兰在后苏联空间的关键性不仅是因为地理相连和存在军事威胁，而且因为特殊的民族和文化亲近性，在实际生活中则体现为生活在两国的许多家庭有着密切的亲属关系。弗拉基米尔·普京在他的署名文章《论俄罗斯人和乌克兰人的历史统一性》中写道："我们的亲属关系是代代相传的。它在人们的心中，在生活在当代的俄罗斯和乌克兰人的记忆中，在将两国数百万家庭联系在一起的血缘关系中。"③

然而，苏联解体后，俄罗斯在乌克兰方向上犯了严重错误，其结果就是我们今天看到的紧张局势。20 世纪 90 年代和 21 世纪初，由于俄罗斯依靠经济合作（首先是按照国内价格向乌克兰供应碳氢化合物）和与乌精英合作，而不是利用"软实力"和社会学工具来定期监测乌克兰社会情绪，因而忽略了乌克兰新成长起来的一代人在西方的影响下对俄罗斯抱有敌意。直到 2014 年在世界经济与国际关系研究所基础上成立的后苏联空间研究中心在分析乌克兰中小学生教材时，才发现其中存在"反俄"宣传的材料，而且含有这些内容的材料自 1997 年以来一直在增加。④ 这导致了乌克兰与俄罗斯在文化空

---

① Концепция внешней политики Российской Федерации, Режим доступа，http：//static. kremlin. ru/media/acts/files/0001201612010045. pdf.

② Договор между Российской Федерацией и Соединенными Штатами Америки о гарантиях безопасности. Официальный сайт МИД РФ. Режим доступа，https：//mid. ru/ru/foreign_ policy/rso/nato/1790818/.

③ В. В. Путин. Об историческом единстве русских и украинцев. Официальный сайт Кремля. Режим доступа，http：//kremlin. ru/events/president/news/66181.

④ А. А. Дынкин. Трудное настоящее заставляет обращать взгляды назад / Коммерсант. Режим доступа，https：//www. kommersant. ru/doc/4729686.

间上的疏离——乌克兰成立了自己的东正教会，并在进行所谓的历史修正，于 2021 年 7 月通过了《乌克兰原住民法》①。

虽然"软实力"工具在《构想》中（第二节，第十条）被视为"国际政治不可或缺的要素"②，但俄罗斯似乎还没有完全制定出一套合理运用"软实力"的措施。在 2021 年 10 月举行的瓦尔代国际辩论俱乐部年会上，在回答如何使"软实力"真正有效并有助于改善国家形象的问题时，普京本着政治现实主义的态度表示："尊重自己——这是最主要的。不必竭尽全力向别人证明我们有多好，不必那样做……尊重自己，尊重自己的历史，尊重自己的文化，人们自然会主动向你靠近。"③

统俄党在其纲领中并未提及"软实力"——在 17 项要点中，有 6 项是针对国防和军事政策问题。然而，在"坚守不干涉别国主权事务的原则"之后，第二项任务便是"保护和支持海外侨胞的利益"。侨胞实际上是"软实力"的重要组成部分之一④。

在当代主张政治现实主义的俄罗斯学者中，对俄罗斯对外政策的目标、任务和优先事项均存在争议。虽然在苏联解体后，即 20 世纪 90 年代初，人们普遍认为与欧洲和解是可取的，但随着实施这种方案的实际困难变得越来越明显，这一话题不再是专家们讨论的焦点⑤。然而，应当指出的是，尽管与欧盟主要国家的关系困难重重，但俄罗斯（和欧洲）都很清楚仍然需要进行谈判，弗拉基米尔·普京与法国总统埃马纽埃尔·马克龙的会晤结果

---

① Зеленский подписал закон о коренных народах Украины / ТАСС. Режим доступа，https：//tass. ru/mezhdunarodnaya-panorama/11957005.

② Концепция внешней политики Российской Федерации. С. 5. Режим доступа，http：// static. kremlin. ru/media/acts/files/0001201612010045. pdf.

③ Владимир Путин принял участие в пленарной сессии XVIII заседания Международного дискуссионного клуба «Валдай». Режим доступа，http：//www. kremlin. ru/events/president/ news/66975.

④ Народная программа «Единой России». Внешняя и оборонная политика. Режим доступа： https：//er. ru/party/program.

⑤ Макрон заявил Путину о необходимости избежать войны / РБК. Режим доступа，https：// www. rbc. ru/politics/07/02/2022/62013ed19a79471a8cf48384https：//www. rbc. ru/politics/07/ 02/2022/62013ed19a79471a8cf48384.

就证实了这种理解。

在当代俄罗斯学界的讨论中，关于俄罗斯的外交优先方向存在三种主要观点。支持独联体优先方向的有瓦·列·齐姆布尔斯基（В. Л. Цимбурский）和康·维·普列沙科夫（К. В. Плешаков）等学者；认为应优先与欧洲和美国进行全面对话并建立真正伙伴关系的观点，尽管如上所述，虽已经失去热度，但在俄罗斯学界仍然存在，如阿·杰·博加图罗夫（А. Д. Богатуров）；此外，呼吁将发展与中国的关系作为对西方对抗性政策回应的呼声越来越高，如谢·阿·卡拉加诺夫（С. А. Караганов）、季·维·博尔达乔夫（Т. В. Бордачев）、尤·瓦·塔夫罗夫斯基（Ю. В. Тавровский）等。①

海外侨胞是俄罗斯"软实力"的核心

对俄罗斯而言，吸取对乌克兰外交政策的经验并将"软实力"工具纳入其对外政策战略非常重要，包括通过与海外的俄罗斯侨民建立持续联系，这些联系目前还没有得到应有的重视。瓦·尼·阿格耶娃（В. Н. Агеева）在详细分析自 20 世纪 90 年代以来国家对所谓"全球俄罗斯人"的战略之后，得出如下结论："缺乏基于田野调查的应有专业视角；克里姆林宫将与俄罗斯侨民的关系过度政治化，是阻碍他们互利合作的主要因素。"而侨民才是国家"软实力"的核心（就国内政策而言，他们是选民的一部分），而且"不仅是文化，也是政治和经济利益的潜在推动者"②。目前，负责协调与俄罗斯侨民工作的不仅有俄罗斯联邦独联体国家、侨居国外同胞和国际人道主义合作事务署，还有政权党"统一俄罗斯"党设立的一个特别委员会。该委员会由外交部部长谢尔盖·拉夫罗夫领导，这证明了该领域的工作对俄

---

① Иногда точки зрения относительно стран СНГ и Евразийской интеграции как внешнеполитического приоритета России высказываются одними и теми же учеными на ряду с важностью комплексного сближения с КНР（С. А. Караганов, Т. В. Бордачев и др.）.

② Агеева В. Д. Global Russians как российская «мягкая сила» // Россия в глобальной политике. 2022. Т. 20. No. 1. С. 91−106.

罗斯执行对外政策愈发重要。

俄罗斯对欧洲的外交政策。尽管国际上往往将俄罗斯与西方之间愈演愈烈的外交对抗视为冷战遗留问题[①]，从而更关注其他更具全球性的问题（疫情和气候变化、恐怖主义威胁、日益重要的亚太地区的力量平衡等），但目前局势的发展对俄罗斯等国所在的欧洲大陆的安全形势极为重要。当前，各方对外交立场的阐述愈发针锋相对，并且正在放弃使用军事手段（这无疑是一个积极因素）。然而，在争夺话语权的斗争中（米歇尔·福柯语）不应忘记，在这种对抗中，有必要保持言论与可能性之间的平衡（包括执行已宣布的声明的意愿）。在当代国际政治中，有些国家的外交声明大于其实际潜力，同时也可以举出反例。

杰弗里·亚历山大（Дж. Александер）提出的编码、解码和重新编码的方法为我们提供了一个研究社会现实和国际政治的全新角度。他通过社会中存在的时代性叙事（大多围绕着善恶之争、光明战胜黑暗）来解释编码过程：符号化的多元象征过程螺旋发展出一个文化代码，人们根据这个代码来感知现实和事件。[②] 由于经历了克服符号化螺旋的几个阶段（从事实性叙事转为评价性叙事和创造社会痛苦的叙事等），俄罗斯及其对外政策在争夺话语解释权的过程中经历了社会意义的重新编码。

俄罗斯和欧洲之间的关系正处于困难时期。一方面，欧洲试图对俄罗斯实施制裁，减弱同俄罗斯的投资和经济合作，在欧盟国家民众心中营造俄罗斯的负面形象，在媒体的推波助澜下将俄罗斯"打造"成敌人，并写入官方文件；另一方面，一些可预测性和反应性不足的政策，也对欧盟国家和俄罗斯人民的福祉造成了实际损害。在经济全球化的背景下，这种情况对双方而言都是极具破坏性的。对俄罗斯而言，保持冷静和理智，不做出可能不利

[①] Kanwal Sibal, "Ukraine Crisis is a Child of Europe's Cold War Mentality / India Narrative", https：//www. indianarrative. com/opinion-news/ukraine-crisis-is-hostage-to-europe-s-cold-war-mentality-143594. html.

[②] Alexander, J. C. , *The Meanings of Social Life*：A Cultural Sociology, Oxford University Press, 2003.

于自身发展的冲动决定非常重要。在此种背景之下，俄罗斯科学院提出的修订中小学世界历史课程，使其从以欧洲为中心转为更多地关注亚洲、拉丁美洲和非洲国家的建议①，有些令人担忧。当然，学习这些地区国家的历史对于理解国际形势非常重要，俄罗斯需要分析各个国家成功和失败的经验，但值得注意的是，当代中国的外交政策，可以作为一套连贯的、全球性的理论发展的范例——这一政策主要是基于卡尔·马克思、欧内斯特·勒南（Ernest Renan）、马克斯·韦伯、米歇尔·福柯等欧洲学者的著作。中国没有将他们的思想作为直接的行动指南，而是根据自己的社会、文化、经济和其他现实情况对它们进行了重新解读。作为邻国，俄罗斯和欧洲不能互相封闭，无论外交言辞多么激烈，总还需要进行谈判（当然，如果他们能从"战争是最坏的邪恶"的合理逻辑出发的话），对俄罗斯来说，应将这种对话和整个对外政策战略一样，建立在学术知识、对伙伴国的理解以及最好是试图用他们所理解的语言进行对话的基础之上，只能通过对科学思想的深入分析来实现，在当前语境下（因为对话者是欧盟），则需要分析欧洲的科学思想。

加强在非洲和拉丁美洲方向的外交。在《构想》的第四部分"俄罗斯联邦地区外交优先事项"中，拉丁美洲、加勒比地区国家以及非洲被排在最后两位，分别为第 98 位和第 99 位。然而，自该文件通过以来，俄罗斯对其对外政策的优先事项进行了重新思考，这不仅体现在前文所提到的教育倡议上，也体现在将这些地区与亚太区域一起认定为新的"世界中心"。② 在20 世纪最大的地缘政治转变即 1991 年苏联解体后，曾在苏联对外政策中占据重要地位的非洲，不再是俄罗斯外交的优先事项。但没过多久，俄罗斯便恢复了对非洲大陆的兴趣。首届俄罗斯与非洲国家峰会于 2019 年举行，来自 54 个国家即所有非洲国家的代表出席了会议，其中有 45 位国家元首和政

---

① В курсе мировой истории в школах планируют уделить больше внимания Азии и Африке / ТАСС. Режим доступа, https://tass.ru/obschestvo/13503861.

② Лавров рассказал о сценариях развития мира / Риа Новости. Режим доступа, https://ria.ru/20211209/lavrov-1762990402.html.

府首脑参会。① 第二届峰会拟于 2022 年 11 月举行，在此之前的 4 月将举办第二届党际论坛②，该论坛由统俄党发起，旨在部署 2022 年秋季峰会的筹备工作。俄罗斯认为，在未来几十年里，世界的人口状况将取决于非洲，该地区对全球消费需求也有重大影响。俄罗斯在非洲的"缺席"（尤其是在撒哈拉以南的非洲——俄罗斯在非洲开展的经济活动中，有 80% 以上是与埃及、阿尔及利亚、摩洛哥、突尼斯和南非合作）使得该地区出现了一批大"玩家"，俄罗斯将很难填补这一空白并开辟自己的天地。尽管如此，鉴于与欧洲关系的困难和随之而来的对进入外国市场的限制，俄需要朝着这一方向持续努力。正如高等经济大学非洲研究中心和欧洲与国际综合研究中心 2021 年发布的《非洲：发展前景与俄罗斯对非政策建议报告》③ 中所提到的，应在"软实力"的基础上进行努力，包括教育领域，这符合非洲国家的利益。

根据气候变化因素和非洲大陆稳定的人口增长趋势可以预测，在中期内，由于地理上的决定因素，移民潮将涌向欧洲，这可能会对欧洲的一体化造成比 2013~2014 年移民危机更大的打击。在这种情况下，拥有大量未开发领土和老龄化人口的俄罗斯，可以考虑在一定条件下允许某些地区接纳气候移民，这将被视作一种友好的举动，而且对非洲国家和欧盟而言这也是一种帮助。这样的情景在今天看来并不十分合理。但是新冠肺炎疫情应教会我们将不明显的威胁视为真实存在，并提前做好准备。俄罗斯的对外政策规划

① Итоги саммита Россия -Африка. 2019. Режим доступа，https：//summitafrica. ru/news/ podvedeny - itogi - pervogo - sammita - i - ekonomicheskogo - foruma - rossija - afrika - roskongress - prodolzhit-rabotu-na-afrikanskom-treke-v-period-do-sledujuschego-foruma/.

② Первый межпартийный форум Россия-Африка：возрождая традиции прошел в онлайн-формате в марте 2021 г.，и в его работе приняли участие делегаты от 50 ведущих африканских парламентских партий/ официальный сайт партии «Единая Россия». Режим доступа，https：//er. ru/activity/news/boris - gryzlov - podvel - itogi - raboty - mezhdunarodnoj - mezhpartijnoj-konferencii-rossiya-afrika-vozrozhdaya-tradicii.

③ Африка：перспективы развития и рекомендации для политики России. Доклад Центра изучения Африки и ЦКЕМИ НИУ ВШЭ. Режим доступа，https：//www. hse. ru/mirror/pubs/ share/528003068. pdf.

也应考虑到这种情况，并提前评估可能的风险和潜在的利益。

科学的构建方法是外交理念成功的保证。目前，俄罗斯的对外政策是基于政治现实主义的精神制定和实施的，而且非常重视军事领域——2022年军费支出将占俄联邦国家预算的15%左右，预计占国家GDP的2.6%。[1] 俄罗斯虽属于世界五大国防开支国之一，但从投入资源的绝对值来看，俄罗斯无法与美国和中国相提并论。[2] 但是，对任何国家，即使是军事力量最强大的国家而言，主要的威胁都不是来自外部，而是源自内部。能为人民提供社会经济福利、高水平的医疗服务、启蒙教育才是一个真正强大的国家能顺利实现其对外政策目标的保证。多层面的安全问题（从直接的军事、恐怖主义威胁到经济、网络安全等）当然很重要，但只有当人们基本的社会需求得到充分满足时，他们才会感到更加安全。在这方面，可以参考中国的经验和邓小平的政策，即韬光养晦，专注内部发展。

俄罗斯无疑是多极世界的独特中心（首先是得益于其地理位置和丰富的自然资源）之一，但缺乏构建对外政策理念的科学方法，应该将其"整个国际社会稳定保障者"的全球角色明确写入《构想》。[3]

现在人们形成了这样一种印象，即俄罗斯当前的外交理念是情境式的，这就是为什么尽管当局宣称其具有连贯性和可预测性，一些国家依然对俄罗斯的对外政策做出了完全相反的评价。中国的外交政策理念有着坚实的科学基础，对俄罗斯可能非常有借鉴意义。将制定外交政策理念的方法及其长期规划科学化，可以使相应的政策不仅对其他伙伴国而且对俄罗斯本身而言也更加具备可预测性和易于理解。

价值观——全球性大国的特质。在俄罗斯对联邦宪法修正案进行公投前

---

[1] О федеральном бюджете на 2022 год и на плановый период 2023 и 2024 годов. Режим доступа，https：//sozd. duma. gov. ru/bill/1258295-7.

[2] "World Military Spending Rises to Almost $ 2 Trillion in 2020，Stockholm International Peace Research Institute，https：//sipri. org/media/press-release/2021/world-military-spending-rises-almost-2-trillion-2020.

[3] Концепция внешней политики Российской Федерации. С. 10. Режим доступа，http：//static. kremlin. ru/media/acts/files/0001201612010045. pdf.

夕，俄罗斯联邦安全会议秘书帕特鲁舍夫发表了题为《俄罗斯需要"普世价值"吗?》的文章①，在文中，他对俄罗斯的价值观进行了探讨，并列举了《俄罗斯联邦国家安全战略》②和《2025 年前俄罗斯联邦德育发展战略》③中的相当广泛的传统精神和道德准则。该文对以家庭、保护历史真相、夯实社会国家基础等为中心的俄罗斯价值观与最近在西方广泛流行的所谓新自由主义思想进行了对比。在这个问题上，俄罗斯和中国不可能接受将自由主义思想（包括与人权和自由问题有关的内容）作为一种普世价值观的立场是相似的。中国可以依靠自己的社会主义核心价值观体系，而俄罗斯目前还没有针对该问题建立如此明确和系统的方法论。

帕特鲁舍夫代表俄罗斯向世界提出的建议也与中国的愿景相近。"与西方不同，俄罗斯事实上提出了一种新的文明选择，其内容包括平等、公正、不干涉他国内政、不居高临下地指导别国，也不给任何互利合作设置前提条件。"④

寻找所谓的国家理念一直是俄罗斯主要智库专家学者讨论的主题⑤，弗拉基米尔·普京总统在 2021 年 10 月 21 日出席瓦尔代国际辩论俱乐部年会时的讲话中对该理念进行了最为全面的阐释——基于传统（普世）价值观的"健康的保守主义"，将其作为一个统一的因素介绍给世界。俄罗斯在此问题上的立足点是：对于所有社会而言，人类生命、种族延续以及安全的价值是无须辩驳的真理，在此基础上，可以在面对其他问题引发的冲突甚至对抗的背景中找到共同点。这样一来，"健康的保守主义"似乎是在俄罗斯社

---

① Н. П. Патрушев. Нужны ли России «универсальные» ценности? Духовно-нравственные ценности как основа суверенитета государства / Российская газета. Режим доступа, https：//rg. ru/2020/06/17/nuzhny-li-rossii-universalnye-cennosti. html.

② Стратегия национальной безопасности Российской Федерации. Режим доступа, http：// publication. pravo. gov. ru/Document/View/0001202107030001? index = 1&rangeSize = 1.

③ Стратегия развития воспитания в Российской Федерации на период до 2025 года. Режим доступа, http：//council. gov. ru/media/files/41d536d68ee9fec15756. pdf.

④ Н. П. Патрушев. Нужны ли России «универсальные» ценности? Духовно-нравственные ценности как основа суверенитета государства / Российская газета. Режим доступа, https：//rg. ru/2020/06/17/nuzhny-li-rossii-universalnye-cennosti. html.

⑤ Н. Б. Помозова. Новая русская идея -диалог с природой на равных / Россия в глобальной политике. Режим доступа, https：//globalaffairs. ru/articles/novaya-russkaya-ideya-priroda/.

会大多数人的共同价值观与他们发展的愿望之间找到平衡点的一种尝试，而发展的愿望对于其顺利实现是非常必要的。曾经将欧盟国家团结在一起的自由主义思想，在面对移民危机、新冠肺炎疫情等新的挑战时，越来越显露其脆弱性。在中国，分层次地构建社会主义核心价值观体系本身不是目标——价值观体系是为了人民利益而确保社会发展的工具，就像权利与自由一样，没有义务（关于这个问题欧洲在主要文件中未包含）的权利和自由是没有实质意义的。在这个问题上，俄罗斯和中国的理解也是相似的。

结　论

当前俄罗斯基于政治现实主义制定的对外政策理念需要更多地依靠科学方法。科学化地制定相关文件，不仅基于当前的国际形势，更要考虑对更长时期的预测，这将使俄罗斯的对外政策具有更强的可预测性。这需要我们在人文学科的基础上进行系统的跨学科研究。虽然目前在俄罗斯的学术知识体系中，人文科学与自然科学、精密科学和技术科学相比处于次要位置。自2016年公布《构想》以来，俄罗斯对外政策的优先事项发生了明显变化。在乌克兰危机背景下，新版文件可能会更关注欧洲与独联体空间的安全原则，并努力阻止乌克兰加入北约。也可以预测，俄罗斯与拉丁美洲和非洲的关系将会变得更加重要（与2016年的《构想》相比）。同时，拟对中小学校课程进行的改革，即从注重学习欧洲历史转向学习其他地区历史，不应仅基于当前的政治心态，而应从完善中小学教育系统的角度出发，因为这是形成国家发展基础——人力资本的重要因素。新冠肺炎疫情的流行表明，有必要为意料之外的挑战做好准备（根据世界经济论坛2020年的风险评估，疫情威胁被排在第十位，前五位均与气候变化相关），这需要我们加强智库网络建设，从而持续进行思考，并制定行动预案。未来，由于地理的决定性作用，可能将会有大批气候移民从非洲涌向欧洲。在这种情况下，拥有广阔领土的俄罗斯应该思考可以采取的外交行为。"软实力"工具的应用仍有相当大的潜力，其由于俄罗斯在西方的负面形象而受到限制。近期出现了与国家

"软实力"的核心——海外侨胞进行系统性合作的趋势。形成以价值观为基础的国家理念的努力最终在"健康的保守主义"中得以呈现，试图在俄罗斯社会大多数人共有的价值观、国家发展和国外同胞的忠诚之间找到一个平衡。

俄罗斯和中国在世界重大政治问题上具有原则性和应对方式的一致性，这被俄罗斯视为地区和全球稳定的基本组成部分，这也直接体现在 2016 年的《俄罗斯联邦对外政策构想》中。很明显从那时起，中国对于俄罗斯的意义已经有所加强。2022 年 2 月 4 日，普京和习近平会晤之后，共同签署了两国《关于新时代国际关系和全球可持续发展的联合声明》①。该声明充分彰显了两国之间合作的广度。

当前，俄罗斯作为多极世界的中心之一，能够主要在政治军事方面影响国际进程。然而，如果抛开政治现实主义的经典理论，假设世界已经进入了一个以其他非军事标准来衡量实力的时代，那么为了避免影响力的降低，俄罗斯应该集中精力进行内部发展，特别是鉴于邻国中国已经在这方面具备了积极的经验。

---

① Совместное заявление Российской Федерации и Китайской Народной Республики о международных отношениях, вступающих в новую эпоху, и глобальном устойчивом развитии. Официальный сайт Кремля. Режим доступа, http：//kremlin. ru/supplement/5770.

中俄关系
Sino-Russia Relations

Y.22
2021年中俄关系形势与走势

摘　要： 2021年，中俄新时代全面战略协作伙伴关系继续深入发展。主要而显著的成果包括延长《中华人民共和国和俄罗斯联邦睦邻友好合作条约》（以下简称《中俄睦邻友好合作条约》）的有效期，两国贸易规模创造历史新高，中俄科技创新年的举办促进了两国科技合作，双方军事安全与外交合作更加密切等。2022年，中俄两国将继续加强在政治、经贸、能源、军事安全、人文和外交等领域的合作，赋予中俄新时代全面战略协作伙伴关系以更加丰富的内涵，推动中俄关系向更高水平发展。

关键词： 中俄关系　新时代全面战略协作伙伴关系　务实合作

---

* 柳丰华，法学博士，中国社会科学院俄罗斯东欧中亚研究所俄罗斯外交研究室主任，研究员。

2021 年是《中俄睦邻友好合作条约》签署 20 周年。尽管新冠肺炎疫情全球大流行对中俄交流与合作多有制约，但是中俄两国克服疫情干扰，以共同庆祝《中俄睦邻友好合作条约》签署 20 周年和延续该条约为契机，推进各领域合作，取得丰硕成果，使中俄新时代全面战略协作伙伴关系在高水平上获得新的发展。[①]

一 政治关系在高水平上继续发展

2021 年 6 月 28 日，习近平主席在北京与普京总统举行视频会晤，并发表联合声明，延长《中俄睦邻友好合作条约》有效期。习近平指出，《中俄睦邻友好合作条约》所确立的世代友好理念符合两国根本利益，是两国共同构建新型国际关系和人类命运共同体的生动实践；双方要对中俄各领域合作新目标和新任务做出顶层设计，为该条约注入新的时代内涵。普京表示，《中俄睦邻友好合作条约》确立的有关原则和精神为俄中关系长期顺利发展发挥了重要而独特的作用，延期后将为俄中关系长远发展奠定更加牢固的基础；俄方愿同中方继续深化战略互信与各领域合作，将俄中新时代全面战略协作伙伴关系提升到更高水平。[②] 12 月 15 日，习近平主席在北京与普京总统举行年内第二次视频会晤，双方全面总结了 2021 年中俄关系发展新成果，规划了 2022 年诸多领域的合作，还就完善全球治理、发展在上海合作组织和金砖国家机制下的协作，以及其他共同关心的国际和地区问题交换了意见。[③] 在此之前，

[①] 柳丰华：《在高水平上持续发展：2021 年中俄关系评估与展望》，载谢伏瞻主编《中国与周边国家关系发展报告（2022）》，社会科学文献出版社，2022。

[②] 《习近平同俄罗斯总统普京举行视频会晤　两国元首宣布〈中俄睦邻友好合作条约〉延期》，中国外交部网站，https：//www.fmprc.gov.cn/web/gjhdq_ 676201/gj_ 676203/oz_ 678770/1206_ 679110/xgxw_ 679116/t1887524. shtml。

[③] 《习近平同俄罗斯总统普京举行视频会晤》，中国外交部网站，https：//www.fmprc.gov.cn/web/gjhdq_ 676201/gj_ 676203/oz_ 678770/1206_ 679110/xgxw_ 679116/202112/t20211215_ 10470131. shtml。

普京总统已宣布将于 2022 年 2 月访问中国，并出席北京冬奥会开幕式。

11 月 30 日，李克强总理与俄罗斯总理米舒斯京以视频形式举行中俄总理第二十六次定期会晤。李克强表示，中俄两国要加强互联互通合作，促进贸易投资便利化，扩大相互市场准入，构建安全稳定的产业链和供应链体系；深化科技合作，推进能源上、中、下游全产业链合作；加强人文合作。米舒斯京表示，俄罗斯将与中国深化抗疫以及贸易、投资、金融、能源、农业、科技、航空、航天、人文、地方等领域的合作，加强欧亚经济联盟同"一带一路"倡议对接合作，以推进新时代中俄全面战略协作伙伴关系。两国总理共同签署《中俄总理第二十六次定期会晤联合公报》，宣布批准双方区域经济合作、数字经济、海关等领域的合作文件。① 中俄总理会晤推动了两国元首重要共识的落实，为发展中俄新时代全面战略协作伙伴关系注入了强劲的动力。

除两国领导人视频会晤之外，中国与俄罗斯保持了各副总理级政府间合作委员会和各类地方合作机制框架下的对话与合作，开展了议会合作委员会交流与合作，在战略安全磋商等机制下就涉及中俄国家、地区和全球安全的问题进行了对话与协作。中俄两国互相支持对方维护主权、安全和领土完整，走自身发展道路。对对方核心利益的坚定支持和密切的政治交往，增强了中俄政治互信，促进了两国新时代全面战略协作伙伴关系的发展。

二 务实合作不断扩大和深化

中俄抗疫及涉疫政治合作持续发展。在疫情防控常态化形势下，中俄两国继续开展抗疫合作，为推进复工复产、复商复市创造条件。两国继续在疫情联防联控方面开展合作，正在探索核酸检测标准和程序对接，探讨推广国际旅行健康证明和建立健康码信息互认机制，以降低疫情跨境传播风险，推

---

① 《李克强与俄罗斯总理米舒斯京共同主持中俄总理第二十六次定期会晤 韩正出席》，中国外交部网站，https：//www.fmprc.gov.cn/web/gjhdq_ 676201/gj_ 676203/oz_ 678770/1206_ 679110/xgxw_ 679116/202111/t20211130_ 10460092.shtml。

动双方人员健康、安全、有序往来。

两国继续发展疫苗研发与生产合作。2021 年 3 月，俄罗斯新冠疫苗"卫星 V"的投资方——俄罗斯直接投资基金（以下简称"俄罗斯直投基金"）与中国主要生物技术公司之一深圳源兴基因技术有限公司宣布达成协议，在中国生产超 6000 万剂俄"卫星 V"疫苗，商业生产计划从 5 月开始。4 月，俄罗斯直投基金先后与中国的拓普瑞吉药业公司、华兰生物疫苗有限公司达成协议，由两家公司分别在一年内为其生产超 1 亿剂俄"卫星 V"疫苗。[①] 11 月 13 日，俄罗斯直投基金主席基里尔·德米特里耶夫在莫斯科表示，中国已经成为俄"卫星 V"疫苗重要的生产枢纽之一。[②]

2021 年 9 月 28 日，中俄经贸合作分委会举行视频会议，中国商务部部长王文涛与俄罗斯经济发展部部长列舍特尼科夫与会。双方共同谋划新时代中俄经贸关系发展的新亮点和增长点：巩固贸易增长态势，在发展大宗商品贸易的同时，促进跨境电商，推动数字经济、绿色贸易、医药健康合作；扩大服务贸易，推进旅行、运输、文化及影视合作；深化标准对接合作，提高贸易投资便利化水平；进一步畅通口岸运输通关；推进重点投资合作项目，提高产业链和供应链稳定性。[③]

中俄贸易持续发展，贸易规模创造历史新高。2020 年中俄贸易额为 1077.7 亿美元，同比下降 2.9%。据中国商务部统计，2021 年 1~9 月中俄两国贸易额达到 1020 亿美元，同比增长 29.2%，这是历史上首次在前三个季度贸易额就突破千亿美元；[④] 全年中俄贸易额首次突破 1400 亿美元，创下历史新高，达到 1468.87 亿美元，同比增长 35.9%。服务贸易快速回升，

---

① 《俄直投基金与中方公司达成协议 在中国再生产 1 亿剂"卫星 V"疫苗》，俄罗斯卫星通讯社网站，https://sputniknews.cn/russia/202104191033515224/。
② 《俄直投：中国是"卫星 V"疫苗重要的生产枢纽之一》，俄罗斯卫星通讯社网站，https://sputniknews.cn/science/2021111311034797757/。
③ 《9 月 28 日中俄经贸合作分委会第 24 次会议举行，今年中俄经贸合作趋势如何？商务部回应》，https://baijiahao.baidu.com/s?id=1712333061755950620&wfr=spider&for=pc。
④ 《中国商务部：2021 年全年中俄贸易规模将创历史新高》，俄罗斯卫星通讯社网站，https://sputniknews.cn/russia_china_relations/202110281034715954/。

1~6月增长35%。中国在俄罗斯对外贸易中的占比不断扩大，2021年1~8月，中俄贸易额在俄外贸总额中的占比接近18%，其中出口占比超过14%，进口占比为23.3%。① 中俄贸易额从2018年起，已连续四年突破千亿美元，而2020年和2021年是在全球疫情大流行的形势下达到千亿美元贸易额的，殊为不易。

中俄贸易结构具有互补性，并持续优化。2020年，中国从俄罗斯进口贸易中，石油、天然气、铁矿石等矿产品占64.5%，贱金属及其制品占11.6%，木材及其制品占6.5%，动物产品占比3.9%；中国对俄罗斯出口贸易中，机电产品占41.4%，纺织品及原材料占10.7%，贱金属及其制品占7.3%，家具和玩具等杂项制品占7.1%。② 2021年1~9月，中国从俄罗斯进口增长26.4%，对俄出口增长32.5%；贸易结构进一步优化，机电产品贸易增长39.2%，高于同期双边贸易增幅10个百分点。③

中俄核能合作取得新进展。2021年5月19日，两国核能合作项目田湾核电站和徐大堡核电站开工，习近平主席与普京总统通过视频连线，共同见证开工仪式。开工的田湾核电站7号、8号机组和徐大堡核电站3号、4号机组，是2018年6月两国签署的核能合作协议所确定的重要项目，建成投产后年发电量将达到376亿千瓦时。④

两国继续开展中俄科技创新年活动，并取得重要合作成果。2021年3月，中俄两国政府签署《中华人民共和国政府和俄罗斯联邦政府关于合作建设国际月球科研站的谅解备忘录》。4月，中俄两国发布关于合作建设国际月球科研站的联合声明，宣布双方将秉持"共商、共建、共享"原则，

① 《俄出口中心：俄中贸易额今年将达1300亿美元》，俄罗斯卫星通讯社网站，https://sputniknews.cn/russia_ china_ relations/202111011034733806/。
② 资料来源：中国海关总署。
③ 《中国商务部：2021年全年中俄贸易规模将创历史新高》，俄罗斯卫星通讯社网站，https://sputniknews.cn/russia_ china_ relations/202110281034715954/。
④ 《习近平同俄罗斯总统普京共同见证中俄核能合作项目开工仪式》，中国外交部网站，https://www.fmprc.gov.cn/web/gjhdq_ 676201/gj_ 676203/oz_ 678770/1206_ 679110/xgxw_ 679116/t1876895.shtml。

在国际月球科研站建设及外空领域开展合作，推动人类航天科技进步。6月25日，中俄两国企业签署联合研发重型直升机的合同。中企是主要开发商，负责设计、原型建造、测试、认证、准备和批量生产以及直升机的市场推广；俄企将研制传动装置、抗扭螺旋桨和防冰系统。① 在中俄科技创新年期间，两国科技工作者克服新冠肺炎疫情的不利影响，开展了1000多项科技创新合作与交流活动，在疫苗和药物研发、航空航天与核能等领域取得显著的成果。11月26日，习近平主席和普京总统分别向中俄科技创新年闭幕式致以贺信。普京总统表示，中方参与重离子超导同步加速器（NICA）大科学装置建设、双方成立中俄数学中心是中俄科技创新年活动的主要合作成果；习近平主席指出中俄科技创新合作潜力巨大，前景广阔。②

三　军事与安全合作更加密切

中俄两国、两军保持密切的战略与军事沟通。2021年6月23日，中国国务委员兼国防部部长魏凤和通过视频方式参加第九届莫斯科国际安全会议，并在视频讲话中表示，中国军队愿同包括俄罗斯在内的各国军队一道，建立高水平的军事安全互信与安全合作，以构建共建共享的安全格局。③ 7月28日和8月13日，魏凤和与俄罗斯国防部部长绍伊古分别在塔吉克斯坦杜尚别、中国宁夏举行会晤，在宁夏会晤中两国防长共同见证签署中俄两军合作文件。9月23日，中央军委委员、军委联合参谋部参谋长李作成在俄罗斯奥伦堡州东古兹靶场参加上海合作组织成员国军队总参谋长会议期间，

---

① 《俄罗斯将参与中国重型直升机项目》，俄罗斯卫星通讯社网站，https://sputniknews.cn/russia_china_relations/20211108103476714 6/。

② 《习近平同俄罗斯总统普京分别向中俄科技创新年闭幕式致贺信》，https://baijiahao.baidu.com/s? id=1717485047291971721&wfr=spider&for=pc。"Участникам и гостям церемонии закрытия Годов российско-китайского научно-технического и инновационного сотрудничества", 26 ноября 2021 года, http://www.kremlin.ru/events/president/letters/67195。

③ 《魏凤和在第九届莫斯科国际安全会议上发表视频讲话》，中国国防部网站，http://www.mod.gov.cn/topnews/2021-06/23/content_4887957.htm。

与俄军总参谋长格拉西莫夫举行会谈。11月23日，魏凤和与绍伊古部长举行视频通话，双方总结了2021年度两军合作情况，批准了《中国与俄罗斯2021~2025年军事领域合作发展路线图》。①

在疫情防控常态化背景下，中俄两军继续深化联演联训。8月9~13日，中俄"西部·联合-2021"演习在中国宁夏青铜峡陆军合同战术训练基地举行。中俄双方共派遣1万余名官兵，投入多种类型飞机、火炮和装甲装备，参演部队混合编组、合账筹划、同台合练，共同检验和提高了联合侦搜预警、电子信息攻击、联合打击清剿等能力。② 此次演习课题为共同维护地区安全稳定，旨在深化两军传统友谊与密切合作，展示双方打击恐怖主义势力、共同维护地区安全的决心和能力。较之以往，此次联合演习有两个新特点：一是联合指挥部的联合程度提高，首次在联合指挥部成立俄军指控分中心，首次使用中俄专用版指挥信息系统，用以连接各个指控分中心和作战群（队）指挥所，提升了联合指挥效率；二是联合行动的效率提高，双方部队共同分享数据和态势，统一作战规则，从而提高了联合行动的协同性。③ 此外，此次演习是俄军首次成建制地参加中方组织的战略战役演习，也是俄军首次成规模地使用中方的主战装备参演。

9月20~24日，上海合作组织成员国"和平使命-2021"联合反恐军事演习在俄罗斯奥伦堡州东古兹靶场举行。演习课题为上海合作组织成员国部队筹备并实施联合反恐行动，主要演练侦察监视、火力打击、外围封控、街区拔点，以及前出防御、地面突击、分割围歼、肃清残敌、抗击无人机袭击等课目。上合组织八个成员国——中国、俄罗斯、哈萨克斯坦、吉尔吉斯斯坦、塔吉克斯坦、印度、巴基斯坦和乌兹别克斯坦——全部参演，总兵力约

---

① 《俄中国防部部长批准两国2025年前军事合作发展路线图》，俄罗斯卫星通讯社网站，https：//sputniknews. cn/russia_ china_ relations/202111231034848048/。

② 《俄军将来华参加"西部·联合-2021"演习创下四个"首次"》，新华网，http：//www. xinhuanet. com/mil/2021-07/29/c_ 1211266131. htm。

③ 《"西部·联合-2021"演习亮点多：联合水平达到新高度》，https：//baijiahao. baidu. com/s？id=1707842709259481940&wfr=spider&for=pc。

4000 人，其中中方参演部队共计 558 人，出动车辆（装备）130 辆。① "和平使命-2021"联合演习分为两个阶段：9 月 20~22 日为反恐战役筹划阶段；9 月 23~24 日为反恐战役实施阶段。在上海合作组织成立 20 周年之际，在中亚地区恐怖主义、分裂主义、极端主义"三股势力"活动频繁，阿富汗安全局势严峻而复杂的形势下，此次联合军演深化了成员国间防务安全合作，提高了该组织及其成员国应对安全威胁的能力，促进了地区安全。

10 月 14~17 日，中俄两国海军在俄罗斯彼得大帝湾附近海空域举行"海上联合-2021"联合军事演习。联合军演的课题是维护海上战略通道安全，演练课目包括跨昼夜反潜、联合机动、对海射击和编队防空等。在应召反潜与潜艇机动摆脱课目演练中，中俄两国多架反潜巡逻机和反潜直升机共同参与，与两国海军水面舰艇协同反潜。反潜演练要求双方舰队互相开放舰艇和武器装备的性能，这也反映出中俄两军高水平的互信。10 月 17~23 日，中俄舰艇联合编队举行首次海上联合巡航：从彼得大帝湾海域出发，横渡日本海，经津轻海峡进入西太平洋，穿越大隅海峡后抵达东海海域。② 在联合巡航时，双方还演练了联合航渡、联合机动、实际使用武器等课目，提高了彼此海上联合行动能力。"海上联合"系列的联合军演是中俄双边范围规模最大的海上演习，从 2012 年以来已连续举行九次。联合军演和巡航提高了中俄两国海军共同应对海上威胁、维护亚太地区和平的能力。

11 月 19 日，由中方 2 架轰-6K 战略轰炸机和俄方 2 架图-95 MS 战略轰炸机组成的联合编队，在日本海和东海有关空域实施联合战略巡航。这是自 2019 年以来，中俄两国战机第三次联合进行空中战略巡航，通过提升在远海空域巡航行动协同能力，展示两国共同维护全球和亚太地区战略稳定的意愿。

---

① 《中国军队将赴俄罗斯参加"和平使命-2021"上海合作组织成员国联合反恐军事演习》，中国国防部网站，http://www.mod.gov.cn/topnews/2021-08/27/content_ 4893115. htm? isappinstalled＝0。

② 《深度互信 高度协同——中俄"海上联合-2021"军事演习和中俄首次海上联合巡航精彩回眸》，新华网，http://www.xinhuanet.com/2021-10/24/c_ 1127990545. htm。

中俄军事与安全合作的不断发展，引起了西方国家对于中俄结盟前景的担忧，而这种忧虑在中国和俄罗斯看来非常可笑。一则西方自己拥有北约等强大的封闭性军事集团，而且美国还在印太地区拼凑美英澳联盟和发展美日澳印四方安全合作，加剧欧洲和亚太地区安全紧张局势，同时却对中俄间正常的军事安全合作忧心忡忡。二则秉持霸权主义、强权政治和冷战思维的西方无法理解中俄战略协作伙伴关系这种新型的国际关系。[①] 中俄两国多次重申，中俄关系不是类似冷战时期的军事政治同盟，而是超越该种国家关系模式、不谋求权宜之计、不带意识形态色彩、全面考虑彼此利益、互不干涉内政、具有独立价值、不针对第三国的新型国际关系。[②] 10 月 21 日，普京总统在索契举行的瓦尔代国际辩论俱乐部年会上表示，俄罗斯和中国没有建立封闭的军事同盟，两国都没有那种想法，所有关于这方面的言论都是没有根据的。[③]

四　在国际事务中的战略协作不断拓展

中国和俄罗斯都是联合国安理会常任理事国，对维护世界和平与安全负有重要职责。2021 年中俄两国在全球和地区事务中以及在国际热点问题上加强协调与合作，为维护世界和平与稳定做出了积极的贡献。

2021 年 3 月，中俄两国外长在桂林发表关于当前全球治理若干问题的联合声明。其主要内容包括：各国应在平等和相互尊重的基础上开展人权对话，反对将人权问题政治化并借此干涉别国内政；各国应尊重主权国家自主选择发展道路的正当权利，反对以"推进民主"为借口干涉别国内政；各

---

① 柳丰华：《在高水平上持续发展：2021 年中俄关系评估与展望》，载谢伏瞻主编《中国与周边国家关系发展报告（2022）》，社会科学文献出版社，2022。

② 《中华人民共和国和俄罗斯联邦关于〈中俄睦邻友好合作条约〉签署 20 周年的联合声明》，中国外交部网站，https：//www.fmprc.gov.cn/web/gjhdq_ 676201/gj_ 676203/oz_ 678770/1206_ 679110/1207_ 679122/202106/t20210628_ 9182899.shtml。

③ "Заседание дискуссионного клуба «Валдай»", 21 октября 2021 года, http：//www.kremlin.ru/events/president/news/66975.

国都应维护以联合国为核心的国际体系、以国际法为基础的国际秩序；国际社会应坚持践行多边主义原则，共同应对全球性挑战和威胁，完善全球治理体系。①

在伊朗核问题上，中俄两国都主张美国应尽快无条件重返伊朗核问题全面协议，撤销对伊单边制裁，以使伊朗重新全面履约。中俄外长共同提议设立地区安全对话平台，为解决该地区各国关注的安全问题建立对话与协调机制。②

在阿富汗问题上，中俄两国共同促进阿富汗回归和平轨道。两国都主张，包括莫斯科进程在内的所有涉阿对话机制相互补充，形成合力，真正体现"阿人所有、阿人主导"原则，加快阿和平和解和重建进程。③ 在拜登总统7月8日宣布美国将于8月31日之前撤出驻阿富汗部队之后，中俄两国外长积极协调，主张阿塔政权与各方共同组建开放包容的政治架构，奉行和平友好的对外政策，实现阿重建和发展；呼吁阿新政权应与国际恐怖势力划清界限，打击包括"东伊运"在内的恐怖势力。④ 8月25日，习近平主席与普京总统通电话，双方表示中俄两国将在阿富汗问题上加强沟通协调，共同促进阿和解和重建进程，鼓励阿同世界各国特别是周边国家友好相处。⑤

中俄两国共同反对美国在印太地区拼凑军事集团及其核扩散行径，共同促进该地区安全与稳定。2021年9月，美国、英国和澳大利亚宣布建立美英澳联盟，并开展核潜艇合作。中国和俄罗斯都认为，美、英、澳三国坚持冷战思维和意识形态偏见，炮制新的军事集团，将加剧亚太和印度洋地区紧

① 《中华人民共和国和俄罗斯联邦外交部部长关于当前全球治理若干问题的联合声明》，中国外交部网站，https：//www.fmprc.gov.cn/web/gjhdq_ 676201/gj_ 676203/oz_ 678770/1206_ 679110/1207_ 679122/t1863317.shtml。

② 《王毅会见俄罗斯外长拉夫罗夫》，中国外交部网站，https：//www.fmprc.gov.cn/web/gjhdq_ 676201/gj_ 676203/oz_ 678770/1206_ 679110/xgxw_ 679116/t1863141.shtml。

③ 同上。

④ 《王毅：中俄应在阿富汗问题上加强战略沟通》，中国外交部网站，https：//www.fmprc.gov.cn/web/gjhdq_ 676201/gj_ 676203/oz_ 678770/1206_ 679110/xgxw_ 679116/t1899873.shtml。

⑤ 《习近平同俄罗斯总统普京通电话》，中国外交部网站，https：//www.fmprc.gov.cn/web/gjhdq_ 676201/gj_ 676203/oz_ 678770/1206_ 679110/xgxw_ 679116/t1901802.shtml。

张局势。11月26日，在国际原子能机构理事会会议上，首次专门讨论了"美英澳核潜艇合作所涉核材料转让及其保障监督等影响《不扩散核武器条约》（NPT）各方面的问题"，中俄两国代表均发言反对三国核潜艇合作，指出其将对国际防扩散机制、全球与地区战略稳定以及战后国际安全秩序产生严重的危害。① 与此同时，美国加紧推进美日印澳四方安全对话与合作，意欲以此遏制中国。9月24日，美日印澳四方安全对话在华盛顿举行，四国领导人出席会议，讨论了印太自由航行、联合基础设施项目、加强供应链以及美英澳联盟等问题。四国分别于8月和10月在菲律宾海、孟加拉湾举行"马拉巴尔-2021"联合海上演习。中国反对美国以美日印澳四方安全合作制衡中国，破坏地区稳定。俄罗斯出于对其东部地区安全及其在亚太安全结构中的地位等考虑，也反对美国在印太地区拼凑军事集团，破坏该地区稳定。

中俄两国共同反对美国假借"民主外交"破坏中俄形象，挑起中俄与他国的意识形态对抗。2021年12月9～10日，美国举办线上所谓"民主峰会"（Summit for Democracy），美国邀请了110个国家和地区参会，而中国和俄罗斯不在受邀之列。中国外交部指出，美国此举是以民主和威权划线，只能挑动意识形态对抗，完全是对民主的歪曲和亵渎。② 俄罗斯外交部表示，美国举办的"民主峰会"具有对抗性，针对的首先是俄罗斯和中国。③ 中国与俄罗斯共同呼吁美国等国停止利用"价值观外交"挑起世界的分裂和对抗，而在国际关系中践行相互尊重与合作共赢的原则，致力于不同社会制度、意识形态、历史、文化和发展水平的国家和谐共处。④

---

① 《中俄常驻维也纳联合国代表共同反对美英澳核潜艇合作》，俄罗斯卫星通讯社网站，2021年11月27日，https：//sputniknews.cn/politics/202111271034871135/。

② 《赵立坚：佩斯科夫先生说的对，以民主和威权划线只能挑动意识形态对抗》，俄罗斯卫星通讯社网站，2021年11月26日，https：//sputniknews.cn/politics/202111261034868160/。

③ 《俄外交部：美国举办民主峰会意在对抗俄罗斯和中国》，俄罗斯卫星通讯社网站，2021年11月25日，https：//sputniknews.cn/politics/202111251034858261/。

④ 《中俄驻美大使：俄罗斯和中国反对美国主办"民主峰会"的想法》，俄罗斯卫星通讯社网站，2021年11月27日，https：//sputniknews.cn/politics/202111271034871035/。

当然，美国及一些西方国家一直在谋求离间日益密切的中俄关系。2021年6月4日，出席圣彼得堡国际经济论坛的普京总统在通过视频连线回答关于中俄关系的问题时表示，俄中关系发展达到了前所未有的高水平，双方拥有广泛的共同利益，俄方愿同中方在更广阔的领域深入开展合作。① 11月18日，普京总统在俄罗斯外交部部务委员会扩大会议上对中俄关系给予高度评价，强调俄中全面战略协作伙伴关系堪称21世纪国家间高效协作的典范，尽管一些西方国家试图挑拨俄中关系，俄方仍将继续同中方在政治、经济等领域加强合作，深化国际协作，共同应对上述离间分化企图。② 11月19日，中国外交部在回应普京总统上述讲话时表示，中俄是搬不走的好邻居，也是"拆不散、压不垮"的真伙伴，两国发展高水平战略协作伙伴关系是基于各自国情做出的长远战略选择；中俄不谋求党同伐异的"小圈子"，更不吃离间分化那一套；双方将不断丰富和拓展新时代中俄关系的战略内涵，携手构建超越意识形态和历史文化差异的新型大国关系。③

五　2022年中俄关系展望

2022年，中俄两国将继续加强在政治、经贸、能源、军事安全、人文和外交等领域的合作，以务实合作赋予中俄新时代全面战略协作伙伴关系更加丰富的内涵，推动中俄关系向更高水平发展。中俄关系的这种发展趋势是由以下因素决定的。

其一，发展中俄新时代全面战略协作伙伴关系是未来相当长一段时间中国和俄罗斯外交政策的优先方向。为此，两国都将重视发展中俄新时代全面战略协作伙伴关系的三个要件：以政治互信为基石，坚持中俄睦邻友好与战

---

① "Пленарное заседание Петербургского международного экономического форума", 4 июня 2021 года, http://www.kremlin.ru/events/president/news/65746.
② 《普京谈西方为何试图离间俄中关系》，俄罗斯卫星通讯社网站，2021年11月18日，https://sputniknews.cn/russia_china_relations/202111181034825049/。
③ 《中国外交部：中俄不谋求党同伐异的"小圈子"更不吃离间分化那一套》，俄罗斯卫星通讯社网站，2021年11月19日，https://sputniknews.cn/russia_china_relations/202111191034830110/。

略协作方针，相互支持对方的核心利益；深化两国全方位、深层次、多领域的互利合作，建立密切的相互依存关系；发挥中国和俄罗斯的大国作用，共同推动世界多极化和国际关系民主化，构建新型国际关系和人类命运共同体。①

其二，两国将在遵循"结伴不结盟"方针的基础上，发展水平更高、功能更全的中俄新时代全面战略协作伙伴关系。建交70多年以来，两国在相互关系方面积累了极为宝贵的思想结晶，主要包括：保持独立，国家间关系非意识形态化；不结盟、不对抗、不针对第三国；平等互尊，睦邻友好；互利合作，利益均衡。② 只要遵循这些思想共识，中俄两国就能携手同行，行稳致远。

其三，中俄关系已经具有坚实的物质基础。主要包括：中俄经贸关系密切，中国已连续10年保持俄罗斯最大贸易伙伴国地位；已在油气上下游及核能、电力等方面建立密切的合作，形成能源战略协作伙伴关系；军事技术合作密切，成果丰硕；人文交流与合作频密，为两国关系奠定了可靠的社会基础；外交协作紧密，是维护世界和平与稳定的重要因素。两国为发展中俄新时代全面战略协作伙伴关系建立了完备而富有成效的对话与合作机制，它涵盖两国元首、政府首脑和各部部长会晤机制以及能源、投资、人文、地方合作等多领域合作机制。

其四，美国同时遏制中国和俄罗斯的政策，促使中俄加强战略协作。美国对中国奉行经济压制政策，对俄罗斯奉行经济制裁政策，迫使中俄两国加强经贸合作。美国在欧洲携北约对俄罗斯进行军事政治遏制，在印太地区利用美日、美韩等同盟，打造美英澳联盟，发展美日澳印四方安全合作以遏制中国，促使中俄两国"抱团取暖"，分担压力。③

---

① 柳丰华：《在高水平上持续发展：2021年中俄关系评估与展望》，载谢伏瞻主编《中国与周边国家关系发展报告（2022）》，社会科学文献出版社，2022。
② 柳丰华：《中俄战略协作模式：形成、特点与提升》，《国际问题研究》2016年第3期。
③ 柳丰华：《在高水平上持续发展：2021年中俄关系评估与展望》，载谢伏瞻主编《中国与周边国家关系发展报告（2022）》，社会科学文献出版社，2022。

Y.23
2021年中俄经贸合作新进展

郭晓琼*

摘　要： 2021年中俄两国克服新冠肺炎疫情的不利影响，经贸合作取得了显著成果。双边贸易大幅增长，能源合作重要项目稳步推进，绿色合作迸发新的生机，跨境通道建设顺利进行。在中俄科技创新年期间，两国科技创新合作、航空航天合作、数字经济合作也取得丰硕成果。

关键词： 中俄经贸合作　能源合作　数字经济合作　科技创新合作

2020年受新冠肺炎疫情影响，中俄双边贸易额有所下降，但疫情并没有降低两国经贸合作的意愿。2021年中俄两国克服疫情的不利影响，双边贸易额突破1400亿美元大关，向2024年实现2000亿美元目标又迈进了一步，能源、金融、跨境通道建设等传统领域的合作稳步推进，科技创新合作和数字经济合作借疫情之机快速发展，成为两国务实合作的新亮点。

一　双边贸易发展现状

2020年新冠肺炎疫情大流行后，世界经济严重衰退，国际贸易大幅萎缩，中俄双边贸易额也受到疫情影响出现小幅下降。2021年新冠肺炎疫情向长期化、常态化发展，中俄两国也在防疫的同时竭力降低疫情对两国经济

---

*　郭晓琼，中国社会科学院俄罗斯东欧中亚研究所副研究员。

及双边合作的影响，双边贸易取得大幅增长。

据中国海关总署统计，2021年中俄双边贸易额约为1468.87亿美元，与上年相比增长35.8%。其中：中国对俄出口额为675.65亿美元，与上年相比增长33.8%；中国自俄进口额为793.21亿美元，与上年相比增长37.5%。中俄贸易在中国对外贸易总额中的比重为2.43%，较2020年2.32%的比重略有提高，俄罗斯仍然是中国第十一大贸易伙伴。[①] 根据俄罗斯海关统计数据，2021年俄中贸易额约为1407.04亿美元，与上年相比增长35.2%。其中：俄罗斯对华出口额为680.28亿美元，与上年相比增长38.4%；俄自华进口额为726.75亿美元，与上年相比增长32.3%。中国从2010年起连续12年保持俄罗斯最大贸易伙伴地位，2021年由于俄罗斯对外贸易整体恢复较快，增长率达到38%，因此俄中贸易在俄罗斯对外贸易总额中的比重略有下降，从2020年的18.3%降至17.9%。[②]

根据俄罗斯海关数据，俄罗斯对华出口商品主要为能源、资源及初级产品。近年来中俄两国进出口商品结构基本保持稳定。2021年1~9月，矿产品，木材、纸浆及制品，食品和农业原料，金属及制品，机器、设备和交通工具仍然是俄罗斯对华出口的前五大类商品（见表1）。矿产品一直保持俄罗斯对华出口的第一大类商品，2020年1~9月俄对华矿产品出口额为243.34亿美元，2021年1~9月增至335.38亿美元，与上年相比增长37.82%。矿产品在对华出口总额中占有相当大的比重，2020年1~9月占比67.81%，2021年1~9月这一占比进一步提高至71.43%，其中2021年1~9月能源产品出口额为305.43亿美元，与上年相比增长35.39%，能源产品占比也从62.86%增至65.05%。俄罗斯对华出口的第二大类商品为木材、纸浆及制品，2020年1~9月对华出口额为32.3亿美元，2021年1~9月增至39.23亿美元，与上年相比增长21.46%，该类产品在俄对华出口总额中的

① 中华人民共和国海关总署：《2021年12月进出口商品国别（地区）总值表（美元值）》，http://www.customs.gov.cn/customs/302249/zfxxgk/2799825/302274/302277/302276/4127455/index.html。

② Федеральная таможенная служба. Внешняя торговля Российской Федерации，https://customs.gov.ru/statistic.

比重从 9% 下降至 8.36%。矿产品和木材、纸浆及制品两大类资源型商品在俄对华出口商品总额中的占比将近 80%。俄罗斯对华出口的第三大类商品为金属及制品，2020 年 1~9 月该类商品对华出口额为 17.28 亿美元，2021年 1~9 月该类商品快速增长，增幅达到 78.76%，金额达到 30.89 亿美元，在俄对华出口总额中的占比也从 4.82% 增至 6.6%。俄罗斯对华出口的第四大类商品为食品和农业原料，2020 年 1~9 月该类商品出口额为 27.49 亿美元，2021 年 1~9 月出口额降至 24.97 亿美元，降幅为 9.17%，此类产品在俄对华出口总额中的占比也从 7.66% 降至 5.31%。俄罗斯对华出口的第五大类商品为机器、设备和交通工具，2020 年 1~9 月俄罗斯对华出口额为 14.03 亿美元，2021 年 1~9 月增至 14.91 亿美元，增幅较小，仅为 6.27%。

表 1　2021 年 1~9 月俄罗斯对中国出口商品

海关编码	商品类别	2020 年 1~9 月出口额（亿美元）	2021 年 1~9 月出口额（亿美元）	增长率（同比,%）	占比（%）	
					2020 年1~9 月	2021 年1~9 月
1~24	食品和农业原料	27.49	24.97	-9.17	7.66	5.31
25~27	矿产品	243.34	335.38	37.82	67.81	71.43
27	能源产品	225.59	305.43	35.39	62.86	65.05
28~40	化工产品、橡胶	13.94	16.91	21.30	3.88	3.60
41~43	皮革、毛皮及制品	0.04	0.15	275.00	0.01	0.03
44~49	木材、纸浆及制品	32.30	39.23	21.46	9.00	8.36
50~67	纺织品、鞋类	0.36	0.12	-66.67	0.10	0.03
68~70	石材、水泥、石膏；陶瓷制品、玻璃制品	0.08	0.10	25.00	0.02	0.02
71	宝石、贵金属及制品	0.50	0.40	-20.00	0.14	0.09
72~83	金属及制品	17.28	30.89	78.76	4.82	6.60
84~90	机器、设备和交通工具	14.03	14.91	6.27	3.91	3.18
91~97	钟表、音乐仪器、家具及装饰、玩具、其他商品	0.04	0.06	50.00	0.01	0.01

资料来源：Федеральная таможенная служба. https：//customs. gov. ru/statistic。

2021 年 1~9 月，俄罗斯自华进口的第一大类商品也仍然是机电产品（机器、设备和交通工具），进口额从 2020 年同期的 223.58 亿美元增至

304.78 亿美元，与上年相比增长 36.32%，此类产品在俄罗斯自华进口总额中的占比从 57.19% 增至 60.34%。俄罗斯自华进口的第二大类商品为化工产品、橡胶，2020 年 1~9 月进口额为 42.62 亿美元，2021 年 1~9 月增至 53.58 亿美元，与上年相比增长为 25.72%，但由于增幅低于平均水平，该类产品在俄自华进口总额中的占比也从 10.9% 降至 10.61%。俄罗斯自华进口的第三大类商品为纺织品和鞋类等劳动密集型商品，这类商品是俄罗斯自华进口的传统商品，2020 年 1~9 月，该类商品在疫情背景下仍保持了增长，进口额为 49.27 亿美元，2021 年 1~9 月此类商品进口额与 2020 年基本相同，为 49.2 亿美元，但在俄自华进口额大幅增长的背景下，纺织品和鞋类在总额中的比重从 12.6% 降至 9.74%。俄罗斯自华进口的第四大类商品为金属及制品，2020 年 1~9 月进口额为 28.5 亿美元，2021 年 1~9 月提高至 37.64 亿美元，与上年相比增长 32.07%，该类商品在俄自华进口总额中的比重从 7.29% 提高至 7.45%。俄罗斯自华进口的第五大类商品为钟表、音乐仪器、家具及装饰、玩具、其他商品，2020 年 1~9 月进口额为 21.72 亿美元，2021 年 1~9 月增长至 28.85 亿美元，与上年相比增长 32.83%，该类商品在俄自华进口总额中的占比增至 5.71%。整体来看，除矿产品进口额下降，食品和农业原料，纺织品、鞋类两大类基本与 2020 年持平略有下降，其他类别的产品进口额增幅均在 20% 以上（见表 2）。

表 2　2021 年 1~9 月俄罗斯自中国进口商品

海关编码	商品类别	2020 年 1~9 月进口额（亿美元）	2021 年 1~9 月进口额（亿美元）	增长率（同比,%）	占比(%)	
					2020 年 1~9 月	2021 年 1~9 月
1~24	食品和农业原料	10.49	10.41	−0.76	2.68	2.06
25~27	矿产品	1.02	0.65	−36.27	0.26	0.13
27	能源产品	0.32	0.22	−31.25	0.08	0.04
28~40	化工产品、橡胶	42.62	53.58	25.72	10.90	10.61
41~43	皮革、毛皮及制品	3.29	4.48	36.17	0.84	0.89
44~49	木材、纸浆及制品	3.24	4.00	23.46	0.83	0.79
50~67	纺织品、鞋类	49.27	49.20	−0.14	12.6	9.74

海关编码	商品类别	2020 年 1~9 月进口额（亿美元）	2021 年 1~9 月进口额（亿美元）	增长率（同比,%）	占比（%）	
					2020 年 1~9 月	2021 年 1~9 月
68~70	石材、水泥、石膏；陶瓷制品、玻璃制品	6.40	8.16	27.50	1.64	1.62
71	宝石、贵金属及制品	0.61	0.84	37.70	0.16	0.17
72~83	金属及制品	28.50	37.64	32.07	7.29	7.45
84~90	机器、设备和交通工具	223.58	304.78	36.32	57.19	60.34
91~97	钟表、音乐仪器、家具及装饰、玩具、其他商品	21.72	28.85	32.83	5.56	5.71

资料来源：Федеральная таможенная служба，https：//customs. gov. ru/statistic。

二 能源合作

2020 年新冠肺炎疫情大流行以来，中俄能源领域的一些重要合作项目受疫情影响出现停工停产，能源贸易受价格影响一度出现下跌，2021 年随着疫情常态化发展和能源价格的逐步回升，中俄能源合作克服疫情的不利影响，保持了积极发展的良好态势，能源贸易再创新高，重要项目稳步推进，绿色能源合作迸发新生机。

在能源合作机制方面，2021 年 11 月 17 日中俄政府间能源合作委员会第十八次会议以视频会议的形式召开。中方主席韩正在会上对中俄能源合作提出了三点建议：第一，发挥重大战略性项目的牵引作用，进一步深化核能领域合作，推进油气管线建设；第二，不断拓展能源合作的领域和内涵，深化传统能源领域上中下游一体化合作，逐步推进可再生能源、氢能、储能以及能源标准、科技创新、本币结算等合作；第三，两国应加强全球能源治理和应对气候变化方面的协作，坚持共同但有区别的责任原则，践行多边主义，推动全球能源治理体系朝着更加公平公正、普惠包容的方向发展，为应对气候变化做出积极贡献。① 2021 年 11 月 29 日，第三届中俄能源商务论坛在北京召开，论坛以线上线下相结合的方式召开，中国国家能源局、俄罗斯总统能源发展战略和生态安全委员会、中国石油天然气集团公司和俄罗斯石油公司代表讨论了中俄天然气、核能及新能源等领域合作的相关问题，还就绿色低碳转型、电网智能化及数字化管理、绿色金融等新问题展开交流。论坛期间，中俄双方签署了 15 份成果文件，还发布了《中俄能源合作投资指南（俄罗斯）》，涉及法律制度、监管政策、业务流程和合作机遇等信息，为中方企业开展对俄合作提供指引。

在天然气领域，继亚马尔项目之后，中俄两国油气企业再次合作在"北极 2 号"液化天然气项目中开展合作，该项目规模比亚马尔项目更大，计划建设三条生产线，总投资 213 亿美元，预计分别于 2023 年、2024 年和 2026 年建成投产。该项目于 2019 年 4 月签署框架协议，2020 年 9 月完成股权交割，目前诺瓦泰克公司在该项目中占 60% 的股份，法国道达尔公司、日本三井物产和金属矿物资源机构、中国石油和中国海油四家公司分别占股 10%。2020 年受新冠肺炎疫情影响，项目一度停工。2021 年项目投资达到 60 亿美元，首条生产线建设已完成 90%。

在管道建设方面，中俄东线天然气管道建成通气，截至 2021 年 12 月该管线已累计向中国输送天然气 136 亿立方米。2021 年 5 月 18 日，中俄东线（永清—上海）天然气管道南端的关键控制性工程——长江盾构穿越工程在江苏南通正式掘进。西线方向，2020 年俄方考虑将"西伯利亚力量 2 号"项目经蒙古国通往中国，2020 年 5 月，俄罗斯天然气工业股份公司启动从"西伯利亚力量 2 号"干线通往蒙古国的管道项目"东方联盟"，设计容量为每年输送 500 亿立方米，2021 年 4 月，该项目可行性研究获批，计划于 2024 年启动建设。如该项目建成，中俄两国天然气合作将更加密切，有利于使中国能源结构向更低碳方向转变。

---

① 《韩正与俄罗斯副总理诺瓦克共同主持中俄能源合作委员会第十八次会议》，https：//baijiahao.baidu.com/s？id=1716734814932653152&wfr=spider&for=pc。

在化工领域，中俄两国合作建设阿穆尔天然气化工综合体项目，该项目计划建设 6 条生产线，设计年产能为 270 万吨，包括 230 万吨聚乙烯和 40 万吨聚丙烯。2020 年 12 月，俄罗斯西布尔公司和中国石油化工股份有限公司就该项目成立合资公司，持股比例分别为 60% 和 40%，2021 年 2 月，中国石油化工股份有限公司出资 182.74 亿卢布（折合 2.477 亿美元）购得该项目 40% 股份。2021 年阿穆尔天然气加工厂项目吸引 91 亿美元投资，截至 2021 年 10 月，项目整体进度已达到 25%，年底计划完成 31%，按计划该项目将于 2024 年 5 月前完工。

中俄核能合作也取得了显著成果。俄罗斯在核能利用领域拥有丰富的经验，中俄两国在核能领域合作多年，田湾核电站和徐大堡核电站是中俄核能合作的成功案例。田湾核电站前三期工程 1~6 号机组分别于 2007 年、2018 年和 2021 年投入商业运营。2021 年 5 月 19 日，田湾核电站 7、8 号机组和徐大堡核电站 3、4 号机组在中俄两国元首的共同见证下正式开工建设。建成投产后年发电量将达到 376 亿千瓦时，相当于每年减少 3068 万吨二氧化碳排放。

在电力合作方面，两国电力合作进一步深化。2021 年受疫情后中国经济强劲复苏、煤炭价格上涨和用电需求加大等因素影响，中国各地出现"拉闸限电"现象，黑龙江省电力有限公司协调俄方加大从俄购电，黑河的 500 千伏换流站满负荷运转，为中国提供了稳定的电力供应，缓解了用电紧张状况。

三　金融合作

中俄金融合作对促进两国经贸和投资合作起到重要作用。官方层面，2021 年 6 月 22 日，中俄两国财长举行视频会议，此次会议旨在落实两国元首共识，就疫情背景下促进经济增长的财政政策、基础设施建设融资、协调央地财政关系等问题展开了交流。中国财政部部长刘昆表示，习近平主席提出的双循环新发展格局理念为中国经济持续健康发展提供了重要支撑，中国已形成以国家发展规划为战略导向，以财政和货币政策为主要手段，多种调控政策协同发力的具有中国特色的宏观调控制度体系框架，较好地发挥了对宏观经济的逆周期调控和跨周期调节作用，这也是中国经济能够在疫情后实现快速恢复和增长的重要原因。中国将继续与俄罗斯加深财金领域的合作，将中俄高水平政治互信和传统友谊转化为更多合作成果。俄罗斯财政部部长西卢阿诺夫对中国经济发展成就和中国政府在应对疫情及保障经济增长中表现出的治理能力表示高度赞赏。目前俄罗斯面临疫情下稳定经济保障民生的艰巨任务，中国的经验，尤其是运用财政政策工具促进经济增长等方面的有关做法值得俄罗斯借鉴。

中俄贸易本币结算范围扩大。近年来，随着两国贸易联系愈加紧密，两国政府加紧推动本币结算，2019年6月，中俄两国正式签署过渡到本币结算的政府间协议，扩大双边贸易本币结算，2021年12月，两国就建立本币结算机制达成共识，两国金融网络正在对接，并逐步打通制约本币结算的各种金融限制。

在俄罗斯大力推进"去美元化"进程中，人民币被纳入俄罗斯外汇储备和国家福利基金。2018年3月前，俄罗斯国际储备中美元的占比为43%~48%，随着美国对俄制裁的不断加码，俄罗斯央行为降低风险，开始调整外汇结构，大量减持美元，增持欧元和人民币。鉴于人民币的稳定性和中国经济持续增长，人民币逐渐成为有最前途的储备货币之一。截至2020年6月30日，俄罗斯央行的国际储备中人民币占比达到12.2%。为了与央行国际储备对标，俄罗斯国家福利基金也进行了外汇结构的调整。调整前，国家福利基金流动性资产的结构为美元占45%，欧元占45%，英镑占10%。俄罗斯政府2020年4月26日的第593号政府令对《关于国家福利基金资金管理流程》进行了修订，该文件提出将人民币纳入国家福利基金有助于保持基金的稳定，并会对其资产管理的收益产生积极影响。该政府令还规定允许国家福利基金投资人民币和中国国债，且投资额不得低于10亿元人民币。此后俄政府不断减少美元在国家福利基金的比例，增加日元、人民币和现货黄金的比例，截至2021年7月，国家福利基金资产已完全去除美元，人民币占比为30.4%。

四　跨境通道建设

疫情下中欧班列发挥其人员接触少、运输速度快、换装效率高等特点高效运营，保障了进出口货物的快速流通，对全球供应链的稳定也起到了重要的作用。2021 年，中欧班列在疫情防控条件下，克服口岸交接、信息交换、统一定价等各方面困难，全年开行 1.5 万列，同比增长 22%；发送货物 146 万标箱，同比增长 29%，其中西部陆海新通道班列全年发送 57 万标箱，同比增长 57.5%。成都班列开行量占中欧班列开行总量的 30%，开行路线通达欧洲上百个城市。2021 年成都中欧班列还新增俄罗斯圣彼得堡、荷兰阿姆斯特丹、英国费利克斯托、波兰格但斯克、德国罗斯托克、英国伊明汉姆等 11 个站点，有效扩大了中欧班列海外布局范围。深圳"湾区号"中欧班列开行 123 列，已有 2721 家企业的货物通过"湾区号"中欧班列抵达欧亚大陆 38 个国家。江苏中欧班列 2021 年开行 1800 列，同比增长 29%，进出口货值达到 255.5 亿元人民币，同比增长 67.7%。江苏中欧班列还为企业提供个性化服务，如南京为本地企业精心设计物流方案，全年累计开行 39 列；徐州全年累计开行徐工机械专列、木材专列 25 列；苏州开行了自贸区和跨境电商专列。江苏中欧班列还新开通了苏州至芬兰赫尔辛基、南京至荷兰蒂尔堡、南京至老挝万象、海安至越南河内等多条国际物流新线路，至越南河内的东盟线路是东部地区首条南向通道，至老挝万象线路为长三角首趟至老挝的班列，至荷兰蒂尔堡新线路的开通，促进了江苏与北布拉邦省 27 年友好省州关系的发展。① 在货运量和开行量快速提高的同时，中欧班列的智能化水平和服务质量也显著提高。为保障班列快速通关，深圳口岸实现卡口自动验放、场所全程监控、系统对接、节点监控全覆盖。此外，中欧班列还加强与商务、交通、邮政等相关主管部门的沟通，加强各部门的协调和配合，

---

① 《2021 年中欧班列开行 1.5 万列，发送 146 万标箱　中国"钢铁驼队"力撑国际物流通畅》，https：//finance. sina. cn/2022-01-25/detail-ikyamrmz7376444. d. html。

最大限度提升了物流效率。

中俄黑龙江跨境公路大桥俄方段建设顺利推进。该大桥位于中国黑河与俄罗斯布拉戈维申斯克之间，是中俄两国界江上修建的首座现代化公路大桥。早在1988年，中俄两国就开始商议在界河黑龙江上修建大桥，经过多年筹划，在两国元首的推动下，该桥于2016年12月开工建设。2019年5月31日，中俄黑龙江大桥顺利合龙；11月28日，中方境内工程圆满完工，具备通车条件。疫情拖慢了俄方口岸和物流站建设进度，目前该桥每天放行60辆汽车，预计2022年第二季度在卡尼库尔干海关物流站第二期和第三期以及常设过境检查站建成后，通行能力将增至每天400辆货车，整体大桥计划在2023年建成。为避免排队现象，该桥还将启用电子排队系统，目前俄方已完成对过境所需技术流程和物流操作的测试和同步化。大桥的开通将把从中国经俄罗斯到欧洲国家的距离缩短1500公里。大桥建成后，预计年客运量可达到140万人次，年货运量可达到300万吨，中俄两国还将建立临桥、临港经济区和跨境经济合作区，推动地区经济发展。

中俄同江跨境铁路大桥实现铺轨贯通，大桥位于中国同江和俄罗斯犹太自治州下列宁斯阔耶之间，中方段于2014年6月开工，2018年10月主体工程全部完工；俄方段于2016年6月开工，2019年4月2日大桥顺利合龙。2019年7月中方段完成静态验收、动态验收、初步验收和安全评估等全部验收程序。2021年8月17日，大桥实现铺轨贯通，为大桥全线开通运行奠定了基础。该桥建成后将成为中国又一对俄铁路货运通道，同江至莫斯科的运输距离与原有经绥芬河口岸的运距相比缩短809公里，节约10小时运输时间，可大大提高运输效率，缓解满洲里和绥芬河口岸的货运压力。此外，该桥还将中国东北铁路网与俄罗斯西伯利亚铁路相连接，开辟一条西通欧洲的欧亚联运大通道，这对推动东北地区振兴、深度融入"一带一路"，对推动中俄两国经贸合作高质量发展都具有重要作用。

中俄跨境索道进入基础施工阶段。该索道是世界上首个跨境索道，位于中国黑河和俄罗斯布拉戈维申斯克之间，全长976米，主跨长度720米，设计运行速度为每秒12米，每小时单向运输能力达1788人，年设计运输能力为 250 万人。索道两端设有索道站房、海关联检大厅、免税店和其他配套设施。2019 年 7 月 18 日，该索道正式开工建设，建成后中俄两国游客出境通关更加便捷，不但可以打破季节因素对口岸客运量的制约，还将大大提高旅客通关效率，单程通关时间将压缩在 10 分钟之内，这进一步深化了两国基础设施互联互通，对促进资金、商品、劳动力等要素的自由流动及中俄旅游业的发展起到积极作用。

五　科技创新合作

2020 年和 2021 年中俄两国互办科技创新年，为更好规划未来科技合作的主要方向，中俄双方着手制定《2020～2025 年中俄科技创新合作路线图》。该文件是两国科技合作的纲领性文件，2020 年 8 月 26 日在中俄科技创新年开幕式上中俄两国科技部部长共同签署了该文件。根据该文件，中俄两国根据现有的物质和智力资源将数字、大数据、人工智能、无人交通系统、新材料与纳米技术、能源与新能源、节能与环保技术、信息通信技术、绿色农业技术、地球科学、海洋技术、精准医疗、生命科学、生物医学与工程、认知和神经科学等领域作为中俄科技合作的主要方向。中俄科技创新年期间，两国共同策划实施 1000 余项合作项目，是两国开展主题年以来最长的合作清单。2020 年 6 月中俄双方建立了中俄数学中心，2020 年 9 月 17 日共同举办中俄科技创新论坛，双方还积极开展 NICA（基于超导重离子加速器的离子对撞机装置）大科学项目合作。在中俄科技创新年框架内，中俄双方还开展了包括抗击新冠病毒联合项目在内的广泛科技合作，在生物安全、疫情防控、诊疗方案、监测试剂、特效药物等方面开展联合科研，并推动人工智能、大数据、远程会议、云计算等新技术为抗疫提供支持。[①]

在航天领域，中俄两国就合作建设月球科研站达成共识。2021 年 3 月 9

---

① 《中国驻俄大使：中俄很多领域合作取得新进展》，https：//baijiahao.baidu.com/s？id＝168708407445190976 5&wfr=spider&for=pc。

日，经两国政府批准，中国国家航天局局长张克俭与俄罗斯国家航天集团公司总经理罗戈津通过视频会议签署《中华人民共和国政府和俄罗斯联邦政府关于合作建设国际月球科研站的谅解备忘录》，启动国际月球科研站合作。根据该备忘录，两国将在月球表面或月球轨道上建设可进行月球自身探索和利用、月基观测、基础科学实验和技术验证等多学科多目标科研活动，建立长期自主运行的综合性科学实验基地，利用在空间科学、研发和使用空间设备和空间技术方面积累的经验，共同制定建造国际月球科研站的路线图，并在建造国际月球科研站项目的规划、论证、设计、研制、实施和运营等方面紧密协作，包括向国际宇航界开展项目推介。[①] 2021 年 4 月 23 日，中俄两国共同发布《中国国家航天局和俄罗斯国家航天集团公司关于合作建设国际月球科研站的联合声明》，明确表示国际月球科研站将对所有感兴趣的国家、国际组织和国际伙伴开放，欢迎各方在项目各个阶段，在任务的各个层级，以实物和非实物的形式参与合作。[②] 6 月 16 日，在全球空间探索大会期间，中俄双方以线上线下相结合的方式共同举办了国际月球科研路线图全球网络论坛，并在论坛上联合发布了《国际月球科研站路线图（V1.0）》和《国际月球科研站合作伙伴指南（V1.0）》，介绍了国际月球科研站的概念、科学领域、实施途径和合作机会建议等，这有助于国际伙伴广泛了解能够参与的机会。此后随着工作的深入，两国还会继续推出"路线图"和"指南"的更新版本，进一步明确各工程阶段里程碑计划，发布合作伙伴加入程序，以保证项目稳步推进。

六　数字经济合作

疫情背景下数字经济面临巨大发展机遇，中俄两国都已将数字经济发展

[①] 《中俄两国签署合作建设国际月球科研站谅解备忘录》，http：//www.gov.cn/xinwen/2021-03/09/content_ 5591869. htm。

[②] 《中国国家航天局和俄罗斯国家航天集团公司关于合作建设国际月球科研站的联合声明》，https：//baijiahao. baidu. com/s？id＝1697904338806689513&wfr＝spider&for＝pc。

提升至国家战略层面，两国在该领域的合作也日益密切。2019 年 9 月，中国科协与俄罗斯科工联在中俄两国总理见证下签署《中国科协与俄罗斯科工联关于进一步加强科技人文交流与合作的谅解备忘录》。2020 年两国正式启动"中俄数字经济示范项目"，举办了 35 场专项活动，百余名专家围绕数字经济开展技术交流。2021 年 12 月 28 日，在"中俄数字经济示范项目"下，中国科协和俄罗斯科工联共同举办中俄数字经济高峰论坛，论坛以视频会议形式召开，以"开放、创新、融合 驱动数字未来"为主题，旨在积极搭建中俄数字经济领域的学术、技术和产业交流合作高端平台，论坛的举行为两国在数字经济领域的广泛深入交流及促进两国数字技术创新与产业发展起到重要推动作用。① 2021 年 9 月 7 日，中俄数字经济研究中心落地厦门，该中心采用研发机构与高校智库相结合的模式，充分融合中俄两国在数字经济领域的优势。中心分别在厦门和莫斯科下设两个分院，未来中俄双方将共同努力把中心建设成为全球领先的前沿交叉学科研究阵地、新兴战略产业高端智库、国际专业人才合作通道和科技成果转化服务平台。

---

① 《2021 中俄数字经济高峰论坛成功举办》，https：//baijiahao. baidu. com/s? id＝17210178074 93828329＆wfr＝spider＆for＝pc。

Abstract

In 2021, the confrontation between Russia and the West was further intensified. The situation in the surrounding areas of its western border continued to deteriorate. In terms of domestic affairs, the epidemic situation remained severe and the economic and social development faced many new difficulties. Against this backdrop, the Russian government has made a lot of adjustments in different aspects and guaranteed stability in the political, economic, social and diplomatic fields.

With regards to Russia's domestic politics, a major event in 2021 was the successful holding of the new State Duma (lower house of parliament) election. The "United Russia" party once again won an overwhelming victory and maintained its dominance in the party system. At the same time, Putin continued to make in-depth adjustments in the field of ideology, attaching importance to "cultural sovereignty", advocating "rational conservatism", preventing "color revolutions", resisting the erosion of Russian traditions by western values, strengthening the construction of mainstream Russian political values, and consolidating Russia's national identity. In terms of the epidemic situation, Russia was one of the countries with the highest number of confirmed cases in 2021. In order to solve serious social problems, the Russian government has increased its budgetary investment to provide protection for vulnerable social groups and strengthened social management and the control of cyberspace. In a general sense, Russia's society is still stable and controllable.

In the economic field, Russia's economy achieved a rapid recovery in 2021, with an annual GDP growth of 4. 7% and almost all the industries contributed to the economic recovery. Some other features of Russia's economy in 2021 included stronger-than-expected inflation, healthy fiscal conditions, higher net exports, and record-high foreign exchange reserves. Among the factors that promote economic growth, the consistent rise of international energy prices is still the main driving force. From epidemic prevention and anti-crisis measures to mid- and long-term structural adjustment, the economic policies implemented by Russia have made the government more and more deeply involved in market economic activities. Russia's economic system showed a tendency to return to economic planning and government intervention.

In the field of diplomacy, Russia continued to implement the "multi-dimensional" diplomacy. The new version of its national security strategy proposed that the world is in a period of turbulence, the international order is changing, and new principles, rules and structures of the international system are taking shape. The west attempts to maintain its hegemony, but the global economic development model is in crisis, the development of countries is unbalanced, social inequality increases, domestic political struggles escalate, conflicts between countries rise, the role of international organizations declines, the effectiveness of the global security system is questioned, and the risk of using military force increases. According to this strategy, Russia continued to pursue an anti-Western and pro-Eastern diplomacy. It actively conducted vaccine diplomacy and participated in international anti-epidemic cooperation. Given the worsened relationship with the US and EU as well as big challenges in Ukraine and Belarus, Russia still worked to maintain stability in Eurasia, and promote economic integration in this region.

2021 marks the 20th anniversary of the signing of the Treaty of Good-Neighborliness and Friendly Cooperation. The two countries decided to automatically extend the validity period of the treaty and issue a joint statement to inject new connotations into their comprehensive strategic partnership of coordination for the new era. The two countries stressed that China-Russia relations have reached the highest level in history, characterized by maturity, constructiveness and sustainability. It aims at promoting the development and prosperity of the two countries and the well-being of the people, which sets a model for harmonious relationship and win-win cooperation between countries.

Contents

I General Report

Abstract: In 2021, Russia has experienced new tests in both domestic and foreign affairs. The State Duma election was successfully held, and the "United Russia" won an absolute majority. President Putin once again showed his ability to control the overall situation when facing difficulties. He published a new version of national security strategy, systematically sorted out various security threats facing Russia under complex situations, and emphasized the importance of consolidating sovereignty security, regime security and cultural security. In the case of rising energy prices, Russia hoped to seize the new opportunities for economic recovery and development after the epidemic and accelerated the process of economic transformation. But the pressure of high inflation and unbalanced regional development affects its macroeconomy negatively. Diplomatically, Russia continued to pursue a policy of "turning to the east" and its confrontation with the US and Europe has not changed. It has enhanced cooperation with non-Western countries and strengthened its own-led integration mechanism. The Russia-Belarus alliance has made important progress; China and Russia celebrated the 20th anniversary of the signing of the Treaty of Good-Neighborliness and Friendly Cooperation, and their cooperation has achieved many good results, including the record-high trade volume and increasingly strengthened interaction in international affairs. In the coming year, it will not be easy for Russia to get rid of domestic and foreign difficulties. The geopolitical confrontation with the US and NATO will escalate, and the external environment will become more complex. Putin's strategy of rejuvenation as a great power will encounter more challenges as well.

Keywords: Russia; Domestic and Foreign Affairs; Economic Situation; China-Russia Relations

Ⅱ   Specific Reports

Y.2   Analysis on Russia's Political Situation in 2021

Pang Dapeng / 019

Abstract: In 2021, Russia's internal affairs remained stable. Putin coordinated Russia's domestic and foreign policies around the 8th State Duma election, and the effect was obvious. Before the election, Putin led the "United Russia" to take action in political design and people's livelihood to eliminate the influence of the Navalny incident, to control the political space and ensure the maximum effectiveness of the Duma election principles. The results of the election were in line with the regime's expectations, that the "United Russia" once again won a constitutional majority. The political party structure dominated by the "United Russia" was consistent with the needs of Russia's political stability. After the election, Putin continued to make in-depth adjustments in the ideological field, including attaching importance to "cultural sovereignty", advocating "rational conservatism", preventing "color revolutions", resisting the erosion of Russian traditions by Western values, and strengthening Russia's mainstream political values. "Rational conservatism" is Putin's Russian-style concept that integrates its domestic governance experience and contributes to global governance. It highlights the dominant position of the country in international politics, and advocates that each country should decide its own development path according to its capabilities, culture and traditions. The background of rational conservatism is

Russia's return to its own governance tradition. Russian politics has entered a transitional phase after the 8th State Duma elections. Before 2024, Russia will focus on foreign policies, especially the integration of the CIS region.

Keywords: Political Situation; the State Duma Election; Rational Conservatism; Cultural Sovereignty

Y.3 Russia's Macroeconomy in 2021 in the Context
of COVID-19 Epidemic and its Future Prospect

Xu Poling / 032

Abstract: In 2021, Russia's economy achieved a rapid recovery, with an annual GDP growth of 4.7% and almost all the industries contributed to the economic recovery. Some other features of Russia's economy in 2021 included stronger-than-expected inflation, healthy fiscal conditions, higher net exports, and record-high foreign exchange reserves. Among the factors that promote economic growth, the consistent rise of international energy prices is still the main driving force. From epidemic prevention and anti-crisis measures to mid- and long-term structural adjustment, the economic policies implemented by Russia have made the government more and more deeply involved in market economic activities. Russia's economic system showed a tendency to return to economic planning and government intervention.

Keywords: Russia's Macroeconomy; Economic Policy; COVID - 19 Epidemic

Y.4 Russia's Social Situation in 2021   *Ma Qiang / 045*

Abstract: In 2021, the traditional threats to Russia's society still existed, while new opportunities and challenges arose. During the battle against the epidemic, a lot of Russians believed that the country had gradually come out of the crisis. In 2021, the Russian society has made heated discussions on issues related to the national economy and people's livelihood, especially the population problem and related policies. In the context of the election of the Eighth State Duma, the Russian government has introduced a series of measures to improve people's livelihood, while strengthening the control of civil society and cyberspace. Generally, the Russian society is stable and controllable but the living standards of the Russian people have not improved substantially and the deteriorating relations with Western countries also pose threat to the Russian society.

Keywords: Russia; Population Problem; Digital Society; Social Control; Social Risk

Y.5　The Situation and Development Trend of Russia's Diplomacy in 2021　　　*Liu Fenghua* / 061

Abstract: In 2021, Russia continued to pursue an anti-Western and pro-Eastern diplomacy. Specifically, Russia actively conducted vaccine diplomacy and participated in international anti-epidemic cooperation. The validity period of the "Strategic Arms Reduction Treaty" with the US was extended but the relationship of Russia with the US and EU was further deteriorated. Facing big challenges in Ukraine and Belarus, Russia still strived to maintain stability in Eurasia, and promote economic integration in this region. Simultaneously, Russia worked with China to extend the validity period of "Treaty of Good-Neighborliness and Friendly Cooperation" and made pragmatic cooperation with China, India and ASEAN.

In 2022, the Putin administration will persist its anti-Western and pro-Eastern foreign policy, and will be committed to solving the following urgent issues: easing tensions between Russia, NATO and Ukraine in the Donbass region, preventing large-scale armed conflict and the rise of tensions between Russia and the West, avoiding the increasing sanctions from the West; dealing with the competition with the West in the Eurasian region; promoting the cooperation of the Nord Stream 2 pipeline.

Keywords: Russia's Diplomacy; Russia-West Relations; Eurasia; Cooperation between Russia and Asia-Pacific Countries

Ⅲ Politics

Y.6 Debating for the Country: A Review of Putin's Recent Arguments on the History of World War Ⅱ   *Liang Qiang* / 070

Abstract: In recent years, some western countries used the controversial issues in the history of World War Ⅱ as an effective weapon to criticize Russia. Putin tried his best to defend Russia on various occasions, and his core points were threefold: First, the Soviet Union played a decisive role in defeating Nazi Germany. Blames on the Soviet Union for its responsibility of the origin of World War Ⅱ was unilateral. All the major European countries involved the war were in fault. The Soviet Union was not only the "liberator" of Europe, but also the defender and practitioner of the ideal of "unified Europe". Putin's debate fully draws on the latest research results of the Russian academic circle, and attaches great importance to the key role of historical archives. Both opinions and historical facts have undergone rigorous academic testing, which is in contrast to the ideological propaganda of the Soviet era. In the process to win this debate, Putin clarified that the spirit of the "Great Patriotic War" is "the foundation and core values of Russian society", and it is a unique national character of Russia. In the future, Putin will continue to mobilize all resources and forces to consolidate, strengthen, and even further beautify this new "national character" and will never allow it to collapse.

Keywords: Putin; Great Patriotic War; Historical Memory; "Collapse of National Character"

Y.7 Study on the Election of the 8th State Duma of Russia

Hao He / 082

Abstract: In the 8th Duma election, the "United Russia" won 324 seats that exceeded the majority, which not only curbs various noises and disturbances before the election in 2024, but also reserves room for flexible response to various situations after the election. From the process of the election campaign, we can see that the Russian authorities and the ruling party become increasingly relying on their political skills and technical advantages. Therefore, the final result of the election cannot fully and comprehensively reflect the distribution and trend of current political forces and social sentiments in Russia. Russia's party system is facing more and more serious signal failure problems. The majority in the Duma is not completely equivalent to political stability, especially considering the hidden dangers and challenges.

Keywords: Russia; Duma Election; Political Skill; Political Signal

Y.8 An Overview of the Law on General Principles of the Organization of Public Authority of the Russian Federation

Li Yajun / 096

Abstract: The Law on General Principles of the Organization of Public Authority of the Russian Federation, which came into effect on December 21, 2021, is a new law enacted to regulate federal relations according to the relevant provisions of "public power" and the establishment of a "unified public power system" in the 2020 constitutional amendment. The law covers a wide range of content and proposes a series of new principles governing federal relations, takes the power agencies at all levels of the country as a whole, clarifies the responsibilities and interrelationships between the power agencies, further strengthens the core position of the presidential power in the public power system, and defines the coordinating and advisory functions of the "State Council" in the "unified system of public power". Hence, this law will affect the future development of the Russian federation system significantly.

Keywords: Public Power; Unified Public Power System; Federal Subject; Local Self-government Agency

Y.9 The Development Situation of Russia's Central-local
Relations in 2021 *Wu Dekun* / 109

Abstract: In 2021, the political situation in the local level of Russia is generally stable and controllable. The handover of local power is progressing steadily. In nine federations, the candidates for the local heads recommended and supported by the "United Russia" are all successfully elected. Although the remaining two federation heads are supported by the opposition, they generally conform to the political arrangement of the Federal Central Committee. In addition, the "United Russia" maintains its majority in most local parliamentary elections despite a drop in the number of votes. The Communist Party and the New People show growth momentum in local councils, with a steady increase in the number of votes and seats. At the institutional level, Russia continues to strengthen the vertical management by the federal central government and further improve the local governance model. The reform of the overall plenipotentiary system of the federal districts, gives the Deputy Prime Minister the power to directly supervise them. At the same time, the passed Law on the Basic Principles of Public Administration promotes the construction of a unified public power system after the revision of the constitution, increases the control of power at the urban level, and straightens out the central government's governance channel to the grassroots.

Keywords: Russian Federalism; Local Elections; Unified Public Power; "United Russia"

Y . 10   Russia's Security Situation in 2021   *Su Chang* / 134

Abstract: In 2021, Russia's security situation was generally stable. The COVID-19 epidemic and economic downturn only had limited impact on social security and stability. Russia attached great importance to combating terrorism and extremism, and domestic terrorist activities have generally declined but the North Caucasus is still an active region for terrorist organizations and extremism. Moreover, Russia also paid much attention to counter-terrorism and de-radicalization work, strengthen regional security cooperation under the framework of the Commonwealth of Independent States and the Collective Security Treaty Organization, and enhance cooperation in combating financial terrorism, transportation terrorism, and cyber extremism.

Keywords: Russia; Security Cooperation; Terrorism

Y . 11   Adjustment of Russia's Cultural Policies in the Context

of Confrontation with the West   *Liu Boling* / 143

Abstract: In 2021, according to the changes of domestic and external situations, the Russian government adjusted its cultural policies from the conceptual, legal and economic levels, which was well reflected in three documents, namely "State Plan for Cultural Development", "State Security Strategy" and "Outline of State Cultural Policy". These documents mentioned the erosion and threat of western culture, highlighted the concept of cultural sovereignty, defined the traditional Russian spiritual and moral values, and formulated a series of measures to protect the traditional culture. The goal of the adjusted cultural policy is to combine the interests of national security, unity of cultural space and diversity of national ethnic culture, implement values-oriented national cultural policy, spread traditional values of Russian society, increase the identity of Russian civilization, and improve social cohesion.

Keywords: Russia; Adjustment of Cultural Policies; Threat of Western Culture; Cultural Sovereignty; Traditional Russian Spiritual and Moral Values

Ⅳ   Economy

Abstract: With the easing of the epidemic and the rapid recovery of commercial activities, Russia's macroeconomic policy has gradually returned to normal, and its focus has shifted to achieving its national development goals before 2030. With the rising oil and gas prices, Russia's fiscal and monetary situation has been generally improved. Its budget system has achieved balance ahead of schedule, and the current account even has a record surplus. The national welfare fund has retained more than 10% of GDP, creating a safe space for the fiscal policy to extend from people's livelihood protection to economic development. In the process of stimulating investment, the linkage between the central and local governments of Russia has been unprecedentedly enhanced. From the implementation of national projects (strategic initiatives) to the formulation of regional investment policies, there is overall coordination and adequate budgetary funds offered by the Russian government. The aggressive expansion of aggregate demand, labor shortages, pro-inflationary factors in the world market, and high inflation expectations of economic entities have led to high inflation levels. The Central Bank of Russia was forced to implement a tight monetary policy, but it has not been able to effectively control the situation, and high inflation has become the primary threat to economic development in the medium term. Other monetary and financial indicators reflect and promote the process of Russia's economic recovery to a large extent. In 2021, the global energy transition and the low-carbon agenda have become the most important factors affecting Russia's financial situation. Both the Ministry of Finance and the Central Bank have proposed countermeasures, which may accelerate the structural transformation of the Russian economy.

Keywords：Russia；Fiscal Policy；Monetary Policy；Risk Response

Y.13　Russia's Agricultural Development and Policies in 2021

Jiang Jing / 171

Abstract：In 2021, affected by factors such as the Covid－19 epidemic, climate disasters, frequent occurrences of pests and diseases, sharp rises in the prices of raw materials and agricultural materials, sluggish consumer demand for residents, as well as the shortage of agricultural personnel and rising human resource costs due to epidemic prevention and control, Russia's agriculture fell for the first time since 2018, but the agricultural production fully met domestic demand. In particular, the agro-industrial complex has overcome various difficulties brought about by the epidemic, the overall development trend of production and export was good, and the effect of import substitution was remarkable. This ensured that the targets of the new "Food Security Doctrine" in 2021 were successfully achieved. In order to ensure its own food security, Russia continued to adopt an export restriction mechanism on the grain market, which is expected to come into play from 2022. Under the continuous impact of the global epidemic, the development of the Russian agro-industrial complex mainly focused on agricultural modernization, the cultivation of agricultural compound talents, and the improvement of the state support mechanism and the construction of small agricultural enterprises. In 2022, Russia will continue to tighten its agricultural policy, and the government will further strengthen the supervision of the agro-industrial complex in terms of industry development and market management. While increasing the investment vitality of agricultural enterprises, Russia will vigorously promote the construction of green agro-industrial complexes and digital agro-industrial complexes, and accelerates the implementation of the national plan for agricultural land transfer and land reclamation. In addition, the impact of ESG transformation on the development of agro-industrial complexes will be actively assessed to continuously improve the competitiveness of products in the international and domestic markets, thus ensuring the sustainable development of Russia's agriculture and maintaining its dominant position in the world agricultural sector.

Keywords: Russia; Agriculture; Agro-industrial Complex; Food Price

Y.14 Digital Transformation of Russia's Service Industry:
Analysis of its Main Progress and Driving Factors

Gao Jixiang / 183

Abstract: The Covid^{-}19 epidemic, national projects of digital economy, business model characteristics, digital infrastructure utilization level, industry concentration, agile regulatory rules, public acceptance of digital technology and digital life, etc. are all important factors driving the digital transformation of Russia's service industry. Under the combined effect of above factors, the digital transformation of Russia's service industry represented by the financial, medical, transportation and logistics industries has made certain progress. But there is no doubt that the core elements driving the digital transformation of the service industry have not yet played an effective role. In the future, it is necessary to increase efforts in technology investment, filling legislative gaps, data market establishment, talent protection, digital infrastructure construction, standardization construction, platform construction, formulation and improvement of regulatory rules, etc.

Keywords: Service Industry; Digital Transformation; Regulatory Rules; Public Acceptance

Y.15 Russia's Foreign Economic Relations in 2021 *Xu Wenhong* / 198

Abstract: Against the backdrop of sanctions imposed by the US and Europe, the slowdown of the world economy and the Covid－19 epidemic, Russia's economy has achieved certain results. In 2021, Russia's foreign economic relations had three highlights, including measures centered on de-dollarization in the context of anti-Western sanctions, the complex game with Europe and the US around the Nord Stream 2 pipeline and the anti-epidemic measures. At the same time, Russia has actively developed economic relations with ASEAN, Africa, Latin America and other countries, which is not only the need for Russia's economy to participate in international exchanges in the era of globalization, but also a measure for Russia to break the Western sanctions and expand its diplomatic space. Russia's foreign economic relations is closely related to its counter-sanctions.

Keywords: Russia; De-dollarization; Financial Sanction; Nord Stream 2 Pipeline; Foreign Economic Relations

V　Diplomacy

Y.16　Russia's Asia-Pacific Diplomacy in 2021: Strengthening
Geopolitical Influence and Expanding Economic Interests

Li Yonghui / 223

Abstract: Given the structural contradiction and confrontation between Russia and the US and Europe, Russia's Asia-Pacific diplomacy has become more important in its foreign affairs. In 2021, Russia worked to increase its geopolitical influence and expanding its economic interests via its Asia-Pacific diplomacy. Specifically, Russia strengthened its political ties and trust with traditional friendly countries in the Asia-Pacific region; attached importance to multilateral cooperation with ASEAN; and also developed relations with US allies, including Japan and South Korea. In the economic fields, Russia's relations with Asia-Pacific countries are developing steadily. Despite the relatively low trade volume, the cooperation potential between Russia and these countries is very huge. Indeed, Russia's Asia-Pacific diplomacy plans to build a new geopolitical pattern in the Eurasian region but this plan also meets the challenge of the US' Indo-Pacific strategy.

Keywords: Russia's Asia-Pacific Diplomacy; Russia-Japan Relations; Russia-India Relations; Russia-South Korea Relations; Russia-Mongolia Relations

Abstract: In 2021, the relationship between Russia and the EU was still in the abnormal conditions since the Ukraine crisis. Navalny's arrest and sentence triggered diplomatic conflicts between the two sides, and the EU used its Action Plan for Human Rights and Democracy to impose sanctions on Russian officials, which certainly brought about Russia's counter-sanctions. EU believed that the Minsk agreement was not fully implemented and thus extended economic sanctions on Russia again. Moreover, Borrell put forward the "three principles" of relations with Russia, namely confrontation, containment and coordination. Russia and some EU member states have engaged in a war of expelling diplomats. At the same time, the conflict between NATO and Russia has been intensified. The US supported Ukraine's accession to NATO, which led to the deterioration of the security situation. Russia asked the US and NATO to give security guarantees and reply within a time limit. In the company of sanctions from the US, the "Nord Stream-2" project is completed and waiting for the final certification of the EU and Germany to start its operation, but the deterioration of the situation in Ukraine has increased uncertainty in the future of the project.

Keywords: Russia; EU and NATO; Ukraine; Sanction and Counter-sanction; "Nord Stream-2" project

Abstract: In 2021, after Biden came to power, he fulfilled his campaign promise and launched a series of sanctions against Russia. Moreover, the Biden administration has strengthened ties with Ukraine and has continued to provide Ukraine with military and economic aids, which also brought about Russia's countermeasures and stationing of heavy troops on the Russia-Ukraine border. In December 2021, Russia suddenly raised the question of NATO's eastward enlargement and Ukraine's entry into NATO, asking the US to give security guarantees and reply within a time limit. Ukraine has once again become the core issue concerning the Russia-US relations. The US government refuses to accept the "red line" drawn by Russia, and the risk of war continues to accumulate. In the first year of Biden's administration, the Russia-US relations have become tenser than before, but in the field of arms control, the two sides still made some substantial progress. The risk of nuclear war between Russia and the US has decreased, whereas the risk of conventional war has increased.

Keywords: Russia-US Relations; Ukraine; NATO's Eastward Enlargement; Arms Control; Economic Sanction

Y.19　Russia's Middle East Diplomacy in 2021: Balancing

　　All Parties and Deepening Engagement　　　*Hu Bing* / 271

Abstract: The regional order in Middle East experienced profound changes in 2021. Russia used regional conflict as an entry point to deepen its presence in Middle East. Specifically, Putin tried to strike a balance between Iran and Israel in Syria as well as a balance between Haftar and the unity government in Libya. Although Russia has become a key player in Middle East, but currently it has neither the ability nor the willingness to create a regional order of its own design. To some extent, Russia still benefits from a US-led regional order and can facilitate its goals with minimal costs. If tensions between the US and Russia escalate elsewhere (such as the Ukraine crisis), it may also lead to direct competitions of the two countries in Middle East, and once again test Russia's relations with the major powers in this region, including Turkey and Israel.

Keywords: Middle East; Russia-Turkey Relations; Russia-Israel Relations; Libya; Syria

Ⅴ. 20 Russia's Diplomacy in Post-Soviet Space in 2021

Liu Dan / 284

Abstract: In 2021, the Russia-US and Russia-EU relations have continued to deteriorate and shown no sign of improvement. Thus, the post-Soviet space remains the top priority of Russia's diplomacy. Generally, Russia relied on the three major organizations in the region, the Commonwealth of Independent States, the Eurasian Economic Union and the Collective Security Treaty Organization to strengthen its ties with countries in the post-Soviet space. In the context of the withdrawal of US troops from Afghanistan, Russia has paid more attention to Central Asia, and maintained close military relations and held many military exercises with Central Asian countries under the framework of the Commonwealth of Independent States and the Collective Security Treaty Organization. The relations between Russia and Ukraine have been further deteriorated, even to the brink of war. The relationship between Russia and Belarus has been greatly improved, especially under the framework of the Russia-Belarus Union. The two countries have reached a number of economic agreements, and the pace of integration has made great strides. The regional influence of Russia continued to grow by mediating Armenia's conflict with Azerbaijan and Moldova, Ukraine and Georgia are still recognized as the redline for NATO's expansion.

Keywords: Post-Soviet Space; CIS; Russia; Eurasian Economic Union; Collective Security

Y . 21   Priorities of Contemporary Russia's Diplomacy

N. B. Bomozova / 299

Abstract: This article analyzes several trends in contemporary Russia's diplomacy from a political realist perspective, and summarizes the changes of its priorities since the adoption of the current Foreign Policy Concept of the Russian Federation in 2016. Ukraine has historically been a key Russian interest in the CIS space for a number of reasons, and if Ukraine joined NATO, it would pose a threat to Russia's survival. Through the escalation in recent diplomatic exchanges with the western countries, Russia is aimed at creating conditions that prevent NATO from supporting Ukraine's efforts to reclaim Crimea. Because of the long-term confrontation with the West, Russia, in addition to turning eastward, has actively strengthened its ties with Latin America and Africa. Generally, Russia's diplomacy lacks a theoretical framework based on a systematic interdisciplinary analysis. There is currently a trend of cooperating with expatriates who are seen not only as the core of the country's "soft power" but also as part of the electorate. The "healthy conservatism" proposed by Vladimir Putin reflects Russia's pursuit of national ideals under the common standards of values, and its theoretical content and practical significance need to be further explored.

Keywords: Russia's Diplomacy; Political Realism; "Soft Power"; Global Power; Multipolar World

VI   Sino-Russia Relations

Y . 22   The Situation and Development Trend of Sino-Russia Relations in 2021

Liu Fenghua / 311

Abstract: In 2021, the Sino-Russia comprehensive strategic partnership of coordination for a new era gained in-depth development. The two countries have successfully extended the validity period of the Treaty of Good-Neighborliness and

Friendly Cooperation. The trade volume between them has also reached a record high. The Year of Sino-Russia Science and Technology Innovation has promoted the scientific and technological cooperation between the two countries and their military security and diplomatic cooperation has become closer. In 2022, China and Russia will continue to strengthen cooperation in the fields of politics, economy, trade, energy, military security, people-to-people exchange and foreign policies, endow the Sino-Russia comprehensive strategic partnership of coordination for a new era with richer connotations, and promote Sino-Russia relations to a higher level.

Keywords: Sino-Russia Relations; Comprehensive Strategic Partnership of Coordination for the New Era; Pragmatic Cooperation

Y.23 New Progress of Sino-Russia Economic and Trade

Cooperation in 2021   *Guo Xiaoqiong* / 324

Abstract: In 2021, China and Russia have overcome the adverse effects of the COVID-19 epidemic and achieved remarkable results in economic and trade cooperation. The bilateral trade has grown significantly, important projects in energy cooperation have been steadily advanced, green cooperation has created new vitality, and the construction of cross-border channels has progressed smoothly. During the Year of Sino-Russia Science and Technology Innovation, the two countries have also yielded good results in scientific and technological innovation cooperation, aerospace cooperation, and digital economy cooperation.

Keywords: Sino-Russia Economic and Trade Cooperation; Energy Cooperation; Digital Economy Cooperation; Scientific and Technological Innovation Cooperation

社会科学文献出版社

皮 书

智库成果出版与传播平台

❖ 皮书定义 ❖

皮书是对中国与世界发展状况和热点问题进行年度监测，以专业的角度、专家的视野和实证研究方法，针对某一领域或区域现状与发展态势展开分析和预测，具备前沿性、原创性、实证性、连续性、时效性等特点的公开出版物，由一系列权威研究报告组成。

❖ 皮书作者 ❖

皮书系列报告作者以国内外一流研究机构、知名高校等重点智库的研究人员为主，多为相关领域一流专家学者，他们的观点代表了当下学界对中国与世界的现实和未来最高水平的解读与分析。截至2021年底，皮书研创机构逾千家，报告作者累计超过10万人。

❖ 皮书荣誉 ❖

皮书作为中国社会科学院基础理论研究与应用对策研究融合发展的代表性成果，不仅是哲学社会科学工作者服务中国特色社会主义现代化建设的重要成果，更是助力中国特色新型智库建设、构建中国特色哲学社会科学"三大体系"的重要平台。皮书系列先后被列入"十二五""十三五""十四五"时期国家重点出版物出版专项规划项目；2013~2022年，重点皮书列入中国社会科学院国家哲学社会科学创新工程项目。

皮书网

（网址：www.pishu.cn）

发布皮书研创资讯，传播皮书精彩内容
引领皮书出版潮流，打造皮书服务平台

栏目设置

◆关于皮书

何谓皮书、皮书分类、皮书大事记、
皮书荣誉、皮书出版第一人、皮书编辑部

◆最新资讯

通知公告、新闻动态、媒体聚焦、
网站专题、视频直播、下载专区

◆皮书研创

皮书规范、皮书选题、皮书出版、
皮书研究、研创团队

◆皮书评奖评价

指标体系、皮书评价、皮书评奖

◆皮书研究院理事会

理事会章程、理事单位、个人理事、高级
研究员、理事会秘书处、入会指南

所获荣誉

◆ 2008 年、2011 年、2014 年，皮书网均
在全国新闻出版业网站荣誉评选中获得
"最具商业价值网站"称号；

◆ 2012 年，获得"出版业网站百强"称号。

网库合一

2014年，皮书网与皮书数据库端口合
一，实现资源共享，搭建智库成果融合创
新平台。

皮书网

"皮书说"
微信公众号

皮书微博

S 基本子库
SUB DATABASE

中国社会发展数据库（下设 12 个专题子库）

紧扣人口、政治、外交、法律、教育、医疗卫生、资源环境等 12 个社会发展领域的前沿和热点，全面整合专业著作、智库报告、学术资讯、调研数据等类型资源，帮助用户追踪中国社会发展动态、研究社会发展战略与政策、了解社会热点问题、分析社会发展趋势。

中国经济发展数据库（下设 12 专题子库）

内容涵盖宏观经济、产业经济、工业经济、农业经济、财政金融、房地产经济、城市经济、商业贸易等 12 个重点经济领域，为把握经济运行态势、洞察经济发展规律、研判经济发展趋势、进行经济调控决策提供参考和依据。

中国行业发展数据库（下设 17 个专题子库）

以中国国民经济行业分类为依据，覆盖金融业、旅游业、交通运输业、能源矿产业、制造业等 100 多个行业，跟踪分析国民经济相关行业市场运行状况和政策导向，汇集行业发展前沿资讯，为投资、从业及各种经济决策提供理论支撑和实践指导。

中国区域发展数据库（下设 4 个专题子库）

对中国特定区域内的经济、社会、文化等领域现状与发展情况进行深度分析和预测，涉及省级行政区、城市群、城市、农村等不同维度，研究层级至县及县以下行政区，为学者研究地方经济社会宏观态势、经验模式、发展案例提供支撑，为地方政府决策提供参考。

中国文化传媒数据库（下设 18 个专题子库）

内容覆盖文化产业、新闻传播、电影娱乐、文学艺术、群众文化、图书情报等 18 个重点研究领域，聚焦文化传媒领域发展前沿、热点话题、行业实践，服务用户的教学科研、文化投资、企业规划等需要。

世界经济与国际关系数据库（下设 6 个专题子库）

整合世界经济、国际政治、世界文化与科技、全球性问题、国际组织与国际法、区域研究 6 大领域研究成果，对世界经济形势、国际形势进行连续性深度分析，对年度热点问题进行专题解读，为研判全球发展趋势提供事实和数据支持。

法律声明